宮台真司
Miyadai Shinji
苅部直
Karube Tadashi
渡辺靖
Watanabe Yasushi

民主主義は不可能なのか?

コモンセンスが崩壊した世界で

読書人

民主主義は不可能なのか？　目　次

2015

【凡例】

・鼎談は『週刊読書人』二〇〇九年〜二〇一八年「年末回顧特集号」に掲載された。掲載日は各章末に記した。
・注釈は＊で示して傍注として、原則的に左頁端に掲載した。頁をわたる注に関しては〔→〕で示した。
・注を作成するにあたり、文章内で引用した文献のほかに、『デジタル大辞泉』『日本大百科全書』（いずれも小学館）、『マイペディア』『世界大百科事典』（いずれも平凡社）、『日本人名大辞典』（講談社）、『ブリタニカ国際大百科事典』小項目版（ブリタニカジャパン）、『大辞林』（三省堂）、『知恵蔵』（朝日新聞社）を参考にした。
・引用文中の旧字は、原文の雰囲気を損なわない限りで新字に改めた。
・年表を作成するにあたり、以下の資料／ウエブサイトを参考にした。『岩波書店百年』（岩波書店）、『平成史』（保阪正康著、平凡社新書）、『朝日新聞』縮刷版、時事ドットコム。
・各章扉にある写真の日付は撮影日を記した。
・索引は、人名／書名ともに五十音順とした。本文と注釈が重複する場合、本文のみの頁数を記した。各章扉の人名／書名は割愛した。

まえがき

『週刊読書人』で、毎年の年末に一年を回顧する鼎談を、宮台真司さん、渡辺靖さん、苅部という顔ぶれで始めてから、昨年でちょうど十年めになった。今回、本にまとめる機会をいただいて、改めて読み直すとさまざまな感慨がある。

やはり同じような回顧鼎談が、その前にも別のメンバーで、年末ごとに掲載されていた。そのころは、一年間に出た著書や論文をふりかえりながら、ラディカルな社会運動の現状と展望について語るという論調のものだったと思う。それがこの三人に代わったので、『週刊読書人』の保守反動化かと訝った人もいたのではないか。いやむしろ、お話をいただいた当方自身がそう思ったのである。

ところが、実際に十年近くやってみると、そんなものにはなっていない。とりわけ二回めの鼎談の直後に東日本大震災と原発事故が起こり、その後は民主党政権の崩壊、イスラム国の擡頭、英国のEU離脱問題、トランプ大統領の誕生などなど、予想もしなかったような大事件が国内外であいついだ。

そのため、高見の見物で論壇地図らしきものをこしらえてにこやかに清談するといった態度が、許されなくなったのである。三人がそれぞれ、新たに登場してくる事件に驚き、いらだち、何かを言わなければと焦って話している。危機感とまで呼ぶのは大げさかもしれないが、状況に対して、多かれ少なかれ批判的な姿勢をとらざるをえなくなった。三人ともそう感じていたのではないか。

本の題名にした「民主主義は不可能なのか？」は、とりあげた多くの問題のなかでも、特に継続しながら話したものを拾っている。これも当初から考えていたわけではないが、多くの場合、鼎談がこの主題に収斂していったのは、やはり現代の日本と世界が抱えている根本的な問題のありかを示しているのだろう。

はじめの企画は、書評紙らしく読書案内の記事を兼ねて、一年間に出た本のうち注目作を拾いあげ、論評しあうというものに近かったと記憶する。その性格はいちおう持続しているが、だんだん時代状況に対する論評の割合がふえていった。これもおそらく、この十年の時代の特徴がそうさせたところもあるだろう。あるいは、同時代に関する展望を鋭く切り開き、未来を見とおすような本が少なかったのかもしれないのだが。

本にまとめるにあたっては、論旨を変えないかぎりで事実誤認や言い回しを訂正するほかに、詳しい注を綿野恵太さんに作成していただいた。これも本文と同じように、読者がさまざまな問題について、自分で考え、知識を広げるための参考になるはずである。活用していただけるとありがたい。

いちおう鼎談の司会役を務めた経緯から、このまえがきを執筆させていただいたが、刊行にあたっての思いについては、ほかのお二方もそう大きな違いはないはずである。編集部でこの企画を立て、本にまとめてくださった明石健五さんと、注を作られた綿野さんに深く感謝しながら、読者の方々にこの本を差し出します。

二〇一九年五月

苅部　直

民主主義は不可能なのか？

2009

１月　・オバマ大統領が米国初の黒人大統領に就任
２月　・第八一回米アカデミー賞で、日本映画『おくりびと』が外国語映画賞受賞
３月　・日経平均株価が七〇五四円九八銭と二六年ぶりの安値水準に。企業業績の悪化を理由に人員削減の動き拡大
　　　・アフリカ・ソマリア沖の海賊対策に海上自衛隊派遣、初の警護活動を行う
４月　・北朝鮮が「弾道ミサイル」を発射
　　　・オバマ大統領がプラハで演説、「核兵器のない世界」を訴える
５月　・裁判員制度スタート
６月　・米自動車大手ＧＭが経営破綻
７月　・改正臓器移植法成立、「脳死は人の死か否か」議論に
８月　・衆議院選挙で民主党が過半数を大きく上回り政権交代が実現
９月　・鳩山由紀夫内閣発足
　　　・八ッ場ダムなど国直轄ダムの建設工事見直しへ
10月　・オバマ米大統領へのノーベル平和賞授与が決定
11月　・米軍普天間基地移設問題で、沖縄で強い反撥
　　　・行政刷新会議による、予算のムダを洗い出す「事業仕分け」スタート
12月　・新型インフルエンザが全国で猛威
　　　・コペンハーゲンで、地球温暖化対策を話し合う国連の気候変動に関する国際会議「ＣＯＰ15」開幕

衆院で首相に指名され、一礼する鳩山由紀夫民主党代表（中央、9月16日）　時事

▷ユーキャン 新語・流行語大賞（「現代用語の基礎知識」選）

「政権交代」

宮台　編集部に、今年話題になった本のリストを送っていただいたんですが、気になる本が本当に少なかったですね。

渡辺　それが今年の特徴だと思います。すぐに思い出せる本がない。

宮台　話題になった本はいくつかありましたよ。村上春樹[*1]『1Q84』（新潮社）と小熊英二[*2]『1968』（新曜社）には否定的な評価が集中しました。評判の一番悪かったのが中谷巌『資本主義はなぜ自壊したのか』（二〇〇八年一二月刊行・集英社インターナショナル）でしたね。[*3]

苅部　経済の分野で言うと、一月に翻訳が出た、ハイエクの『致命的な思いあがり』（渡辺幹雄訳、春秋社）は面白かった。最近は、競争が格差を拡大させるといった風に、ハイエクのような経済的自由主義の評判が悪くなっているので、あえて大学のゼミで読みました。ハイエク自身は、自由放任主義と自分の主張とは違うと言っています。市場が機能するためには、習慣に根ざしたさまざまなルールにのっとり、穏和な形で競争が行われる必要がある。そうした秩序の枠組の中で、初めて個人の自由がなりたつという考え方だった。[*4]

いま、中谷さんの懺悔に見られるように、グローバル経済や規制緩和の旗を振っていた人達は、元気がなくなっている。それも当然ではあるけれど、あまり健全ではないと思います。ハイエクのように洗練された市場擁護論が出てこないのは、なぜなのか。

宮台　古典を読まない人が多いからでしょう。ハイエクの言う「スポンテイニアス・オーダー（自主的秩序）」とは、我々が何を計画しようが、想定しなかった行為が自生的に育つとするものです。カール・ポパーの「ピースミール・ソーシャル・エンジニアリング（部分的社会工学）」と同じく、[*5]周到に計画すればうまく行くとする発想を却け、モニターしながら絶えず修正する営みを推奨します。

＊1　村上春樹（むらかみ・はるき、一九四九－）小説家。著書に『ノルウェイの森』『騎士団長殺し』など。二〇〇九年五月に『1Q84』BOOK1、BOOK2が発売、二〇一〇年にBOOK3が発売された。シリーズ単行本累計発行部数は三〇〇万部を超えた。

＊2　小熊英二（おぐま・えいじ、一九六二－）社会学者。慶應義塾大学教授。著書に『単一民族神話の起源』『〈民主〉と〈愛国〉』など。全共闘運動、べ平連、ウーマンリブなどの一九六八年の運動を措いた『1968』は「〈自分探し〉運動」という小熊の評価をめぐって批判が起きた。代表的な批判としては、田中美津「田中美津、『1968』を嗤う」（『週刊金曜日』二〇〇九年一二月二五日号）など。

＊3　中谷巌（なかたに・いわお、一九四二－）経済学者。一橋大学名誉教授。細川内閣「経済改革研究会」委員、小渕内閣「経済戦略会議」議長代理を歴任した中谷は、規制緩和、市場開放を積極的に主張し、小泉内閣の構造改革路線に大きな影響を与えた。が、のちに新自由主義にたいして批判的な立場をとった。「一時、日本を風靡した「改革なくして成長なし」というスローガンは、財政投融資制度にくさびを打ち込むなど、大きな成果を上げたが、他方、新自由主義の行き過ぎから来る日本社会の劣化をもたらしたように思われる。たとえば、この二〇年間における「貧困率」の急激な上昇は日本社会にさまざまな歪みをもたらした。あるいは、救急難民や異常犯罪の増加もその「負の効果」に入るかもしれない。／「改革」は必要だが、その改革は人間を幸せにできなければ意味がない。人を「孤立」させる改革は改革の名に値しない。／かつては筆者もその改革の一翼を担った経歴を持つ。その意味で本書は自戒の念を込めて書かれた「懺悔」の書でもある」（『資本主義はなぜ自壊したのか』集英社、二〇〇八年、二－三頁）

＊4　フリードリヒ・ハイエク（一八九九－一九九二）オーストリア生まれの経済学者。著書に『隷属への道』など。『致命的な思いあがり』はハイエク最後の著作。体調が悪化したハイエクに代わってバートリー三世の編纂によって刊行されたため、本書の記述がどこまでハイエクの意図を反映したものかどうか研究者の間でも議論となっている。

ところが、中谷さんや経済財政諮問会議[*6]の人々は「規制か放任か」という学問的にあり得ない二項図式に陥る。競争的市場を維持するためにこそ再配分や政府介入が随時必要だとするのが今日当たり前です。二項図式はあり得ない。「特殊権益を温存する規制を撤廃せよ」という話が「再配分をやめろ」という話に短絡するところに二項図式のくだらなさが露呈します。中谷さんも、ナイーブな二項対立を戦略的に利用しているだけかと思ったら、読んでみると周辺の社会思想や政治思想についてご存じではないことが分かります(笑)。

苅部 経済学に詳しい人とそういう話をしたら、中谷さんは、はっきり懺悔をしたから、まだましだとおっしゃっていましたね。エコノミストは、経済状況に合わせ、こっそり主張を変えて一言も釈明しないのが普通だと(笑)。

渡辺 変節漢がたくさんいたことも事実ですが、それは世間一般も同じだと思います。十年ぐらい前までは、規制緩和や構造改革が、金科玉条のように言われていました。それがコロッと変わってしまった。識者自身の理解不足という面もあるけれど、世間自体も移り気だということを強く感じました。郵政選挙[*7]の時からのぶれ幅が大きく、雪崩現象が起きやすくなっている気がします。

宮台 日本の場合、「参加」概念が浸透していないことが大きいですね。規制を議論する際も、規制の合理性を市民に討議させるようにはなっていない。だからこそ「事業仕分けの一般公開」[*8]が初めての練習台になっているんです。規制自体が問題なのでなく、霞ヶ関官僚が密室で決めるがゆえに特殊権益まみれになることが、問題だということです。

苅部 たとえば政府による規制に関し、一人一人の個人が自分の頭で捉えなおし、何らかの形で発言することを通じて影響を及ぼしてゆく回路。国家と個人の間にあっていいはずの、そういう交通の空間を、なかなか思い描けない傾向がありますね。現状では概して、国家の中央権力がすべてを統御するか、反対に、自己拡大の欲望にまみれた個人がばらばらに動き回るか、秩序像がその二者択一でしか論じられていない。

宮台　日本では保守概念がうまく定義できないのもあるでしょう。米国と欧州では保守概念が逆です。「フランス革命＝市民の自由」を懐疑するのが欧州流保守で、「独立革命＝市民の自由」を信奉するのが米

＊5　カール・ポパー（一九〇二－一九九四）ウィーン生まれの哲学者。著書に『科学的発見の論理』など。「合理主義は次のような政治的要求と固く結合されている。その政治的要求とは、人道主義的な意味での実践的社会工学――もちろん、ピースミールな工学――の要求であり、「科学」によるのでもなく、擬似合理的権威であるプラトン風の権威によるのでもなく、自らの限界を心得ているから他人を尊重するし、うぬぼれて他人を強制することもない――幸福へさえ強制することのない――ソクラテス的理性による、社会の合理化、自由のための計画、とその理性によるコントロールの要求である」（『開かれた社会とその敵　第二部』小笠原誠ほか訳、一九八〇年、未來社、二二〇頁）

＊6　二〇〇一年の省庁再編に伴い、内閣府に新設された協議機関。財務省主導だった予算編成を政治主導で行うことを目的に設立された。メンバーは首相が議長をつとめ、官房長官や経済財政相、日銀総裁、経営者や学者などから構成される。小泉純一郎内閣時代には「骨太の方針」を策定し、公共事業費削減、郵政民営化など構造改革を推進する役割を果たした。民主党政権下では国家戦略室が設置され、活動停止。第二次安倍内閣の発足に伴い再開された。

＊7　二〇〇五年九月一一日の衆議院議員選挙。郵政民営化法案が参議院で否決されたため、小泉純一郎首相が衆議院を解散。法案に反対した自民党議員に公認を与えず、「刺客」と呼ばれる対立候補を擁立し話題となった。結果は与党三二七議席（自民党二九六、公明党三一）を獲得し圧勝。多くの自民党新人議員が誕生し、「小泉チルドレン」と呼ばれた。

＊8　民主党政権下、内閣府に設置された行政刷新会議が歳出削減を目指し、二〇〇九年一一月に第一回の事業仕分けがおこなわれた。国会議員や有識者からなる「仕分け人」が約四五〇事業を「見直し」「廃止」「継続」などと判定する。議論の様子は一般公開され、インターネットでも中継された。

国流保守。リベラルの向きも逆で、欧州流リベラルは「市民の自由＝政治参加」を称揚し、米国流リベラルは「市民の自由＝市場主義」を懐疑する。

欧州と米国の保守の共通項をあえて挙げると「国家介入を排した社会保全」です。欧州では「市民の自由」が「国家介入」を支援することに対する「独裁批判」があり、米国では「国家介入」が宗教的自発性をスポイルすることに対する「国家批判」があります。欧州と米国に共通する保守の要素は「悲劇の共有」です。フランス革命での理性の暴走という「悲劇の共有」に由来するのが、欧州的＝バーク流保守。[*9] アングリカンチャーチによる迫害という「悲劇の共有」に由来するのが、米国的＝宗教的保守[*10]です。

翻ってみると、日本には欧州的保守も米国的保守もありません。自民党は世界にも稀な「再配分保守」で、農村の自立性を保守するどころか、土建屋的再配分で徹底的に疲弊させました。辛うじて冷戦体制下では「共産主義の脅威から守る」という大義がありましたが、それも九一年ソ連崩壊で消えました。日本の「保守」は、自明性に埋没した思考停止か、国旗国歌に噴き上がる思考停止で、「国家介入を排した自律的な社会の保全」に思考を使う「真の保守」からあまりにも遠い。慣れ親しみに浸る没理念の人と、土建政治や国旗国歌を含めて国家介入が当然だと思う人の合体で、国家の恐ろしさに関わる「悲劇の共有」がありません。

苅部　いまのお話との関連で言うと、政治学では、ちょっと面白い動きが今年にはありました。政権交代の前に、山口二郎さんの『政権交代論』と佐々木毅さんの『政治の精神』が、どちらも岩波新書から出ています。『政治の精神』は、政治家の物の考え方に焦点をあてた本ですが、最後には、市民がどう判断するかという問題に帰ってくる。政治への市民の関わり方は、佐々木さんがこれまであまりとりあげなかった話です。反対に、市民派の山口さんが、今度の本では政権担当能力について正面から論じ始めて、小沢一郎[*11]を評価する。政治家と市民、保守とリベラルといった、これまでの二項対立の枠組をこえて議論しなければいけないという空気が、先に言論の中に登場していた。もちろん、言論がじかに政権交代をもたらしたわけではありませんが、時代の空気が、これまでの枠組とは違ったものを求めるようになっている。そのことが、今年は明確に見えてきた気がします。

宮台　ただ、今おっしゃった議論は、ある時期までは当たり前だったでしょう。苅部さんのご専門ですが、佐々木毅さんが評価される丸山眞男も、助手論文時代までは福沢諭吉をマキャベリストであるがゆえに評価していました。[*12] ところが、敗戦と六〇年安保を契機に、市民性を軸にガバナンスを樹立できる（全体を

---

*9　エドマンド・バーク（一七二九－一七九七）イギリスの政治家。著書に『崇高と美の観念の起源』『フランス革命の省察』など。バークは人間の理性が不完全なものに過ぎず、先人の良識である伝統に従って、漸進的に改良していくべきだと主張し、フランス革命を批判した。バークの批判はのちのジャコバン派の恐怖政治やナポレオンの台頭を予知したものだとして、保守主義の祖として大きな影響を与えた。

*10　一六二〇年、イギリス国教会の迫害をうけたピューリタンである「ピルグリムファーザーズ」は信仰の自由をもとめてメイフラワー号でアメリカ大陸に移住し、共同体を形成した。

*11　小沢一郎（おざわ・いちろう、一九四二－）政治家。国民民主党所属。二〇〇九年、民主党代表代行として政権交代に導く。二〇〇九年九月に発足した鳩山政権では民主党幹事長に就任。しかし、その後二〇一〇年野田内閣で消費税増税に反対し、民主党を離党。

*12　丸山眞男（まるやま・まさお、一九一四－一九九六）政治学者。著書に『日本政治思想史研究』など。助手論文時代の荻生徂徠にマキャベリズムを見出したことは知られる。また、丸山は「『福沢諭吉選集』第四巻解題」（岩波書店、一九五二年）で「福沢の国家理由思想ないしそこに随伴するマキアヴェリズムがいかに発生期の健康さを湛えているとはいえ、こうした危機的な思想に本質的に内在する陥穽から彼もまた免れてはいなかった。それは就中二つの方向において顕著に見られる。一は彼の東洋政略論であり、他は国際的独立と国内的変革の関係づけの仕方である」と述べている。

回せる）と思いはじめ、[13]マキャベリスト評価を「店じまい」したわけです。この丸山眞男の軌跡や、戦前の亜細亜主義者など単なる開明派（啓蒙派）ではない論者を思い浮かべるだけでも、彼らには二項対立はあり得ず、むしろ「近代化に利用できるものは前近代的なものであれ利用せよ」という共通了解があったことが分かります。その象徴が幸徳秋水らを含めた左翼らの天皇制評価です。[14]

対照的に戦後は無防備な思想が蔓延します。知識人層には、近代化のためには近代的リソースを使うべきだとの思考が拡がり、庶民にも皆で決めたことは正しいとの思考が拡がります。でも、近代でしか通用しない道具を、たとえ近代化のためであれ、前近代で使っても無駄です。近代以前の場所で近代を擁護する、あるいは市民主義以前の場所で市民主義を擁護するには、論理必然的にマキャベリスティックな戦略が必要です。山口さんとは何度も議論してきたけど、そういう理解もあって山口さんのスタンスが変わったのでしょう。

佐々木さんが逆方向に行くのは不思議です。政治学のオーソドクシーでは民主主義は疑念の対象です。本当は「寡頭政と制限選挙」つまり「能力のある人々が能力のある人々を選ぶ」のがいい。でも正統性問題がクリアできなくなったので、仕方なく一般市民に開いた。それが民主政です。だからこそ民主主義がどんな装置と一体であれば暴走しないのかが問われます。モンテスキュー以来の「牽制」[15]もそうですし、

＊13　丸山は安保闘争における大規模な大衆運動について「日本の民主主義がより広く国民に根を下ろすことで、本物になりかかった一つの徴候」（「この事態の政治学的問題点」『丸山眞男集　第八巻』二九五頁）であり、「この闘争を通じて、はじめて日本国憲法は単なる条文ではなく、われわれの行動を通じた血肉の原理になってゆく」（「安保闘争の教訓と今後の大衆闘争」同前、三三八頁）と述べている。

＊14　幸徳秋水（こうとく・しゅうすい、一八七一－一九一一）社会主義者。大逆事件に連座し処刑された。著書に『廿世紀之怪物帝国主義』『社会主義神

髄』など。「ところで、社会主義なるものは、はたして彼らのいわゆる国体、すなわち二千五百年一系の皇統が存在するということと、矛盾・衝突するのであろうか。この問題に対して、わたくしは、断じて否と答えねばならぬ」（『社会主義神髄』『日本の名著　幸徳秋水』中央公論社、一九七〇年、二五二頁）「わが日本の祖宗・列聖のような君主、ことに「民の富は、朕の富なり」とのたもうた仁徳天皇の大御心のようなのは、全く社会主義と一致・契合するもので、けっして矛盾するところではないのである。いや、日本の皇統が一系で連綿とつづいているのは、じつに祖宗列聖が、つねに社会人民全体の平和と進歩と幸福とを目的とせられたがために、かかる繁栄をきたしたのである。これは、じつは東洋の社会主義者が誇りとするところであらねばならぬ。そこで、わたくしはむしろ、社会主義に反対するものこそ、かえって国体と矛盾するものではないか、と思う」（同前、二五四－五五頁）

＊15　シャルル＝ルイ・ド・モンテスキュー（一六八九－一七五五）フランスの思想家。『法の精神』で、政治権力を立法、司法、行政の三つに分けて、それぞれの機関が互いに牽制する政治システム「三権分立」の考えを展開。「各国家には三種の権力、つまり、立法権力（la puissance législative）、万民法に属する事項の執行権力および公民法に属する事項の執行権力がある。／第一の権力によって、君公または役人は一時的もしくは永続的に法律を定め、また、すでに作られている法律を修正もしくは廃止する。第二の権力によって、彼は講和または戦争をし、外交使節を派遣または接受し、安全を確立し、侵略を予防する。第三の権力によって、彼は犯罪を罰し、あるいは諸個人間の紛争を裁く。この最後の権力を人は裁判権力（la puissance de juger）と呼び、他の執行権力を単に国家の執行権力（la puissance exécutrice）と呼ぶであろう。／公民における政治的自由とは、各人が自己の安全についてもつ確信から生ずる精神の静穏である。そして、この自由を得るためには、公民が他の公民を恐れることのありえないような政体にしなければならない。／同一の人間あるいは同一の役職者団体において立法権力と執行権力とが結合されるとき、自由は全く存在しない。なぜなら、同一の君主または同一の元老院が暴君的な法律を作り、暴君的にそれを執行する恐れがありうるからである。／裁判権力が立法権力や執行権力と分離されていなければ、自由はやはり存在しない。もしこの権力が立法権力と結合されれば、公民の生命と自由に関する権力は恣意的となろう。なぜなら、裁判役が立法者となるからである。もしこの権力が執行権力と結合されれば、裁判役は圧制者の力をもちうるであろう。／もしも同一の人間、または、貴族もしくは人民の有力者の同一の団体が、これら三つの権力、（↓）

法的決定におけるラズ流の「卓越主義」[*16]もそうです。こうした思考を政治学や社会学が支援してきました。例えばマックス・ヴェーバー[*17]ならば「科学的思考の養成を政治教育の中核に据えよ」（以下、宮台発言のカギカッコ内は、引用ではなく、まとめ）と言います。

苅部　ちょうど今年、『高畠通敏集』（岩波書店）が刊行されましたけれど、高畠さんが主に活躍された一九六〇年代から七〇年代の頃の言論は、市民と国家のあいだの対抗関係によって問題を語るのが、主流だったでしょう。それに対して、両者の中間の領域にある、さまざまな運動集団に目を向けようという要素が、高畠さんらの「市民運動」の思想[*18]にはあった。いま方々で言われている、自発的に作られた中間集団、アソシエーションを重視する発想にも、つながってくると思います。

どうすれば品性を絶やさずにいられるか

渡辺　話は少し変りますが、去年から今年にかけて、オバマ[*19]に関する本がかなり出ました。左か右かというイデオロギーでマッピングすれば、オバマはリベラルでしょう。でも、メンタリティとしては、古びた二項対立を少しでも融合しようとしていて、しばしば「保守的なリベラル」とか「理想を語るプラグマティスト」などといわれています。「新しい公共」、あるいは「希望」ないし「連帯」をもう一回見い出そうとする動きは、政治の世界だけではなく、公共哲学などの分野でも顕著です。かつてのベラーの「心の習慣」や「市民宗教」への関心[*20]がサンデル[*21]やパットナム[*22]などによって継承・発展されています。

〔↓〕すなわち、法律を作る権力、公的な決定を執行する権力、犯罪や個人間の紛争を裁判する権力を行使するならば、すべては失われるであろう」（「第二部　第11編　国制との関係において政治的自由を形成する法律について

第6章 イギリスの国制について」『法の精神（上）』野田良之ほか訳、岩波文庫、一九八九年、二九一－二九二頁）
＊16　ジョセフ・ラズ（一九三九－）イスラエル生まれの政治哲学者。著書に『権利としての法』『自由と権利』など。「卓越主義とは、人々が福利の基礎である自律を獲得するために必要な、複数の選択肢に満たされた社会形態を、国家に求める立場である。人々は、国家によって整備された社会形態に存する複数の選択肢の中から、自らの望む選択肢を自律的に選択追求することによって、福利を獲得するのである。ところで、自律の理念自体は、悪しき選択肢の選択も認めている。しかし、人が道徳的であろうとする場合、悪しき選択肢を選択することはできない。そこで国家は、善き選択肢を保護し、悪しき選択肢を排除するという、卓越主義的な任務を遂行することになる」（濱真一郎「ジョセフ・ラズの卓越主義的リベラリズム」『同志社法学』二五四号、同志社法学会、一〇三頁）
＊17　マックス・ヴェーバー（一八六四－一九二〇）ドイツの社会学者。著書に『プロテスタンティズムの倫理と資本主義の精神』など。
＊18　高畠通敏（たかばたけ・みちとし、一九三三－二〇〇四）日本の政治学者。「思想の科学」同人。六〇年安保では鶴見俊輔とともに「声なき声の会」を結成し、事務局長をつとめる。その後小田実、鶴見俊輔らと「ベトナムに平和を!市民連合」を結成。
＊19　バラク・オバマ（一九六一－）民主党所属の上院議員。第四四代米大統領。二〇〇八年一一月の大統領選で、共和党ジョン・マケインに勝利。建国以来はじめてのアフリカ系アメリカ人の大統領であることに注目が集まった。
＊20　ロバート・ニーリー・ベラー（一九二七－二〇一三）。アメリカの社会学者。パーソンズのもとで宗教社会学の研究をおこなう。著書に『徳川時代の宗教』など。『心の習慣』では、四人の社会学者が、アメリカ白人の中産階級にインタビューをおこない、アメリカの共和主義的伝統について考察した。「心の習慣」とはトクヴィル『アメリカのデモクラシー』に由来する。「トクヴィルは、民主的な共和国の維持にとっては合衆国の物理的環境の貢献もさることながら、環境以上に法の貢献が大きく、そして法以上にモーレス（moeurs）の貢献が大きかったと論じている。じっさい（『アメリカのデモクラシー』全巻を通じて彼は、アメリカ人のモーレス（習律）こそが、彼らが自由な共和国をつくり上げ、それを維持していくことができた鍵だったのであり、彼らのモーレスを掘り崩すことは、合衆国の自由な制度を掘り崩すもっとも確実な道であると強調している。彼のモーレスの定義はゆるやかなもので、「心の習慣」とか、「精神《メンタル》の習慣を形成する」概念・意見・理念とか、あるいは「社会における人々の道徳的・知的な性質の総計」とか（↓）

宮台　昨今興味深いのは、バーバーやサンデルらの[*23]「市民の徳」を含めて学問的先端で道徳がキーワードになったことです。僕にとっては懐かしい。というのは現代社会学の礎を作ったパーソンズがcivic virtuesを大切だと考えたからです。彼の言葉を使えば「価値コミットメント」ですが[*24]、現在の米国での議論が大恐慌後の議論に戻った趣きです。資本主義を否定するのではなく、「プレイヤーにdecency（品性）がなければ資本主義は破滅する」という議論です。品性を担保するものは何か。サンデルらのように「市民の徳[*25]」を持ち出す人もいれば、パットナムのように「社会関係資本」を持ち出す人もいれば、コノリーのように「宗教者の呼びかけ[*26]」を持ち出す人もいます。でも、機能的に共通する焦点は「どうすれば品性を絶やさずにいられるか」。そこに米国の思想的課題が落ち着いて来ました。

渡辺　大雑把な印象ですけれど、イラク戦争の後、ある特定の大きな理念を掲げて人工的に社会に介入し、何かを成し遂げることに対して、自信が無くなっているというか、懐疑心が強くなっている気がします。

（↓）といったようにさまざまに定義している。彼のいうモーレスは、理念や意見のみならず宗教、政治参加、経済生活などに関する習慣的な実践をも含むように思われる」（『心の習慣』島薗進ほか訳、みすず書房、一九九一年、四三頁）
「市民宗教と私がいうのは、どの民族の生き方の中にも見出されると思う宗教的次元──すなわち、民族が超越的実在との関わりの中で自らの歴史的経験を解釈するための［意味の］次元──のことである」（『破られた契約』松本滋ほか訳、未來社、一九八三年、二九頁）

＊21　マイケル・サンデル（一九五三－）アメリカの政治哲学者。コミュニタリズムの代表論者として知られる。著書に『リベラリズムと正義の限界』『民主政の不満』など。二〇一〇年にハーバード大学での講義をもとにした番組がＮＨＫで放送され、一躍人気に。

＊22　ロバート・パットナム（一九四一－）アメリカの政治学者。著書に『孤独なボウリング』など。『哲学する民主主義』でパットナムは「ソーシャル・キャピタル」を「調整された諸活動を活発にすることによって社会の効率性を改善できる、信頼、規範、ネットワークといった社会組織の特徴」

（河田潤一訳、NTT出版、二〇〇一年、二〇六－二〇七頁）と定義し「ソーシャル・キャピタル」が高い地域ほど、民主主義的な統治がうまくいくことを指摘した。

＊23　ベンジャミン・バーバー（一九三九－二〇一七）アメリカの政治学者。著書に『ストロング・デモクラシー』『予防戦争という論理』など。

＊24　タルコット・パーソンズ（一九〇二－一九七九）二〇世紀を代表するアメリカの社会学者。パーソンズの「構造機能主義」は一九六〇年代を頂点として社会学に大きな影響をあたえた。主な著書に『社会的行為の構造』『社会体系論』など。最初の著作『社会的行為の構造』でパーソンズは功利主義的な観点だけでは社会秩序の存在を説明できないとして、功利主義から外れた非合理的な価値や規範を組み込んだ行為理論を提唱した。AGIL図式とは、社会システムに必要な機能的要件として、適応（adaptation）、目標達成（goal attainment）、統合（integration）、潜在的なパターンの維持（latent pattern maintenance）をあげ、それぞれの頭文字をとってAGILとよばれる。これら四部門の象徴的メディアとして、貨幣、権力、影響力、価値コミットメントの四つがあり、価値コミットメントは、集団の活動を維持する価値観や連帯感にかかわるL部門の象徴的メディア。

＊25　「共和主義的政治理論の中心的な考えは、自己統治に共に加わることによってこそ自由がある、というものである。この考えは、それ自体としては、リベラルな自由と矛盾するものではない。政治に参加することは、人々が自分たちの目的を追求するために選択する方法の一つでありうる。しかしながら、共和主義的政治理論によれば、自治に共に参加することは、それ以上のものを含んでいる。それは、同胞市民たちと共通善について熟議し、政治的共同体の運命を協働して形成することを意味する。しかし、共通善について十分に熟議することは、それぞれの目的を選択し、他者が同様のことをする権利を尊重するための能力以上のものを要求する。それは、公共的な事柄についての知識、さらに帰属意識、全体への関心、その将来が問題となっているところの共同体の道徳的絆といったものを要求する。したがって、自治に共に参加するためには、市民が、ある人格的特性、すなわち公民的徳（civic virtues）を有すること、または会得することが必要である。しかしこれは、共和主義的政治が、市民が信奉する価値や目的に対して中立的ではありえないことを意味する。自由についての共和主義的な考え方は、リベラルな考え方とは異なり、人格形成的政治を要求する。その政治とは、自己統治のために必要となる人格的な特性を市民の中に涵養するものである」（『民主政の不満　上』小林正弥ほか監訳、勁草書房、二〇一〇年、四頁）

ハイエクが合理的設計主義に懐疑的だったように、今年は、自分が正しいと思う考えや行為を、他者に投影する際の危険性に対して内省を促す本が結構目につきました。ルーマン[*27]の『社会の社会』(馬場靖雄他訳、法政大学出版局)やブルデュー[*28]の『パスカル的省察』(加藤晴久訳、藤原書店)がそうですよね。ブルデューは冒頭で「私は私のなかの知識人を嫌う」と述べて、パスカル的な内省深さについて語っています。先日、レヴィ＝ストロース[*29]が亡くなりましたけれど、彼は『悲しき熱帯』の最後で「世界は人間なしに始まったし、人間なしに終わるだろう」と、人間の知性の過信を戒めました。ハイエクの議論も含めて、通底している部分があった印象を持ちますね。

超越的なものの導入

苅部 英国の政治哲学者、ジョン・グレイの『わらの犬』(池央耿訳、みすず書房)という本が、最近翻訳で出ましたね。もともとハイエキアンだった人ですが、労働党の「第三の道」の推進者に変わってブレア政権を支持し、その後、東洋思想にまで行った。「わらの犬」は、『老子』の言葉を引いた題名で、無為自然の「道」に基づいて人間中心主義を相対化しようとする。今の話と似たところがありますね。初めから秩序が確立しているのでもなく、反対にまったくのアナーキーでもなく、秩序がどうやって成り立っているのかを考えてゆく。そのとき、人間をこえた超越的なものを導入することで、秩序を成り立たせているものと、秩序それ自体の意味が、初めてわかってくる。そんな思考の運動があるのでしょう。

---

*26 ウィリアム・コノリー(一九三八―)アメリカの政治学者。著書に『アイデンティティ／差異』など。「今日の課題は、キリスト教的背景をこえたより広範な集団の中で私が「公的参加への積極的《ポジティブ》エートス」と呼ぶものと

折衝していくことである。このようなエートスの作用の下、構成員は各々の根本的信仰を公的領域にもち込むことになる。だがまた、信仰の論争的な性格を他者の目前で深いルサンチマン抜きに明らかにすることにもなる。それゆえ、同時代の大問題について他者と折衝していく道を開くことになるのだ。〔…〕既に確立された多様性の政治と、従来は下部にあって見えていなかったものが正統性を求めて浮上するプロセスとの間にある緊張は、多元主義的な社会にとって重要なものである。新たに正統性の獲得を求める運動の多くは失敗するし、また、中には失敗した方がよい場合もある。だが、もしその運動が成功すれば、新たに正統性を得た集団と、それに対して反応することになる、従来からの確立された集団の双方において、自己理解の変容が生じる。アゴーン的敬意（agonistic respect）の政治が、確立した集団間における参加へのエートスにとって潤滑剤となりうるのに対し、批判的応答性（critical responsiveness）のエートスは、多元化の政治という不確かなものを受け入れるのに必要なものである。というのも、多元化の政治における運動は、既に確立した道徳性、正常性、神、アイデンティティ、自由、権利、理性などによる文化実践内の、ある要素に触れるからである。〔…〕私の理論は、原理を否定するものだとして批判されることがある。だが、批判者が原理の否定と取り違えているものは、じつは、市民自らを鼓舞する原理に対して二方向の取り組み（double-entry orientation）にたえず取り組むべきだという発想である。われわれは諸原理の体系を賞賛する。だが、存在物を取り巻く、変容する環境の中では、原理のある側面を再び折衝すべきであるとの呼びかけが、新たな運動からたえず発されるのである。この呼びかけは、確立した判断の手すりには再考されるべきものがあると訴える」（『プルーラリズム』杉田敦ほか訳、岩波書店、二〇〇八年、x－xii頁）

＊27　ニクラス・ルーマン（一九二七－一九九八）ドイツの社会学者。著書に『社会システム』など。生物学者のマトゥラーナとヴァレラによって提唱された「オートポイエーシス」概念を取り入れた社会システム論を展開した。

＊28　ピエール・ブルデュー（一九三〇－二〇〇二）フランスの社会学者。著書に『再生産』など。社会的に価値があるとみなされる文化の保有が資本として機能する「文化資本」の概念を提示した。文化資本を家庭で相続した子供は学校で成功する傾向が高く、また文化資本を介して社会的な階層が再生産されることを示した。

＊29　クロード・レヴィ＝ストロース（一九〇八－二〇〇九）フランスの人類学者。著書に『野生の思考』など。構造主義人類学で知られる。『弁証法的理性批判』を批判したことに始まるサルトルとの論争は有名。

宮台　そこで思い出すのは、ルソーからデュルケームへの流れです。デュルケーム[30]がドレフュス事件[31]の際に興味深い態度を採りました。ゾラと同じく自由人権協会のメンバーとして個人主義を徹底擁護したのですが、個人主義の内容的な擁護を拒否しました。彼は第一に、個人主義化は資本主義の発達に伴う社会的複雑化に伴う必然だとします。第二に、個人主義にも良いものと悪いものがあって、今が分岐点なのだとします。とはいえ個人主義の良し悪しも内容的正しさの問題ではない。スペンサー[32]流の功利主義的個人主義ではなく、ルソー流の「個人の中に神を見出す個人主義」に舵切りしないと社会が崩壊するからだとします。「〜でないと社会が崩壊する」という理路はむしろ当時の保守派のものです。

苅部　ルソーの説いた、ピティエ（憐み）の感情[33]の存在ですね。

宮台　そうです。デュルケームは「内容ならざる機能ゆえに価値を擁護する」のですが、以降これがデュルケーム→パーソンズ→ルーマンと連なる社会学的伝統になります。その際、ルーマンも言う通り、機能を支える文脈が本当にあるのかどうかが問題になります。全体を持ち出して「全体の為に機能する」と言いますが、全体が「その全体」だと見做していいのか、誰にも確かなことは分かりません。実は、これが政治の営みの宿痾なんですよ。

苅部　空間的には国境をこえて範囲が広がってゆくし、時間に関しては、やっと数百年後に結果が出る場合もあるでしょう。機能と言っても、確実にはとらえられない。

渡辺　デュルケームの「集合意識[34]」は文化人類学的な認識を支える基本概念の一つでもありましたが、近年、人類学の分野では、そうした意識や価値が国民国家や資本主義の擬制であることを暴くことが目的化してしまい、論じ方が一面的になってきている気がします。

宮台　その点、今の社会学には不満があります。一方に価値について機能的に語ることさえ憚られる雰囲気があり、他方にフェミニズムやカルチュラル・スタディーズのような「価値を語り合う内輪」があり、両極分解しています。価値に最大限注目するものの、信仰告白するのでなく、機能分析するのだという「デュルケーム→パーソンズ→ルーマン」的流れが、僕のような希少種を除くと、社会学で絶えています。例えば、九条改憲派である僕は、九条の内容を信仰する人とは話ができませんが、九条を機能ゆえに擁護する人とは話ができます。場合によっては「機能ゆえに九条を擁護しても良い」とさえ思います。

＊30 デュルケーム（一八五八－一九一七）フランスの社会学者。著書に『社会学的方法の規準』など。「個人主義と知識人」（『社会科学と行動』佐々木交賢ほか訳、恒星社厚生閣、一九八八年）は「個人主義」の擁護という体裁をとった、ドレフュスの名を出さずにドレフュスを弁護した論文として知られる。

＊31 一八九四年、フランス陸軍の大尉でユダヤ人のアルフレド・ドレフュスにドイツのスパイの嫌疑がかけられた事件。軍法会議で有罪判決が下ったが、まったくの冤罪であった。事件の背景には反ユダヤ主義があり、再審を求める共和派と判決を支持する右派でフランス国内の世論が二分された。自然主義作家エミール・ゾラが「私は弾劾する」を発表したことで知られる。

＊32 ハーバート・スペンサー（一八二〇－一九〇三）イギリスの社会学者。進化論に依拠して社会を説明する社会進化論で知られる。ダーウィンの言葉と誤解される「適者生存」はスペンサーが発案した概念。自由主義や個人主義を賞賛した『社会静学』は、明治期の日本の知識人にも影響を与えた。

＊33 ジャン＝ジャック・ルソー（一七一二－一七七八）ジュネーブ生まれの哲学者。著書に『告白』『社会契約論』など。『人間不平等起源論』で自然状態の人間本来に備わる原理として、自らの幸福と自己保存に強い関心を持たせる「自己愛」と、同類である他者の苦しみに反発を覚える「憐れみの情（ピティエ）」がそなわっているとした。自然状態を「各人の各人に対する戦争」と規定したホッブズへの批判が企図されている。

＊34 「同じ社会の成員たちの平均に共通な諸信念と諸感情の総体は、固有の生命をもつ一定の体系を形成する。これを集合意識または共同意識（la conscience collective ou commune）とよぶことができる」（『社会分業論』田原音和訳、ちくま学芸文庫、二〇一七年、一四五頁）

政治学ではどうでしょう。僕は、苅部さんのような若い方に、今までのお仕事の延長線上で是非ともやっていただきたいことがあります。丸山眞男を、信仰告白的に褒める人と、信仰的に拒絶する人がいますが、ナンセンス。丸山は、価値の信仰告白ではなく、全体性を踏まえたガバナンスの観点から価値を擁護した人でした。一見すると素朴な啓蒙主義者ですが、そう見えるように戦略的に振る舞っていた。丸山の活動を機能的に分析した上で評価しないと駄目です。機能分析とか言うと、丸山の信奉者が怒り出す現状もありますが。

苅部 僕はすでに、しょっちゅう怒られてます（笑）。

宮台 そこが変わらないと、学問の世界が市民社会に貢献できませんね。

暴力と権力との関係について考える

苅部 反対に、今年は予想に反して盛りあがらなかった話題を考えると、その一つが教育ですね。初等・中等教育におけるシチズンシップ教育。それが必要なことは広く理解されているし、導入の試みも始まっていますが、あまり注目されない。政治学でも教育学でも研究している人はいるのですが、なかなか大きな動きになりませんね。もう一つは皇室制度です。天皇陛下の御即位二十周年[*35]を迎えたのに、議論がいま一つ盛んになっていない。論壇誌が特集を組んでも、話の焦点が皇族方のパーソナリティに集中してしまいます。皇位継承制度[*36]に限らず、皇室制度の全体を見すえたような議論が起こらない。がんばっているのが小林よしのりさん一人というのは、はたしてどうなのでしょう。

渡辺 『天皇論』（小学館）ですね。

宮台 僕は三年に一回、明治期の思想をゼミで取り上げていますが、あの時代は左翼思想家であっても天皇制を頭から否定する人はいません。なぜなら、当時の知識人の間では、天皇制についての共通認識――密教――があったからです。国民が不完全である以上、国民主権は当面あり得ず、国民を代理する存在、正確には、理想の国民を体現する存在に、主権を行使させるしかないとの認識です。近代化が達成されたあかつきにのみ国民主権はあり得るのだと。ゼミ生にそんな話をすると皆が驚きますね。「天皇って、日本を戦争に導いて敗北させた悪い奴じゃないんですか」と。GHQスキームもここまで浸透したかと(笑)。

苅部 東京裁判史観どころか、一九七〇年代に出たデーヴィッド・バーガミニの『天皇の陰謀』[*37]の域に達していますね。

宮台 学生が悪いんじゃなく、妥当な認識を獲得するチャンスが乏しいのが問題ですね。有り体に言えば、小林よしのりを読むしかないんです。これは微妙な問題です。小林よしのりは、『天皇論』も『沖縄論』も似ていて、戦後語られなかった側面を前面に押し出すのは良いのですが、社会的文脈の分析が弱いので、この弱さを埋めるためにイデオロギーを持ち出さざるを得ない。そこが実に惜しいんです。逆に小林のイ

＊35　二〇〇九年一一月一二日に天皇皇后臨席のもと国立劇場で記念式典、皇居前広場で祝賀式典がおこなわれた。主催は 経団連、日本商工会議所、日本会議の三団体によって結成された「天皇陛下御即位二十年奉祝委員会」。祝賀式典では秋元康作詞による「奉祝曲 組曲「太陽の国」」がEXILEの歌とダンスで披露された。

＊36　小林よしのり（こばやし・よしのり、一九五三－）漫画家。著書に『東大一直線』『おぼっちゃまくん』など。『ゴーマニズム宣言』（一九九二年）で人気を博し、保守の代表論客となる。同シリーズは二〇一九年現在も『週刊SPA!』で連載が続いている。

＊37　デーヴィッド・バーガミニ（一九二八－一九八三）アメリカ人の著述家。満洲事変などの戦争が、昭和天皇の直接的な指揮による陰謀とした『天皇の陰謀』（いいだもも訳、出帆社、一九七三年）を書いたことで知られる。

デオロギーに反応している輩は、肯定的反応にせよ否定的反応にせよ馬鹿です。これは漫画家である小林の問題ではなく、誰より苅部さんや渡辺さんや僕が向き合わなければいけない問題だと思います。

渡辺　今のお話で閃いたのですけど、初めにイデオロギーありきじゃなく、全く逆方向の本も出てきていると思います。ジャット[38]の『ヨーロッパ戦後史』（浅沼澄訳、二〇〇八年刊行・みすず書房）や、アッシュ[39]の『ヨーロッパに架ける橋』（杉浦茂樹訳、みすず書房）。ジャットの場合は、一九八九年に至るヨーロッパの軌跡を追っているのですが、東と西という視点のみならず、周辺の小さな国の様子も活写していて、テクストとして非常に多声的です。はじめから結論があって、そこに到達していく叙述とは異なり、ジャットやアッシュは、さまざまな声を丹念に集積して、史実に語らせていく。どちらも静かな内省を促される力作です。

苅部　歴史関係は、翻訳も含めて、収穫が多かったですね。ホフマン[40]の『市民結社と民主主義』（山本秀行訳、岩波書店）もいい本でした。フリーメーソンリーの歴史上の役割を評価して、一八世紀に国境と身分を超えた社交集団ができたことが、市民社会の活性化を助けたと論じています。さっきのアソシエーションの議論とも重なってくる。アジア史関係だと、川島真[41]さんと劉傑[42]さんが編んだ『１９４５年の歴史認識』（東京大学出版会）。これは終戦の時に、大日本帝国が解体して人の移動が大量に起こる、それをめぐって複数の国の歴史学者が検証した本です。

渡辺　小熊英二さんの『１９６８』も話題になりましたが、ジャットも、六八年のヨーロッパの政治運動が「革命ごっこ」だという視点を提示しています。

宮台　小熊さんの場合、参照するべき価値のフレームワークの数が足りません。巷では事実認識の誤りが多数指摘されていますが、それより、六八年の「闘争」をこの時点で評価する際に、各国ごとにどんな枠組があるのか、いま少し自覚的であって欲しかったと思う。
今年面白いと思った本は二冊あります。太田俊寛[43]『グノーシス主義の思想』（春秋社）と村岡晋一[44]『対話の哲学』（講談社）です。渡辺さんと苅部さんのおっしゃることに賛成で、こういう時期は古典やオリジンに関する考察に沈潜することに意味があります。僕のカルチャーセンターでの講義でも「〜の最先端」では客が入らず、「古典を読む」で客が入ります。何かを積極的に打ち出す前に全景を収めよという渡辺さんの見方に賛成です。

苅部 『RATIO』第六号（講談社）の「政治とは何か」という特集号で、古代哲学の神崎繁さんが「内乱の政治哲学[45]」という論文を書いています。プラトン[46]のテクストをめぐる解釈から出発して、そこからホッブズ[47]につながる線を導きだし、現代にも通じるような、暴力と権力との関係について考える仕事です。いったん古典をふりかえり、それに密着する仕事をしながら、新しい出口を探してゆく時期に来ているの

＊38 トニー・ジャット（一九四八ー）アメリカの歴史家。著書に『マルクス主義とフランス左翼』など。
＊39 ティモシー・ガートン・アッシュ（一九五五 ー）イギリスの歴史家。著書に『ファイル』など。
＊40 シュテファン＝ルートヴィヒ・ホフマン（一九六七ー）ドイツの歴史家。
＊41 川島真（かわしま・しん、一九六八ー）日本の歴史学者。東京大学教授。著書に『中国近代外交の形成』『中国のフロンティア』など。
＊42 劉傑（りゅう・けつ、一九六二ー）中国生まれの歴史家。早稲田大学教授。著書に『日中戦争下の外交』『中国の強国構想』など。
＊43 大田俊寛（おおた・としひろ、一九七四ー）宗教学者。著書に『オウム真理教の精神史』『現代オカルトの根源』など。
＊44 村岡晋一（むらおか・しんいち、一九五二ー）哲学研究者。中央大学教授。著書に『ドイツ観念論』など。
＊45 神崎繁（かんざき・しげる、一九五二ー二〇一六）哲学者。専門は古代ギリシャ哲学。当該論文は遺著となった『内乱の政治哲学――忘却と制圧』（講談社、二〇一七年）に所収。

かもしれませんね。

渡辺　その一方で、今年は、全景どころか、一点集中的なスローガンを打ち出す本も、たくさんありました。

宮台　そうですね。リストを見ると、勝間和代[*48]の『断る力』（文春新書）があり、対抗して香山リカ[*49]『しがみつかない生き方』（幻冬舎新書）がある。後者のオビは「勝間和代を目指さない」でした（笑）。ところが書店員によれば読者は重なるのです。つまり本気でノメリ込んでいるわけじゃない。

加えて気になったのが蓮池透[*50]・太田昌国[*51]『拉致対論』（太田出版）。蓮池氏は経済制裁を肯定していた人ですが、今は拉致問題の解決には経済制裁は逆効果だとして、感情の問題を横において機能的に外交を分析しておられる。大衆レベルでも、従来の人気主義的な感情のフックから、距離をとる動きが出てきています。

沖縄問題は難しい

渡辺　あと好感を持てたのが、北村毅[*52]『死者たちの戦後誌』（御茶の水書房）。沖縄に向けられたまなざしを「沖縄病」と捉えて、複眼的に考察しています。それから佐藤優[*53]『沖縄・久米島から日本を読み解く』（小学館）も、沖縄の中の面従腹背的な、ある種の強さに迫ろうとしていて面白かった。

宮台　いいところまで迫っていますが、普天間移設も含めた基地依存問題など今の問題に繋げないので、人畜無害です。僕も沖縄本[*54]を準備していて、一一月に基地を取材しましたが、沖縄問題は難しい。例えば、辺野古住民には辺野古移設反対者は殆どおらず、反対者の大半が県外左翼です。そこには「補助金の釣り上げに役立つので黙っている」という、二重冊封体制以来の強かさがある一方、小林よしのり『沖縄論』

が現地で爆発的に売れているのに読者同士が話す機会が皆無という、「物言えば唇寒し」的な同調圧力があります。

渡辺 もう一冊、豊田祐基子『「共犯」の同盟史』（岩波書店）も、いい本でした。「日米密約と自民党政権」

*46 プラトン（BC四二七–三四七）古代ギリシャの哲学者。ソクラテスの弟子。ソクラテスの死後、各地を旅した後、アテナイ郊外にアカデミアを創設。『パイドロス』『饗宴』などソクラテスを主人公に対話編を執筆、イデア概念を根本に置く思想は西洋哲学の源流となった。

*47 トマス・ホッブズ（一五五八–一六七九）イングランドの哲学者。『リヴァイアサン』において自然状態を「各人の各人にたいする戦争」と考え、これを克服するために、人々が自然権を放棄して社会契約によって国家に移行するとした。リヴァイアサンとは旧約聖書に登場する怪物で、強靭な権力を持つ国家の喩え。

*48 勝間和代（かつま・かずよ、一九六八–）経済評論家。株式会社監査と分析取締役。『お金は銀行に預けるな』など著作多数、著作累計発行部数は五〇〇万部を超える。

*49 香山リカ（かやま・りか、一九六〇–）精神科医。立教大学教授。『リカちゃんコンプレックス』『ぷちナショナリズム症候群』など。

*50 蓮池透（はすいけ・とおる、一九五五–）一九七八年に朝鮮民主主義人民共和国に拉致された蓮池薫の兄。拉致被害者の救出を訴え、北朝鮮による拉致被害者家族連絡会（家族会）副代表を務めていたが、対話を重視する蓮池は圧力を求める家族会と対立。二〇一〇年に家族会が蓮池の退会を決議。著書に『拉致被害者たちを見殺しにした安倍晋三と冷血な面々』など。

*51 太田昌国（おおた・まさくに、一九四三–）評論家。著書に『〈脱・国家〉情況論』など。

*52 北村毅（きたむら・つよし、一九七三–）大阪大学大学院准教授。著書に『沖縄における精神保健福祉のあゆみ』（編著）など。

*53 佐藤優（さとう・まさる、一九六〇–）評論家。元外交官。二〇〇二年、鈴木宗男衆議院議員をめぐる汚職事件で逮捕、起訴され、二〇〇五年に背任、偽計業務妨害の執行猶予付きの判決が確定し、失職。著書に『国家の罠』など。

*54 神保哲生との共著『沖縄の真実、ヤマトの欺瞞』（春秋社、二〇一〇年）のこと。

という副題が付けられていて、日本が自立を求めながらも、アメリカへの依存を深めていった経緯を活写しています。

宮台 密約問題が面白いですね。一番騒がれているのは核持込密約[*55]ですが、政治学的には一番どうでもいい密約です。米国がＮＣＮＤ[*56]（Neither Confirm Nor deny）を採用して「もしかすると核があるかもしれない」と思わせる合理的戦略をとり、日本はその核の傘にぶら下がる以上、非核三原則とりわけ「持ち込ませない」は元々完全に無意味なのです。

苅部 核兵器の持ち込みをチェックするのは、実際上できませんから。

宮台 ライシャワーも言っていました。そんなことは日本が百も承知だと思っていたら全然わかっていなかったと。[*57]爆笑ものだとはいえ、悲しい話です。日本がぶら下がる核戦略上の合理性からみてあり得ないことを、愚かにも「信仰」していたわけですから。

苅部 沖縄返還交渉[*58]と日米繊維交渉[*59]の二つを、密使として担当した、政治学者の若泉敬[*60]について、森田吉彦[*61]さんによる評伝が、今年終刊した『諸君！』に連載されていました。面白かったのですが、まだ本になっていませんね。若泉がその後、社会の一線から退いたのち、晩年に出した回想録が今年復刊されました（『他策ナカリシヲ信ゼムト欲ス』文藝春秋）。これも、もっと話題になってよかった。

宮台 あとは、あまり引っかかる本がなかったですね。

渡辺 去年は貧困という大きなテーマがありました。[*62]今年は、多分、政権交代[*63]なのでしょうが、いまひとつ記憶に残る本がない。先程の話に戻りますが、今までの自分達の思い上がりに対し、抑制や内省を利かせようという感覚は伝わってくるのですが、「貧困」のように具体的なキーワードに落とし込めない。

宮台 ストレートな物言いよりも、「だが、しかし」的なものが多かった気はします。

渡辺　書評委員をやっていると、鬱の本とか、社会起業家の成功話とか、そういう本も目に付きました。
宮台　調べると、ベストセラーの六割以上は広い意味での自己啓発本です。読み捨てて元気になる。元気

＊55　米軍による日本への核兵器持ち込みに関する日米間の密約。一九六〇年の日米安保条約改定時に、日本国内へ核兵器を持ち込む場合、日米間の事前協議が必要と定められたが、核兵器を積んだ米艦船が寄港する場合などは核持ち込みにあたらないとする秘密合意があった。二〇〇〇年に公開された米政府の公文書などで密約の存在が明らかになっていたが、日本政府はその存在を否定していた。二〇〇九年九月、岡田克也外務大臣の指示により、外務省および有識者委員会による調査がおこなわれた。
＊56　核兵器の存否について「肯定も否定もしない（Neither Confirm Nor Deny)」という米国の核政策。機密保護や抑止力を高める目的のほか、日本などの非核政策をとる同盟国の世論対策を目的としている。

＊57　エドウィン・O・ライシャワー（一九一〇－一九九〇）アメリカの東洋史研究者。一九六一年から六六年まで駐日米国大使。八一年にライシャワーが「核の持ち込みとは核兵器の陸揚げ、貯蔵を意味する」「核兵器を積んだ米艦船が寄港する場合は核ち持込みにあたらず、事前協議の対象とならないという日米間の密約がある」「核兵器を積んだ米艦船が日本に寄港している」などと発言し、波紋を広げた。
＊58　一九七二年の沖縄返還に際し、日米間で結ばれた核兵器持ち込み、軍用地の原状回復費に関する二つの密約。有事の際、事前協議のみで米軍が沖縄に核兵器を持ち込み、貯蔵基地として利用できる、および、沖縄返還協定で米軍が負担すると規定されていた土地の原状回復費を日本側が肩代わりをするというもの。

＊59　一九六九年、日本に繊維製品の輸出の自主規制を要求したニクソン大統領にたいして、佐藤栄作首相が首脳会談で沖縄返還の約束を取り付けるとともに、輸出規制を伝えた。繊維の輸出規制と沖縄返還を絡めた交渉は「糸（繊維）と縄（沖縄）の取引」といわれる。
＊60　若泉敬（わかいずみ・けい、一九三〇－一九九六）国際政治学者。沖縄返還交渉で有事の際、事前協議なしに核再持ち込みを認める密約の草案を作成。一九九四年、自著『他策ナカリシヲ信ゼムト欲ス』で沖縄返還の交渉過程を公表、ニクソン大統領と佐藤栄作首相が署名した日米秘密合意議事録の存在を明らかにした。議事録は二〇〇九年に佐藤宅から発見された。

になっても三日ともたない。しかもそれを分かりながら読む。勝間本を読みながら香山本を読むのはそういうことです。本というものの位置づけが変わって、抗鬱剤や安定剤みたいになっています。中身の妥当性ではなく、効き目に注目するわけです。いい悪いは別にして、出版文化の保全という観点からは注目しなければいけない現象です。

渡辺　「価値」の根底にある価値を疑うとか、静かな内省を、という次元とは別に、グロテスクなマーケットが厳存していて、両者の間に大きな分断がある気がします。

苅部　普通の人文書・文芸書の著者と読者の世界と、ベストセラー本の流通する市場とが、まったくわかれているんですね。

渡辺　そうしたマーケットを否定するつもりは毛頭ありませんが、その一方で、今日話したような議論を途絶えさせてはいけないと痛感します。

（二〇〇九年一二月二五日）

＊61　森田吉彦（もりた・よしひこ、一九七三－）大阪観光大学教授。著書に『兵学者　吉田松陰』など。言及された連載は『評伝　若泉敬　愛国の密使』（文春新書、二〇一一年）として刊行された。

＊62　公共機関が閉鎖される二〇〇八年一二月三一日から二〇〇九年一月五日、支援団体が日比谷公園で食事や簡易の宿泊所を提供する「年越し派遣村」を設置した。〇八年九月のリーマンショックによる世界不況のため、製造業などの派遣労働者が中途解雇や雇い止めにあう「派遣切り」が問題化していた。

＊63　二〇〇九年八月三〇日の衆議院選挙で、鳩山由紀夫率いる民主党が三〇八議席を獲得。社会民主党、国民新党と連立を組み鳩山由紀夫内閣が誕生した。しかし、普天間基地移設問題をめぐる混乱などで支持率が急落し、わずか九ヶ月で退陣に追い込まれた。

2010

１月	・日本年金機構が本格スタート
	・日本航空が会社更生法の適用を申請し破綻
	・沖縄・名護市長選挙で基地移設反対派の稲嶺進氏当選
２月	・チリでＭ８.８の大地震、数百人が死亡
３月	・子ども手当法・高校授業料無償化法成立
４月	・「大阪維新の会」発足（代表＝橋下徹大阪府知事）
５月	・高速増殖炉もんじゅが一四年五ヶ月ぶりに運転再開
	・日米両政府が普天間基地を名護市辺野古周辺に移設する旨の共同声明を発表
６月	・鳩山由紀夫首相が辞任、菅直人氏が民主党代表となり菅内閣発足
７月	・参院選で民主党大敗、ねじれ国会へ
	・大韓航空機爆破事件の実行犯・金賢姫元死刑囚来日、北朝鮮拉致被害者家族らと面会
８月	・広島・原爆の日に開かれた平和記念式典に、アメリカの代表が初出席
９月	・尖閣諸島沖の領海内で中国漁船が海上保安庁の巡視船と衝突、船長を逮捕
	・大阪地検特捜部検事らを証拠改竄の疑いにより逮捕
１０月	・日銀が、実質的なゼロ金利政策導入を発表
１１月	・米中間選挙でオバマ民主党大敗、下院で共和党が過半数に
	・尖閣沖の中国漁船衝突事件の衝突映像が流出
１２月	・ウィキリークスのジュリアン・アサンジ氏逮捕

中国漁船と海上保安庁の巡視船が衝突（9月7日）　時事

▷紀伊國屋じんぶん大賞（本年創設）
佐々木中『切りとれ、あの祈る手を』

▷ユーキャン 新語・流行語大賞（「現代用語の基礎知識」選）
「ゲゲゲの」

正義論ブーム

苅部　やはり、マイケル・サンデル『これからの「正義」の話をしよう』（早川書房）から、話を始めましょうか。[*1]渡辺さんの『アメリカン・デモクラシーの逆説』（岩波新書）、宮台さんの大澤真幸さんとの対談本『「正義」について論じます』（左右社）とも、ちょうど関心が重なりますから。サンデルの本、原題「JUSTICE」は、僕もいま大学生とゼミで読んでいるところですが、批判の対象とする議論についても深く理解しながら紹介している、よくできたテクストですね。それ以外にも、ジョン・ロールズ[*2]『正義論』（紀伊國屋書店）の新訳、まともに通読できる日本語訳が出て、チャールズ・テイラー[*3]の主著『自我の源泉』（名古屋大学出版会）も、長らく翻訳されていなかったのがようやく登場した。一種の政治哲学ブーム、正義論ブームの年だったと思います。

しかし、テレビに映るサンデルの授業がおもしろいというだけの、一過性の関心に終わってしまってはもったいない。サンデルやロールズの言っていることをまねるだけではなく、人間の自由や権利についてどう考えるかという原点にまでさかのぼって考察し、そこから現実の政治と社会が抱えている問題について議論する習慣が、定着していくといいと思います。その助けになるような、日本の研究者によるおもしろい本もいくつか出ました。梅田百合香さん[*4]の『甦るリヴァイアサン』（講談社選書メチエ）は、トマス・ホッブズの思想を今までとは別の形で読み直している。「各人の各人に対する戦争」という自然状態に関するイメージばかりが強調されてしまう思想家ですが、それだけではない。むしろ闘争状態を脱却して平和を求めようとする「希望」の情念の存在をホッブズが説いたことに注目して、平和な共存のためのリアリズムの思考を読みとっています。

梅田さんと同じように、古典を読みとくところからいまの問題を考える本としては、アレクシ・ド・トクヴィル[5]を題材にした、富永茂樹さんの『トクヴィル』（岩波新書）も出ました。トクヴィルは、サンデルが議論の前提にするアメリカの政治の世界で、よく引かれる思想家でもあります。宇野重規[6]さんの『〈私〉時代のデモクラシー』（同）も、トクヴィルを使いながら現代の日本を論じている。このように、政治思

＊1　サンデルが政治哲学の講義の様子を放送したアメリカの番組をＮＨＫ教育テレビが「ハーバード白熱教室」として二〇一〇年四月から六月まで放送。放送期間中に発売された『これからの「正義」の話をしよう』は単行本累計発行部数が六〇万部を超えた。ちなみに宮台は『これからの「正義」の話をしよう』に次のような推薦文を寄せている。「1人殺すか5人殺すかを選ぶしかない状況に置かれた際、1人殺すのを選ぶことを正当化する立場が功利主義だ。これで話が済めば万事合理性（計算可能性）の内にあると見える。ところがどっこい、多くの人はそんな選択は許されないと現に感じる。なぜか。人が社会に埋め込まれた存在だからだ——サンデルの論理である。彼によれば米国政治思想は「ジェファソニズム＝共同体的自己決定主義＝共和主義」と「ハミルトニズム＝自己決定主義＝自由主義」を振幅する。誤解されやすいが、米国リバタリアニズムは自由主義でなく共和主義の伝統に属する。分かりにくい理由は、共同体の空洞化ゆえに、共同体的自己決定を選ぶか否かが、自己決定に委ねられざるを得なくなっているからだ。正義は自由主義の文脈で理解されがちだが、共和主義の文脈で理解し直さねばならない。理解のし直しには、たとえパターナル（上から目線）であれ、共同体回復に向かう方策が必要になる——それがコミュニタリアンたるサンデルの立場である」

＊2　ジョン・ロールズ（一九二一－二〇〇二）アメリカの政治哲学者。『正義論』において功利主義を批判し、自身の階級や身分、能力、資産などを知らない状態「無知のヴェール」のもとで正義の原理を選択することになるとした。著書に『万民の法』など。

＊3　チャールズ・テイラー（一九三一－）カナダの政治哲学者。著書に『ヘーゲルと近代社会』など。

＊4　梅田百合香（うめだ・ゆりか、一九六八－）日本の政治学者。桃山学院大学教授。著書に『ホッブズ　政治と宗教——『リヴァイアサン』再考』など。

想の古典から何をひきだせるかという関心が強く出てきたことも、重要な動きだと思います。

渡辺　『これからの「正義」の話をしよう』は私もゼミで輪読しました。最初の方はやさしいのですが、後半は議論がかなり複雑になってきますよね。テレビの影響が大きいとは思いますが、なぜこれほど難しい本が六〇万部も売れたのか。日本でここまでブームになったのか。たとえば、いわゆる「市場原理主義」と称される時代がしばらく続いた。そこに金融危機が起こり、市場主義的ではない価値や徳の復権が求められた。とはいえ、市場主義的な視点にはそれなりの魅力や妥当性もあり、全面的には排除できない。

そうした現状のなかで社会や公益を考えていかなければならないときに、『これからの「正義」の話をしよう』は功利主義とリバタリアニズム[*7]と美徳という三つの視点を提示し、それら三つの連立方程式をいかに解くのか、「考え方の練習帳」みたいな形で示した。社会や公益を考えたいけれども迷っている人たちに向けて、あたかもチャート式の参考書のように明解に指し示した。ブームは生まれるべくして生まれた印象があります。複雑な現実をできるだけ簡潔な図式に整理して何とか理解を試みようという欲求は、サンデルの本以外にも見て取れる。たとえば『もしも女子高生がドラッカーの「マネジメント」を読んだら』[*8]（ダイヤモンド社）や、池上彰[*9]さんの本が典型的です。その上級編として、サンデルの本は位置づけられるのではないか。

宮台　朝日カルチャーセンターで十年教えてきましたが、数年前から政治哲学の原理的思考に対するニーズが上昇しました。知的要求の上昇と言い切っていい。僕は九・一一[*10]（二〇〇一年）以降だと思います。従来は大学でゼミの希望者を篩い落とすべく政治哲学の難しい話をすると人が来なくなったのが、逆に増えるようになりました。理由は、現実が流動的になり、比較的動きにくいもの――古典だったり原理的なものだったり――に対する要求が高まったことです。もう一つの理由は、サンデルにせよロールズにせよ

「正義論」ブームの前提として、道徳に対する要求、あるいは道徳の拠ってきたる所以に対する理解への要求が、とても強くなってきたことでしょう。

九三年、ロールズの俗に言う「転向」がありました。彼の言葉では「包括的リベラリズムから政治的リベラリズムへ」。日本では井上達夫氏[*11]を中心に、これを後退だと理解する向きが多いけど、政治哲学や社会学の最前線では多くが前進だと考えています。なぜか。まさに九・一一がキーワード。一国内あるいは

＊5　アレクシ・ド・トクヴィル（一八〇五－一八五九）フランスの政治思想家。アメリカ旅行の経験をもとに『アメリカのデモクラシー』を執筆。アメリカ社会がタウンシップの自治によって支えられていることを指摘した。

＊6　宇野重規（うの・しげき、一九六七－）政治学者。東京大学教授。著書に『デモクラシーを生きる』『保守主義とは何か』など。

＊7　個人の自由と経済的自由を重視する、他者の身体や私的所有を侵害しない範囲で各人は自由であるべきという考え。代表的な著作にノージック『アナーキー・国家・ユートピア』がある。渡辺靖はアメリカのリバタリアンの人的関係や知的関係を取材した「リバタリアン・アメリカ」を『中央公論』で二〇一八年四月から連載し、『リバタリアニズム』（中公新書、二〇一九年）にまとめた。

＊8　放送作家であった岩崎夏海（一九六八－）による小説。高校の野球部の女子マネージャーがピーター・ドラッカー『マネジメント』をもとに甲子園出場を目指すというストーリー。単行本累計発行部数二五五万部を超えた。

＊9　池上彰（いけがみ・あきら、一九五〇－）日本のジャーナリスト。元NHK記者。『週刊こどもニュース』などに出演、NHK時代からニュースをわかりやすく解説することに定評があった。フリー転身後は各局の情報番組に出演し人気を博す。番組で池上がよく口にする「いい質問ですねぇ」は二〇一〇年の流行語大賞トップテンに選出された。

＊10　二〇〇一年九月一一日のアメリカの同時多発テロ。四機の旅客機がほぼ同時にハイジャックされ、うち二機がワールドトレードセンターに突入、また別の一機もアメリカ国防総省本庁舎（ペンタゴン）に突入した。ウサマ・ビンラディーンをリーダーとするテロ組織「アルカイダ」による犯行。アフガニスタン戦争の引き金となった。

「我々」の内部での公正や正義について考える福祉国家政策的な段階から、グローバルないし「我々」の範囲を越えた者──異文化や異宗教の者──との共生の可能性を模索する段階へのシフトだからです。より現実的に緊要な問題に前進したと言えるし、普遍主義というローカリズム──ウォーラーステインの言う「欧州的な普遍主義」──を超えて「普遍的な普遍主義」[*12]へと前進したとも言えます。ローティ[*13]はこれを「プラトニズムからプラグマティズムへ」と言う。「ロールズ転向」を契機に、古典的自由主義寄りのリベラリズム理解が、サンデルを含めたリベラル・コミュニタリアン的なリベラリズム理解へとシフトしています。「かつてのロールズは一国主義という意味で所詮コミュニタリアンだ」との皮肉な理解が典型です。コミュニタリアンを「共同性の押しつけ」とみる誤解も解け、自称コミュニタリアンが殆どいない理由も理解されてきました。実際、規範的説教というより、近接性(仲間とトゥギャザであること)が選好構造を変えると見做す事実的論議をするわけです。

さらに、近接性を重視するアナーキズムや、それを重要な源流の一つとするリバタリアニズムについて──或いはリバタリアニズムとは本来筋が違う帰結主義的なハイエクやミルトン・フリードマン[*14]について──「市場原理主義だ」と名指す誤解もとけてきました。大学教員レベルでは相変わらずフリードマンを市場原理主義だと教える人も多いけど、彼の本を読めば序文レベルですらそうは書いてない。実際は逆。むしろ教育と医療についてはふんだんな財政的支出が必要だと繰り返し言って来ているのです。ただ彼が強調するのは、公共性の判断を誰がするのかという問題です。「たかが行政官僚如きに公共性を判断させていい訳がない。用途指定クーポン(バウチャー)とベーシックインカムを組み合わせ、市場での投票を通じて公共性を判断させよ」と言う。これは少なくとも間接的には、市民というあり方(シチズンシップ)についての規範的議論です。日本ではまだ左翼による市場原理主義うんぬんの類の誤解が流布するけど、学生の間ではフリードマンの議論についての真摯な関心も高まっています。

苅部　サンデルについてもう少し言うと、ブームが起こる前には主著としては、一九九二年に邦訳の初版

*11　井上達夫（いのうえ・たつお、一九五四－）法哲学者。東京大学教授。著書に『共生の作法』『現代の貧困』など。

*12　イマニュエル・ウォーラーステイン（一九三〇－）アメリカの社会学者。「世界システム論」で知られる。ウォーラーステインは西洋が自明視する人権や民主主義といった概念が「近代世界システムの支配者層にとっての利益を追求する、汎ヨーロッパ世界の指導者および知識人によって唱導されてきた」と批判し、「ヨーロッパ的普遍主義」ではない「普遍的普遍主義」の必要を説いている（『普遍的普遍主義』山下範久訳、明石書店、二〇〇八年、三四頁）。

*13　リチャード・ローティ（一九三一－二〇〇七）アメリカの哲学者。著書に『偶然性・アイロニー・連帯』など。

*14　ミルトン・フリードマン（一九一二－二〇〇六）アメリカの経済学者。シカゴ学派として知られる。一九七六年にノーベル経済学賞を受賞。「最低限の学校教育を義務づけることと、この義務教育の費用を国家が負担することは、どちらも学校教育の外部効果を考えれば妥当である。しかし学校の運営そのものを政府が行うこと、すなわち教育産業の大部分を国営・公営にすることは外部効果によっても、また私の知る限り他の理由によっても、まったく正当化できない。政府が運営する方が望ましいとはっきり入れるケースはまずあるまいと思う。政府は大体において、教育機関の運営コストを直接支払うという形で学校教育に出資している。そして、金を出すとなれば口も手を出すのが当然だと考えているらしい。だが両者は簡単に切り離せるはずだ。政府は最低限の学校教育を義務づけたうえで、子供一人当たりの年間教育費に相当する利用券、すなわち教育バウチャーを両親に支給する。この教育バウチャーは、公立私立を問わず政府が「認定」した教育機関で使用することを条件とし、子供をそうした認定校に入学させバウチャーを提出すれば、それに対して政府が券面額を払う仕組みである。こうすれば両親は、券面額に自分の金を足し、自分が選んだ認定校で教育サービスを購入する自由が保証されることになる」（「教育における政府の役割」『資本主義と自由』村井章子訳、日経BP社、二〇〇八年、一七七－一七八）

が出た『リベラリズムと正義の限界』（勁草書房）しか翻訳がなく、ようやく今年に『民主政の不満』（同）の上巻だけ出たという状態でした。『これからの「正義」の話をしよう』についても、それをおもしろがる人は、冒頭の章に見える路面電車の例[*15]をよくとりあげますが、サンデル自身はその設問の前提となる功利主義の発想を、批判するつもりで言及しているはずですよね。しかし、このブームのタイミングはよかったかもしれません。もしも安倍晋三政権（第一次）のころにサンデルの仕事が紹介されていたら、悪い使われ方をした可能性もあるでしょう。サンデルの立場は、道徳に関する議論も政治の舞台にのせようというものですから。別に一つの価値を政治権力を通じて強制しようというわけではなく、議論することが大事だという話なのですが、日本の政治風土では、道徳を学校できちんと教えましょう、愛国心を高めていきましょうといった方向に、すっと行ってしまいかねない。しかしそういう雰囲気が薄まった時期にサンデルの本が売れた。宮台さんがおっしゃるように、議論の成熟の表われかもしれません。

道徳への関心

宮台　そう思います。『ベオグラード1999』（金子遊監督）というドキュメンタリー映画[*16]があります。監督自身はニューレフトだけれど、元恋人が一水会[*17]に入っていたのが自殺して、映画は彼女の自殺までの経緯を追います。その過程で、金子監督は、一水会など新右翼の主張が、自分が思っていた「右翼」とは全く違うことに気づき、完全に合意しないまでも、政治をめぐる規範が、紋切り型の「あれか、これか」の議論ではありえないことに「気づき」を獲得します。監督自身の自伝的な「気づき」の描写が、今の精神風土を象徴します。安倍晋三政権時代——むろん小泉政権時代もそうでしたが——それこそ「あれか、これか」の「友敵図式」の中で、内容無関連に自分たちを鼓舞する形が専らでした。例えば「自己決定尊重と共同体尊重が対立する」云々。個人性も共同性もこうした低レベルでしか理解されなかった。それがやっと「自己決定を貫徹したときに成立する共同性」というアーレント[*18]的ないしサンデル的な――本来は初期ギリシャ的な――理解にシフトしてきました。「戦後日本は個人主義化しすぎた」という安倍晋三的ないし自称「保守論壇」的な〝頭の悪い議論〟が衰退し、三島由紀夫[*19]が右翼を標榜しつつ徴兵制や愛国教育や核武装に反対した理由を一水会元代表の鈴木邦男氏[*20]が朝日新聞で論じる時代になりました。

＊15　「あなたは路面電車の運転士で、時速六〇マル（約九六キロメートル）で疾走している。前方を見ると、五人の作業員が工具を手に線路上に立っている。電車を止めようとするのだが、できない。ブレーキがきかないのだ。頭が真っ白になる。五人の作業員をはねれば、全員が死ぬとわかっているからだ（はっきりそうわかっているものとする）。ふと、右側へとそれる待避線が目に入る。そこにも作業員がいる。だが、一人だけだ。路面電車を待避線に向ければ、一人の作業員は死ぬが、五人は助けられることに気づく。どうすべきだろうか？」（『これからの「正義」の話をしよう』鬼澤忍訳、早川書房、二〇一〇年、三二頁）「トロッコ問題」はサンデルでよく知られるようになったが、イギリスの哲学者フィリッパ・フットが考案した思考実験である。

＊16　二〇〇九年公開の金子遊監督のドキュメンタリー作品。新右翼団体「一水会」代表木村三浩の姿を通して、鈴木邦男や西部邁、雨宮処凛といった右派や、ユーゴスラビアの民族浄化の首謀者であったセルビア副首相シェシェリやセルビア民兵らの姿をおさめる。

＊17　三島由紀夫らによる楯の会事件に影響を受け、一九七二年に結成された思想団体。いわゆる新右翼のひとつ。二〇一五年には代表の木村三浩が「脱右翼宣言」をしている。

＊18　ハンナ・アーレント（一九〇六－一九七五）ドイツ生まれの思想家。著書に『革命について』『人間の条件』など。

＊19　三島由紀夫（みしま・ゆきお、一九二五－一九七〇）小説家。著書に『仮面の告白』『豊饒の海』など。一九七〇年陸上自衛隊市ヶ谷駐屯地に侵入、自衛隊にクーデターを呼びかけたが、失敗し割腹自殺した。二〇一〇年は没後四〇年にあたり、著書が復刊され、多くの関連書籍が発売された。

僕の師匠で先日他界した極右の小室直樹先生[*21]が、日本はもう駄目だと慨嘆する僕に、「いや、宮台君、社会が悪くなると人が輝くんだ、心配はいらない」と答えたのが一五年前。まさしく小室先生のおっしゃった通りなのかもしれないと感じるこの頃です。

昨今の道徳への関心は、「私」とは誰で「我々」とは誰なのかという原理的関心と表裏一体です。九〇年代後半の『エヴァンゲリオン[*22]』ブームまで一般的だった「私探し」が進展し、村上春樹的に〝「井戸の底を掘っ」たら井戸じゃない場所に出た[*23]〟感じです。思えば、一九二九年に始まる世界恐慌から、ケインズの「有効需要[*24]」論や、デューイの「体験を通じた成長としての教育」論[*25]や、パーソンズの「経済回って社会回らず（ゆえにやがて経済も回らず）」を回避する社会化論[*26]など生産的議論が生まれました。私が私であり続けることの非自明性。我々が我々であり続けることの非自明性。要は「社会というものの非自明性」がセセリ出すのが、社会が悪くなる時代。とすれば、政治哲学に関心を寄せる僕たちにとっては「いい時代」が訪れました。

渡辺　サンデルが安倍政権時代に読まれたら、悪い使われ方をされたのではというお話がありました。良いか悪いかは別として、トクヴィルについても、政治的な読み方をされてきました。八〇年代には、宗教の重要性や共産主義の危険性といった点がハイライトされ、トクヴィルはどちらかというと保守派好みのテクストでした。最近では、そういった保守的な解釈からは解き放たれて、むしろ市民社会の重要性や格

＊20　鈴木邦男（すずき・くにお、一九四三－）政治活動家。著書に『〈愛国心〉に気をつけろ！』など。鈴木は『朝日新聞』（二〇一〇年一一月二五日付夕刊）で次のように論じている。「三島は「楯の会」の中に「憲法研究会」をつくり、改正草稿に「日本国民は祖国防衛の崇高な権利を有する」と書いた。同時に「国民は徴兵を課され

ない」と書いた。国防は名誉ある権利だ。義務化したら名誉が汚れると思ったのだ／自衛隊二分論も言っている。半分は国土防衛軍にし、半分は国連警察軍にしろという。復古的な軍国主義者ではない。予言者だ。また、核を持つことにも反対していた。巨大な武器信仰によりかかり、国民の防衛精神が、そして人間がそこなわれることをおそれたのだろう。さらに、自決の二年前に、「愛国心」について、「官製のいやなことば　日本は『大和魂』で十分」と喝破している（朝日新聞　昭和四三年一月八日付夕刊）。実に示唆的だ。愛国心という言葉は、「どことなく押しつけがましい」とし、国の一員であるのに、「その国というものを向こう側に対象に置いて、わざわざそれを愛するというのが、わざとらしくてきらいである」という」

＊21　小室直樹（こむろ・なおき、一九三二―二〇一〇）評論家。社会学者。著書に『危機の構造』など。小室が開いた自主ゼミは宮台ほか橋爪大三郎や大澤真幸など多くの研究者を輩出。

＊22『新世紀エヴァンゲリオン』はテレビ東京系列で一九九九年より放送されたテレビアニメ。庵野秀明監督作品。大災害セカンドインパクト後の世界を舞台に、第三新東京市に襲来する「使徒」と巨大人型兵器「エヴァンゲリオン」のパイロットとなった少年少女の戦いを描く。謎めいたストーリーをめぐって多くの関連書籍が刊行され、社会現象となった。

＊23『ねじまき鳥クロニクル』など村上春樹の小説で繰り返し用いられるモチーフ。

＊24　ジョン・メイナード・ケインズ（一八八三―一九四六）イギリスの経済学者。著書に『雇用・利子および貨幣の一般理論』など。ケインズは、古典派経済学の前提となっていた、供給がそれみずからの需要をつくりだす「セイの法則」を批判し、財やサービスに対する実際の貨幣的支出をともなう需要（＝有効需要）が一国の生産量や雇用量を決定すると主張した。

＊25　ジョン・デューイ（一八五九―一九五二）アメリカの哲学者。プラグマティズムを代表する思想家として知られる。「教育と個人的経験の間にみられる有機的関連があるということを、あるいは教育の新しい哲学が、ある種の経験的、実験的な哲学に関わっているということを、私は想定するのである」「何よりも重要なことは、もたれる経験の「質」にかかわっているのである。〔…〕経験が生徒に不快感を与えず、むしろ生徒の活動を鼓舞するものであるとしても、その経験が未来により望ましい経験をもたらすことができるよう促すためには、直接的な快適さをはるかに超えた種類の経験が求められることになる。このような質的経験を整えることこそ、教育者に課せられた仕事なのである」（『経験と教育』市村尚久訳、講談社学術文庫、二〇〇四年、二九・三四頁）

差社会の危険性といった点から読まれることが多くなっています。興味深いのはオバマ大統領で、かねてから宗教の重要性について積極的に発言しています。特定の宗教に政治的に肩入れするのは違憲だが、社会や公益を考える際に価値や美徳を排除することはできないし、すべきでもないという立場です。近年の民主党系の政治家が避けてきた立場でもあり、大きなチェンジでもあります。これまでは価値や美徳に言及するのは危険とされ、「中立」という名のもと、手続き的な部分だけで政治が議論されてきた。ところが、手続き論が過剰になるなか、もう一度、そもそもの政治の目的や社会として目指すべき価値を考え直そうという気運も出てきている。オバマはその象徴かもしれません。サンデルもオバマの姿勢を評価しています。

アメリカ政治の幅

宮台　ハーバーマス[*27]に引きつければ、少し前まで近代社会哲学は、正当性（内容・善）よりも正統性（形式・正義）に関心を寄せてきたのが、正統性自体が一定の正当性＝自明性に支えられてきたことが明確になってきた。それが「ロールズ転向」の本質です。ローティが一九九三年のアムネスティ講義で「世の中では人権の本質論が喧しいが、我々が一九六五年まで黒人を人間だと思わなかった事実を思えば愚昧千万。黒人を人間だと思う以外ないような自明性をもたらす感情教育の実践が大切だ」と述べたのも同趣です。[*28]

＊26　「パーソンズは一九二九年大恐慌を少年時代に体験していて、これが動機づけになって、大恐慌に象徴される資本主義の弱点を社会主義を採ることなく回避できないか、という重大な問題設定をします。そこで構想されたのが、社会化概念やＡＧＩＬ図式で有名な彼の社会システム理論です。市場の価格決定点＝需給均衡点は、パレー

ト最適点つまり「他の誰かの効用を悪化させない限りどの人の効用も改善できない状態」です。よく知られるように、パレート最適点は、公平な配分という「良さ」を意味せず、市場にとっての外部性である（一）各主体の初期手持量と（二）各主体の選好構造を前提としたものに過ぎません。つまり（一）初期手持量の配分と（二）選好構造の配置次第で、市場の均衡点は、「良い」社会状態も「悪い」社会状態も帰結できます。「悪い」社会状態の典型が大恐慌。これを回避するには、市場の需給均衡が「悪い」社会状態を帰結しないように、（一）初期手持量の配分と（二）選好構造の配置を、制御する必要があることになります。一九三三年からのルーズベルト大統領によるニューディール（トランプゲームの仕切り直し）は、消費市場の面では、（一）初期手持量の配分に、政府が介入するものです。一般には所得再配分政策と呼ばれますが、以降は「民主党の時代」となって、一九四〇年代以降のフォード主義や一九六〇年代以降の福祉国家政策につながっていくわけです。パーソンズは、元々ヴェーバーについての学位論文が出発点だったこともあって、もう一つの可能性である、（二）選好構造の配置変更に注目します。選好構造の配置とは、人々がどんな価値観を内面化しているか、つまりエートスということです。資本主義が存続するには、人々の価値観が適切でなければならない、と彼は考えます。資本主義的市場経済の存続に必要な、最低限の「良い」社会状態を、保つために必要な選好構造すなわち価値セットの配置を、市場メカニズム自体が作り出し持続可能にすることができないというのであれば、そうした価値セットを社会システムが人々に内面化させることが――社会化が――必要だとパーソンズは考えたのです」（宮台真司×橋爪大三郎「第六章　小室直樹博士と同時代」『小室直樹の世界』ミネルヴァ書房、二〇一三年、三〇四―三〇五頁）

＊27　ユルゲン・ハーバーマス（一九二九―）ドイツの哲学者。フランクフルト学派第二世代を代表する思想家。著書に『公共性の構造転換』など。

＊28　ローティは、人権思想がもつ「人間とは何か」という問いを本質主義＝プラトン主義として批判し、「感情教育（sentimental education）」を提唱する。「感情教育」は「さまざまな種類の人間にお互い知り合うチャンスを与え、自分たちと違う人たちをにせの人間と考える傾向に歯止めをかけることができるでしょう。この感情操作の目標は、「私たちの同類」とか「私たちのような人たち」という言葉の守備範囲を広げることにあります」と述べている。（「人権、理性、感情」『人権について　オックスフォード・アムネスティ・レクチャーズ』みすず書房、一九九八年、一五〇頁）

先ほど申しあげたけど、カルチャーセンターでは今、最先端の思想でなく、古典を教えてくれという要求が専らです。僕の私塾（思想塾［朝日カルチャーセンターに吸収］と宮台特別ゼミ）もそう。受講生らに尋ねると「巷の理解が間違ってるようだから」と言う。例えば、学部学生向けに、古い本だけど福田歓一[29]の『政治学史』を読んでいますが、最初におっしゃったホッブズについても、ブルータルなイメージが否定され、絶対王政の王権神授説に抗うための、徹底した合理主義の推奨だと書かれています。

ブームになる前、サンデルの『民主政の不満』を英語で輪読しました。これも日本におけるコミュニタリアンの紹介に不満を覚える受講生からの要求です。米国における共和主義者という意味での右は、日本の右と全く違うので、本質的な意味を理解したいと。サンデルは共和主義者です。『民主政の不満』も、個人の選択に過剰な負荷をかける狭義のリベラリズム――彼はボランタリズムと呼びます――から共和主義を擁護します。彼の言い方では「ハミルトニズムからのジェファソニズムの擁護[30]」です。つまり米国の文脈ではサンデルは右です。しかしとりわけ日本では、コミュニタリアニズムというと左のニュアンスです。この種の誤認識が拡がる中、「先の中間選挙でのオバマ民主党の敗北は米国の右ぶれだ」などと言うのは爆笑ものです。共和主義の伝統からすると、オバマの国民健康保険にせよ、ロールズの相続税百パーセントにせよ、州がやるのはＯＫ。なぜか。ステイト（州）は宗教的アソシエーションで、ユナイテッドステイツは複数のアソシエーションのメイフラワー協約的な共生空間だから。実際、輸血を拒絶するモルモン教徒もいれば、病院通いを否定するアーミッシュもいる。彼らにとっては「俺は医者に行かないのに、どうして医者に行く連中のためのカネを払うんだ」となる。誰もが同じ自明性の枠内にある日本とは違うのです。

米国の共和主義は、再配分主義への反対でもなく、行政官僚最小化のイデオロギーでもない。単に「州

の仕事であっても、連邦政府の仕事ではない、それが合衆国憲法の立憲意志だ」と主張するだけ。つま

＊29　福田歓一（ふくだ・かんいち、一九二三－二〇〇七）日本の政治学者。著書に『近代の政治思想』など。『政治学史』は東京大学法学部における講義を元にした概説書。

＊30　サンデルの『民主政の不満』はアメリカにおいて共和主義の自己統治の理念が次第に失われ、「手続き的共和国」に形骸化しリベラリズムへ移行した経緯を、憲政(第一部)政治経済(第二部)のふたつの側面から素描。連邦政府の強化を求め中央集権化を主張したハミルトンらフェデラリストに対し、ジェファソンらアンチ＝フェデラリストは連邦政府の権限を小さくし、各州の独立性を主張。サンデルはトクヴィル、ジェファソンに連なるアメリカの共和主義的伝統について次のように述べた。「ジェファソンも晩年、合衆国憲法が公民的な美徳を涵養するために十分な用意のないことを憂慮し、同様の見解を語っていた。州あるいは郡でさえ、人々が公民としてのエネルギーと情熱をもって参加するには疎遠すぎる。共和主義的な精神を「繁栄させ持続させるために」、ジェファソンは群を区(ward)に分割し、直接的な政治参加を可能にする地域的（ローカル）自己統治の単位とすることを提案した。「全ての市民を政府の実践的な構成員にする」ことによって区の制度は「市民に、彼の国の独立と、その共和主義的な立憲政体に対する、極めて強い情愛を植えつける」であろう。この連邦、州、郡、そして区といった共和政体間での「義務の分割、及びさらなる細分化」は、単に権力の濫用を阻止するにとどまらない。ジェファソンにとってそれはまた、各市民に公共の事柄に関する一定の役割を与えることによって、全体を接合させる方法でもあった。ジェファソンの制度は結局採用されず、トクヴィルが賞賛したニューイングランドのタウンシップは、その権力と公民的な意味を徐々に失っていた。しかし、彼らの連邦主義の背景にある政治的洞察は、今日においてもその意味を失っていない。それは、「公民的な活動と政治権力の場の増殖は、美徳を涵養し、市民を自治に携わらせ、そしてより広い政治的な全体への忠誠を生じさせる点において、自己統治に貢献する」という洞察である。もし地方自治体やその制度がすでに共和主義的な公民性の活動領域にふさわしくないとしたら、私たちはそのための公共空間を探求しなければならない。そしてそれはおそらく、学校、職場、教会、シナゴーク、労働組合、そして社会運動といった、市民社会の諸制度の中において見出すことができるであろう」（『民主政の不満 下』小林正弥監訳、勁草書房、二〇一一年、二八三頁）

り「共同体的自己決定主義」なのです。そのことは日本の報道に触れていたら分からない。残念ながらリベラル・コミュニタリアン論争を紹介する日本の政治哲学者の本を読んでも分からない。しかしサンデルの本を読み通せば完璧に分かる。それがギリシャに由来する思考であることも分かる。そういった「目から鱗」体験を予感しつつ、若い人たちが古典を教えてくださいと言ってくる。今何が起こっているのかを知りたければ古典的書物を繙かないと分からないという予感です。まさに僕たちの時代がやってきました(笑)。

苅部 アメリカのティーパーティーの運動[*31]にしても、ペイリン[*32]の演説を見るだけですと、おバカな保守といった印象になってしまいますが、それなりの思想的な背景があって、深みがないわけではないんですよね。マーク・リラ[*33]が「リバタリアンのティーパーティー運動」(『アステイオン』七三号)のなかで、その源流を一九六〇年代の文化革命にまでさかのぼって位置づけています。政治機構への不信と個人の自足の能力への楽観とを特徴とする潮流が脈々とあって、それが六〇年代の対抗文化をもたらし、八〇年代にはレーガン政権[*34]を支持する保守主義の運動を支えた。そういう流れの上にティーパーティー運動も生まれている。

このように長い視野で政治現象をとらえ、その背景になっている思想を深く読みとるような見かたが、もう少し出てくるといいですね。民主党と共和党、リベラルと保守といった対立軸だけでなく、サンデルのようなコミュニタリアンと、過激に個人の自由を強調するリバタリアンとが両極に来る軸もあって、そうした大きな幅のなかでアメリカの政治は動いている。日本について考える上でのヒントにもなるでしょう。

宮台 大切です。述べたように、米国には民間療法以外には関わらない連中が山ほどいて、彼らから保険料を徴収するのは普通に考えて自明ではないけれど、この非自明性が、個人の多様性よりも共同体の多様性に由来すると主張するのがサンデルです。とはいえ、かつてと違い、共同体の境界がぼやけ、個人が複数の共同体に多重帰属するのも普通です。その結果「お前は共同体を尊重せずに生きていけると思うのか」といった物言いが単にウザイものになりつつあるという事情が、米国にもあります。そんな感受性を活写したのがフェイスブックの創業者を描いたデヴィッド・フィンチャー監督『ソーシャル・ネットワーク』[*35]。そこで擁護されるのは「奔放な子供らしさ」で、批判されるのは「お前は…生きていけると思うのか」的な「ウザイ大人らしさ」です。感慨深いのは、人が政治哲学や社会哲学の学徒を志す動機が、多く

*31　二〇〇九年にオバマ政権がかかげた金融危機対策や医療保険改革（オバマケア）に対する反対運動。名前はイギリスによる不当な課税に対して起きたボストン茶会事件に由来。「税はもうたくさんだ（Taxed Enough Alreday）」を掲げ、「小さな政府」を目指す。二〇一〇年の中間選挙では共産党の議席を増やす結果となった。

*32　サラ・ペイリン（一九六四―）元アラスカ州知事。共和党の政治家。ティーパーティーに人気が高い。二〇〇八年の大統領選には共和党の副大統領の候補として出馬。二〇一六年の大統領選ではトランプに対する支持を表明。エネルギー長官の就任を希望していたが実現していない。

*33　マーク・リラ（一九五六―）アメリカの政治学者。著書に『難破する精神』『神と国家の政治哲学』など。

*34　ロナルド・レーガン（一九一一―二〇〇四）アメリカの政治家。第四〇代アメリカ大統領。強いアメリカの復活に向けて、「レーガノミクス」と呼ばれる経済政策を実施、グレナダ侵攻など対外的には強硬な姿勢をとった。

*35　二〇一一年公開のデヴィッド・フィンチャー監督作品。「Facebook」創設者マーク・ザッカーバーグの半生を映画化。ハーバード大学の学生だったザッカーバーグは、親友のエドゥアルドと学内交流のネットワーキング・サービスを開発する。そのサービスは学外でも評判となり、ファイル共有サイト「ナップスター」創設者のショーン・パーカーとの出会いを経て、世界最大のSNSへと急成長していく様子が描かれる。

の場合「ウザイ大人の否定」という意味でリバタリアン的構えだったのが、加齢すると「共同体ってものはな…」とコミュニタリアン的構えにシフトすること。僕を含めてです(笑)。でも『ソーシャル・ネットワーク』のリバタリアン的構えには、明白な近接性擁護がある。クリント・イーストウッドみたいにね。実際、リバタリアンもコミュニタリアンも、共にクロポトキン的な近接性擁護、つまりアナーキズム[*36]が出発点なのです。

「僕を含めてウザイ大人化は仕方ない」と言いました。政治介入なしで近接性擁護が可能な時代が終わったからです。例えば親の役目を果たせない虐待親だらけ。親を掣肘《せいちゅう》する共同体もない。デューイ＝パーソンズ＝ローティ的な感情教育のパターナリズムが不可欠になった。でも近接性や共同体の境界線は不分明です。チャールズ・テイラーの言うように「地平の融合」[*37]さえある。だから、政治が共同体の境界線をフィンガーポイントすれば、そこに必ず恣意性を必然化する暴力が働く。ここに最大の今日的逆説があります。

日本の保守って?

渡辺　先日、アメリカへ向かう機内で、ティーパーティーの方と隣り合わせになったのですが、彼がこんなことを言っていました。「自分たちがやりたいのは、アメリカを政府から取り戻すことだ」と。保守かリベラルかで言えば、ティーパーティーは保守になるわけですが、日本の保守の中で、今、「日本を政府から取り戻す」と唱えて行動を起こしている保守はいないですよね。「独立独歩」を極端なまでに重んじるティーパーティーの人から見れば、保守政党を自認する自民党が公共事業をバラマキ、たとえかつての被占領国とはいえ、半世紀以上もアメリカの強い影響のもとで外交が行なわれてきたことに強い違和感を覚えるでしょう。「日本の保守って何なの？」と。逆に、ヨーロッパ流の貴族主義的な保守からすれば、戦後焼け野原になった日本には保守を自認できるような層はほとんど存在しないと映るかもしれません。

宮台　ティーパーティー的なものを理解する導きになるのは、やはりクリント・イーストウッド[*38]です。彼は「草の根右翼」で、典型的な共和主義者です。硫黄島二部作[*39]が典型だけど、彼の撮った映画はどうみても反連邦政府です。それも「近接性（プロクシミティ）重視」に由来します。「顔の見えない範囲」の国家

＊36　ピョートル・クロポトキン（一八四二－一九二一）ロシアの政治家、地理学者。著書に『田園・工場・仕事場』など。『相互扶助論』で生物の進化において重要なのは生物種同士の生存競争ではなく、相互扶助であること、ひいては人間も国家なしの相互扶助社会で暮らすことができるとした。

＊37　「実際、我々自身の文化と大きく異なる文化については、その文化による価値ある貢献がどこに存するのかについて、事前にはきわめて漠然とした観念しか持ちえない。なぜならば、かなり異質の文化については、価値を持つとはどういうことかを理解すること自体が、我々にとって未知で不慣れなことだからである。たとえば（西洋音楽の）良く調律された鍵盤に内在する価値の存在を仮定して（インドの）ラーガ旋法に近づけば、永久に核心を逃がすことになろう。ここではガダマー「地平の融合」と呼ぶものが起こるべきなのである。すなわち、我々はより広い地平ののなかを動くことを学ぶ。この新しい地平のなかで、我々は、かつて価値評価の自明の背景とされていたものを、かつて未知であった文化が持つ異質の背景と並べて、可能性のひとつとして位置付けることができるのである。「地平の融合」は、我々が比較のための新しい語彙を発達させるなかで展開するのであり、この語彙によって我々はこれらの対照を表現することが可能になる」（「承認をめぐる政治」『マルチカルチュラリズム』佐々木毅ほか訳、岩波書店、一九九六年、九三頁）

＊38　クリント・イーストウッド（一九三〇－）アメリカの俳優、映画監督。『荒野の用心棒』『ダーティー・ハリー』などに出演。また、監督作品をコンスタントに発表している。『許されざる者』でアカデミー主要部門を独占した。共和党の政治家、カリフォルニア州カーメル市市長を二年間務めた。

を信じる奴は馬鹿。人が戦争で闘う理由は、国家のためでも、家族のためでさえもなく、戦場での友や仲間のために他ならないと。強烈です。近接性を欠いた一切を疑う。右翼の本質は反政府。超越(神・国家)への依存を批判する初期ギリシャの主意主義が出発点だからです。旧枢軸国の屈折は、旧連合国に追いつくべく動員を行う際、急な都市化と共同体空洞化でアノミー化した魂の受け皿として、崇高な国家を持ち出したからです。共同体と国家の相克が旧枢軸国でだけ消去された。結果、「共同体に貫かれるがゆえにあらゆる理不尽にかかわらず前進する存在」を愛でる右が、「自分こそが愛国者だと優等生競争をする存在」を愛でる「エセ右」に頽落した。枢軸国的な病理でネトウヨ的です。

話を戻すと、ここ一五年を振り返ると、道徳というかシビック・ヴァーチューがベースにないと資本主義は回らないとする感受性、ないし、資本主義の否定より資本主義が社会を滅ぼさない条件の肯定が大切だとする感受性が、定着してきました。経済回って社会回らず、であれば、やがては経済も回らなくなる。そのことをアダム・スミスも[*40]、スミスの影響を受けたヴェーバーも、ヴェーバーの影響を受けたパーソンズも繰り返し主張してきたけど、九・一一とリーマンショックを経て漸く人口に膾炙しました。

苅部 柄谷行人さんが『世界史の構造』(岩波書店)で展開した議論にも、いまおっしゃった徳の問題につながるところがありますね。「交換様式D」と柄谷さんが名づける、人々が自由に交通しあうアソシエーションが、どんな社会形態のもとでも潜在していて、既存のものとは異なる形に社会制度を開いてゆくための選択肢をさししめす。この「交換様式D」の表われとして重視されるのが「普遍宗教」なんですね。

宮台 ただ微妙なのは、そこを強調すると、日本人には希望がないという話になります。徳と表現するわけではありませんが、宗教的なものが支えるエートスによって、社会が更新される[*41]。

苅部 普遍宗教がありませんから。

宮台　そう。普遍宗教は極めて特殊です。ユダヤ教は世界宗教でなく、あらゆる全体を考えるという特

＊39　二〇〇六年に公開されたイーストウッド監督作品『父親たちの星条旗』『硫黄島からの手紙』。太平洋戦争で最も過酷な戦闘だった硫黄島の戦いを日米の視点から描く二部作。『父親たちの星条旗』では、ジェイムズ・ブラッドリーによるノンフィクション『硫黄島の星条旗』をもとに、硫黄島の摺鉢山に星条旗を掲げた兵士の有名な写真をめぐる真実の物語が描かれる。『硫黄島からの手紙』は栗林忠道中将の家族への手紙をまとめた『「玉砕総指揮官」の絵手紙』をもとに映画化。圧倒的な戦力差をもつアメリカ軍を迎え撃つ絶望的な状況において、戦い続けた栗林忠道をはじめとする死を覚悟した男たちの最期が描かれる。

＊40　アダム・スミス（一七二三－一七九〇）スコットランドの経済学者。スミスは『国富論』（一七七六年）で各人が自己利益を追求することで、「神の見えざる手」によって需要と供給が自然と調整され、社会全体にとって利益となると主張したが、『道徳感情論』（一七五九年）において、人間本性における「共感《シンパシー》」を説いていた。「いかに利己的であるように見えようと、人間本性のなかには、他人の運命に関心をもち、他人の幸福をかけがえのないものにするいくつかの推進力《プリンシプル》が含まれている。人間がそれから受け取るものはそれを眺めることによって得られる喜びの他に何もない。哀れみや同情がこの種のもので、他人の苦悩を目の当たりにし、事態をくっきりと認識したときに感じる情動《エモーション》に他ならない」（「第一篇　適合性という感覚について　第一章　共感《シンパシー》について」『道徳感情論』講談社学術文庫、高哲男訳、三〇頁）

＊41　柄谷行人（からたに・こうじん、一九四一－）日本の文芸批評家、思想家。著書に『日本近代文学の起源』『坂口安吾論』『世界史の構造』など。マルクス主義が社会を生産様式で分類したのに対して、柄谷は交換様式による分類を提唱した。氏族社会では互酬的な交換関係＝交換様式Aが、国家では支配－被支配的な交換様式Bが、資本主義社会では商品交換を中心とした交換様式Cがメインとなる。これにたいして柄谷は、これらの交換様式を止揚する「D」を主張した。「Dは、厳密にいえば、交換様式の一つではありません。それは、「交換」（Aであれ、Bであれ、Cであれ）を否定し止揚するような衝迫（ドライブ）としてあるものです。そして、それは観念的・宗教的な力としてあらわれます」（「交換様式論入門」http://www.kojinkaratani.com/jp/pdf/20171207_jp.pdf）

殊な民族宗教ですが、ユダヤ教と、世界宗教であるキリスト教、イスラム教は、同じザ・ゴッド（あらゆる全体の創造者）を信奉し、メシア観が分岐するだけ。ちなみに分岐の結果、戒律があったりなかったり、宣教があったりなかったり。でも、そうした違いにもかかわらず重要な共通性があります。それは「自分たちの生活形式が神の意志を裏切っていないかどうか」を再帰的に観察する「心の習慣」（ロバート・ベラー）です。日本人は、絶対神がないかわりに八百万の神、分かりやすくいえば妖怪たちに囲まれています。でも妖怪は、環境が変わると種類が変わる。映画『学校の怪談』[*42]シリーズみたいに、学校が建てば「トイレの花子さん」が出現する（笑）。アニミズム的感受性は生活形式の同一性を支える眼差しを与えません。かつて日本には鎮守の森の観念がありました。沖縄でも森を失ったところから御嶽[*43]（うたき）が神降ろしに使えなくなってうち捨てられます。なのに「森を守れ」という規範が生まれない。同じことですが、日本には共同体同調規範があっても、共同体保全規範がありません。

多数派の専制

宮台　生活形式への再帰的眼差しの欠如が障害になって「遅れ」が生じています。それは、今でも全政党が生産点での活動を重視すること。先進国では八〇年代に消費点での運動にシフトします。階級闘争から、環境運動・反核運動・ジェンダー運動にシフトしました。「新しい社会運動[*44]」と呼ばれます。これら消費点での運動の中に、共同体ないし中間集団の自立保全を訴えるものが含まれていました。スローフード運動、メディアリテラシー運動、アンチ・ウォルマート運動などです。でも日本にはありませんでした。これらは共同体的自己決定を重視する運動で、「個人か国家か」「市場か再配分か」といった二項図式を拒絶する。共同体が市場に依存しすぎても国家に依存しすぎても危険だという発想です。依存を回避し、共同体の自立をめざせと。日本にはありません。結果どうなったか。

夏の参院選での、都市部が支えた「みんなの党」[*45]躍進、農村部での農協が支えた「自民党」躍進に見るように、未だに「個人か国家か」「市場か再配分か」の二〇年遅れの二項図式。都市でも地方でも共同体が崩壊している証拠です。共同体の崩壊こそが、英国の三倍、米国の二倍の自殺率[*46]をもたらし、今年話題になった超高齢者所在不明問題や乳幼児虐待放置問題をもたらした。日本のマスコミは「国は何やってんだ」との論潮ですが、米国の雑誌は「日本は社会が腐っている」との論潮です。国が腐っているか、社会

＊42　『学校の怪談』一九九五年に公開された平山秀幸監督作品。常光徹の小説『学校の怪談』を映画化。幽霊が出るという噂がある旧校舎に迷い込んだ先生と生徒らの恐怖の一夜を描く。小・中学生の間で大ヒットし、九六年、九七年、九九年とシリーズ化された。「トイレの花子さん」とは学校のトイレにあらわれるという白いシャツ、赤いスカート、おかっぱ頭の女の子。全国的に流行した都市伝説のひとつ。九〇年代には多くの漫画や映画の題材となった。

＊43　沖縄地方にある聖地。琉球王国時代は男子禁制で、鳥居や社殿などはなく、自然石が祀られ、香炉などが置かれている。二〇〇〇年には沖縄県南城市にある斎場《せーふぁ》御嶽がユネスコ世界遺産に登録された。

＊44　一九七〇年代以降、先進国を中心に登場した、マイノリティ運動、エコロジー運動、フェミニズムや反原発運動など従来の労働運動とは異なる社会運動の総称。フランスの社会学者アラン・トゥレーヌが提唱した。

＊45　渡辺喜美、江田憲司によって二〇〇九年に立ち上げられた政党。「脱官僚、地域主権、生活重視」を掲げた。二〇一〇年七月の参議院選挙では一〇議席を獲得。二〇一三年、渡辺、江田が野党再編の方向性をめぐって対立、江田を中心とするグループは離党し、結いの党を結成。一方で渡辺はDHC会長吉田嘉明からの八億円の借り入れが発覚、政治資金規正法違反が疑われ代表を辞任した。党内の混乱がつづき二〇一四年一一月に解党。

＊46　二〇一〇年の日本の自殺者数は三万一六九〇人。人口一〇万人あたりの自殺者数を示す自殺死亡率は二四・七だった。以降、自殺者数は減少をつづけ、二〇一八年は二万五九八人だったが、同自殺死亡率は一六・三と高い水準を保ったままである。また一九歳以下の自殺者は増加している。

が腐っているか。答えは自明。社会が腐っている。だから国も腐るのです。つまり、シチズンシップやシビック・ヴァーチューを、どこよりも真剣に論じ、感情教育の実践を通じて涵養すべきなのは、他ならぬ日本です。

苅部　今年は後半に「無縁社会」[*47]の言葉がはやりました。その前にはたとえば『エコノミスト』七月二〇日号の特集で「単身社会の現実」と呼んでいた現象ですが、それを「無縁社会」と呼ぶと、どこかで「無縁仏」という言葉が連想される。死んで無縁仏になってしまうとまずい、そういう人が増えるのはよくないというぎりぎりの感覚があって、それは伝統社会から一貫した宗教的なものにつながっているのかもしれません。宮台さんのお話から、そんなふうに感じました。

宮台　その点、柳田國男[*48]は問題の本質を理解していました。日本には普遍宗教がなく、「神の目」を経由した反省がないかわりに、「世間の目」を経由した反省があった。だからこそ無縁性を忌避する感覚がありました。ただ神と違い、産業化が進めば、世間は妖怪と一緒に消えます。神は、生活形式の変化に免疫があるけど、世間と妖怪は免疫がない。若い人のＫＹ[*49]忌避にみるように仲間内の共同体的相互牽制が働いても、仲間（共同体）を断固維持するコミットメントがない。日本人は、生活形式の変化に再帰的眼差しを向ける宗教社会学的契機を欠きます。それゆえ、仲間の範囲が変わることにも、仲間の行動原理が変わることにも抵抗できない。まさに「長いものに巻かれて」適応していく。結果、無縁社会になりました。

渡辺　『中央公論』一一月号で、苅部さんが佐藤卓己[*50]さんと「ファスト政治」という対談をされていましたよね。非常に面白く読ませてもらいました。無縁社会の問題やＫＹの話を、どう結びつけて理解すればよいか考える際に、よい手がかりになると思いました。苅部さんが冒頭におっしゃっていたトクヴィルに、「多数派の専制」という有名な概念[*51]がありますよね。個人が孤独化・原子化していくと、隣人や周りの小さなコミュニティに依拠できなくなる。そうすると、ある種の見えない権力や巨大な世論に自ら隷従していくようになるというのが、トクヴィルの懸念でした。今の日本では、社会的紐帯の分断が指摘される一方で、KYという付和雷同的な言説が広まり、世論も選挙の度にまったく別の方向に「なだれ現象」を起

＊47　社会で孤立して暮らす人が増加していることを示す造語。二〇一〇年一月に放送されたNHK番組『無縁社会〜〝無縁死〟3万2千人の衝撃〜』をきっかけに広く用いられ、二〇一〇年の流行語大賞トップテンに選出された。同番組は一一月に書籍化され、類書も多く出版された。

＊48　柳田國男（やなぎた・くにお、一八七五―一九六二）民俗学者。著書に『遠野物語』『桃太郎の誕生』など。

＊49　KY「空気」＝（K）が「読めない」＝（Y）という意味。以前から若者言葉として用いられていたが、メディアで取り上げられたことで広く知られ、二〇〇七年の流行語大賞候補に選ばれた。

＊50　佐藤卓己（さとう・たくみ、一九六〇―）メディア史・大衆文化論。京都大学教授。著書に『大衆宣伝の神話』『言論統制』など。

＊51　「合衆国で組織されたような民主主義の政府について私がもっとも批判する点は、ヨーロッパで多くの人が主張するように、その力が弱いことではなく、逆に抗しがたいほど強いことである。そしてアメリカで私が最も嫌うのは、極端な自由の支配ではなく、暴政に抗する保障がほとんどない点である。／合衆国で一人の人間、あるいは一党派が不正な扱いを受けたとき、誰に訴えればよいと読者はお考えか。世論にか。多数者は世論が形成するものである。立法部にか。立法部は多数者を代表し、これに盲従する。執行権はどうか。執行権は多数者が任命し、これに奉仕する受動的な道具にすぎぬ。警察はどうか。警察とは武装した多数者にほかならぬ。陪審員はどうか。陪審員は多数者が判決を下す権利をもったものである。裁判官でさえ、いくつかの州では多数によって選挙で選ばれる。どれほど不正で非合理な目にあったとしても、だから我慢せざるを得ないのである」（『アメリカのデモクラシー　第一巻（下）』松本礼二訳、岩波文庫、二〇〇八年、一四九―一五〇頁）「万一にもアメリカで自由が失われることがあれば、少数派を絶望に追いやり、実力に訴えることを強いた多数の全能に責めを帰すべきであろう。このときはたしかに無政府状態になろうが、それは専制の帰結として生じたのである。」（同前、一六三頁）

こしている。こうした一見相容れない状況を理解するうえで鍵となるのが「多数派の専制」という概念だと思います。

宮台　共同体が空洞化した空間で、再び共同体を再建する場合、「多数派の専制」が危険です。そこで思い出されるのが、フリードリヒ・ゴーガルテン[*52]の『我は三一の神を信ず』（新教出版社）という昭和一一年に刊行された本の復刻です。佐藤優の解説が秀逸です。要点を言います。なぜイエスを信仰するのか。ゴーガルテンは、イエスが自ら磔刑を選択した決断のありそうもなさゆえだとする。だから、真の信仰者はイエスと同様にありそうもない決断ができなければいけない。盟友バルト[*53]は、決断という人為的契機の強調は危険で、磔刑に至る丸一日のイエスの行動と佇まいのありそうもなさへの感染――バルトの言葉では受動的服従――こそが信仰の本義だとする。だからこそ磔刑直前に逃走離散した使徒たちが三日後に戻ってくる。ご存知のように、ゴーガルテンはドイツキリスト教者の会をヒトラー翼賛へと導いた張本人。その帰結を我々は知っているので、バルトが予感した危険の意味がよく分かります。ゴーガルテンの主張は感動的ですが、その感動的な部分が危険なのです。

僕は京都学派や日蓮主義者を調べていますが、京都学派は西田幾多郎[*54]を通じてゴーガルテンの影響を受け、日蓮主義は宮沢賢治[*55]の『銀河鉄道の夜』の古い編集バージョン（カムパネルラの死に直面してから銀河鉄道に乗る）が示すように感動的決断を擁護します。京都学派も日蓮主義者も、東洋的ないし日本的な共同体護持に強くコミットするけど、その手法はともに、「危機神学」ならぬ「ゴーガルテンの危機」と表裏一体です。神の言葉を知り得ない（＝危機）ように決断の正否も知り得ない（＝危機）のです。

「人々の本当の幸い」を願う者は、誰にもなしえない決断ができなければいけないのか。違う。決断であってはいけない。「良きサマリア人[*56]」がそうだったように、気がつくと体が動いているような感染でなければ……。そう、初期ギリシャ的思考です。ローティが、プラトニズムと形而上学を批判し、プラグマディズムとエマソン（内なる光）を擁護するのも、同じ文脈です。でも、もはや共同体は風前の灯。内なる光の受け渡しは少しも自明でない。だからこそ感情教育が必要だと言うのです。でも、ありそうもない決断の推奨が人為なら、感染を通じて感染可能性を確保する感情教育も人為。コミュニタリアンの多くがコミュニタリアンを自称しない本質的理由がここにあります。共同性に貫かれてあることは重要だ。しかしどれが「その」共同性か。だからこそ、サンデルが合衆国の共同性を名指し、テイラーがケベック州の共同性を名指しても、誰がどんな権利で「その」共同性に含まれていると言えるか明言を避け、ガダマー[*57]を借りて「地平の融合」のような概念を唱えるわけです。

＊52　フリードリヒ・ゴーガルテン（一八八七−一九六七）ドイツの神学者。カール・バルトともに弁証法的神学運動の指導者として活躍。しかし、その後親ナチスのドイツキリスト者運動に同調し、バルトと決裂した。
＊53　カール・バルト（一八八六−一九六八）。スイスの神学者。著書に『ローマ書講解』など。
＊54　西田幾多郎（にしだ・きたろう、一八七〇−一九四五）哲学者。著書に『善の研究』など。「絶対無」「絶対矛盾的自己同一」などの独自の概念によって築かれた哲学は「西田哲学」と呼ばれる。一九三五年発表の「世界の自己同一と連続」（『西田幾多郎全集8』岩波書店、一九四八年、一〇二頁）には「私に対して立つものは表現的に自己自身を限定すると共に私を限定するものであり、私と汝の弁証法的自己同一に於て歴史的現在といふものが考へられる。ゴーガルテンが歴史を私と具体的汝との相見といふものも、かゝる意味でなければならない」とあり、引用の典拠にゴーガルテン『我は三一の神を信ず』があげられている。
＊55　宮沢賢治（みやざわ・けんじ、一八九六−一九三三）詩人、童話作家。著書に『春と修羅』『注文の多い料理店』など。日蓮宗の僧侶であった田中智学が創始した国柱会に入信、熱心な信者であった。国柱会は国粋主義的な傾向が強く、著名な会員に石原莞爾がいる。

我々は厳密な意味で過去の文脈を知らないから過去人は分からないし、異文化の文脈を知らないから異文化人は分からない。でも「君は文脈が分かっていないね、こういう文脈だよ」というコミュニケーションが常に既に存在する。それはなぜか。現在の文脈から過去を解釈（相対化）する我々が過去の文脈によって解釈（相対化）され、自文化の文脈から異文化を解釈（相対化）する我々が異文化の文脈によって解釈（相対化）される。そんな解釈学的循環が現に随所で様々な規模で起こるからです。

苅部　安富歩[*58]さんが『経済学の船出』（NTT出版）で説いている主張もおもしろいです。よく、共同体どうしの間の境界をこえよといった議論がされますが、そうした発想じたいが、そもそも何か親密な一体性をもった集団がすでにあるということを前提にしてしまっている。そうではなくて、人と人とのコミュニケーションのなかで、他者とであい、自分の理解を修正してゆくような過程が大事であって、そのとき媒介になるのは、論理による説得だけとはかぎらない。そうした実践のなかで、ある種のモラルが働きだす現場に着目していくのも、ひとつの可能性だと思います。

ウィキリークスから公共性を考える

渡辺　今年世間を賑わした出来事のひとつに、ウィキリークス[*59]や海上保安庁のビデオ流出問題[*60]がありますよね。ジュリアン・アサンジは、単なるスパイ、あるいはアナーキストなのか。それとも救世主なのか。日々変わりゆく世界の公共性のあり方について考えてみると、これまで馴染んできた考えでいけば、彼の行為は明らかに公共的ではない。しかし、もしかすると私たちが参照している公共性のあり方そのものが間違っている、あるいは時代遅れなのかもしれない。実は、彼こそが次世代の公共性のあり方を示した先駆的存在なのかもかもしれない。そのあたりの見極めというか、整理がつかなくなったのが、今年の特徴の一つだったように思います。

＊56 「すると、ある律法の専門家が立ち上がり、イエスを試そうとして言った。「先生、何をしたら、永遠の命を受け継ぐことができるでしょうか。」イエスが、「律法には何と書いてあるか。あなたはそれをどう読んでいるか」と言われると、彼は答えた。『心を尽くし、精神を尽くし、力を尽くし、思いを尽くして、あなたの神である主を愛しなさい、また、隣人を自分のように愛しなさい』とあります。」イエスは言われた。「正しい答えだ。それを実行しなさい。そうすれば命が得られる。」しかし、彼は自分を正当化しようとして、「では、わたしの隣人とはだれですか」と言った。イエスはお答えになった。「ある人がエルサレムからエリコへ下って行く途中、追いはぎに襲われた。追いはぎはその人の服をはぎ取り、殴りつけ、半殺しにしたまま立ち去った。ある祭司がたまたまその道を下って来たが、その人を見ると、道の向こう側を通って行った。同じように、レビ人もその場所にやって来たが、その人を見ると、道の向こう側を通って行った。ところが、旅をしていたあるサマリア人は、そばに来ると、その人を見て憐れに思い、近寄って傷に油とぶどう酒を注ぎ、包帯をして、自分のろばに乗せ、宿屋に連れて行って介抱した。そして、翌日になると、デナリオン銀貨二枚を取り出し、宿屋の主人に渡して言った。『この人を介抱してください。費用がもっとかかったら、帰りがけに払います。』さて、あなたはこの三人の中で、だれが追いはぎに襲われた人の隣人になったと思うか。」律法の専門家は言った。「その人を助けた人です。」そこで、イエスは言われた。「行って、あなたも同じようにしなさい。」」（「ルカによる福音書」新共同訳、一〇章 二五－三七節）

＊57 ハンス・ゲオルク・ガダマー（一九〇〇－二〇〇二）ドイツの哲学者。著書に『真理と方法』など。

＊58 安富歩（やすとみ・あゆむ、一九六三－）経済学者。東京大学教授。著書に『「満洲国」の金融』『原発危機と「東大話法」』など。

＊59 二〇〇七年に元ハッカーのジュリアン・アサンジらが創設した内部告発情報を公開するウェブサイト。二〇一〇年四月にイラク戦争のアメリカ軍による民間人殺傷動画を公開し世界的な注目を集めた。また同年、アフガニスタン戦争やイラク戦争の米軍機密情報、アメリカの外交機密文書も公開された。同年一二月には、性的暴行の容疑で国際手配中のアサンジはイギリスで逮捕された。その後保釈され、英エクアドル大使館で七年間生活するも、二〇一九年四月に再逮捕。

宮台　国際政治のプラットフォームが本当に変わりました。現象としては、数人のアソシエーションと数千万人のシンパサイザーからなる、アソシアティブな運動です。それが国家の誕生よりも大きな力を果たしました。何が変わったか。今後はウィキリークスのようなサイトは止まらない。すると大量破壊兵器の存在を理由にしたイラク攻撃の如きデマによる大量動員はできなくなる。マクシミン[*61]を原則とするリスクマネジメントの観点から言って、バレたら政権が倒れるからです。もうひとつ。アメリカは通常二五年、外交機密なら五〇年経てば情報公開します。趣旨は、国民の利益のために政治家が国民に嘘をつかねばならない場合があるにせよ、嘘や隠蔽を背景にした政策遂行が合理的だったのか、事後的に検証可能にするためです。

マックス・ヴェーバー的には、政治家は市民倫理的に許容されないことも共同体の利益を守る為にあえてやる必要がある。ところが実際ウィキリークスで暴露された機密をみると、米軍ヘリの娯楽的な民間人射殺を含め、こんなアホなことが、と憤りを覚えます。つまり、ヴェーバー的な理路を隠れ蓑に、統治権力が如何に出鱈目を反復するかが分かった。このことは今後の政治学的リアリティに少なからず影響を与えるでしょう。いざというとき手を汚すのが政治家だという類の擁護が、格段に難しくなった。

苅部　山口二郎さんが『ポピュリズムへの反撃』（角川ワンテーマ新書）のなかで、やはりヴェーバーが『職業としての政治』（岩波文庫）で語った内容をとりあげて、混沌とした状況を切り抜けるためのリアリズムが求められていると論じています。参議院選挙で民主党が負けた直後の雑誌には、「ねじれ国会」だからこそ、政治家の力量が試されるという議論が結構ありました。[*62]いまは下火になっていますが、そこが本当は大事なんですよね。ウィキリークスの問題についても、情報の流れをふさいで政府の機密を守ろうという方向にいま動いていますが、それを完璧に行なうのは不可能でしょう。リスクを最小化するにはどうしたらいいのか、そういう方向で考える必要が、たしかにありますね。

宮台　アサンジ氏が様々な場所で自分を露出し、アジテートしてきたことが効いています。かつてなら遠い存在なのに、多くの人々がインターネットを介し――最近ではマスコミをも介し――自国の大統領や首相よりアサンジ氏を近接的な存在だと感じています。またもや近接性です。複雑性が信頼を脅かす場合、開拓時代の米国の如く、近接性をベースにした動員だけが効果的になります。従来ネグリ&ハートの「ザ・コモン」[*63]について懐疑的な向きもあったけど、アサンジはまさに「ザ・コモン」を見せつけました。ネット時代の近接性とは何か。答えは「共感能力」。苅部さんの発言に関係しますが、菅直人[*64]政権がなぜ

＊60　二〇一〇年九月七日に尖閣諸島付近で違法操業していた中国漁船と巡視船二隻と衝突した映像を現役の海上保安官が動画投稿サイトYouTubeで公開した事件。

＊61　選択される戦略のうち、最悪の状態が実現したときの利得を比較して、その中から最大利得が可能な行為を選択する行動原理。反対に最良の状態が実現したときの利得を比較して、最大利得が可能な行動を選択する行動原理を「マクシマックス」という。

＊62　二〇一〇年七月一一日に参議院選挙がおこなわれ、民主党は議席を減らし、参議院での単独過半数を失い、与野党が逆転し「ねじれ国会」となった。

＊63　ネグリ&ハートは「〈共〉」を「物質世界のコモンウェルス」である「空気や水、大地の恵みなど、あらゆる自然の賜物」と、「知識や言語、コード、情報、情動」といった「社会的生産の諸結果」である「さらなる社会的生産に必要なもの」という二つの意味で用いている。新自由主義は「〈共〉の民営化〔私有化〕」を進めることで、不当な収奪をおこなっている（『コモンウェルス（上）』水嶋一憲監訳、NHK出版、二〇一二年、一四一―一五頁）。

＊64　菅直人（かん・なおと、一九四六―）政治家。第九四代内閣総理大臣。鳩山内閣退陣後、二〇一〇年六月に菅直人内閣を発足。不幸をいかに少なくするかという「最小不幸社会」を掲げた。しかし、東日本大震災への対応や民主党内の対立によって、二〇一一年九月に退陣。

駄目か。共感能力に疑念があるからです。人々の苦しみを「悲しみ」、その原因に対して「怒り」、原因を取り除く「希望を示す」という回路が回ってない。

渡辺　ウィキリークスや海上保安庁のビデオ流出は、新聞やテレビが古くさいメディアに見えた瞬間でもありました。とくにウィキリークスは衝撃的で、外務省や防衛省の担当記者がまるで役所の従軍記者にすぎないような感覚にさえ襲われました。ウィキリークスからニューヨーク・タイムズやガーディアンに情報が流されて、それを日本のメディアが報じる。良いか悪いかは別として、新聞やテレビが二次情報を編集する媒体に変容しつつあることを体感させたエポック・メイキングな年だった気がします。これはインターネットか紙媒体かというありきたりの議論よりもはるかに重い問いだと思います。

宮台　同感です。二〇〇八年の秋葉原事件[*65]で、通行人がケータイで撮った画像を、テレビが千円札で買いまくって流した。あれが画期でした。今回もマスコミは海保が編集したビデオを流しまくり、「ファーストニュースはマスコミ」どころじゃなかった。それについてマスコミからは自己理解や反省は聞かれない。従来は「ファーストニュースはマスコミで、セカンドニュースや評価はネットで」という話でしたが、今はマスコミが中抜きされ、極端に言えば最初から最後までネットで完結できます。

苅部　情報の速報性ではインターネットが勝っているわけですから、何が重要な問題なのかをもっと選んで、じっくりと解説する方向に、新聞やテレビは変わっていくと思いますね。池上彰化のすすめです(笑)。ニュースをいち早く伝える技はある程度あきらめ、解説に重点を置くという生き残りかたはどうでしょう。

宮台　すると日本のマスコミはもうダメでしょう。僕は神保哲生氏[*66]とビデオニュース社の「マル激」に十年以上出演してきたけど、分析や解説のレベルは朝日や読売よりも遥かに上です。多くの人はマスコミの分析をマスゴミ扱いしています。

渡辺　学生と話していると、メディアが報じられないタブーについても、よく理解しています。たとえば相撲界のスキャンダルにしても、日本社会のタブーがあるからすべては報道できないとか、学生は敏感に感じている。そこを隠して、抑えて報道するマスメディアのあり方に対して、自分たちの本当の公益を代弁していないと、若い世代は研ぎ澄まされた感覚で察知している。

苅部　いずれにせよ、情報の重要度を冷静に判断した上でランクづけをしながら報じて、深い議論のための材料を提供する。そういうメディアの機能が重要なのでしょう。テレビをつけると朝から晩まで市川海老蔵ばかり出てくる[*67]のは、やはりどうかと思いますね（笑）。

（二〇一〇年一二月二四日）

＊65　二〇〇八年六月八日秋葉原の歩行者天国で発生した無差別殺傷事件。元派遣社員の男が歩行者天国にトラックでつっこみ、所持していたダガーナイフで通行人を殺傷。七人が死亡、一〇人が負傷した。応急処置がされている被害者を多くの通行人が携帯電話のカメラ機能で撮影したことに対して、週刊誌を中心に「不気味」「不謹慎」と批判する報道がなされた。

＊66　神保哲生（じんぼう・てつお、一九六一－）ジャーナリスト。一九九九年にインターネット放送局ビデオニュース・ドットコムを開設。毎週、宮台と神保が専門家をゲストに招き、時事問題について語る「マル激トーク・オン・ディマンド」（「マル激」）は開局以来のメイン番組。

＊67　二〇一〇年一一月二五日未明、歌舞伎役者の十一代目市川海老蔵が暴行を受けた事件。暴行犯が暴走族グループの「関東連合」の関係者だったことも世間の注目を集めた。

2011

1月　・全国各地の養鶏場で鳥インフルエンザの陽性反応確認
2月　・エジプト・ムバラク大統領が辞任、長期政権崩壊
3月　・東日本大震災（M9.0）、観測史上最大規模の津波が東北地方沿岸を襲う。福島第一原子力発電所事故
4月　・ソニー運営の PlayStation Network 利用者の個人情報約七七〇〇万人分が流出
5月　・米軍が国際テロ組織アルカイダの指導者ウサーマ・ビンラディーンを殺害
　　　・菅首相が浜岡原子力発電所（静岡県御前崎市）原子炉の全運転停止を中部電力に要請
6月　・東日本大震災からの復興の基本理念、復興庁の設立を盛り込んだ復興基本法成立
　　　・東日本大震災の被害総額に関して一六兆九〇〇〇億円となることを内閣府が発表（原発事故の被害を除く）
7月　・なでしこジャパンが女子サッカーワールドカップ優勝
8月　・円相場が戦後最高値の一ドル七五円台に
9月　・野田佳彦内閣発足
10月　・米で「ウォール街を占拠せよ」の運動が激化
　　　・米実業家スティーブ・ジョブズ氏が死去
11月　・大阪ダブル選挙で「大阪維新の会」が圧勝
　　　・南スーダンにおける平和維持活動に自衛隊派遣を決定
12月　・二〇一一年の漢字は「絆」に
　　　・北朝鮮の最高指導者・金正日総書記死去、後任は三男の正恩氏に

福島原発／大破した原子炉建屋（11 月 12 日）　時事

▷紀伊國屋じんぶん大賞

國分功一郎『暇と退屈の倫理学』

▷ユーキャン 新語・流行語大賞（「現代用語の基礎知識」選）

「なでしこジャパン」

震災・原発事故──未規定なリスクとどう向き合うか

苅部　一年を思い返してみると、朝吹真理子[*1]さんの『きことわ』（新潮社）が一月に出ていたんですね。もう三、四年前のような気がしてしまいます。大山礼子[*2]さんの『日本の国会』（岩波新書）が一月で、『ウィキリークス　アサンジの戦争』（講談社）が二月の刊行。震災前の話題は「ねじれ国会」やウィキリークスだった。そういうもろもろが、ずいぶん前の出来事に感じられてしまうというのは、やはり三月の震災をへて、我々の意識もずいぶん転換しているということなのでしょう。まずこの震災・原発事故[*3]という大問題から始めるとして、宮台さんいかがですか。

宮台　震災直前に書いた拙論「日本社会の再設計に必要な思考」が、震災直後に出た『朝日ジャーナル』（特集・日本破壊計画）に載りました。日本は既に終っているから再設計せよという話。当時は菅政権が末期状態でしたが、政治的混乱の原因を（1）総理の資質、（2）党の性格、（3）政治文化のどれかに帰属させる議論が専らだった中、（4）先進各国の共通の危機に起因すると考えろと論じた。ポイントは「グローバル化と民主主義の両立不可能性」です。グローバル化＝資本移動自由化が進むと市場も国家もうまく機能しなくなり、民衆が不安に陥る。するとポピュリズムが席巻し、グローバル化への適切な対処から遠ざかります。新興国に追いつかれる産業領域では利潤率均等化の法則通り労働分配率が低下し、格差が拡大するから、産業構造改革と財政出動と増税が必要だけれど、既得権が脅かされると不安がる民衆が抵抗します。

こうした各国共通事情を踏まえて、政治風土や党内ガバナンスや総理の資質を考えるべきなのに、スルーする議論ばかり。出版が震災後だった御蔭で多くの人に理解して貰えました。グローバル化と高度技術化が進んだ今、どの国も震災や原発災害の如き非常事態に対処できる統治形態にシフトすべきですが、日本はそうしたシフトがない。ウルリッヒ・ベック[*4]がチェルノブイリ事故の八六年に出した『危険社会』（法政大学出版会）で、予測不能・計測不能・収拾不能なので利得期待値を計算できない未規定なリスクが、現代を覆うとしました。これにも日本は向き合わず、政府の委員会では未だに期待値計算をしている。ドイツの原子力倫理委員会が、期待値計算が不可能な領域を「残余のリスク」として概念化したのと、対照

＊1　朝吹真理子（あさぶき・まりこ、一九八四－）日本の小説家。著書に『流跡』など。二〇一一年一月に「きことわ」で第一四四回芥川賞受賞。父は詩人で仏文学者の朝吹亮二。

＊2　大山礼子（おおやま・れいこ、一九五四－）日本の政治学者。駒澤大学法学部教授。著書に『国会学入門』など。

＊3　東日本大震災および福島第一原子力発電事故。二〇一一年三月一一日、宮城県沖を震源とするマグニチュード九・〇の地震が発生。巨大津波がおしよせ、東北地方沿岸を中心に甚大な被害が発生した。死者・行方不明者は、二〇一八年三月時点で一万八四三四人。また、東京電力福島第一原子力発電所では津波により電源を喪失。原子炉の冷却が不可能になり、一号機、二号機、三号機でメルトダウンが発生。放射性物質が放出され、周辺地域が汚染された。

＊4　ウルリッヒ・ベック（一九四四－二〇一五）ドイツの社会学者。「原子力時代の危険が有する原動力《ダイナミズム》は境界を消滅させる。それは、汚染の程度にも、またその汚染の影響がどのようなものかということとも関係ない。むしろその逆である。原子力時代の危険は全面的かつ致命的なものである。いわば、あらゆる関係者が必ず死刑執行台へと送りこまれるのである。原子力汚染の危険性を告白することは、地域、国家、あるいは大陸の全域において逃げ道が断たれたという告白に他ならない。われわれが危険を認知したらわれわれはもはや生きのびることができない。こうした危険のもつ宿命的特質は衝撃的である。それは、測定値や限界値とか、短期的結果や長期的結果とかをめぐる論争に対して、そもそも存在価値を失わせる」（『危険社会』東廉ほか訳、法政大学出版局、一九九八年、一一－一二頁）

的です。日本でのベック・ブームは何だったのか。

苅部　リスク社会を盛んに論じていた人に、リスク意識がなかった（笑）。

宮台　そう。さて「グローバル化と民主主義の両立不可能性」と言ったけど、そもそも日本に民主主義があったのか。政治過程論や投票行動論が明らかにするように日本の政治文化は民主主義から遠い。戦後憲法の施行直後に文部省が配った「あたらしい憲法のはなし」[*5]。リベラル勢力が推奨してきたこのテクストに「多数決で決めたことは滅多に間違わない」とある。チャーチル[*6]の「民主主義は最悪の制度」云々を待つまでもなく、多数決で決めたことは大抵間違いです。民主主義の本義は「参加&自治」と「理性的討議&少数者尊重」。その本義が日本国憲法前文に書いてあるのに[*7]、憲法を国民に噛み砕く際に骨抜きにした。占領軍の意図なのか知らないが、戦後の初期段階で民主主義の概念が風化していた。丸山眞男に代表される戦後の近代派ないし啓蒙派の営みにどんな意義があったのか。

苅部　日本社会が古くからひきずってきた政治文化と、憲法などで制度化された政治システムとが、うまく組み合っていないという問題ですね。

宮台　文化が制度を不可能にすると。でも難しい問題がある。政治文化はあります。僕も〈任せて文句垂れる社会〉から〈引き受けて考える社会〉へ、〈空気に縛られる社会〉から〈知識を尊重する社会〉へと「べき論」を述べてきた。でも『制服少女たちの選択』（一九九四年）で反復したように「べき論」で社会は変わらない。ここで「文化が社会システムへの合理的適応だ」とする議論が注目されます。轢き逃げされた少女を通行人らが見殺しにした広東省の悦悦《ユエユエ》ちゃん事件[*8]。中国文化の粗暴が話題になったけど、こんな反論があります。日本人は勘違いしている。日本人も中国で暮らせば中国人と同様に振舞う。日本人は礼儀正しいから列に割り込まないというのは嘘。中国で暮らしてみろ。列に割り込まなければ死ぬ。生きるには割り込む他ない。見殺しにしたのも同じだ。貧困地域では今でも口減らしのために子供が捨てられ、皆が見て見ぬふりをして通り過ぎる。冷たいと言うなら中国の貧困地区で貧困所得で暮らしてみろ。捨て

＊5　一九四七年に文部省が日本国憲法を解説するために発行した中学校社会科の教科書。「憲法」「民主主義とは」「國際平和主義」「主権在民主義」「天皇陛下」「戰爭の放棄」「基本的人権」「國会」「政党」「内閣」「司法」「財政」「地方自治」「改正」「最高法規」の15章からなる。「戦争放棄」の挿絵が有名。宮台が指摘するのは「民主主義とは」の以下の箇所。「みなさんがおゝぜいあつまって、いっしょに何かするときのことを考えてごらんなさい。だれの意見で物事をきめますか。もしもみんなの意見が同じなら、もんだいにありません。もし意見が分かれたときは、どうしますか。ひとりの意見できめますか。二人の意見できめますか。それともおゝぜいの意見できめますか。どれがよいでしょう。ひとりの意見が、正しくすぐれていて、おゝぜいの意見がまちがっておとっていることもあります。しかし、そのはんたいのことがもっと多いでしょう。そこで、まずみんなが十分にじぶんの考えをはなしあったあとで、おゝぜいの意見で物事をきめてゆくのが、いちばんまちがいがないということになります。そうして、あとの人は、このおゝぜいの人の意見に、すなおにしたがってゆくのがよいのです。このなるべくおゝぜいの人の意見で、物事をきめてゆくことが、民主主義のやりかたです」。同書は、高見勝利編『あたらしい憲法のはなし　他二篇』（岩波現代文庫、二〇一三年）として再刊されている。

＊6　「民主主義は最悪の政治といえる。これまで試みられてきた、民主主義以外の全ての政治体制を除けばだが」イギリス元首相ウィンストン・チャーチルの一九四七年一一月一一日の下院演説での発言。

＊7「日本国民は、正当に選挙された国会における代表者を通じて行動し、われらとわれらの子孫のために、諸国民との協和による成果と、わが国全土にわたつて自由のもたらす恵沢を確保し、政府の行為によつて再び戦争の惨禍が起ることのないやうにすることを決意し、ここに主権が国民に存することを宣言し、この憲法を確定する。そもそも国政は、国民の厳粛な信託によるものであつて、その権威は国民に由来し、その権力は国民の代表者がこれを行使し、その福利は国民がこれを享受する。これは人類普遍の原理であり、この憲法は、かかる原理に基くものである。われらは、これに反する一切の憲法、法令及び詔勅を排除する。」（日本国憲法　前文）

子を全員引き受けて育ててみろ。薬も食物も買えずに死ぬ。

文化といっても既に回っている社会システムを前提にした合理的適応戦略なのだと。社会の行動傾向は文化か合理的選択か。長い論争があります。アンソニー・ギデンズ[*9]の構造化理論以降は両者に循環が想定されるので論争はもういい。問題にしたいのは、こうした循環があるなら文化の修正は「べき論」でなくソーシャル・デザインによるべきことです。そこで僕は〈褒美を貰うべく行政に従う社会〉から〈善いことをすると儲かる社会〉へと提唱する。「補助金行政から政策的市場へ」とも言えるけど、只の「べき論」でなく、〈任せて文句垂れる作法〉や〈空気に縛られる作法〉に淫する共同体を淘汰する戦略です。生ぬるい「べき論」から冷厳な「淘汰と選別」へ。ただし弱者を含めた万人が「淘汰と選別」に晒される事態を想定しない。共同体同士が、優秀で共同体思いのエリートを育成する競争を通じ、非ゼロサム的に切磋琢磨する社会です。

苅部　文化と政治システムとの関係の話は、渡辺さんの『文化と外交』（中公新書）とも関連してくると思うんですが、いかがですか。

渡辺　歴史学者のルイ・メナンド[*10]が『メタフィジカル・クラブ』（みすず書房）の中で、アメリカのプラグマティズム[*11]の系譜を追っています。普通は実用的であるとか、実践的であると捉えられているプラグマティズムについて、そんな理解は違うと書いている。プラグマティズムの要諦とは何か。何々すべきであるとか、こうであるべきだという原理を追い求めている限り、人々は永遠に合意に至らない。ヨーロッパ的な真理を突き止めていこうとしても埒があかないので、あらかじめ決定的に違うものがあることを踏まえた上で、そこをうまく割りきって、どうやって調整していくのか。それがヨーロッパとは違う、アメリカ的なやり方だと言っているわけです。

文化に関しても、状況によって、工夫して作り上げていくものであって、あくまでも人間が生きていく上で、デザインしていくものであるという見方なんですよね。人類学的にもそちらの方が主流になってきているし、宮台さんの話と繋がってくると思います。

それと苅部さんの話にもありましたが、今年前半にあったいくつかの議論が、地震と原発事故で全部吹っ飛んでしまった感じはありますね。それはたしかに不幸なことだったけれど、同時に瑣末な議論が吹き飛んで、本質的な問題が浮かび上がって来た。震災・原発、普天間基地、TPPの問題[*12]と、日本の国の形の根幹に関わる問題が多いですよね。共通して思うことは、民主主義の問題、ベックの問題に絡めて言

---

*8　二〇一一年一〇月一三日、中国広東省仏山で車にはねられた二歳の女児のそばを一八名の通行人が救助せずに通り過ぎた様子を撮影した防犯カメラの映像がインターネット上に投稿され、大きな批判が起こった。

*9　アンソニー・ギデンズ(一九三八ー)イギリスの社会学者。著書に『第三の道』など。

*10　ルイ・メナンド(一九五二ー)英米文学者。『メタフィジカル・クラブ』では、アメリカの産業社会と結びついた楽天的な思想とみなされがちなプラグマティズムを南北戦争の影響という観点から捉え直している。メタフィジカル・クラブとは、南北戦争後まもなくケンブリッジで開かれたO・W・ホウムズ、W・ジェイムズ、C・S・パースらによる会合の名称。

*11　一九世紀後半のアメリカで生まれた哲学的潮流。「行為」を意味するギリシャ語「プラグマ(pragma)」から取られた。反省や思考を重視する近代哲学に対して、反形而上学的な傾向が強く、行為の有用性を重要視した。代表的な哲学者として、パース、ジェイムズ、ジョン・デューイなどが知られる。

*12　環太平洋パートナーシップ協定(Trans-Pacific Partnership)。環太平洋地域の国々の貿易の自由化を目指した経済協定。二〇一〇年一〇月に菅直人首相が、TPPへの参加検討を表明。日本は二〇一三年七月から交渉に参加。オーストラリア、ブルネイ、カナダ、チリ、日本、マレーシア、メキシコ、ニュージーランド、ペルー、シンガポール、米国、ベトナムの計一二カ国で二〇一六年二月に署名。しかし、TPP反対を公約に掲げたトランプ大統領によって二〇一七年一月にアメリカが離脱。参加国は一一カ国となった。

うと、リスクを負わされている、あるいは自ら進んで負っている面もあるのかもしれませんけれど、少数派の住民がいる。そういった人たちの犠牲の上に、社会全体が成り立ってきている。この人たちに対して、正当化の理由を、どうやって言葉にして説明していくのか。そのロジックが、日本の場合は弱い。日本の民主主義は　異なる利害がある時に、そこをうまく説明して調整していくことを疎かにしてきた気がしますね。逆にそれを受け取る国民もすぐに、「政治家は責任を取れ」とか、「リーダーシップがない」という話になってしまう。自分たちの問題として考える心の習慣がない。結局は国頼み、他人頼みの発想です。

その意味では、レベッカ・ソルニット[*13]の『災害ユートピア』(二〇一〇年一二月刊・亜紀書房)が参考になると思うんです。要するに、災害があった後、自発的で、ソーシャル・キャピタルに根ざしたコミュニティが出てくるという話ですよね。ああいう自助の精神みたいなものを、考え直すきっかけにはなったのかもしれない。そこから又、民主主義について考えていく。

苅部　対面コミュニケーションによって作られるコミュニティが秩序の支えになることが、今回の震災で大きく注目された。その他面で、普天間基地の問題にも見られたような、国内にある亀裂や非対称性もまた、大災害・大事故によって明らかになったとは思いますね。その点で言うと、開沼博[*14]さんの『「フクシマ」論』(青土社)が、原発誘致によって地域振興をしようとしていた住民のリアリティに徹底して即しながら、他の地域の人が原発に関して抱く印象とは決定的に違うという議論をしています。この問題はどうでしょう。

「人間の権利」は歴史的にどう共有されてきたか

宮台　決定的には違わない。基地の沖縄や、箱物の誘致で破綻した夕張市[*15]と同じリアリティ。自己決定で依存したと言いつつ（自律的依存）、抜けられない依存（他律的依存）に堕するのです。福島原発も立地当初のスローガンは「福島を仙台に！」。仙台の如く発展した暁には原発から卒業すると。夢物語でした。原発がなければ成り立たない社会に変質した。自由意志による契約と言いつつ実は選択肢がない「附従契約」状態。同種の警告をスーザン・ジョージ[*16]やアマルティア・セン[*17]が三〇年以上前に発したのに愚昧すぎます。

ソーシャル・キャピタルに根ざしたコミュニティは、ハーバーマス的には〈システム〉への相対的依存

＊13　レベッカ・ソルニット（一九六一ー）アメリカの作家・歴史家。著書に『ウォークス』など。『災害ユートピア』ではサンフランシスコ大地震、アメリカ同時多発テロ事件、ハリケーンカトリーナなど大規模災害を検証し、災害時に人々は略奪や破壊を起こしたり、パニックにおちいることなく、相互扶助的なコミュニティを築くことを指摘した。

＊14　開沼博（かいぬま・ひろし、一九八四ー）社会学者。著書に『漂白される社会』など。二〇一一年一月に東京大学大学院に提出した修士論文をもとにした『「フクシマ」論』はベストセラーとなった。「本書では、従来の環境や地域に対する前提を自覚的に括弧にいれ、少し視点を変えてみることにつとめた。それは、〔…〕「地方」・「ムラ」の能動性、すなわち、地方の側にある欲望を見定めるということだった。そして、その結果見えてきたことは、「原子力ムラはaddictionalなまでに原子力を求めている」という事実だった。／日本語で「嗜癖」と訳されるaddictionとは、ただ依存的になるというのみならず「本当はよくないと思いながらやってしまう」という前提がある。実際、原子力ムラの住民からは「なければそのほうがいいんです。でも……」という言葉がささやかれる」（『「フクシマ」論』青土社、二〇一一年、三二三頁）

＊15　夕張市はかつて炭鉱業で栄えた町だったが、エネルギー政策の転換後には炭鉱が相次ぎ閉山。炭鉱会社が所有する住宅や上下水道などのインフラの買収やリゾート開発への過剰な出資によって多大な債務を抱えた。また、二〇〇一年の産炭地域振興臨時措置法の臨時交付金の廃止、小泉内閣の三位一体の改革による地方交付税削減によって税収が激減。二〇〇七年に財政再建団体に指定され、事実上の財政破綻となった。

から〈生活社会〉の相対的自立へという共同体自治の推奨です[*18]（山型カッコで括るのは、〈システム〉も〈生活世界〉も、社会システム理論においてはシステムだからである）。（1）安全保障の観点から推奨するギデンズ、（2）決定正当性の観点から推奨するベック、（3）美学的観点から推奨するラッシュ[*19]の対比が有名ですが（ギデンズ、ベック、ラッシュ『再帰的近代化』而立書房、一九九七年）、温かいから共同体が大切なのではない。平時に回る〈システム〉が壊れた非常時、〈生活世界〉こそが生命線になるという安全保障が分り易い。飽くまで合理性の見直しです。共同体といえば思考停止を意味する日本とは違う。ソーシャル・キャピタルこそ非常時の生命線。その欠如が如何に恐ろしいか。我々はやっと学びました。

『メタフィジカル・クラブ』は、リチャード・ローティの「アムネスティ・レクチャーズ」が嚆矢です（ロールズ他『人権について』みすず書房、一九九八年）。人権の形而上学に学者たちが淫するけど、米国では一九六五年まで黒人も女も人間じゃなかった。誰が人間なのかという境界設定は形而上学じゃなく感情教育の実践問題だと。それを「プラトンからデューイへ」と彼は表現した。無効な「べき論」から「ソーシャル・デザイン」による淘汰へという僕の議論も同じです。人々の行動原則を変えるには何が必要かを問うのがプラグマティズム。それが日本でもリアルになりました。まさにプラグマティズムが見直されるべきで、僕のゼミでもジョン・デューイの『経験と教育』（講談社学術文庫）を読みます。

苅部　対面コミュニケーションで共同性を再生していくことも重要なんだけれど、一方でそれがうまくいかなくなってきている現状も、リアルに捉えなければいけない。東浩紀さん[*20]の『一般意志2.0』（講談社）も、対面による熟議の空間の外側に、インターネットによる集合知の空間があって、その総体から浮かび上がってくる批判に耳を傾けないと、これからはうまくいかないという話を展開している。問題意識としては、今言われた現状を別の形で捉えているんだと思うんです。

人権をめぐっては、リン・ハントの『人権を創造する』（岩波書店）が出ましたよね。我々が普通に考える「人間の権利」という思想が、歴史的にどういうふうにヨーロッパの中で共有されるようになったのかについて書いている。[*21] 人権と言っても、形而上学から演繹されたものがそのまま憲法や国際条約に化した

＊16　スーザン・ジョージ（一九三四－）フランスの経済学者。グローバリズムに対抗する組織ATTACの名誉会長。二〇〇八年七月に来日し、北海道洞爺湖G8サミットに反対する講演をおこなった。著書に『金持ちが確実に世界を支配する方法』など。「アメリカやヨーロッパは、自分たちの〝発展〟という概念を第三世界にも当てはめようと努めてきた。現地の特権層に働きかけ、あたかも、これら特権層に恩恵をふりまけば、とくに自分たちが開発した技術を使えば、それが恵まれない人たちにも潤いを及ぼすかのように装ってきた。だが、こうした方法は第三世界のどこにも自立し得る経済力を生み出さなかった。というより、そんな意図など初めからなかったというのが事実である。〝発展〟という言葉は、新しい形の従属を押しつけ、富めるものをより富ませ、第三世界を先進国の政治、経済的要求に合わせて変形させるための合言葉であった。食糧生産についていえば、「緑の革命」は貧しい人びとに悲惨以外の何ものをももたらさなかった悪名高い事例である。しかも、なお、われわれは第三世界の人びとに向かって、どうやって生きるかを語ろうとしている」（『なぜ世界の半分が飢えるのか』小南祐一郎ほか訳、朝日新聞社、一九八四年、一四－一五頁）

＊17　アマルティア・セン（一九三三－）インドの経済学者。一九九八年にノーベル経済学賞を受賞。著書に『不平等の経済学』『貧困と飢饉』など。

＊18　ハーバーマスは『コミュニケイション的行為の理論』（丸山高司ほか訳、未來社、一九八七年）で近代社会における市場経済、国家行政といった「システム」が、公共性をもった人々のコミュニケーション領域である「生活世界」を侵食していると指摘した。このテーゼは「システムによる生活世界の植民地化」として知られる。他方、論争相手のルーマンは、ハーバーマスが言う「生活世界」も「システム」が見せるヴィジョン（内部表現）に過ぎないとした。J・ハーバーマス、N・ルーマン『批判理論と社会システム理論』（佐藤嘉一・山口節郎・藤沢賢一郎訳、木鐸社、一九八四年）。

＊19　スコット・ラッシュ（一九四五－）アメリカ生まれの社会学者。著書に『ポスト・モダニティの社会学』など。

わけではない。社会の中で、中身のある言葉として使われるための使われ方が、歴史の中で変わってゆき、我々の考える人権のカタログが定着した。その過程を理解することで、普通に生活していく上での慣習や約束事、コミュニケーションの作法と、人権という抽象的な原理とのあいだを繋ぐセンスを実感できるという回路もあるでしょうね。

宮台　であれば、行動原則の変更にどんな過程が必要かに関連して、プラグマティックな教育実践を通じたエリート概念再構築を提案したいと思います。柳田國男を読み直して一昨年に没した小室直樹師匠を思い出しました。極貧の母子家庭に育ち、近所の人の助けで高校に行き、京都大学入試の交通費まで出して貰って理学部数学科に入った。神童として共同体から特別扱いをされて帝大生から帝国官僚になった日本的エリートと同じです。昨今は経産官僚らの国民愚民視が問題ですが、柳田的エリートは愚民視どころか負債意識を背負うがゆえに公的貢献動機を持った。公的貢献意識を持つ「べき」などと叫んでも駄目。プラグマティックな教育実践で負債意識を埋め込むしかありません。

橋下現象の背景にあるもの

渡辺　ひとつ難しいと思うのは、たとえば橋下現象[*22]というのがありますよね。橋下さんには、次のステップへ行こうという意識が強くある。ただ、自分が育った場所や、自分の過去に対して忘却はしていないということが、巧みに埋め込まれたメッセージも打ち出している。そこには彼が出てきた背景があって、大阪というのは制度的にも破綻している。政党や役人に対する信頼が破綻しているわけですね。ソーシャル・キャピタルも、かつてと比べればおそらく低減している。そこで橋下的サバイバル・ストラテジーが見事にはまって、今回の動きになった。これはアメリカのティーパーティーの動きと同じなんですね。政治や行政への不信があり、かつ一方で、地元の共同体が崩されている。その時に出てきたのが、「政府をもっと壊せ」と言うティーパーティーだった。自分たちが生きたアメリカはこうじゃなかったと、ノスタ

*20 東浩紀（あずま・ひろき、一九七一－）批評家、哲学者。著書に『存在論的、郵便的』『ゲンロン0 観光客の哲学』など。「筆者はつぎのような光景を夢想している。国会議事堂に大きなスクリーンが用意され、議事の中継映像に対する国民の反応がリアルタイムで集約され、直感的な把握が可能なグラフィックに変換されて表示される。舞台俳優が観客の反応を無視して演技を進められないように、もはや議員はスクリーンを無視して議論を進めることはできない。すぐれた演説には拍手が湧くだろうし、退屈な答弁には野次が飛ぶだろう（ネットワークに投稿された反応の解析の結果が、議員にわかりやすいように拍手や野次に変換されてスクリーンに表示されると考えてみたい）。視聴者は議決には介入できない。だからそれは直接民主主義ではない。議論に参加するのは、あくまでも民意を付託された議員だけである。しかし、視聴者の反応がそこまで可視化された状況で、私利私欲や党利党略で動くのはなかなか勇気がいるはずだ。そこでは、議員は、熟議とデータベースのあいだを綱渡りして結論を導かなければならない」（『一般意志2.0』講談社、二〇一一年、一八二頁）

*21 リン・ハント（一九四五－）アメリカの歴史学者。著書に『フランス革命の政治文化』など。『人権を創造する』では、「人権」概念を可能にする自我や身体の変化を書簡体小説など一八世紀の文化から考察している。「わたしの議論は、拷問にかんする記述や書簡体小説を読むことで身体的影響が生じ、この身体的影響が脳の変化につながり、社会的・政治的生活の組織化にかんする新しい考え方として表出されるという考え方に立っている。新しいかたちで読むこと（そして見ることと聞くこと）が新しい個人的経験（共感）をうみだし、それが今度は新しい社会的・政治的観念（人権）を可能にしたのである」（『人権を創造する』松浦義弘訳、岩波書店、二〇一一年、二三頁）

*22 大阪都構想実現のため、大阪府知事であった橋下徹が二〇一一年一一月一三日の大阪市長選にくら替え出馬、現職の平松邦夫に圧勝した。橋下のメディアを効果的に使った政治手法は物議を醸した。二〇一二年には国政へ進出、日本維新の会を設立。しかし、その後「慰安婦」発言などから党の退潮が続き、二〇一五年五月の大阪都構想を問う住民投票は否決され、橋下は同年一二月に政界からの引退を宣言した。

ルジーやセンチメントに訴えかけていく。それと非常に似ていて、共時的な動きが起きていますね。

宮台　人心掌握のポピュリズムとして過去の記憶に訴える橋下戦略はとても有効なので、単に批判しても済みません。僕なら「形にこだわる〈伝統家族〉から、機能にこだわる〈変形家族〉へ」と言う場面だけど、かつて機能したモノを、実体として再建するのは、社会的文脈が変わったから不合理です。見かけは昔と違っても機能的に等価な仕組が必要です。

苅部　橋下、小泉のポピュリズムというのは新しい話ではなくて、革新自治体[*23]だってポピュリズムだったと思うんですよ。ワンフレーズで人々を引きつけて、組織化されていない都市住民が、大して政策の内容を理解していないのに、大挙して支持する。そういう土壌はずっとあった。問題なのは、地域のコミュニティの中で、たとえばゴミ処理問題でもなんでもいいんですが、人々を説得してまとめられる人が出てきて、そうした人が信頼を得て、市長選で当選するようなルートが弱くなってしまった、あるいは、そんなルートがなかったことが明らかになった。橋下市長の場合は、むしろ敵失のおかげで成功したのでしょうね。自民党や民主党の側が、そういう人たちをうまく育てて、あるいは利用してこなかったせいだと考えたほうがいいと思います。

宮台　参加的自治のルートですね。ならば行政の役割を変えねばなりません。原発問題、基地問題、箱物問題に共通する需要サイドの「自律的依存ならざる他律的依存」を話したけど、供給サイドに目を転じると行政の不合理が目につく。日本は役人の人口比が小さいのに政府の借金が最も大きい。理由は事業効率の悪さ。〈褒美を貰うべく行政に従う社会〉と言いました。特措法を作り、特別会計を確保し、天下り先としての特殊法人や公益法人を通じて、業界にカネをばら撒く補助金行政。カネの切れ目が縁の切れ目。だから特措法の延長だらけ。イノベーション動機に乏しい。

七〇年代に福祉国家政策が破綻して「小さな政府」が議論された際、欧米では補助金行政をやめる動きが生じ、かわりに「補助金行政から政策的市場へ」の動きが生まれた。行政は〈善いことをすると儲かる社会〉を作り出すルールメイカーになった。事業主体は民間だから金はかからず、イノベーション動機も働く。アメリカではレーガン政権でNPO補助金が打ち切られ、かわりに自ら資金を賄うソーシャル・ビジネスが誕生した。日本では国交省が土木予算をつぎ込む公園建設も、アメリカではNPO。日本のNPOは補助金漬け。それを自明視する市民が問題です。

ここに更にハードルがある。アメリカでは会社とNPOの間に回転ドアがあり、人材もノウハウも往来します。でも上下両院合わせて三万人のロビイストが政治を動かすアメリカ。メガNPOがルールメイクに影響力を行使し、大規模な広告や広報で寄付金を集める。かくしてNPOと社会的ニーズが乖離します。ルールメイクが民主的じゃないわけです。

そこで住民投票や国民投票に合わせて開発された北欧の「コンセンサス会議」[*24]が注目されます。議論するテーマ毎にコーディネーターをバトンタッチし、顔が見える範囲でワークショップを積み重ね、住民投票を通じてルールメイクする。日本で住民投票というと産経や読売が批判するポピュリズムの衆愚政治を

*23　日本社会党や日本共産党などの革新系政党の支援を受けて当選した首長がいる地方自治体。一九六〇年−七〇年代に急増した。代表的な例として、蜷川虎三京都府知事（一九五〇−一九七八年）、飛鳥田一雄横浜市長（一九六三−一九七八年）、美濃部亮吉東京都知事（一九六七−一九七九年）などが知られる。

*24　デンマークで考案された、市民が参加するテクノロジー・アセスメント。遺伝子治療など社会的な議論を呼ぶ科学技術について、専門家の説明を受けながら、一般からの公募で選ばれた市民が議論を重ね、合意（コンセンサス）を形成することを目指す。

想起するけど、そうした恐れがあるからこそ、住民投票が開催される一年後に向けて、議会でのステークホルダーの手打ちと区別された中身のある議論をやり、住民同士が相互に陶冶し合って民度を上げる。そこでの行政の役割は、ワークショップに必要な場の提供や情報公開です。日本は「補助金行政から政策的市場へ」の第一段階をクリアした後、「ロビイングからコンセンサス会議へ」の第二段階のクリアが必要。第一段階のクリアさえ目処が立たない日本では気が遠くなります。

出版界へ提言する

苅部　ひとつ思ったのは、野口雅弘[*25]さんが『官僚制批判の論理と心理』（中公新書）の中で、ヴェーバーの官僚制論を引きながら、官僚制の再評価を行っているんですね。今は単に官僚はダメだという空気になっているけれど、それはむしろポピュリズムの風潮を後押しするだけになってしまう。官僚制に弊害が伴うことは常に意識する必要がありますが、明示されたルールに則って行動し、あらゆる主体を公平に扱うという原則の意味までを否定してはいけない。そのことをふまえながら、官僚機構や政策決定システムが、原則どおりにちゃんと動いているかをチェックするという姿勢が求められているのでしょう。

その点に関して、今日は出版界に文句を言おうと思ってきたんですよ。東日本大震災復興構想会議が六月に提出した「復興への提言〜悲惨のなかの希望」[*26]は、現地の知事たちや専門家の知恵を集めて書かれたもので、批判もあるでしょうが、高い水準で総合的に議論を展開している。これを、どこの出版社も活字にしようとしないのはなぜなのか。震災論で安易な対談本を出すよりも、この提言を新書版とかで出した方が、実際に政府が何を計画しつつあるのかを一般国民が知るためにも重要でしょう。あと最近知ったんですが、中央防災会議が数年前に、関東大震災の検証をやっているんですね。[*27]防災の専門家から歴史学者まで登場して、かなり具体的な話をしている。それもインターネットで公開されていますが、全部プリントアウトすると、ものすごい厚さになってしまう。そういうものを本の形で出版すれば、過去の経験に照らして、現状では大地震への対策として何が足りないのかを、具体的に考えられる。狭い意味での政治の決定過程と、その外の社会とのコミュニケーションの回路が円滑になるだろうと思うんですね。

渡辺　宮台さんがおっしゃった、行政の役割をどう考えるかということなんですけれど、このあいだ学生に「点字が必要になった場合に、どうしますか」と聞くと、ほぼ全員が「国がやるべきだ」と答えたんです。同じ質問をアメリカの学生に問いかけたことがあって、「社会でニーズがあるんだから、そこにはインセンティブが働いて、ソーシャル・ビジネスの余地になる」という反応だった。この発想の違いなんですね。やっぱり日本の場合は、まず意識からして、保守もリベラルも国頼りなんです。

苅部　それは根が深い問題ですね。福澤諭吉の『文明論之概略』にも出てくる話です。江戸時代の町人は、家の前の道が汚れていても掃除しようとしない。日本の伝統的なコミュニティは、その論理なんです

＊25　野口雅弘（のぐち・まさひろ、一九六九－）政治学者。成蹊大学法学部教授。著書に『闘争と文化』など。

＊26　菅直人首相の発案で、震災の復興の基礎となる考えを描くために、有識者会議「東日本大震災復興構想会議」を二〇一一年四月に発足。議長に政治学者の五百旗頭真をはじめ、メンバーに建築家の安藤忠雄や村井嘉浩宮城県知事など一六名をそろえた。同年六月に「復興への提言～悲惨のなかの希望」をまとめ、答申した。

＊27　中央防災会議が二〇〇三年五月に「災害教訓の継承に関する専門調査会」を設置。過去の大災害について体系的な知識を収集することで、防災意識の啓発、また災害対応に資することを目的とする。過去に起こった地震、火災、台風、噴火、津波などの災害を検証し、報告書にまとめている。関東大震災の検証は、二〇〇六年七月、二〇〇九年三月の二回おこなわれた。報告書は内閣府、防災情報のホームページで閲覧することができる。

よ。そういう管理はお上が世話してくれると考えて、自分の家の中しか面倒を見ない。共通の空間について、自分たちで知恵を出しあって何とかしようという欧米の考え方とは、まったく違う。このことは政治と文化の関係の問題にも戻ってきて、難しいんですけれど……。福澤諭吉関連では、小川原正道[*28]さんが面白い本を文藝春秋から出されていて(『福澤諭吉「官」との闘い』)、『福翁自伝』も見事な校注本が出ました(『新日本古典文学大系・明治編10』岩波書店)。福澤の思想を生き生きと読み直すタイミングにもなった気がしますね。

渡辺　もうひとつ、二番目の問題、NPOが肥大化していくということについてなんですが、シーダ・スコッチポル[*29]が『失われた民主主義』(慶應義塾大学出版会)で書いていますね。本来は共同体的な精神ではじまったものが、そのままではやっていけなくなり、メガ化しなければならない。これは考える余地がある問題ですよね。今は小さな財団では、活動できることが本当になくて、ビジネススクールを出た人とか、プロをどんどん雇っていく。そうすると共同体的なものからますます離れてしまう。大いなるパラドクスの中に入っている気がします。

宮台　そうですが、日本はそれを悩む所まで距離がある(笑)。日本では「補助金ぶら下がりマインド」を淘汰する設計が必要です。ちなみに僕は中沢新一[*30]さんやマエキタミヤコ[*31]さんと「グリーン・アクティヴ[*32]」というプラットフォーム作りに参加しました。グリーンの一点で価値をシェアできればどんな団体や個人も関われる場を提供する。コンセンサス会議の場の提供。多様な団体が随時連合し、得意領域毎にコーディネーターを交替し、ワークショップを開く。ワークショップを開けばOKというわけじゃない。皆で議論すればいいことが決まるなんて戦後民主主義的な錯誤です。愚民が話し合っても愚民のまま。どうすればワークショップを有効化できるかのノウハウが大切です。主題毎に交替するコーディネーターが努力して、中身のある討議に必要な専門家、つまり科学の民主化に貢献するミドルマン（ポール・ラザースフェルド）[*33]を連れてくる。コンセンサス会議のポイントは非専門的な参加者全員が決定に関与することだからです。専門家にどうすれば素人が異議申し立てできるか工夫する。「専門家でもないクセに」と愚昧な揶揄をする

＊28　小川原正道（おがわら・まさみち、一九七六ー）日本の政治学者。慶應義塾大学法学部教授。著書に『大教院の研究』『西南戦争と自由民権』など。

＊29　シーダ・スコッチポル（一九四七ー）アメリカの政治学者。著書に『現代社会革命論』など。『失われた民主主義』では、トクヴィルの『アメリカのデモクラシー』以来「自発的なメンバーシップ連合体」が中心だったアメリカの市民社会が一九七〇年代以降衰退し、専門家が運営する会員制のアドボカシー・グループや非営利団体に入れ替わる過程を「メンバーシップからマネージメントへ」と呼び、批判した。

＊30　中沢新一（なかざわ・しんいち、一九五〇ー）宗教学者。著書に『チベットのモーツァルト』『アースダイバー』など。

＊31　マエキタミヤコ（一九六三ー）コピーライター。環境広告会社サステナ代表。

＊32　二〇一二年二月に設立を正式に発表された環境市民団体。代表は中沢新一、発起人に宮台真司、いとうせいこう、マエキタミヤコ、賛同人に内田樹、加藤登紀子、鈴木邦男、津田大介などがいる。欧州の「緑の党」を参考にしながら、党ではなくネットワーク的な組織形態をとっている。脱原発を中心としながら、ＴＰＰや消費増税反対なども訴えるなど、幅広い運動を目指した。二〇一三年の東京都小平市の都道三二八号線の建設計画をめぐる住民投票運動も支援した。

＊33　ポール・ラザースフェルド（一九〇一ー一九七六）アメリカの社会学者。著書に『ピープルズ・チョイス』（共著）など。一九四〇年のアメリカ大統領選の投票に関するパネル調査で提起した「コミュニケーションの二段階の流れ仮説」で知られる。「二段階の流れ仮説」とはマスコミの直接的な影響力よりも、オピニオンリーダーの対人での個人的な影響力のほうが大きいとする仮説。ラザースフェルドによれば、情報はマスメディアを通じてまずオピニオンリーダーにながれ（第一段階）、オピニオンリーダーによって情報が選別、修正されて、周囲のメンバーに伝えられる（第二段階）。

2ちゃんねらーの如き馬鹿を徹底淘汰する。

　僕は世田谷区で保坂展人区長を補佐しながらこれを現実化しようとしていますが、実践を通じて浮上する問題が多々あり、学びも多々あります。ポパーが言うピースミール・ソーシャル・エンジニアリングです。うまく行くことが確実な実践しかしないなら、不合理な既得権益が生き残ります。コンセンサス会議が発想されたのは、ヨーロッパでさえ議会がステークホルダーの手打ちの場所だからです。議会で権威ヅラする「専門家」をワークショップに呼んだら素人の異議申し立てに耐えられなかったりする。ワークショップを通じて形成されたネットワークが新しい課題に取り組んだりもする。加えて大切なのは、コンセンサス会議と住民投票の組合せがあると、議会も中身のある議論をしたがること。いざとなれば議会の決定の妥当性を衆目の前で転覆できるので、議会も緊張感を持たざるを得ない。僕が神保哲生さんと十年以上関わってきた「マル激」のようなネットメディアが、政府と東電の嘘を垂れ流したマスコミを緊張させるのと同じですね。

国家に頼れない時代に

苅部　熟議の問題に重なってくる話だと思うんですけれど、震災前に出ていて、震災後にその意味が重要になった本があります。岸田一隆[*34]さんの『科学コミュニケーション』(平凡社新書)。専門家の知の世界と一般の人が完全に乖離している現状では、そのあいだを繋ぐ人が必要だと言っている。専門家がパブリックな場面に出ていって、専門家の持っているリアリティをわかりやすい言葉で発信していく。場合によっては一般の人と議論することもあるだろうし、岸田さんの考えでは、テレビに出るのでもいいと言うんですね。大事なのは、その人が顔を見せていて、そこで共感的なコミュニケーションが発生することが、二つの世界を繋ぐ大事な鍵になるから、その独自の価値を認めなければいけないという話です。今の話につなげて言うと、たとえば行政オンブズマンを作ったとしても、それ自体が官僚化して、一般の人とは離れていってしまう。そこのあいだを繋ぐ人の役割を積極的に認め、支えていくのが重要だと思いますね。

宮台 先に触れた、「オピニオンリーダー」概念を作ったラザースフェルドが、五〇年代前半に「ミドルマン」概念を提起します。定義は苅部さんが指摘されたのと同じです。ミドルマンは博士学位を持つ専門家だけど、学会をリードするよりも、学会の現在をピープルへと繋ぐ媒介役です。ミドルマンがテレビや新聞などマスコミに入っていくことで「科学の民主化」がなされ、それをベースにした討議で「民主の科学化」がなされるわけです。

渡辺 本当は、そのミドルマンの役割を、論壇が果たすべきなんですが、日本の中で今、論壇が先細りしている、影響力を失っているということですよね。確かに今度の震災で思ったけれど、にわか原発エキスパートがたくさん出てきて、自分の立ち位置を計算しながら発言しているだけの人がほとんどだったので、まったく言葉が響かなかった。

苅部 武田邦彦先生[*35]とかですか。前から原子力安全委員会の委員ではありましたね。

---

*34　岸田一隆（きしだ・いつたか、一九六一ー）理学博士。青山学院大学教授。著書に『三つの循環と文明論の科学』など。

*35　武田邦彦（たけだ・くにひこ、一九四三ー）科学者。バラエティ番組に数多く出演している。著書に『放射能と生きる』など。旭化成工業でウラン濃縮研究を研究し、研究所所長も務めた。一九九〇年に日本原子力学会特賞を受賞し、原子力委員会、原子力安全委員会のメンバーとして原発推進に関わっていたが、福島第一原発事故以降、原発反対派となる。震災後、放射能に関する記事を掲載したblogが人気を集め、関連書籍を多数出版した。

宮台　彼の豹変ぶりは見事でした(笑)。
渡辺　たとえば日本のミドルマン的な役割をしている人というと、池上彰さんとか。
宮台　役割を自覚的に果たそうとしています。
苅部　論壇ジャーナリズムも頑張ってないわけじゃなくて、『世界』の一月号に、福島原発のルポルタージュが載っていたんですよね（葉上太郎[*36]「原発頼みは一炊の夢か」）。そうやって地道にやっている人もいる。双葉町は実は原発に頼らない町づくりを進めていて、その途上で震災が起こった。論壇とは違うけれど、『ニュートン』も早い時期に、原発の特集と地震の特集で、かなり充実したものを立て続けに出していました。ああいう仕事はもっと注目されていいですね。
宮台　武田徹[*37]さんの『「核」論』増補版も良い（『私たちはこうして「原発大国」を選んだ』中公新書ラクレ）。開沼博さんもそうだけど、原発立地の歴史を調べた人は、原発政策の社会過程が少しも特別でなく、日本のどこにでもある過程だと弁えます。東電や経産省を批判するだけじゃどうにもならないと分かっているから、にわかエキスパートの勇ましさに出遅れ気味になる。その気持ちが分かるから、僕は当初から、東電的・経産省的コミュニケーションが日本中に蔓延していると言ってきました。東電を批判する朝日新聞も、十年間で広告費が半減したのにネット版の価格を配達版と同じ価格に揃える言語道断はどうなのか。販売店が困ると言い訳するなら、原子力ムラが困るという言い訳と変わらない。
苅部　僕自身は、原発の問題というのは地域開発の問題だと、前から思っていたので、『「フクシマ」論』を読んでも、実は何も驚かなかったんです。むしろ地域開発を含めた、自民党を中心とした政治行政のシステムが、どうやってできたのかを考えるのが、アカデミズムの果たす役割としては今後とも大事でしょう。その意味では、下村太一[*38]さんの『田中角栄と自民党政治』（有志舎）はよかった。田中角栄を中心として、自民党政治の政策形成システムがどうやってできたのかについての歴史研究です。

国際関係の話もしておきたいんですが、渡辺さんいかがですか。

渡辺　去年はティーパーティーが話題になりましたが、今年はOccupy Wall Street（OWS[*39]＝「ウォール街を占拠せよ」）ですね。ティーパーティーの人たちがビックガバメントを批判しているとすれば、彼らはビックビジネスが自分たちの世界を空虚なものにしていると言っている。攻める対象は違うんですが、自分たちの小さな共同体が犠牲になっているという意識は共有していますね。ただ、ちょうど感謝祭の日（一一月二四日）に、Occupy Chicagoの動きを見てきたんですが、感謝祭のパレードには何万人もいるのに、二〇人ぐらいしかいなかった。抽象的に考えると、重要な動きかもしれませんが、具体的な政治的要求がはっきりしているわけではないし、十年くらい前にシアトルやジェノバであった反グローバリゼーション運動[*40]を超えていない印象を受けます。

苅部　だんだんショボくなったという感じですか。

＊36　葉上太郎（はがみ・たろう）ジャーナリスト。著書に『瓦礫にあらず』など。

＊37　武田徹（たけだ・とおる、一九五八ー）ジャーナリスト。専修大学教授。著書に『日本ノンフィクション史』など。

＊38　下村太一（しもむら・たいち、一九七七ー）日本の政治学者。神戸学院大学准教授。著書に『田中角栄と自民党政治』など。

＊39　二〇一一年九月に、アメリカの金融の中心地であるウォール街で起こった抗議活動。二〇〇八年のリーマンショック後の長引く不況のなか、経済格差の解消を求めた。アメリカの上位一パーセントの富裕層がアメリカ全体の資産の三六パーセントを握っていることに対して、「We are the 99%」がスローガンとなった。またSNSを中心に参加者が広がったことも新しい運動スタイルとして注目された。ウォール街近くの公園を二ヶ月近く占拠し、アメリカの各都市や海外にも運動が広がった。

渡辺　あるいは今後、過激化していくか。僕の実感としては、周りの人が注目しているほど心を揺さぶられないんですね。ただ、日本の中で感じているような閉塞感が、ヨーロッパでもアメリカでも感じられてきている。それは今まで僕たちが信じてきた自由主義社会が、少し自信を失いかけているということなのかもしれない。逆に今、中国の人は、自由の制限はあるにしても、相対的には中国モデルが優れていて、捨てたもんじゃないと思っていますよね。

宮台　九月に中国の学者さんたちと話してきたんですけれど、それは言われました。

苅部　ステファン・ハルパー[*41]の『北京コンセンサス』（岩波書店）が、そのことを書いていますね。

渡辺　ええ。

宮台　渡辺さんの指摘通りティーパーティー運動とオキュパイ運動に共通なのに、日本のプレカリアート運動[*42]にないのが、共同体自治への志向です。まあアメリカの建国精神そのもので、メガ政府であれメガ金融であれ、巨大で不透明な何かに依存することを否定する。日本のプレカリアート運動は、生きづらさを何とかしてくれという依存的センチメントから離脱できません。ネット右翼にもネット左翼にも共通する浅ましさです。

ところで、共同体自治への志向は、アメリカでもヨーロッパでも国家の信用低下問題にかき消されがちです。資本移動の自由がなければ新興国の発展はあり得ません。でも、資本移動が自由だと相対的にリスクの低い方にどんどん資本が逃げがちです。金融派生商品から逃げるばかりか通貨からも国債からも逃げます。企業の投資係数（単位産出あたりの投入）が上昇するので増税も財政出動もできません。

例えば一昨年、アメリカのガイトナー財務長官[*43]は日本に対して「財政出動→景気回復→輸入増加→市場拡大」を望みました。でも債務増大を嫌う日本政府が財政出動しない。そこで仕方なくＴＰＰによる規制緩和を通じて米国企業の市場拡大を企図するようになった。これだと日本は更にデフレ化して景気回復が遠のきます。相似形の逆説をどこの政府も抱える。そんな中で共同体自治を論じても迂遠な感じ。ここにも逆説があります。資本移動自由化の下でどんな統治形態が有効かを慎重に議論すべきなのに、それができない。

苅部　そこに、ある種のシニカルな展望を出しているのが、與那覇潤[*44]さんの『中国化する日本』（文藝春秋）だと思うんです。グローバリゼーションによって経済の流れが自由化して、人々が自由に流動し、身分制も地域共同体も破壊された、個人がバラバラに動き回る社会。中国は宋代からそうなんですよね。今のグ

＊40　一九九〇年代以降、グローバリズムに反対する環境保護団体、農業団体、労働組合、などが国際会議の開催地でおこなった抗議活動。一九九九年アメリカのシアトルでのＷＴＯ閣僚会議では「人間の鎖」が会場を包囲し、開会式が中止された。二〇〇一年のイタリアのジェノバでＧ８サミットでは約二〇万人のデモがおこなわれ、警察との衝突により死者をだした。

＊41　ステファン・ハルパー（一九四四－）アメリカの国際政治学者。「市場－権威主義モデルは市場－民主主義モデルの優越性を揺るがしつつあるといってよい。市場－権威主義モデルは、経済的な自由には政治的自由が必要で、国家は最低限の役割を果たせばよいとする西側の考えを根本から破壊するもので、この新しい発展モデル――及びその広告塔としての中国政府――を期待の目で見つめている国が増えている」（『北京コンセンサス』園田茂人ほか訳、岩波書店、二〇一一年、一二七頁）

＊42　イタリア語のプレカリオ（不安定な）から派生した言葉で、不安定な雇用を強いられる人々という意味。日本では二〇〇〇年代に急増した非正規労働者、フリーターの若者らの運動で使用された。

＊43　ティモシー・フランツ・ガイトナー（一九六一－）第七五代アメリカ合衆国財務長官。

＊44　與那覇潤（よなは・じゅん、一九七九年－）歴史学者。元愛知県立大学准教授。著書に『翻訳の政治学』『知性は死なない』など。

ローバル化した世界は、どんどん中国に近づいている。逆にヨーロッパやアメリカの社会は、対面のコミュニティのリアリティがしっかりと保たれている。日本は欧米と中国の中間ぐらいでしょうか。対面共同体に対するノスタルジーは常にあるから、『困ってるひと』[*45]（大野更紗・ポプラ社）が注目されたことにも現れているように、ひとりで孤立して悩んでいる人が生まれることを、大問題だとみなが思っている。與那覇さんの言う純粋に「中国化」した社会だったら、孤立した人は単に放っておかれるだけでしょう。

渡辺　中間で、両方のいいとこ取りができると、プラスに考えていきたいですよね。中途半端でどっちつかずということではなくて、そうした方向に向けての調査なり試みは必要かもしれないですね。ただもうひとつ、中国の経済も、アメリカやヨーロッパと相互依存しているところがありますよね。そこで現代社会における主権とは何かということで言えば、アントニオ・ネグリが、国家の主権という考え方自体が古い、「エンパイア」がある種の主権になってきていると言っている。[*46]そういう大きな構造の中で、どこまで主体性を本当に発揮できるのか。必ずしも国家に頼れない時代に、それがどこまで可能なのかを考えていく必要はあるかもしれませんね。

宮台　アガンベン[*47]流に言えば、グローバル化がもたらす不安ゆえのポピュリズムや、不透明性ゆえの行政官僚制の否定的猛威を、クリアするには、統治ユニットを縮小する共同体自治化か、独裁制しかない。中国の学者らと話して、国家のバーゲニング・パワー[*48]が一層重要になると思いました。中国は二〇一五年から人口減が始まります。ハイテク産業化しても労働集約的生産性に依存する中国。人口減による生産力低下を技術革新でカバーできないとマズイ。そこを尋ねると、未知の領域だから不透明だが、楽観できると言います。

ＥＵ加盟国のＧＤＰ全体の二パーセントに過ぎないギリシャの問題[*49]でこれだけ世界経済が沈むのだか

＊45　大野更紗（おおの・さらさ、一九八四年ー）作家、社会学者。二〇〇八年に自己免疫疾患系の難病を発病。闘病生活を綴ったエッセイ『困ってるひと』が累計発行部数二〇万部のベストセラーになった。

＊46　アントニオ・ネグリ（一九三三ー）イタリアの政治哲学者。著書に『構成的権力』『野生のアノマリー』など。「たしかに、グローバル化のプロセスが進行するにつれ、いまだ実行力を失っていないとはいえ、国民国家の主権はしだいに衰退してきている。生産と交換の基本的要素──マネー、テクノロジー、ヒト、モノ──は、国境を越えてますます容易に移動するようになっており、またそのため国民国家は、それらの流れを規制したり、経済にその権威を押しつけたりする力を徐々に失ってきているのだ。もっとも支配的ないくつかの国民国家でさえ、その国境の外側においてもあるいは内側においてすら、もはや最高かつ至上の〈主権的〉権威として考えられるべきではない。とはいえしかし、国民国家の主権の衰退は、主権そのものが衰退したということを意味するわけではない。いま現在起きているさまざまの変容をとおして、政治的統制・国家機能・規制機構は、経済的かつ社会的な生産と交換の領域を支配しつづけているのだ。それゆえ、私たちの基本的な前提はこうなる。すなわち、主権が新たな形態をとるようになったということ、しかも、この新たな形態は、単一の支配論理のもとに統合された一連の国家的《ナショナル》かつ超国家的《スプラナショナル》な組織体からなるということ、これである。この新しいグローバルな主権形態こそ、私たちが〈帝国〉と呼ぶものにほかならない」（『〈帝国〉』水嶋一憲ほか訳、以文社、二〇〇三年、三ー四頁）

＊47　ジョルジュ・アガンベン（一九四二ー）イタリアの哲学者。著書に『ホモ・サケル』『スタシス』など。現在のグローバル秩序においては「例外状態」が常態化しており、ひとびとをあらゆる権利を剥奪された「剥き出しの生」としてあつかう「生政治」が広がっていることを指摘した。

＊48　国際間の交渉や折衝における対抗力のこと。

＊49　二〇〇九年一〇月、政権交代によってギリシャ政府の財政赤字の粉飾が発覚。翌年一月ギリシャ国債の暴落をきっかけに外国為替市場でユーロが下落、世界各国の株価も下落した。同年五月にはIMFとEUが総額一一〇〇億ユーロにのぼる支援を決定。一方でギリシャに増税、公共投資削減等厳しい緊縮財政策を求めた。首都アテネでは緊縮財政に反対する一〇万人規模のデモが開かれた。EUが加盟国に求める緊縮財政策に対し、二〇一一年五月のスペインマドリードのプエルタ・デル・ソル広場の占拠（15M運動）をはじめ、EU各地で反緊縮を求めるデモやストライキが相次いだ。

ら、中国が沈めば全世界が沈むことは自明で、それゆえ先進各国は最先端技術を中国に贈与するはずだと。我々も「日本が沈むと世界が沈むんだから世界は日本を助けろ」と言ってみたい（笑）。でもアメリカに対してさえ言えないのが歯がゆいところです。

スティーブ・ジョブズの遺したもの

苅部　バーゲニング・パワーの話は渡辺さんのご本とも関わりますが、ジョセフ・ナイ[*50]の『スマート・パワー』（日本経済新聞社）はどう読まれましたか。

渡辺　元々ナイはハード・パワーの専門家ですよね。でも実はソフト・パワーが重要だとも言っている。ではハード・パワーを軽視しているのかというと、そうではなく、両方重要だという概念を出したのが『スマート・パワー』です。ナイにしてみれば当たり前のことで、誤解を解くために、あえて打ち出した言葉ですね。

それよりも、ナイの考え方で変わったのは、安全保障に関してです。米軍基地と自衛隊基地の共同利用や、米軍部隊を一箇所に固定化せずに日本国内でローテーションすることを提唱するようになった。そういう議論が出て、『フォーリン・アフェアーズ・リポート』とかでも、現実的に辺野古の基地を動かすのは難しいから、現行案に固執すべきではないと、フレキシブルな議論が出てきているんです。アメリカ政府の意向に敏感に反応する、いわゆる親米派と言われている人たちが、今後どう様変わりするのか。見極めたい気はしますね。

苅部　震災でいったんお休みになっていましたが、沖縄と米軍基地の問題については、そろそろ関心が戻って本格的に議論されていいような気がしますね。

宮台　中国ではナイのソフト・パワーに役人も学者も大学生も強い関心を寄せます。中国は二〇三〇年までにアメリカのGDPを確実に追い越すけど、この経済力に釣り合う文明的輝きを持てるかどうかという関心です。ナイの発想では、経済力が文明的輝きを伴って初めて、軍事に匹敵する国の柱になる。単にコンテンツ産業の外貨獲得力に関心を寄せる日本は大ボケだけど、中国は日本のコンテンツが持つ魅力の秘密を国策的に究明し始めています。文明的輝きには価値の発信が必要だけど、中国にできるのかがポイントです。価値発信と言えばスティーブ・ジョブズ[*51]が亡くなった。「Think different」（違ったやり方で考えよう）という口上が有名だけど、意訳は「君たちは間違っている」。一般のマーケティングだと、まず新製品を示し、次に「速度三倍、ストレージ五倍…」と宣伝する。ジョブズは「違う、君たちがコンピュータに期待していた眩暈を帯びた輝きは、そんなことじゃなかったはずだ」とオルタナティブな価値を訴える。皆がそうかも…と思った瞬間、「だったらコレだ」と製品を示すわけです。

昨年BMWの執行役員ウルリッヒ・クランツさんを取材をしました。お蔭でBMWの電気自動車を半年間モニター中です。彼も同じ科白を言います。電気自動車は家電だという話が真実なら、先進国の車産業はどのみち新興国に追いつかれて利潤率が低下、労働分配率も下がる。回避するにはプレミアムな価値に訴える車を作るしかない。プレミアムな価値を探索する階層は社会貢献的な価値に関心を持つ。だから逸早く一五〇〇時間労働制や時間貯金制や農業支援金を導入し、どこより早く環境対応を打ち出してきた。

＊50　ジョセフ・ナイ（一九三七－）　対日外交の政策提言報告『アーミテージ・リポート』の共同執筆者。著書に『アメリカの世紀は終わらない』など。アメリカの国際政治学者。カーター政権で国務副次官、クリントン政権では国家情報会議議長や国防次官補を歴任。

＊51　スティーブ・ジョブズ（一九五五－二〇一一）アメリカの実業家。コンピュータ会社のアップル社の共同設立者のひとり。

バイエルン発動機という社名に相応しい地元貢献であると同時に、プレミアムカーのプロバイダとして合理的だと。

似た話があります。ドイツのフィードイン・タリフ（全種全量固定価格買取制度）では、従来的電気料金の五～六倍の価格で自然エネルギー電力を送電会社に買い取らせますが、それで電気料金は六割増以上に上がった。それでも国民が納得する理由を尋ねたら、ドイツ緑の党副党首ベーベル・ヘーンさんは、先進国は新興国が発信できない価値を発信して市場を開拓しないと「先進国として」生き残れないと言います。戦後処理でドイツが独特の個人補償図式を採用した理由に似ます。

福山前官房副長官[*52]との共著『民主主義が一度もなかった国・日本』（幻冬社新書）に書いたけど、COP3京都議定書[*53]の意味も、新興国が現段階で発信しにくい「子々孫々のために環境を守る」という価値を発信し、新興国が手付かずの領域へと産業構造改革を遂げること。政治的に市場を作るという意味でまさに政策的市場が目的。だから温暖化懐疑説の決着は重要じゃないんです。中国政府はそれに気づき、共産党独裁制を利用して風力発電と太陽光発電に莫大な投資を始めた。頓珍漢な日本は周回遅れ（笑）。

ところで共産党独裁が注目される中国だけど、武装警察を中心とする公安ゲバルトも重要です。大統領の許可なしでCIAが要人を暗殺できたクリントン政権前のアメリカを思い出します。大統領の許可なしで暗殺OKだったのは、大統領権力の弱さじゃない。大統領に累が及ぶことなくゲバルトを使えるのですからね。中国やかつてのアメリカの、対行政的な政治権力の強さは、予算権と人事権だけでなく、ゲバルトの掌握がポイントです。翻って日本をみると、霞ヶ関の予算権と人事権さえ政治が掌握していない。とほほです。

苅部　日本の場合は、実力行使をあからさまにやると、急激に人気が下がるんですよね。だから橋下知事も教育委員会に対して強硬策[*54]をとるのは、結局貫けないと思います。その意味では、独裁者の暴走を防ぐ暗黙の了解が、日本社会にはある。その点を一種の「日本モデル」として積極的に国際世界に宣伝するのも、ひとつの手かと思いますね。それで連想するのですが、アメリカの風景史研究者であるチェスター・リーブスの[*55]、『世界が賞賛した日本の町の秘密』（洋泉社新書）という本が最近出ていて、これが面白いんです。著者が日本に来て、ママチャリに乗って町をまわってみると、日本の町並みが実によくできていることに気づいたんですね。自動車ではなく自転車で回れる範囲でなんでもできる。環境にやさしい。道路も狭いから車は乱暴なスピードでは走れない。日本文化で、むしろ我々がふだん恥ずかしいと思っているものを礼賛した本なんですよ。そのまま額面どおりに受けとめるのは難しいけれど、そういう発想もありだ

＊52　福山哲郎（ふくやま・てつろう、一九六二－）政治家。立憲民主党幹事長。著書に『原発危機　官邸からの証言』など。

＊53　一九九七年一二月に京都で開かれた第三回気候変動枠組条約締約国会議で採択された議定書。地球温暖化の原因となる、二酸化炭素などの温室効果ガスについて、二〇〇八年から二〇一二年までの期間、先進国における目標削減率が定められた。しかし、アメリカが議定書に署名したものの不参加。二〇一三年から二〇二〇年までの第二約束期間は日本やロシアなどが離脱し、形骸化している。

＊54　二〇一一年六月、大阪維新の会が提出した君が代斉唱時に職員の起立斉唱を義務付けた条例案が大阪府議会で可決。思想・良心の自由に反するとして批判が起こった。二〇一二年三月には大阪府下の高校の卒業式で民間出身の校長が教職員の「口元チェック」をおこなったことに対して橋下徹が「素晴らしいマネジメント」と評価したことで、波紋をよんだ。また、二〇一一年九月には、大阪維新の会が、学力調査の結果の公表を義務付けるほか、知事や市長が公立学校の達成目標を設定し、議会の同意をへて教育委員を罷免できる教育基本条例案を提出。いずれも政治介入との批判が起こり、教育委員会と激しく対立した。条例案は一度否決されたが、二〇一二年三月に修正案が可決された。

＊55　チェスター・リーブス（一九四五－）アメリカの歴史学者。

と思いますね。

明るみに出してはいけない空間の必要性

渡辺　話は変わりますが、今年の大きな出来事として、島田紳助の事件[*56]がありましたよね。日本の社会はひと皮剥くと、表とはまた別の論理がある。そうすると、日本の「新しい公共」とか、ソーシャル・ビジネスと言っても、なんとなく白々しく聞こえてきたりするんです。

宮台　暴力団排除条例[*57]が全都道府県にできました。本来は国法化すべきだけど、市民に組員の差別を命じる内容で人権に反するから、国会審議を条例化によって回避しました。地方議会も警察庁に舐められたものだよ(笑)。ところで、暴力団排除には隠れた問題があります。

昭和三〇年代に関西で育った僕には自明だけど、売春のような決してなくならない商売が非合法だと、トラブルに際して警察を呼び出せず、ヤクザが出てくる。警察も自分たちが入れないから、ヤクザを情報屋にする。また共同体にはあぶれ者がつきもので、ヤクザは彼らに裏共同体の受け皿を与えてきた。少年院を出た爪弾き者でも電話番や運転手として組員にする。でも九二年の暴力団新法施行後は不可能になって彼らが野放しになった。組員や右翼団体員なら上に話をつけて制御できるけど、元組員や元右翼が銃器を携帯してウロウロしても制御できない。秩序維持において警察とヤクザは持ちつ持たれつです。警察はヤクザに情報を貰う代わりに非合法行為を見逃し、非合法行為を見逃す代わりに銃器押収の手柄のためにヤクザに協力して貰う。こうして危機的カオスを防止してきたんです。

ところが歌舞伎町で暴力団を一掃した後はどうか。力の空白のせいで上海系と福建系の組織が抗争して青竜刀で斬首する大変な事態になった。旧来の秩序維持装置を壊すなら、それが果たしてきた諸機能の代替装置が必要です。（1）売春など非合法商売の場面での紛争処理をどうするか。（2）これら領域からの情報取得をどうするか。（3）共同体から排除された者の包摂をどうするか。（4）かつてストーカー問題がそうだったけど警察が「被害が出るまで動けない」とする領域での被害防止をどうするか。代替措置を手当てしないと、従来の裏世界よりもアングラに潜る。結果、人がたくさん死にます。

苅部　コンセンサス会議で、パブリックに共有されるべき問題を明るみにさらし、いろいろな議論を戦わせていく。そのことはもちろん重要ですが、実は明るみに出してはいけない空間も、社会には必要なんでしょうね。熟議には乗らない部分について、そこをどう特定し、公開された領域との間に、つながりをどのようにつけていくのか。従来のやり方とは違う知恵が必要になってくると思います。

渡辺　強引を承知で中東の話と結びつければ、表向きで、いくら新しい〝民主的な〟選挙制度ができたとしても、従来あった社会問題の解決法みたいなものがなくなった時に、本当にアラブの春[*58]、中東の春と呼

＊56　二〇一一年八月、タレントの島田紳助が、暴力団関係者との交際が発覚したことを理由に芸能界引退を発表した。

＊57　暴力団の資金源を断つために市民や企業に暴力団への利益供与などを禁じる条例。二〇一〇年代以降条例を定める自治体が増え、二〇一一年一〇月に東京都と沖縄県で施行され、全国都道府県で施行された。

＊58　二〇一〇年一二月にチュニジアで起きた民主化運動（ジャスミン革命）を発端として、北アフリカや中東地域のアラブ諸国に波及した民主化運動。チュニジアの露天商の青年が警察の横暴に抗議し、焼身自殺をした事件をきっかけに、各地で大規模なデモが発生。二〇一一年一月にチュニジアのベンアリ政権、二月にはムバラク政権、八月にカダフィ政権など各地の独裁政権が崩壊した。シリアではアサド政権と反政府勢力との内戦状態が泥沼化。デモの動員にTwitterやFacebookなどソーシャルメディアが使われた事にも注目を集めた。

べるものが来るのか。もっと混乱した状況になるかもしれない。

宮台　ロシアが選挙不正問題で揺れていますが[*59]、メドベージェフ[*60]とプーチン[*61]が退いたらロシアが秩序立つのかと言えば、めちゃくちゃになるに決まっています。

苅部　表のない、全部が裏活動という社会になってしまう(笑)。

(二〇一一年一二月二三日)

*59　二〇一一年一二月四日のロシア下院選挙で、メドベージェフが率いる統一ロシアの得票を水増しする不正行為が数多く報告され、選挙結果に疑惑がもたれた。モスクワで五万人規模の抗議デモがおこなわれるなど、ロシア各地で抗議活動があいついだ。

*60　ドミトリー・メドヴェージェフ（一九六五－）ロシアの政治家。第3代大統領などを歴任し、現在ロシア第一〇代首相。

*61　ウラジーミル・プーチン（一九五二－）二〇〇〇年、ロシア大統領選挙に勝利し、第二代大統領となる。二〇〇八年、メドベージェフを後継者に指名し大統領に当選させ、みずからは首相となった。二〇一二年に第四代大統領に再任され、二〇一八年の大統領選でも再び勝利、再任された。

2012

1月	・写真用品大手イーストマン・コダックが米連邦破産法11条の適用を申請、カラーフィルム製造販売終了へ
2月	・天皇陛下、心臓の冠動脈バイパス手術を受ける
3月	・ロシア大統領選でプーチン氏当選、四年ぶりの復帰へ
4月	・石原慎太郎都知事が米講演で「尖閣諸島三島を買い取る」ことを表明
	・渋谷ヒカリエ開業
5月	・北海道泊原発三号機が定期検査のため停止、国内の原発五〇基すべて停止へ
	・東京スカイツリー開業
6月	・東京電力の実質国有化が決定
7月	・尖閣諸島の土地を政府が買収
	・脱原発を訴える市民集会（東京）に七万五千人参加
8月	・「消費増税法」成立
9月	・原子力規制委員会発足
	・新党「日本維新の会」発足（代表には橋下徹大阪市長が就任）
10月	・沖縄普天間基地に垂直離陸輸送機オスプレイ配備
	・山中伸弥京都大学教授、ノーベル医学生理学賞受賞（iPS細胞作製が受賞理由）
11月	・中国共産党総書記に習近平国家副主席が選出
12月	・衆議院選挙で自民党が過半数を大きく上回る議席を獲得し政権奪取
	・第二次安倍内閣発足

第二次安倍内閣・記念写真におさまる閣僚（12 月 26 日）　時事

▷紀伊國屋じんぶん大賞
柄谷行人『哲学の起源』

▷ユーキャン 新語・流行語大賞（「現代用語の基礎知識」選）
「ワイルドだろぉ」

熟議デモクラシーの理論と実践

苅部　今年は昨年に比べて、この鼎談でとりあげたいような本がたくさん出たように思います。震災のショックで滞っていた仕事が一気にしあがったということかもしれません。この一年で印象に残る話題というと、何でしょうかね。

渡辺　今年はじまったわけではありませんが、デモが世界中で起きたことでしょうか。アメリカでは左の「ウォール街を占拠せよ」運動と右のティーパーティー運動、ヨーロッパでは反緊縮財政をめぐるデモがあり、中東でも民主化要求デモがありました。それぞれ文脈は異なりますが、大きな要因としてはグローバル化の影響があると思います。各国が国際競争力を高めなければならない中で失業や格差が問題になってくる。特にミドルクラスの危機が深刻で、それとどう向き合ってゆくかが大きな政治的課題として浮上した。

対外的には、どの国も、エネルギーや領土をめぐって、比較的タカ派的な形で主権を主張することで彼らの不満を抑え、国内的には、増税を行なうかどうかを中心に、社会民主主義と新自由主義のあいだで揺れ動いていた。日本でも反原発デモが注目を集めましたが、反原発への批判として「国際競争力が低下してしまう」というグローバル化の論理がつねに提示されます。また「決まらない政治」という言葉も流行りました。

ただアメリカみたいに、大きな政府か小さな政府かという原理原則が衝突して決められないパターンと、日本のように原理原則は不透明なまま政局が混迷して決まらないパターンがあり、質的な違いも露呈した印象があります。

苅部　日本にせよアメリカにせよ、選挙と政党政治とが支える代議制の枠組に対して、直接的参加型のデモクラシーをめざす動きが、良かれ悪しかれ活性化したということでしょうね。出版された本との関連で言うと、二つの方向が見られます。一つは、政治学の五野井郁夫さん[*1]が『「デモ」とは何か』（NHK出版）で書かれているような、街頭における持続的なデモの活動。それに比べると地味ですが、もう一つは欧米で一九九〇年代以降盛んになってきた、熟議（討議）デモクラシーの理論。実は二年前に菅直人首相が国会での所信表明演説で「熟議の国会」と言っていたのですが[*2]、みんな忘れている（笑）。

今年はこの発想をもとにして原発問題についての討論型世論調査が行なわれ、重要な本も出ました。篠原一[*3]編『討議デモクラシーの挑戦』（岩波書店）は、その理論と実践に関するすぐれた概観ですし、この政治理論に関する代表者の一人、キャス・サンスティーン[*4]の論文集『熟議が壊れるとき』（勁草書房）も翻訳

＊1　五野井郁夫（ごのい・いくお、一九七九年―）政治学者。高千穂大学経営学部教授。著書に『リベラル再起動のために』（共著）など。

＊2「本日、国会が召集されました。日本が現在抱える課題を解決し、次の世代に先送りしない責任を、国会議員が協力して果たせるか。国民の期待に応えることができるか。この国会が試金石となります。郵政改革法案、地球温暖化対策基本法案、労働者派遣法改正法案などの審議もお願いすることとなります。私は、今回の国会が、具体的な政策をつくり上げる「政策の国会」となるよう願っています。そのために、議論を深める「熟議の国会」にしていくよう努めます。結論を出す国会になるよう期待します。この場にいる我々を隔てるものは、どこに座っているかではありません。野党の皆さんにも真摯に説明を尽くし、この国の将来を真剣に考える方々と、誠実に議論していきます。そして、何とか合意できないか知恵を絞ります。国民に選ばれた国会議員が全力を尽くし、この国の政治を築いていく。真の国民主権の政治に向け、共に頑張りましょう。」（「第176回国会における菅内閣総理大臣所信表明演説」二〇一〇年一〇月一日）

＊3　篠原一（しのはら・はじめ、一九二五―二〇一五）政治学者。著書に『歴史政治学とデモクラシー』など。

刊行されましたね。

宮台　『熟議が壊れるとき』は重要です。サンスティーンは「集団極化」を論じます。みんなで決めることでかえって極端な議論になること。ネトウヨ化現象やアメリカのティーパーティー運動を含めた共和党化現象が好例です。彼は集団極化が起こるのは二つの条件が重なるからだとします。第一は承認を求めるコミュニケーション。ミドルクラスの空洞化で人々が絶えず承認を求めて右往左往する状況です。

一九五〇年代に『孤独な群衆』を著したデイヴィッド・リースマン[*5]が共同体空洞化で剥き出しになった個人を描いたのを想起させます。同時期のジョセフ・クラッパーは「限定効果説[*6]」で、ポール・ラザースフェルドは「二段の流れ説」で、マスコミ情報が個人を直撃するかわりに対人ネットワークや小集団を緩衝装置としてきた事実を実証します。サンスティーンはこの伝統の上にあります。第二の条件は不完全情報。情報が不完全な領域では過激なことを言う人ほど堂々として潔く見えます。

これら二つの条件が重なると、情報が不完全な領域で、共同体空洞化を背景に、不安で鬱屈した人々が、承認を求めて過激なことを言い募り、これに同調しないとヘタレに見えるので周囲の人々が同調します。集団極化を避ける処方箋ですが、共同体空洞化やミドルクラスの分解を手当てするのは困難です。そこでサンスティーンは、熟議型世論調査の提案で知られるフィシュキン[*7]の言う、熟議を通じた完全情報化を提案します。熟議を通じた完全情報化によって、過激な物言いによるポジション取りの可能性を塞ぐわけです。

熟議は単なる長時間討議ではない。アクセル・ホネット[*8]の言葉で言えば「地平を切り開く討議」。つまり事実認識や価値評価のフレーム自体が変わるような討議です。フィシュキンは、そのために一定の仕掛けが必要だと言います。有能なファシリテーターを設定し、複数の論点毎に立場の違う専門家らに対論させること。これに耳を傾けた上で最後は専門家を排して住民同士が話し合い、票を投じる(世論調査に答える)。昨今の医療におけるインフォームドコンセントとセカンドオピニオンの結びつきに似ています。この場合、第一に、学会の多数少数に囚われてはいけない。権益が関連するからです。実際、日本の原子力関連学会では資金権益を背景に原発推進派が圧倒的主流です。

*4　キャス・サンスティーン(一九五四-)アメリカの法学者。著書に『選択しないという選択』『#リパブリック』など。サンスティーンは「集団極化」が「個人の行動に及ぶ社会的影響、とくに自分の評判や自己像を守りたいという願望」「各集団における「議論の蓄積」の有限性と、その結果として集団構成員が向かうことになる方向」という二つのメカニズムで発生すると指摘している(『熟議が壊れるとき』那須耕介訳、勁草書房、二〇一二年、一〇-一一頁)。そして、現実的には情報が不完全で議論の蓄積に限りがあるとして「熟議によって真実へ到達する可能性が高まるという保障などほとんどない」(五六頁)と「熟議民主主義」を退けるのに対して、フィシュキンの「討論型世論調査」を重視する。「外から情報をもたらされる、討議全体をチェックする人がいる、集団的決定をしない、そして討論に参加する人の考えが非常に多種多様である、といった要素がフィシュキンの研究には含まれており、これらが討論型世論調査を集団的極端化研究とはまったくの別物にしている〔…〕フィシュキンの実験が示すのは、制度設計に一見わずかな修正を加えるだけで、集団極化を強めたり弱めたりできるし、消滅させる可能性すらある、ということである」と述べている(七一頁)。

*5　デイヴィッド・リースマン(一九〇九-二〇〇二)アメリカの社会学者。『孤独な群衆』で大衆社会の社会的性格を「他人志向型」と位置付けた。社会の伝統にしたがう「伝統志向型」、自己の良心にしたがう「内部志向型」と比べて、「他人志向型」はマスメディアの影響によって他人に同調しやすいとされる。

*6　『マス・コミュニケーションの効果』でジョセフ・クラッパー(一九一七-一九八四)が提唱した考え。マスコミの効果は、直接ではなく媒介を通して受け手に影響を及ぼし、また受け手の考えを変化させるのではなく、既存の考えを強化させるというもの。

*7　ジェイムズ・フィシュキン(一九四八生　)アメリカの政治学者。著書に『人々の声が響き合うとき』など。

第二に、誰をファシリテーターにするか、誰を専門家として呼ぶかを、官僚に任せてはいけない。日本の審議会では官僚が専門家を人選した段階でシナリオが決まります。中立性を信頼された人や機関が必要になります。サンスティーンが注目していますが、フィシュキンの実証研究によれば、同性婚についてであれ犯罪重罰化についてであれ、主題に関係なく、熟議を経た世論調査ないし投票では、熟議を経ない世論調査や投票と比べて必ずリベラル方向にシフトします。過激な物言いでのポジション取りを塞ぐからです。

彼らの議論は、苅部さんがご専門の丸山眞男が仮説的に述べたことです。民主制が健全に機能するには、個人の自立が必要で、個人が自立するには、共同体の自立が必要だと。丸山はイギリスのヨーマン層を参照しますが、一般にトクヴィル主義と呼ばれる枠組です。丸山は、日本では共同体が国家に依存するが故に、個人の自立が妨げられ、民主制が全体主義的に機能するのだとします。依存的共同体から生み出された依存的個人が、共同体の空洞化を背景に抑鬱感情を抱き、知識社会から排除されていると、軍事や外交などで「やっちまえ！」と噴き上がる。丸山はそうした日本をとりわけアングロサクソン社会より後進的だと考えていました。

でも、グローバル化を背景にミドルクラスが分解すると、どの国でも共同体空洞化が進み、依存的共同体から生み出された依存的個人が、ポピュリズムに動員されやすくなります。今や先進国に共通の現象です。これらは、一方で承認を求めて「やっちまえ！」的な〈釣られ層〉になり、他方で何かというと周囲に敵を見出す〈クレージークレーマー層〉になって、民主制はダメになります。〈グローバル化→共同体空洞化→剥き出しの個人→承認と敵を求めて右往左往→民主制の機能不全化〉。『熟議が壊れるとき』の議論はそうした含意です。要は、民主制が健全に機能するには前提が必要で、昨今の前提の脆弱化ゆえに、熟議による完全情報化と分断克服が必要だと言うのです。

渡辺　社会的な紐帯から切り離された個人が集団極化に加担してゆくという点では、宮台さんが触れられたトクヴィルの「多数派の専制」という概念ともつながりますね。今、ポピュリズムの話が出ましたが、一般的には批判的に使われる言葉です。ただ民意を反映することが迎合だと判断されるとすると、民主主義そのものが本質的にポピュリズム的な性格を持っている。ではポピュリズムではないやり方とは何か。それは政治家が民意や世論にふりまわされずに、自分の正しいと思う方向へ導いていくことです。もうすぐ衆院選ですが、「ポピュリズムを排する」というレトリック自体にも、ポピュリズム的な様相が加わっていて、話がややこしい。ポピュリズムと対極のものが熟議というイメージがあるようですが本当か。苅部さんは民意の反映のされ方を二つに分けられましたが、ポピュリズムという言葉も今年のキーワードだった気がします。

苅部　ポピュリズムという名でよく批判されたのが、大阪での橋下徹さんと維新の会の動きですが、砂原庸介[*9]さんの『大阪』(中公新書)を読むと、単にそれだけではない、地方政治をめぐる大きな問題が背景に

＊8　アクセル・ホネット（一九四九―）ドイツの哲学者。フランクフルト学派第三世代に位置付けられる。著書に『承認をめぐる闘争』など。ホネットは『啓蒙の弁証法』の社会批判を次のように論じている。「意味の地平を切り開く社会批判は次のような試みとして理解したほうがより適切に思える。すなわち、このタイプの社会批判が目指すのは、当該の社会において共同の行為目標に関しての価値評価に関わる討議の基礎条件を変えるための意図的な試みだということである。すなわち［このタイプの社会批判は意味の」濃密化とずらしというレトリカルな手段を用いることによって、社会的現実に関する新たな事実を可視的なものにするのである」(「世界の意味地平を切り開く批判の可能性」『正義の他者』加藤泰史ほか訳、法政大学出版局、二〇〇五年、八八頁)

なっていることがわかります。自民党支配と革新自治体の時代が終わったあと、与野党が相乗りで支える首長と事務方の官僚とが、がっちりと地方政治を固めてしまい、停滞状況に陥った。それに対する市民の批判をすくいあげる形で、橋下さんが登場してきた。その流れの一種の必然性を砂原さんは認めながら、権力の一元化よりも地方議会での政党間の多元的な競争の意義を提言しているのが重要です。

また『現代思想』五月号の「大阪」特集に載った、森政稔[*10]さんの「独裁の誘惑」もおもしろかった。強力なリーダーシップへの期待を煽ったのは、むしろ九〇年代の政治改革に際して積極的に提言をした政治学者たちだったのではないか、そういう学者が今ポピュリズムを憂慮するのは一貫していないだろうという批判です。

アメリカとどう距離を取るか

渡辺　ここ一年、一般大衆雑誌でも、リーダーシップ論がよく特集されていましたよね。たとえば勝海舟に理想的なリーダー像を求めたり。でも今起きているグローバルな構造的変化に対して、特定の個人や少数のリーダーの裁量・力量に任せること自体、ガバナンスのあり方としては無理がある。リーダーシップ論が過剰になっているとも言えますね。

苅部　待鳥聡史[*11]さんの『首相政治の制度分析』（千倉書房）が、その点について重要な問題提起をしていますね。九〇年代の行政改革と政治改革によって、首相と政党党首の権力が制度上強化され、その新たな制度をうまく使う形で、小泉純一郎首相のリーダーシップも可能になったという視点です。その後に続いた首相たちの政権運営がうまくいかないのは、制度の使い方がわからなかったせいなのでしょう。

そういう風に、制度と首相の個性とがくみあう形でリーダーシップが確立する。別の面から言えば、奇天烈なリーダーが出現するのを憂えるだけではだめで、そういう政治家が権力を握っても大丈夫な制度を公式・非公式に作らないといけない。

渡辺　そうじゃないと、いつまでも精神論が繰り返されるだけです。

苅部　アメリカの大統領選[*12]に関しては、どうご覧になられましたか。久保文明さんたちの共著で『ティーパーティ運動の研究』『オバマ・アメリカ・世界』（共にNTT出版）が出ていますが、ティーパーティーが今回は失速しましたよね。

渡辺　ティーパーティーの研究は、日本の方がアメリカよりも盛んだと思いますよ。大統領選でオバマが勝てた理由ですが、経済が争点でありながらも、それを直接争わず、富裕層に増税することを前面に掲げた点が大きい。アメリカ社会のミドルクラスがどんどん収縮している危機感をバネにして、オバマは闘った。増税議論を一種の階級闘争として成り立たせたことが勝因だったと思います。保守派は反論して、さらに過激なことを言っていたんですが、言えば言うほどミドルクラスの感情からはずれて、本選で負けていく。そういうパラドクスがあった。

＊9　砂原庸介（すなはら・ようすけ、一九七八－）日本の政治学者。神戸大学教授。著書に『分裂と統合の日本政治』など。

＊10　森政稔（もり・まさとし、一九五九－）政治学者。東京大学教授。著書に『迷走する民主主義』など。同論文は『〈政治的なもの〉の遍歴と帰結』（青土社、二〇一四年）に収録。

＊11　待鳥聡史（まちどり・さとし、一九七一－）政治学者。京都大学教授。著書に『代議制民主主義』など。

＊12　二〇一二年一一月六日のアメリカ大統領選挙で、現職のバラク・オバマが共和党候補のミット・ロムニーを僅差で下した。株価はリーマンショック以前の水準にまで回復したものの、失業率は八パーセントという高い水準にあったため、オバマ政権の経済政策の成否が問われた。

しかしアメリカの場合、何も決まらない状況があり、党派対立も激しいんですが、マディソン[*13]らが書いた『ザ・フェデラリスト』[*14]の中にも、民主政治の下では党派対立が起きるのは当然であり、むしろ歓迎すべきだと言っています。ただ、対立を抑制する装置として連邦制やそれにも基づく選挙制度があって、大きく振れた振り子を揺り戻すダイナミズムが埋め込まれている。景気が上向きになれば党派対立も緩和してゆく気がします。日本の場合、経済が良くなっても、そういった歩み寄りの力学が働くかどうかわからない。苦悩は深い感じがします。

日本とアメリカの政治がらみの話で言うと、衆院選[*15]ではTPP、原発、憲法改正などが選挙の争点になっています。どれもアメリカと密接に関連していて、アメリカとどう距離を取るかが伏線として存在します。その時に、いわゆる「対米自立」という観念論、ある種の日本の自分探しの延長として憲法改正に向かう、あるいはTPPに参加すれば属国になるといったイメージで政策が掲げられている点には気をつけないといけない。もっと冷徹な現実主義の立場からアメリカとどう向き合っていくか、アメリカをどう利用していくかを考えて政策が提言されなければいけない。

苅部　赤坂真理[*16]さんの『東京プリズン』(河出書房新社)を思い出しました。いい描写もある小説ですが、乱暴に言うと、主人公の個人的な不幸がすべてアメリカのせいになっていて、その原点が占領と東京裁判というような。その世界観にちょっと疑問が……。

宮台　あれはひどかった(笑)。

苅部　戦後の日本はアメリカに操られているという陰謀史観のような本が、ほかにもいくつか出ています。酒場でのヨタ話のネタとしてはまあ楽しめるのですが、左右を問わず、それが政治的な主張に結びついてしまうといやな気がする。すべてアメリカに支配されていたと言い切ると、日本の政府とそれをチェックすべきだった国民の責任が問われなくなってしまうでしょう。日米同盟という現実のなかで、どれだけ日本自身の国益を確保できたかを、個別の事例ごとに検証するのが大事だと思うんですね。陰謀本に費やす

＊13　ジェームズ・マディソン（一七五一―一八三六）アメリカの政治家。第4代アメリカ合衆国大統領。憲法の父と呼ばれる。

＊14　アメリカ合衆国憲法批准を促進するために書かれた八五編からなる政治論文。アレクサンダー・ハミルトン、ジョン・ジェイ、ジェームズ・マディソンらが執筆。第一〇篇でマディソンは連邦制によって党派争いが引き起こす悪弊を解消できると主張している。「派閥の効果を抑制するうえで、共和政国家が民主政国家に対してもっている利点は、そのまま大きな共和国が小さな共和国に対してもつ利点でもあり、同時に連邦がその構成分子である各州に対してもつ利点でもある。良識ある見解と高潔な精神とのゆえに、地方的偏見や不正な企みを超克しているような代表者を持つほうが有利ではなかろうか。その点、連邦の代表者たちのほうが、こうした必要とされている才能を所有しているであろうことは、否定されないであろう。ある一つの党派が、他の残りの党派を数で圧倒し抑圧する結果になるのを防ぐためには、党派の数を多くすることによってより大きな安全性が確保されるという利点はないであろうか。連邦に包含され党派の多様性が増大すれば、それだけこの利点も増大することになろう。要するに、不正な利益をめざす多数派が一致協力してそのひそかな願望を達成するのを防ぐためには、より大きな障害をおくことが役立つ。つまり、ここでも再び、連邦の広大性が、きわめて明確な利点となっているのである」（『ザ・フェデラリスト』斎藤眞ほか訳、岩波文庫、一九九九年、六四―六五頁）

＊15　二〇一二年一二月四日におこなわれた第四六回衆議院議員総選挙。野田首相が安倍晋三との党首討論で、衆議院議員定数削減法案の成立への協力と引き換えに、解散を提案。選挙では自由民主党が圧勝し、第二次安倍内閣が発足した。

＊16　赤坂真理（あかさか・まり、一九六四―）小説家。著書に『太陽の涙』など。『東京プリズン』は米国留学中に進級がかかった「天皇の戦争責任」をテーマとするディベートに失敗した過去を持つ真里に、二〇〇九年八月一五日に過去の自分から電話がかかってくる。現在と過去の時間が幻想的に交差しながら、真里はかつて失敗した「天皇の戦争責任」のディベートにふたたび臨む。

暇とお金があるなら、秦郁彦さんの『陰謀史観』[*17]（新潮新書）を読めと言いたい。

渡辺　感情がスカッとする議論に訴える政治風土になっていて、アメリカだけではなく、中国でも韓国でも、いやもしかするとどの国でも不快な人たちがカタルシスのスローガンを発している。結果として、とくに中国や韓国との間で互いに引き下がれない状況が生じているのは懸念すべきことですね。

ＴＰＰ問題の核心

宮台　渡辺さんが最初におっしゃったことに関連して、昨今の先進各国には政策的パッケージ化現象が生じています。一方に［外交は強硬派、内政は自助重視、意志決定はトップダウン、効率志向］というパッケージがあり、他方に［外交はリベラル、内政では共助公助重視、意志決定は熟議、多様性志向］というパッケージがあります。先進各国を覆うポピュリスティックな立場は前者のパッケージ。グローバル化で格差化と貧困化が進むほど分厚くなります。これは感情的なので、不完全情報状態を放置した決定になりがちで、いずれは国益を損なう。だから後者のパッケージを有力化する為の工夫が必要で、そのための制度的工夫が熟議を通じた完全情報化と分断克服だと言うのがフィシュキン＆サンスティーンです。原発についてもＴＰＰについてもこうしたパッケージを理解した上で考えないといけません。

個人的なことを申し上げると、僕は原発賛成から反対に変わり、ＴＰＰ賛成から反対に変わりました。不完全情報の状態から脱したことが理由です。原発については三年前にデンマークにＣＯＰ15の取材に出かけた頃までは、欧米のディープエコロジストの大勢に倣って原発賛成でした。蓄電池技術とスマートグリッド技術が高度化するまでは、再生可能エネルギーの不安定さを克服するための二酸化炭素を出さない安定した電源として、原子力が必要だと。ところが各国と違って日本だけが「絶対安全神話」「全量再処理神話」「原発安価神話」という三つの〈フィクションの繭〉の中にいることが分かった。これでは「なんとかに刃物」「ブレーキのない車」です。日本は「技術の社会的制御」ができない原発禁治産国です。TPPも同じ。日本の農政だけが価格支持政策[*18]を採用し、所得支持政策を採用していない。[*19]所得支持政策だけが大規模効率化に繋がるのに。これを妨げているのがJA（農協）[*20]。農協の最重要事業である農林中金は零細農家に農機具を貸し付けて儲けてきました。だから大規模化で一〇ヘクタールに一台のトラクターになるより、一ヘクタールに一台のトラクターのままの方が良い。

僕はこうした不合理を批判していますが、一向に変わらない。ならばアメリカの力を借りた方が良いのではないかと思って、ふと思い出しました。八〇年代後半に農産物自由化交渉がなされ、続く日米構造障

*17 秦郁彦（はた・いくひこ、一九三二―）歴史学者。著書に『実証史学への道』など。『陰謀史観』では田中上奏文など国際的な日本陰謀論が取り上げられるほか、小堀桂一郎や江藤淳らによるアメリカ占領期をめぐる陰謀史観に言及している。

*18 政府が介入して、商品の価格を一定に維持する制度。価格が急落した場合、政府が買い付けをおこなうことで、生産者を保護する。消費者負担の農業保護政策であり、日本では全農産物の八割に適用されている。また国内価格を維持するために輸入農産物に関税を課すことにもつながる。農産物の貿易自由化を進めたウルグアイ・ラウンド（一九八三年）以降、制度の矛盾が指摘されている。

*19 農家に直接補助金をはらうことで生産者を保護する制度。納税者負担の農業保護政策であり、アメリカは一九六三年以降、EUは九二年以降、農産物の価格を引き下げることを目的に採用している。

*20 JAは農業協同組合法に基づく法人で、農薬や肥料などの購買や農産物などの販売をおこなうほか、組合員に融資する信用事業、保険を扱う共済事業などをおこなっている。農協改革は第二次安倍政権の「岩盤規制改革」の目玉の一つとなっていたが、二〇一五年八月に農協法が改正され、JAグループを率いる全中（全国農業協同組合中央会）の監査・指導権をなくし、二〇一九年度中に一般社団法人に転換することが決定した。

壁協議[*21]で年次改革要望書[*22]スキームができあがった。かくして農産物輸入自由化[*23]、大規模店舗規制法緩和[*24]、文部省トロン配布中止[*25]、四三〇兆円公共事業[*26]と米国企業参入が決まり、その後も、建築基準法緩和[*27]と米国輸入木材建築解禁、郵政民営化と米国金融機関参入[*28]、司法近代化と参審制[*29]などが続きます。当初アメリカが使ったのは日本の消費者利益のためという理屈。「これだけ手帳」の竹村健一[*30]が繰り返しテレビに出てアメリカは消費者の味方だと喧伝します。常識的に考えてアメリカが日本の消費者利益を考えるはずもなく、上下両院合計三万人のロビイストを背景にした市場拡大と雇用拡大を狙っただけ。流通合理化は既得権を移動させるので日本自力ではできない。その弱みを突いてきた。アメリカは国益増大のために当然の戦略を採っただけです。

ＴＰＰも同じ図式なんですよ。日本の農業は都市住民向けの野菜や果物では効率化を遂げましたが、それでも稲作を中心に巨大な非効率が価格支持政策を支えとして残り、それを集票装置としてのＪＡ＝農協が支える。かつてＷＴＯの農水側の交渉役だった山下一仁[*31]氏らがこれを批判し、僕もマル激や講演でこうした批判を応援してきた。なのに民主党に政権交代しても農業構造改革を完遂できない。ならばアメリカの力を借りよう。僕もそう考えたのですが、そこで何かに似ていると思い出した。重要なのは、日本が自力で既得権益移動を伴う産業構造改革が出来たなら、三〇年前も今回も「アメリカの助けを借りずに＝アメリカに弱みを突かれずに」済んだこと。

＊21　一九八九年から九〇年に日米貿易の不均衡の解消を目的におこなわれた日米二国間協議。

＊22　日米両国が互いの経済発展のために改善が必要とする規制や制度を指摘する文書。正式には「日米規制改革および競争政策イニシアティブに基づく要望書」。一九九四年に始まり、二〇〇九年の鳩山内閣時代に「日米規制改革委員会」が廃止され、「要望書」も事実上停止。二〇一一年の菅内閣で「日米経済調和対話」として復活した。

＊23　一九九一年に牛肉・オレンジの輸入自由化が始まった。
＊24　周辺の中小小売業を保護することを目的に、店舗面積五〇〇㎡以上の大規模小売店の事業活動を調整する法律。日米構造協議がおこなわれた一九九〇年には、アメリカの玩具量販店トイザらスの新潟市への出店計画が地元商店街の反対で頓挫していた。一九九四年に規制緩和され、店舗面積一〇〇〇㎡未満の出店が原則自由化。各地で大規模なショッピングモールが建設されるようになった。二〇〇〇年に「大規模小売店舗立地法」の成立にともない、廃止された。
＊25　一九八八年、文部省が教育用パソコンの標準規格に坂村健らが開発したコンピュータOS「TRON（The Real-time Operating system Nucleus）」を採用したが、一九八九年アメリカ合衆国通商代表部の報告書で貿易障壁としてTRONがあげられ、文部省の採用が見送られた。
＊26　日米構造協議でアメリカが日本政府に輸出産業ではなく公共分野に投資することを求め、GNPの一〇パーセントを公共事業に配分することを要求。当時の海部内閣は十年間で四三〇兆円の「公共投資基本計画」を策定。村山内閣ではさらに二〇〇兆円を予算に加えた。また「大型公共事業への参入機会等に関する我が国政府の措置」（一九九一年）で大型公共事業へのアメリカ企業の参加を認めた。
＊27　仕様を細かく規定した「仕様規定」をとる建築基準法では規制が厳しすぎるとして、一定の性能を満たせばいいという建築基準の性能規定化を目的に改正された。同程度の性能を満たせば、海外の資材も使えるようになった。この規制緩和で確認検査機関の民間開放が進んだ。
＊28　二〇〇五年、小泉内閣は郵政民営化を「行政改革の本丸」と掲げ、郵政民営化法を成立させた。二〇〇九年に郵政公社は郵便、保険、郵貯、窓口に対応させた四つの株式会社に分割された。
＊29　二〇〇一年、司法制度改革審議会意見書が刑事裁判への国民参加を目的とする裁判員制度の導入を提言。二〇〇四年に「裁判員の参加する刑事裁判に関する法律」が成立し、二〇〇九年五月から裁判員制度が実施された。裁判に国民の社会常識を反映させることを目的としている。
＊30　竹村健一（たけむら・けんいち、一九三〇―）評論家。マーシャル・マクルーハンの紹介者として知られ、自身もテレビやラジオなどメディアに多数出演した。テレビCMの中で、黒い手帳を差し出しながら「ぼくなんかこれだけですよ、これだけ」と言うセリフが人気になり、その後、自らが監修した「これだけ手帳」が発売された。
＊31　山下一仁（やました・かずひと、一九五五―）農政アナリスト。元農水官僚。著書に『農協解体』『TPPが日本農業を強くする』など。

繰り返すと、これは陰謀でも何でもない。日本が自力で合理的な全体改革ができないことを、かなり以前からアメリカが戦略的に利用しようと考えてきただけ。それに気付かない日本がダメなのです。

渡辺　そうすると、セルフガバナンスできなくなったのは、アメリカの陰謀だという話になるわけです(笑)。

宮台　昨今はウィキリークスでTPPの秘密交渉の一部が漏れたのもあり、アメリカの狙いが年間一兆円を超える著作権収入にあることが分かってきた。農産物で獲得できる外貨よりもずっと多い。著作権法制の厳格化——具体的には刑事罰化と非親告罪化——によってコミケのような二次利用市場を完全に潰し、著作権収入で唯一「出超」を誇るアメリカの輸出収入を、さらに激増させることを狙う。直前に話題になったACTA(反偽造通商協定)[*32]とワンセット。アメリカの狙いに気付いた欧州議会は九割以上の圧倒的多数でACTA批准を否決したけど、日本の国会は何の議論もなく通りました。農業要求は噛ませ犬で「農業分野で譲るから著作権分野で譲れ」と来るだろうと思います。

グロテスクな競争

苅部　アメリカの対外的な影響力については、柄谷行人さんが『哲学の起源』(岩波書店)で、古代アテネのデモクラシーと、それ以前、イオニア半島にあったポリスとの違いを論じていることにもつながります。直接民主政の議論で普通モデルとされるアテネについて、柄谷さんはむしろ、その内側で奴隷と外国人が排除されていたことや、ほかの都市を支配する帝国主義の問題を指摘する。それに対してイオニア諸都市では、より平等でコスモポリタンな性格をもつ政治共同体があったと推定して、それを評価するんですね。このアテネのイメージが現代のアメリカと重なります。これをこえるような、経済的な不平等の解消に努め、ほかの国とも水平的な関係を保つ、開かれたデモクラシーの提言（柄谷さんは「イソノミア」と呼びますが）にも読めますね。

渡辺　ローマではなくアテネというのが面白いですね。その点では、白川俊介[*33]さんが『ナショナリズムの力』（勁草書房）で、リベラル・ナショナリズム論を展開していますね。ナショナリズムと言っても、郷土愛的なものを否定する必要はなくて、むしろそれをうまく使って、多文化共生的な世界を作っていく契機にすることもできると。ナショナリズムという言葉自体に拒否反応を示す人も多いと思いますが、ナショナリズムの過剰に対して警戒しながらも、使い方によっては国際主義に繋がる昇華の仕方も模索できるのではないか。悪い意味でのアテネ的な方向に行かずに、苅部さんがおっしゃったような、開けていく形でナショナリズムを飼いならしていくという点で、白川さんはいい問題提起をしている。

それから、私も個人的にはできるだけ平等で国際共同主義的な世界を目指したいとは思うのですが、今年は、まったく逆の現実を指摘した本がいくつか出ました。英エコノミスト編集部『2050年の世界』[*34]（文藝春秋）が典型ですが、そこに描かれている未来の現実には、もっと熾烈な勝ち負けの世界が広がって

＊32　知的所有権を侵害する製品やサービスの流通を規制・防止する国際条約。音楽や映像から医薬品まで幅広い知的所有権の保護を目的としている。インターネット上の著作権の保護を強く打ち出しているために、ネット規制につながるとして反対運動が起こった。二〇〇八年五月にはウィキリークスに秘密交渉の議事録が流出した。六ヶ国が批准すれば発効する。日本は二〇一二年九月ACTAに批准することが決定したが、欧州議会は二〇一二年七月に否決、メキシコも否決しており、いまだ発効の見込みは立っていない。

＊33　白川俊介（しらかわ・しゅんすけ、一九八三－）政治学者。著書に『グローバル秩序という視点―規範・歴史・地域―』（共著）など。

いる。フレデリック・マルテルの『メインストリーム』[35]（岩波書店）も、今のアメリカの文化的覇権を中東やアジアの各国が覆そうとしているという議論であり、ニーアル・ファーガソンの『文明』[36]（勁草書房）やジョン・アイケンベリーの『リベラルな秩序か帝国か（上・下）』[37]（勁草書房）も、欧米社会がこれまでの優位性やリベラル・デモクラシーを守っていけるのかという話だった。現実の国際政治でも、かなりグロテスクな国益をめぐる競争が起きている。ここにある世界とあるべき世界のあいだで距離が広がってきていると痛感します。

苅部　国際政治のあり方について、今後の世界秩序への展望やナショナリズムの現状を意識しながら、歴史をじっくりふりかえる仕事がいくつも出版されたのは、今年の収穫です。篠田英朗[38]さんの『「国家主権」という思想』（勁草書房）がそうですし、高原明生[39]さんらによる『日中関係史　一九七二～二〇一二』全三巻（東京大学出版会）も出ました。

渡辺　細谷雄一[40]さんの『国際秩序』（中公新書）も、現代のアジアの時代を、一八世紀ヨーロッパのあたりから遡って見渡そうとしている。そういうパースペクティブで見ることが、今年のひとつの特徴だった気がします。

苅部　三浦瑠麗[41]さんの『シビリアンの戦争』（岩波書店）も注目作でした。「平和と民主主義」は一体だと、つい考えてしまいがちなのですが、一九世紀以降の各国の事例を検証すると、プロの軍人は戦争をしたがらないのに、世論とそれに立脚する政治家が戦争を推し進める例も少なくない。最近では、ペンタゴンの将官たちが反対したのに、大統領が開戦へと押し切って、アメリカ国民の大半も支持したイラク戦争がいい例です。国民世論の暴走をいかにして防ぐのか。先ほどのポピュリズムの問題にも関わってきますね。

渡辺　その話で言えば、憲法改正の話とも関連しますが、自民党であっても、戦中派の高齢の政治家のほうに日中の緊張関係を懸念する声が多かったですよね。実際に体験しているリアリズムが体の中にあって、今の民主党主流派よりもはるかにリベラルです。

苅部　戦争の実体験に基づく勘なのでしょうね。御厨貴[*42]ほか編『聞き書　野中広務回顧録』（岩波書店）にも、村山内閣時代、植民地支配と侵略に関する首相談話の作成に、特別な思いをもって臨んだことが語られていました。

渡辺　それとかつては、中国や韓国とのあいだで問題が起きたとしても、政治家同士のチャンネルがあって、国民感情が高まっている時でも、そのチャンネルを通した落としどころがあった。今は日中、日韓、

＊34　「中国の台頭、技術の拡散、新しい形のテロ戦争などでアメリカの超軍事国家としての優位性は、さまざまな領域で崩れ始める。そうした中で、核戦争の危険は冷戦時代以上に高まる」（「第八章　弱者が強者となる戦争の未来」『2050年の世界』東江一紀ほか訳、文藝春秋、二〇一二年、一七四頁）

＊35　フレデリック・マルテル（一九六七―）フランスの社会学者。著書に『超大国アメリカの文化力』など。

＊36　ニーアル・ファーガソン（一九六四―）イギリスの歴史学者。著書に『劣化国家』など。

＊37　ジョン・アイケンベリー（一九五四―）アメリカの国際政治学者。著書に『アフター・ヴィクトリー』など。

＊38　篠田英朗（しのだ・ひであき、一九六八―）国際政治学者。東京外国語大学教授。著書に『ほんとうの憲法』など。

＊39　高原明生（たかはら・あきお、一九五八―）政治学者。東京大学教授。著書に『中国の時代』（共著）など。

＊40　細谷雄一（ほそや・ゆういち、一九七一―）国際政治学者。慶應義塾大学教授。著書に『迷走するイギリス』『自主独立とは何か』など。

＊41　三浦瑠麗（みうら・るり、一九八〇―）国際政治学者。著書に『「トランプ時代」の新世界秩序』『21世紀の戦争と平和』『孤独の意味も、女であることの味わいも』など。

＊42　御厨貴（みくりや・たかし、一九五一―）政治学者。東京大学名誉教授。著書に『明治国家をつくる――地方経営と首都計画』など。編著に『天皇の近代』など。

そして日米でも非常に先細っている。民意の暴走を防ぐ方法として、政治家同士のチャンネルを作り直していく余地がありますね。

宮台 尖閣問題について言っておくと、あれは「前原問題」です。主権争いは意志貫徹の鍔迫り合いだから、戦争だけが解決策です。戦争回避には主権棚上げ以外ない。実際、一九七二年の日中共同声明[*43]、鄧小平声明[*44]、日中漁業協定[*45]と、三段階を通じて確認されたのは、（1）主権は棚上げ、（2）施政権は日本、（3）将来的な共同開発。日本に圧倒的に有利な枠組で、これを一方的に破棄したのが当時の前原国交大臣[*46]。利を得たのは中国海軍などの強硬派です。彼らによれば、電撃的に占領してしまえば良い。安保条約上アメリカが「義務」を追うのは日本の実効支配（管轄地）の範囲に限定されるし（中国が占領すれば中国の実効支配）、第五条を読むとアメリカは実は「義務」さえ負ってないし[*47]、アメリカは尖閣を日本の領土とすら認めていない、という話です[*48]。

昨年『日本の国境問題』（筑摩書房）を出した孫崎享[*49]さんが今年は『不愉快な現実—中国の大国化、米国

＊43 一九七二年、訪中した田中角栄首相が中国の周恩来とかわした日中国交正常化に関する共同声明。この声明で日本が中華人民共和国を唯一の政府だと承認。日華平和条約が破棄され、台湾の中華民国政府との外交関係が消滅。会談時に田中角栄が「尖閣諸島についてどう思うか？ 私のところに、いろいろ言ってくる人がいる」と発言したのに対して、周恩来は「尖閣諸島問題については、今回は話したくない。今、これを話すのはよくない。石油が出るから、これが問題になった。石油が出なければ、台湾も米国も問題にしない」と発言した。

＊44 一九七八年一〇月二五日、来日した鄧小平中国副首相が福田赳夫総理との日中首脳会談および日本記者クラブの会見で尖閣諸島問題を事実上「棚上げ」するとした発言。「もう一点言っておきたいことがある。両国間には色々な問題がある。例えば中国では釣魚台、日本では尖閣諸島と呼んでいる問題がある。こういうことは、今回のような会談の席上に持ち出さなくてもよい問題である。園田外務大臣にも北京で述べたが、われわれの世代では知

恵が足りなくて解決できないかもしれないが、次の世代は、われわれよりももっと知恵があり、この問題を解決できるだろう。この問題は大局から見ることが必要だ」（日中首脳会談）「確かにこの点（尖閣問題）については、双方に食い違った見方がある。中日国交正常化の際も、双方はこの問題に触れないことを約束した。今回、中日平和友好条約を交渉した際も同じく、この問題に触れないことで一致した。中国人の知恵からして、こういう方法しか考え出せない。こういう問題は、一時棚上げしてもかまわない。十年棚上げしてもかまわない。我々の世代の人間は知恵が足りない。次の世代は、きっと我々よりは賢くなる。そのときは必ずや、お互いに皆が受け入れられる良い方法を見つけることができる」（記者会見）

＊45　二〇〇〇年六月に発効した、日中の排他的経済水域について定めた協定。日中が領有権を主張する尖閣諸島周辺の境界設定の交渉の継続。それまでの暫定的措置として北緯三〇度四〇分から北緯二七度の間、東経一二四度四五分から東経一二七度三〇分の間を「暫定措置水域」とする。暫定措置水域ではいずれの国の漁船も相手国の許可なく操業でき、各国は自国の漁船にのみ取り締まることができると定めた。尖閣諸島が存在する北緯二七度以南の水域は協定では例外水域とされた。

＊46　二〇一〇年九月七日、尖閣諸島付近で起こった中国漁船と海上保安庁の衝突事件で、海上保安庁を所管する国土交通大臣であった前原誠司が「東シナ海には領土問題は存在しない」として日本の国内法を適用、中国人船長の逮捕・勾留を求めたとされる。

＊47　「各締約国は、日本国の施政の下にある領域における、いずれか一方に対する武力攻撃が、自国の平和及び安全を危うくするものであることを認め、自国の憲法上の規定及び手続に従つて共通の危険に対処するように行動することを宣言する。」（「日本国とアメリカ合衆国との間の相互協力及び安全保障条約　第五条」）

＊48　一九九六年九月、ニューヨーク・タイムズ紙でモンデール駐日大使がアメリカは尖閣諸島の領有問題について日中いずれの側にもつかない、また米軍は日米安保条約によって介入を強制されないと発言。以降、アメリカは日本政府に以下の方針を伝えている。一九七二年の沖縄返還以来、尖閣諸島は日本の管轄下にある。安保条約第五条には日本の管轄地に適用されるとあり、尖閣諸島は安保条約の適用の対象である。しかし、尖閣諸島の主権については日中で係争中であるとして、いずれの側も支持しない。（孫崎享『日本の国境問題』ちくま新書、二〇一一年、一五三－一五四頁）

＊49　孫崎享（まごさき・うける、一九四三－）元外交官。著書に『日米同盟の正体』など。

の戦略転換』（講談社）と『戦後史の正体1945－2012』（創元社）を出されたけど、彼も指摘する通り、竹島問題はその帰属をアメリカが決めると定めたのは「ポツダム宣言問題」だし、北方領土問題は日本に南千島（国後と択捉）を含む千島を放棄させた「サンフランシスコ講話条約問題」です。（1）畢竟日米問題であるものを、アメリカに何も言わずに周辺国に吠えたところでどうにもならないし、（2）外交概念として無意味な「固有の領土」の云々より、直前までの条約や協定の積み重ねに専ら意味がある。それが外交です。

外交はどうあるべきか

苅部　統治のプロフェッショナルの視点と、国民の意見とをどうくみあわせるかという問題。架空の設定で国際政治理論を紹介する、ダニエル・ドレズナー[*50]『ゾンビ襲来』（白水社）にも、ゾンビを掃討しようとする政府に対して、「ゾンビの平等」を主張するNGOが反対してしまう例が挙がっていました（笑）。尾原宏之[*51]さんの『大正大震災』（白水社）が、大正期にあった市民のための軍事教育の議論を紹介していますが、そういう危ない領域にも、本当はふみこまないといけないのかもしれません。軍事力のコントロールの問題については、山内進[*52]さんの『文明は暴力を超えられるか』（筑摩書房）も、世界の歴史を通観するいいお仕事でした。

渡辺　今の時代は、むしろ世論が政治家を突き動かしていく傾向が強くなっていますよね。外交の面でも、そうした世論の力を無視できなくなっています。相手の国の民意を味方につけるパブリック・ディプロマシー（広報文化外交）[*53]が、その善し悪しや好き嫌いは別にして、どの国でも強化されています。これも国際競争の現実です。

宮台　パブリック・ディプロマシーは本来、「民意の要求に応じた外交」でなく「民意を取り道具として使う外交」です。政府は自国民の強硬世論に縛られるし、強硬世論を宥めれば相手国政府に恩を売れる。政府が相手国民の強硬世論の火をつければ相手国政府はそれに縛られるし、相手国民の世論を宥和すれば相手国政府のフリーハンドを増やせる。パブリック・ディプロマシーの適切化には政府と自国民との距離が大切です。尖閣問題での中国政府からのメッセージ発信は外務補佐官止まり。人民日報が強硬論で覆われても、胡錦濤国家主席や温家宝首相が上書き出来る体制を、維持しました。日本は外相や首相まで「断固！　決然！」大合唱で「弱い犬ほどよく吠える」状態でした。

後期近代社会では、企業は消費者のニーズに応えるだけではジリ貧化を免れず、国家は国民の世論に応えるだけではジリ貧化を免れません。アメリカは、北朝鮮から朝鮮戦争戦没兵士の骨を返して貰った際、日本での横田めぐみさんの一件[*54]と同様に骨が偽物だと気付きましたが、国民に伏せた上で「黙っておくから、本物を返したら、援助をする」と取引きし、本物の骨を取り返した。テーブルの上でのゲームとは別に、テーブルの下でサインを送り合うのが外交です。この基本が出来て初めてパブリック・ディプロマシ

＊50　ダニエル・ドレズナー（一九六八ー）アメリカの国際政治学者。

＊51　尾原宏之（おはら・ひろゆき、一九七三ー）日本の政治学者。甲南大学准教授。著書に『軍事と公論』『娯楽番組を創った男』など。

＊52　山内進（やまうち・すすむ、一九四九ー）日本の法制史学者。著書に『十字軍の思想』など。

＊53　政府対政府の旧来の外交とは異なり、政府が民間とも連携しながら、広報や文化交流を通じて外国の国民や世論に働きかける外交。

＊54　二〇〇二年九月の小泉純一郎首相と金正日総書記との日中首脳会談で、一九七七年に拉致された横田めぐみが死亡したとの情報が伝えられる。その後、拉致被害者の再調査をおこなった北朝鮮側が、横田めぐみの遺骨を提出したが、日本側のＤＮＡ鑑定の結果、偽物と判明した。

ーを最適化できます。

苅部　デモの話に関連する話題に戻ると、呉座勇一[*55]さんの日本中世史研究、『一揆の原理』（洋泉社）をおもしろく読みました。かつて網野善彦[*56]さんらが唱えたような、アナーキスティックな運動体ではなく、個人どうしの一対一のつながりあいを、一揆の組織原理に見て、現代のＳＮＳと似た関係形成のプロセスがあったと指摘しています。

渡辺　中世の一揆から数世紀経って、津田大介[*57]さんの『動員の革命』（中公新書ラクレ）が、まさにそういうことをテーマにしていましたよね。

苅部　僕は反原発の趣旨には必ずしも賛成しないのですが、ＳＮＳを使った新しい政治参加の手法が生まれたことは、評価したいと思います。

宮台　国会前デモはピーク時二〇万人が現在は二千人。[*58]だからデモは無効との議論もある。でも内閣官房の役人に聞くと官邸内や国会議員には大きな影響を与えました。当初は、総合資源エネルギー調査会基本問題委員会が答申した四選択肢のうち、原発一五パーセントが新エネルギー政策に盛られる見込みだったのが、九月一四日のエネルギー環境会議で「二〇三〇年代に原発ゼロを可能とする」との新戦略が設定された背景には（三日後に「参考にしながら進める」と格下げ扱いになったものの）デモが作り出した圧倒的空気があったそうです。デモ自画自賛でなく、デモの機能をもっと高める工夫や、どのみち鎮静化するデモを引き継ぐ戦略の、検討が必要です。

その点、僕も単なる「原発はアブナイ」論では足りないと思う。欧州では「スローフード」が有機野菜などの食材選択より「食の共同体自治」の問題であるように、「脱原発」も電源選択より「エネルギーの共同体自治」の問題です。要は、原発は共同体自治を中核とする民主主義に相応しくないのです。ドイツの

「安全なエネルギー供給に関する倫理委員会」の議論はこうです。原発は「規定不能なリスク」を抱えるから、それを引き受ける決定は「後は野となれ山となれ」と決定したのと同じことで、非倫理的だ。共同体が他に類を及ぼさない限りで「未規定なリスク」を引き受けることはあり得るが、原発災害は範囲もまた規定不能だと。委員会に参加した宗教寄りの哲学者ローベルト・シュペーマンの本のタイトルも『後は野となれ山となれ』[*59]。単なる科学的合理性を超えた、どんな社会を作るべきかという「価値の話」になっています。他方、日本のデモは脱原発を掲げた後、「価値の話」に繋がらない。選挙の争点にもならない。

*55　呉座勇一（ござ・ゆういち、一九八〇－）歴史学者。著書に『陰謀の日本中世史』など。二〇一七年に出版された『応仁の乱』が三八万部を超えるベストセラーとなった。「本書でも述べるように、現実の一揆は常に権力と闘っていたわけではない。冷たい言い方をすれば、前近代の一揆が「階級闘争」であるという主張は、事実に基づくものではなく、戦後の日本史研究者の願望によるものである。つまり、そう信じたかった、というだけの話なのである。本当は、暴動や革命より、むしろ「人のつながり」の一つのパターンと見た方が、一揆の実態に近いのだ」（『一揆の原理』洋泉社、二〇一二年、七頁）

*56　網野善彦（あみの・よしひこ、一九二八－二〇〇四）歴史学者。農耕民が中心とする従来の歴史学に対して、職人や芸能民など漂泊民をおった歴史学は「網野史学」として大きな影響を与えた。著書に『無縁・公界・楽』など。

*57　津田大介（つだ・だいすけ、一九七三－）ジャーナリスト。著書に『ウェブで政治を動かす！』など。

*58　福島第一原発事故以降、脱原発を訴えるデモが毎週金曜日首相官邸前の歩道でおこなわれていたが、二〇一二年六月一六日、野田内閣が大飯原発三号機四号機の再稼動を正式に決定すると参加者が増加。六月二二日の首相官邸前のデモには四万五〇〇〇人（主催者発表）が集まった。六月二九日の首相官邸前のデモは二〇万人があつまり、参加者の多さに車道が開放された。

*59　『原子力時代の驕り――「後は野となれ山となれ」でメルトダウン』（山脇直司・辻麻衣子訳、知泉書館、二〇一二年）

渡辺　デモに関してはアジェンダ・セッティングの仕方も重要です。「ウォール街を占拠せよ」運動のデモをシカゴで取材した時、参加者は二〇人、見物人一〇人、メディアが二〇社ぐらいだった。そこで派手なパフォーマンスをすると、一気に拡散して注目を集める。凄まじいポピュリズムです。中東ではアメリカ政府と関係のない少数のアメリカ人が勝手に作った映像が流れて大規模な反米デモが発生、リビアではアメリカの外交官が殺されました。[*60] デモに参加した人のほとんどは実際の映像を見ていませんでした。官邸前に集まった人を批判するつもりは毛頭ない。だけどああいう形でスローガンを叫ぶ人たちの声がアジェンダ・セッティングにおいて力を増し、影響力を直接及ぼしていくことにはそれに伴う危険性もある。

苅部　先に挙げた森政稔さんの「独裁の誘惑」は、強いリーダーシップによる改革に期待するのはもういいかげんに控えて、むしろ政治に対して距離をとって見る視点を持つことを、最後に唱えていますね。そういう醒めた姿勢も必要なのでしょう。

若手論客たちの活躍

渡辺　その点で関心を持ったのは、坂口恭平[*61]さんの『独立国家のつくりかた』(講談社現代新書)です。勝手に独立国家を作ってしまう。ものすごいファンキーで凡人には真似はできないけれど、政治そのものを考えるきっかけにはなりました。

宮台　僕は坂口君人気に火を付けました。ニコ生での彼との対談を見れば魅力が分かります。ひと言でカブキ者。頭が良くて合理的計算ができるが、それだけじゃ越えられない壁があることを弁えてトリックスターとして振る舞う。僕は初期ギリシャに賞揚されたミメーシス(模倣的感染)をよく持ち出しますが、彼は感染の大切さを知った上で感染を惹起できる稀有な人物です。社会には感染なくして超えられないボーダーがあります。社会学者ヴェーバーが社会の始源にカリスマ的支配[*62]を置き、デュルケームが集合的沸騰[*63]を置くのも同じ問題です。

平たく言えば、祭りのフュージョンがあれば抜本的に新しいフレームにシフトできる。いわば一宿一飯。坂口君は知っている。ホームレスのことを思いやれと言われても言葉以上のことは簡単にできない。ボーダーが想像力の働きを妨げるからです。でもボーダーがフューズする非合理＝非日常の時間空間を共有すると想像力が拡張し、実際にフューズしたという出来事の事実性が後のコミュニケーションに前提を与え

＊60　アメリカで作成された映画『イノセンス・オブ・ムスリム』が預言者ムハンマドを侮辱しているとして、二〇一二年九月一一日以降、アラブ各地で抗議活動がおこなわれ、アメリカ大使館が襲われる事態となった。リビアではアメリカ在外公館が襲撃され、駐リビア大使ら四人が殺害された。

＊61　坂口恭平（さかぐち・きょうへい、一九七八—）建築家、作家。著書に『0円ハウス』『坂口恭平 躁鬱日記』など。自身が双極性障害であることを公表し、精神的に苦しむひとの相談を受ける「いのっちの電話」などの活動をしている。

＊62　マックス・ヴェーバーは支配の三つの類型として「合法的支配」「伝統的支配」「カリスマ的支配」を上げた。「合法的支配」は「形式的に正しい手続で定められた制定規則」に、「伝統的支配」は「昔から存在する秩序と支配力との神聖性」にもとづくのにたいして、「カリスマ的支配」は「支配者の人《ペルゾーン》と、この人《ペルゾーン》のもつ天与の資質《グナーデンガーベ》（カリスマ）、とりわけ呪術的能力・啓示や英雄性・精神や弁舌の力」によって成立する（『支配の社会学I』世良晃志郎訳、創文社、一九六〇年、三三、三九、四七頁）。

＊63　デュルケームは『宗教生活の原初形態』で当時の人類学における未開人の祝祭に「集合的沸騰（激昂）」を見出した。「ひとたび諸個人が集合すると、その接近から一種の電力が放たれ、これがただちに彼らを異常な激動の段階へ移す」のであり、「宗教的観念が生まれたと思われるのは、この激昂した社会的環境における、この激昂そのものからである」としている（『宗教生活の原初形態（上）』古野清人訳、岩波文庫、一九七五年、三八九、三九三頁）。

る。合理に還元できないこうした事実性は、シャンタル・ムフ[*64]などラディカル・デモクラシー論者も注目するところです。

祝祭的フュージョンは、学園闘争を踏まえて七〇年代以降に展開する「新しい社会運動」論的にも大切です。生産点での階級闘争運動から、消費点での女性運動・共同購入運動・反原発運動・貧困撲滅運動へ。当事者の異議申し立てから、非当事者の祝祭的巻き込みへ。いわば「楽しいから参加すること」の肯定へ。それがとりわけ重要になったのは八〇年代。アングロサクソン社会の過剰市場化による中間層分解と郊外空洞化を背景に、同時期、アメリカのサウスブロンクスでヒップホップ[*65]が、イギリスでレイブ（セカンド・サマー・オブ・ラブ[*66]）が、ドイツでスクワッティング[*67]が拡がる。これは「新しい社会運動」の本質である〈我有化〉運動です。街を我々のものに取り戻す。〈我有化〉には祝祭が必要です。

これは反差別などの公民権運動とは異質です。むしろ公民権運動の成果で、黒人の一部が白人化した結果、黒人内部に分断線が走る。沖縄が本土並み化した結果、沖縄内部に分断線が走る。地方参政権化した結果、在日コリアン内部に分断が走る。部落差別を知らない人が増えた結果、被差別民内部に分断線が走る。〈共同体空洞化による我々の忘却〉に加えてこうした〈平準化による我々の忘却〉に抗う。それが〈我有化〉、つまり我々を、自分達を、取り戻す運動です。坂口君の営みは一般ピープルによる稀有な〈我有化〉運動だと思います。

渡辺　坂口さん、いいですよね。若手論客が出てきたのも、今年のひとつの特徴でしたね。

苅部　新雅史[*68]さんの『商店街はなぜ滅びるのか』（光文社新書）など、おもしろく読みました。商店街が衰退したのは大型店の進出のせいではなくて、むしろ家族経営の継承にこだわったからだという話。同じように、若い研究者がこれまでのステレオタイプの見解をつきくずす仕事として、中澤俊輔[*69]『治安維持法』

（中公新書）も、デモクラシーの発展がむしろ不自由な社会を生んでしまう回路を指摘していて、貴重でした。

渡辺　そうした若手が注目されるのは喜ばしいことでありながらも、最近は大学院生が多くて、彼らの言動を見ていると、彼らの焦りのようなものも感じるんです。流行や時局に飛びついたり、小洒落たキャッ

＊64　シャンタル・ムフ（一九四三ー）ベルギー生まれの政治哲学者。著書に『民主主義の革命』（ラクラウとの共著）など。ラクラウ＝ムフは、経済決定論にもとづき労働者階級による暴力革命を主張する旧来のマルクス主義を批判し、フェミニズム、マイノリティ運動、エコロジー運動といった「新しい社会運動」と「節合」しながら、民主主義的なヘゲモニー闘争をおこなう「ラディカル・デモクラシー」を主張した。「左翼にとってのオルタナティヴは、みずからを民主主義革命の領域に全面的に位置づけ、抑圧に抗するさまざまな闘争のあいだに等価性の連鎖を作り上げていくことにこそある。それゆえに左翼の課題は、自由民主主義的イデオロギーを否認することにあるのではなく、むしろ逆にラディカル（根源的）で複数主義的なデモクラシーの方向にそれを深化させ拡充していくことにある」（『民主主義の革命』西永亮ほか訳、ちくま学芸文庫、二〇一二年、三八二頁）。

＊65　ニューヨーク市ブロンクスの南西部。一九七〇年代以降スラム化し、保険金目当ての建物への放火が相次ぐなど荒廃した。ヒップホップの誕生の地と知られる。

＊66　一九八〇年代のイギリスではハウス・ミュージックが流行し、クラブへの規制から空き地や倉庫でレイブをおこなうようになった。MDMAなどのドラッグの流行とあわさり大きなムーブメントとなった。一九六七年のサンフランシスコのヒッピー・ムーブメント「サマー・オブ・ラブ」の再来と捉えられた。

＊67　ドイツで廃屋やマンションを占拠し、共同生活をおこなう、アウトノーメと呼ばれる運動。イタリアのアウトノミア運動の影響を受けた。

＊68　新雅史（あらた・まさふみ、一九七三ー）社会学者。著書に『「東洋の魔女」論』など。

＊69　中澤俊輔（なかざわ・しゅんすけ、一九七九ー）政治学者。秋田大学准教授。著書に『山川健次郎日記：印刷原稿　第一〜第三、第十五』（共編）など。

チフレーズの新書を出して、何とかメディアの寵児になりたいみたいな。承認欲求としては理解できますが、若い時にはじっくり腰を落ち着けて、物を考えたり調べたりする時間があってもいい。私が知っているアメリカやイギリスのアカデミズムでは大学院生を「学者」とは呼ばないし、彼らの本を出版するなんてあり得ない。メディアには、若い人達を潰さないようにして欲しいと思いますね。さもないと日本の人文社会系のアカデミズムは「評論家」ばかりが量産され、ますますガラパゴス化します。

宮台　同感です。朝日新聞に萱野稔人[*70]君を持ち上げる記事が出ました。僕の発言が記事の最後に載っています（「逆風満風」一一月三日）。記者から「あえてアドバイスしたいことは？」と問われて、僕が『朝まで生テレビ』[*71]に毎回出演していた時代を思い出しつつ、マスコミに使われるなと言いました。マスコミに出るなら、マスコミを使って社会を革命するという心意気が大切です。そこではやはり感染がポイント。感染は、語りの内容的妥当性に還元できません。規定不能な要因によって感染可能性が生じます。感染力の減衰を感じたら直ちに撤退し、俗情に媚びることによる延命を回避せよ。それが僕からのメッセージです。

大学の劣化・学問の危機

宮台　もっとも最近は語りの内容的妥当性にも問題があります。それぞれのイシューについてもっと深い議論ができる人が多数思いつくのに、若手というだけでマスコミに呼ばれる。背景にはマスメディアがインターネットユーザーに媚びることで延命しようという浅ましい戦略があります。「若手論者はマスコミに媚びず、マスコミを操れ」に擬えれば「マスコミはネットに媚びず、ネットを操れ」ですが、マスコミにはその能力がありません。そうした末期症状のマスコミ的俗情に媚びると、見えるはずのものが全く見えなくなります。僕は長年、自分が企画段階から関われない限りテレビに出演しないことを決めています。

マスコミ的人選の出鱈目や、既に決まった愚昧な構成台本へのハメコミは笑止です。

渡辺　関連しますが、フリードマン[*72]とマンデルバウム[*73]の『かつての超大国アメリカ』（日本経済新聞出版社）に面白い言葉があるんです。もしも今のアメリカのメディアが、一七八七年の憲法制定会議を取材したら、細々したことを針小棒大に論じて、憲法制定という大きな決定はできなかった、と。政治を劇場化して対立を煽るような報道をしているメディアに対しての辛辣な批判です。日本でも野田さんが国会で「解散します」と表明した時、最初に問題にされたのが輿石さんが知っていたかどうかだった[*74]。政局の話でしかなく、政治家達の反応が瞬時に報道され、それがさらに瑣末な政局を動かしていく。メディアの果たすべき役割についても再考する論考が出てくることを期待したいですね。

その点では、元日経新聞記者・牧野洋[*75]さんの『官報複合体』（講談社）が、昨今の調査報道のあり方を批判していて、興味深く読みました。記者クラブで、発表のままにパソコンで記録を取っている人がいます

＊70　萱野稔人（かやの・としひと、一九七〇－）哲学者。津田塾大学教授。コメンテーターとしてメディア出演している。著書に『死刑　その哲学的考察』など。

＊71　一九八七年に放送開始されたテレビ朝日系列の政治討論番組。毎月末の金曜日の深夜に生放送される。司会に田原総一朗、パネリストとして大島渚、野坂昭如、西部邁、舛添要一らが出演した。

＊72　トーマス・フリードマン（一九五三－）アメリカのジャーナリスト。著書に『フラット化する世界』など。

＊73　マイケル・マンデルバウム（一九四六－）アメリカの政治学者。

＊74　輿石東（こしいし・あずま、一九三六－）政治家。「ねじれ国会」だった二〇〇七年に民主党参議院議員会長であったため、大きな政治的影響力をもった。野田政権時には民主党幹事長だった。

＊75　牧野洋（まきの・よう、一九六〇－）ジャーナリスト。著書に『最強の投資家バフェット』など。

よね。それは本来あるべきジャーナリストの姿ではなくて、政府や大企業の広報的な役割に成り下がっている、と。もっと尖れということを書いていた。

苅部　ジャーナリズムの組織的劣化。ツイッターなどのＳＮＳの影響力が大きくなるゆえんでもありますが、われわれが属している大学という組織も劣化の途上にありますね（笑）。この件については、藤本夕衣さん[*76]の『古典を失った大学』（ＮＴＴ出版）という仕事が出ました。グローバル化と少子化が大学の危機を呼んだとよく言われますが、本当は、学問そのものの危機が根本にあるんですよね。「科学」によって「真理」を追求し、そのための「教養」を培うという大学教育観そのものが、ポストモダンの思想状況のなかですでに大きく揺らいでいた。アメリカではそのことをアラン・ブルーム[*77]やリチャード・ローティが、八〇年代から真剣に議論していたにもかかわらず、日本ではそうした問題意識が理解されなかった。ポストモダン思想の日本への受容の問題ともかかわる、重要な指摘をしていると思います。

渡辺　最近の流れでは、大学も国際競争に負けるなという議論も強いですね。

苅部　大学論では動きは目立たなくて、むしろ小林哲夫[*78]『高校紛争』（中公新書）が話題を集めましたね。

宮台　著者は編集職の社会人で僕の私塾に在籍しますが、重要な本です。デモに関連して「新しい社会運動」に触れましたが、僕なりに言えば「新しい社会運動」の本質はフュージョンを通じた〈我有化〉です。〈我有化〉とは分断線を乗り越えて〈我々〉に包摂していくこと。ただし新しい分断線を引いて終わり、でなく、〈我々〉を拡張していく。社会にはいろんな問題があります。当事者は別にして非当事者にとって、なぜ他の問題たちではなくその問題が一番大切なのかと問われて、クリアな答えは難しい。差別をとっても、男女差別、民族差別、学歴差別、非正規雇用差別などいろいろあるからです。分断線を乗り越えて〈我々〉を拡張する。そうした〈我有化〉としての「新しい社会運動」の出発点が学園闘争です。

僕が麻布学園で直接体験した中学高校紛争も〈我有化〉でした。思想やイデオロギーは口実だった。「結局お祭りをしたかっただけだろう?」と言われ、そのことを長らく否定的に捉えていたけど、今は逆。思想やイデオロギーが口実に過ぎないような〈我有化〉の運動だからこそ、高校紛争を再評価すべきなのです。僕自身、今は〈我有化〉を〈共同体自治〉とパラフレーズしつつ住民投票運動を実践[*79]しています。これは投票に先立つワークショップや公開討論会などに力点を置いた熟議の運動で、目的は、〈参加〉による〈フィクションの繭破り〉と、〈包摂〉による〈分断線の克服〉です。

吉本隆明の死

渡辺 今年は吉本隆明[*80]さんが亡くなって、これも話題になりましたね。

苅部 戦後思想関連の座談会に出る準備をした時に調べたら、吉本さんの主著は、『共同幻想論』など現

---

*76 藤本夕衣（ふじもと・ゆい、一九七九－）教育学者。著書に『反「大学改革」論』（共編）など。

*77 アラン・ブルーム（一九三〇－一九九二）アメリカの哲学者。著書に『アメリカン・マインドの終焉』など。

*78 小林哲夫（こばやし・てつお、一九六〇－）ジャーナリスト。著書に『シニア左翼とは何か』など。『高校紛争』（中公新書、二〇一二年）では「全共闘」といった大学闘争ばかりが顧みられる一九六八年前後の高校紛争を資料や当事者への聞き取りから考察している。都立青山高校をはじめ灘高校などの紛争が取り上げられたほか、宮台真司の出身校である麻布高校は「紛争以降、麻布には自由な校風、自治の精神が継承され」たという「稀なる勝利」したケースとして紹介されている（二四四頁）。

*79 二〇一一年五月、原発稼働の是非を問う住民投票や国民投票をおこなうための条例や法案の制定をもとめる団体「みんなで決めよう「原発」国民投票」が発足。宮台は顧問をつとめた。二〇一一年一二月から二〇一二年三月に行われた再稼働の是非を住民投票で問う都民条例の制定を求める運動では、請求代表者として関わった。

在でも手に入るものもあるけれど、『悲劇の解読』とか、その後復刊しましたが『マス・イメージ論』とか、品切れになっているものが結構多かったです。勁草書房の著作集も中断したままですから、どこかで選集でも出したらどうかと思いますね。解説は吉本信者の評論家などに頼むとうっとうしいので、全巻、吉本ばななさん[*81]にお願いして（笑）。[付記1]

渡辺　吉本さんもそうですが、丸谷さん[*82]も最近亡くなられた。ああいうパブリック・インテレクチュアルがどんどん少なくなっています。特定の知識人がモデルとして求められる時代ではなくなった。同じような意味で、今やアメリカをモデルにするのも難しく、ヨーロッパやアジアにあるわけでもない。大きな何かを指針とするのではなく、ソーシャル・ネットワークとかを通して、緩やかな他者との繋がりの中で、個々の人が判断していくようになった。その意味でも新しい時代になった。パラダイムなき時代であり、そのなかでさまざまな事態が生じ、そのたびに日本としてどう振る舞っていいかがわからないまま混乱状態と政局状態が続いているという感じでしょうか。

宮台　七〇年前後までは論壇が存在しました。大御所が誰なのかについて共通了解があり、実際にアカデミズムの重鎮が語りました。その人が喋れば反対の人も賛成の人もそれを踏まえて議論した。人だけじゃない。思想についても、賛否の別はあれ誰もがマルクス主義を踏まえて議論した。トピックについても、賛否の別はあれ誰もがベトナム戦争を踏まえて議論した。社会学者のニクラス・ルーマンはそれを「対立は統合の証」と言います。統合とは共通前提の存在です。共通前提が希薄になった現在は、内輪での議論に終わるか、広い全体に届けるための共通前提構築に膨大なコストをかけるかになっています。いずれにせよ社会成員全体を拘束する決定に向けた動員に、経済学で言う高い取引コストがかかるのです。

僕らのように社会科学系アカデミズムにいれば、先進国が共通に〔グローバル化↓中流崩壊↓不安&鬱屈→承認&カタルシス追求→ポピュリズム的極端化→民主制機能不全〉という否定的状況を抱えるのは自明で、フィシュキンやサンスティーンの名を出すまでもなく、対処を迫られる切実な問題を久々に共有している感覚があります。ところが渡辺さんがおっしゃるように「この人が知識人だ」という共通前提がとうに失われて分断があるため、社会全体で言えばフィシュキンもサンスティーンも殆どの人が名を知らない。丸山の「ササラ型」という類型化[*83]を思い出すけど、分断された知的プラットフォームの共通前提を、ITを味方につけながら再構築するしかないように思います。この鼎談もその努力ですね。

苅部　渡辺さん、人類学関連で気になった本はありましたか。

渡辺　人類学自体下火の学問なので……むしろ原武史[*84]さんの『レッドアローとスターハウス』（新潮社）、『団地の空間政治学』（NHKブックス）が、いい人類学をやっている気がしました。

＊80　吉本隆明（よしもと・たかあき、一九二四－二〇一二）詩人、評論家。著書に『芸術的抵抗と挫折』『共同幻想論』など。共産党系知識人に激しい批判を展開した「転向論」で一躍その名が知られるようになる。安保闘争時には全学連主流派（ブント）と行動を共にした。戦後思想に大きな影響をあたえ、吉本の影響下にある知識人は「自立派」と呼ばれた。

＊81　吉本ばなな（よしもと・ばなな、一九六四－）小説家。父は吉本隆明。著書に『キッチン』など。

＊82　丸谷才一（まるや・さいいち、一九二五－二〇一二）小説家、翻訳家。古典文学や外国文学の評論やエッセイなどのほか、小説も執筆した。著書に『忠臣蔵とは何か』、訳書に『ユリシーズ』など多数。

＊83　丸山眞男が『日本の思想』で提示した概念。「ささら」とは竹の先を細かく割って束ねた道具。ヨーロッパの学問や文化が長い共通の伝統から枝分かれしていった「ササラ型」であるのにたいして、日本の学問や文化が、そのような共通の根をもたず、個別化されて互いの疎通を欠いている「タコツボ型」だとする。

＊84　原武史（はら・たけし、一九六二－）政治学者。放送大学教授。著書に『皇后考』『平成の終焉』など。

苅部　一応原発関連の本では、橘川武郎[*85]さんの『電力改革』（講談社現代新書）が僕にとってはベストでした。再稼働をめぐる提言に異論をもつ人もいるでしょうが、電力会社の社史編纂に関わってきた経験に基づく、知見の厚みが他の人と違います。民間事故調[*86]・国会[*87]・政府[*88]と、三つの原発事故調査委員会の報告書（それぞれディスカヴァー・トゥエンティワン、徳間書店、メディアランドから発売）が、一般書籍として刊行されたのもよかったですね。学生に三冊を比べさせて、相互の違いについて検討させるのも、大学の授業のいい材料になるでしょう。

渡辺　『かつての超大国アメリカ』にこんなことが書いてありました。今は教育のあり方も変わってきていて、私が知っていることをあなたに教えるという形では、今の若い世代はついてこない。それはインターネットで調べればわかる。そうじゃなくて、私はこれがわからない、だから学生の協力や参加を求めていく。そういう形に学びも変わっていかなければならない。もうひとつは陳腐な言葉ですが、創造性が必要だということです。批判力や分析力を培うことも大切ですが、それを踏まえた上で、オルタナティブなものを創造的に作っていけるか。そこに教育がシフトしていかなければならない。これまでは「批判的読解力」ばかりだった。古典を読むにしても、ソクラテスをどう原発問題に引きつけていくのか。大学人の意識改革が必要になってきていると思います。

宮台　将来不安ゆえに、本当は実利にも繋がらないのに、実利的に見えるものに向かいます。資格取得とか実践語学とかが分厚い大学に行くよう教員や親も勧める。こうした親や教員や子供のニーズに応じていては駄目です。そこで踏まえたいのが昨年触れたアップルの故スティーブ・ジョブズ。「Think Different」のスローガンの意訳は「みんなは間違ってる」。ジョブズはニーズに応じることを愚昧だとし、スペック競争をせずに機能をそぎ落とした。さもないと俗情に媚びたニーズ適応競争に巻き込まれる。だからニーズの逆を行くのです。同じことが大学にも言えます。大学の役割はもともと社会を担う枢要なエリートたる資質を身につけさせること。畢竟、成長してもらう為の場所。トラブル、困難、ノイズ、不合理、不条理…。そうしたものに出会い、乗り越えて成長した者以外は、エリートの名に値しない。

ところが、人は普通トラブルも不条理も要求(need)しません。だから人々のニーズにマッチした環境では成長はあり得ない。その意味で、分かりやすい講義を求める学生らのニーズに応えるのも程々にした方が良いのです。三五年前の学部生時代に僕は橋爪大三郎[*89]さんが立ち上げた社会学の研究会に出たところ、一割も理解できませんでした。橋爪さんに相談したら、半年すれば慣れるから大丈夫ですと。そうなった(笑)。僕は今の学生たちに同じことを言います。分かることだけを学べば成長は遅い。分からないことを必死で分かろうとするからグングン成長する。騙されたと思って半年我慢しろ。面白いように分かるようになる。僕がニーズに応じて分かりやすい授業をしたら到達点は数分の一だと。何事においてもニーズに

＊85　橘川武郎(きっかわ・たけお、一九五一―)経営学者。著書に『財閥と企業グループ』など。

＊86　二〇一一年九月に設立されたシンクタンク「日本再建イニシアティブ」が「福島原発事故独立検証委員会」を発足させ、翌年二月に「調査・検証報告書」をまとめ発表した。ディスカヴァー・トゥエンティワンから書籍化された。

＊87　「東京電力福島原子力発電所事故調査委員会」は国会に設けられた事故調査委員会で、二〇一一年一二月に発足。一一六七人延べ九〇〇時間をこえる参考人聴取、一万人超をこえる避難者アンケートなどの調査をおこなった。翌年七月に報告書を提出し、徳間書店から書籍化された。

＊88　「東京電力福島原子力発電所における事故調査・検証委員会」は、二〇一一年五月の閣議決定によって内閣官房に設置された事故調査委員会。一一年一二月に中間報告書、一二年七月に最終報告書を提出した。メディアランドから書籍化された。

＊89　橋爪大三郎(はしづめ・だいさぶろう、一九四八―)社会学者。著書に『世界は四大文明でできている』『小林秀雄の悲哀』など。

応じていたら縮小再生産です。

（二〇一二年一二月二一日）

〔付記1〕冗談のつもりの発言であったが、その後二〇一四年から遺族の協力のもと、『吉本隆明全集』（晶文社）の刊行がはじまった。（苅部）

2013

１月　・政府と日銀がデフレ脱却のため、二％のインフレ（物価上昇率）目標を明記した共同声明を発表
２月　・北朝鮮が三度目の核実験実施
３月　・安倍首相がＴＰＰ交渉に参加を表明
　　　・ローマ教皇に、アルゼンチン人のベルゴリオ枢機卿が選出、中南米出身者としては初
　　　・中国の新しい国家主席に習近平氏を選出
４月　・公職選挙法改正、インターネットによる選挙運動が可能に
５月　・共通番号制度関連四法成立（通称「マイナンバー法」含む）
６月　・富士山が世界文化遺産に登録
７月　・参議院選挙で自民・公明両党が圧勝、衆参のねじれ国会が解消
８月　・「国の借金」が初めて一千兆円を突破（六月末時点）したことを、財務省が発表。国民ひとりあたり七九二万円にのぼる。
９月　・二〇二〇年夏季オリンピック・パラリンピックの開催地が東京に決定
10月　・二〇一四年四月から、消費税率を八％に引き上げることを発表
11月　・食材虚偽表示問題が全国各地で発覚
12月　・特定秘密保護法成立

全人代＝全国人民代表大会／胡錦濤前主席（左）と習近平総書記（北京、3月14日）　Avalon/時事通信フォト

▷紀伊國屋じんぶん大賞

千葉雅也『動きすぎてはいけない――ジル・ドゥルーズと生成変化の哲学』

▷ユーキャン 新語・流行語大賞（「現代用語の基礎知識」選）

「今でしょ！」「お・も・て・な・し」「じぇじぇじぇ」「倍返し」

知識集団アノニマスが持つ技術

苅部　今年気になった本と社会の動きをからめながら、話を進めていきましょう。まずは宮台さん、いかがですか。

宮台　『小室直樹の世界』（ミネルヴァ書房）の刊行に携わり、小室先生に代表されるオーソドックスな近代理解が今でもどれほど通用するのかを真剣に考えました。その視座から見て、今年は震災や戦争が起こっていないものの、散発的ながら重要な出来事がありました。アメリカの個人情報大量収集問題[*1]やオバマケアをめぐる騒動[*2]、日本のヘイトスピーチ問題[*3]や特定秘密保護法問題[*4]。

技術・社会・文化・宗教など幾つかの切り口で語れますが、技術という括りが大切です。マックス・ヴェーバーの議論を引けば、政治倫理は市民倫理とは別物[*5]。市民倫理は心情倫理で構わないが、政治倫理は責任倫理でなければいけない。つまり結果責任が問われる。法令順守に意味を与える社会自体が危うい場合、血祭り覚悟で法令の枠外に出る覚悟が政治家に要求される。

むろん行き過ぎれば社会が危うくなって元も子もない。何がバランスを保たせるのかが問題です。政治家の個人的見識という答えでは話にならない。オーソドックスな答えはエートスつまり心の習慣とそれが支える政治文化です。ところが順法動機にせよ社会貢献動機にせよ血祭り覚悟で手を汚す行為動機にせよ、エートスよりも、技術を思考しなければいけなくなった。

アメリカの盗聴法がわかりやすい。盗聴法に関わる最小化措置（誤用乱用悪用をチェックする措置）はローテクノロジーが前提です。電源を入れた瞬間から編集不可能な形ですべてが録音される装置。試し聞きができない。でも今はそうしたローテクノロジーを前提とした最小過措置では賄いきれないほど通信技術が高度化しました。

ウィキリークスやスノーデンの背後に見え隠れする知識集団アノニマス[*6]が持つ技術水準は想像を絶し、NSA（国家安全保障局）が頑張っても、追いついたと思ったら相手が先に進んでいるイタチごっこ。このイタチごっこは僕たちが観察したり想像したりできる範囲をはるかに超えたアーキテクチャを前提にし

＊1　アメリカ国家安全保障局（NSA）が「プリズム（PRISM）」とよばれるシステムを運用し、マイクロソフト、グーグル、ヤフーやフェイスブックなどの企業の協力を得て、通話、メール、写真、ビデオ、送信ファイルや保存データなどの個人情報を入手していた問題。二〇一三年六月に「ガーディアン」「ワシントンポスト」両紙が報道した。NSA、CIAの元職員であるエドワード・スノーデンの告発によって明らかとなった。また、二〇一三年一〇月にはドイツのメルケル首相など各国の要人もNSAの盗聴の対象となっていたことが発覚した。

＊2　オバマ大統領の医療保険改革（オバマケア）をめぐり民主党と共和党の対立が激化。共和党が多数を占める下院はオバマケアを一年延期する予算案を可決。一方、民主党が多数を占める上院は予定通り二〇一四年に実施する予算案を可決したため予算が成立せず、二〇一三年一〇月一日から一七日まで一部の政府機関が閉鎖となった。

＊3　二〇一三年春頃から在日朝鮮人が多く住む東京の新大久保、大阪の鶴橋などで、日の丸をかかげ人種差別をあおるデモが頻繁におこなわれ、国会審議でも取り上げられるなど社会問題化した。法務省の実態調査によると、ヘイトスピーチをおこなう市民団体のデモは二〇一二年には二三七件、一三年には三四七件、一四年三七八件、一五年一九〇件であった。二〇一六年五月ヘイトスピーチ対策法が成立した。

＊4　安全保障に関わる防衛、外交、スパイ防止、テロ活動防止の四分野で情報を「特定秘密」に指定。一部例外を除き、最高六〇年まで秘密の指定が可能とする法律。情報の取扱者の適正評価をおこなうことができるほか、また特定秘密の漏洩者には最高懲役一〇年、一〇〇〇万円の罰金を設けている。二〇一三年一〇月二五日に閣議決定され、国会に提出されたが、国民の知る権利を侵害するとして批判が起こり、国会審議が紛糾。国会前で抗議活動もおこなわれたが、同年一二月六日に成立した。

ます。従来の技術的な抑止措置は効きません。

だからこそ統治権力は、悪意がなくてもあらゆる措置を取らざるを得ない。オバマがテロの脅威から社会を守ろうと思えば、法令を超えてでも最新技術を使った監視をする他ない。僕がオバマならそうする。かつてなら技術的に制約されたテロ行為が、制約を取り払われた以上、同じく技術的に制約された盗聴行為も、制約を取り払うしかありません。

この「余儀なきイタチごっこ」を前提にすれば、統治権力が法令枠内に自らを抑制するなどあり得ません。かつて倫理的制約に服すると見えたものも、実際はローテクノロジーを前提にしていたということ。だからこそ、技術の進歩で、倫理に見えたものが崩れるのです。もう少し一般的に言います。

丸山眞男的な思考、または彼が踏まえるトクヴィル主義に従えば、〈健全な民主制〉を〈自立的な個人〉が支え、〈自立的な個人〉を〈自立的な中間集団〉が支える。ところが日本には〈依存的な中間集団〉しかなく、〈依存的な個人〉が量産され、〈出鱈目な民主制〉になる。ちなみに〈健全な／出鱈目な民主「制」〉と表記するのは、民主的な制度の多くが機能しないからです。

皮肉にも今、丸山が見本にしたアングロサクソンを含めた先進国が、問題先進国である日本を追いかけています。グローバル化＝資本移動自由化で、中間層分解と共同体空洞化が進み、個人が不安と鬱屈に苛まれ、ポピュリストの活動余地が生まれます。ポピュリストが登場せずとも、些細なことから〈感情のフック〉に釣られて人々がモブ化する現象も起こります。

丸山が全体主義的だと危惧した大衆社会現象が展開するのです。例えば日本。「特定秘密保護法問題」は「安倍ちゃん問題」つまり「ヒトラーを欠いたアイヒマン問題」です。「アイヒマン問題」はアーレントの言う「悪の凡庸さ問題」[*7]つまり「上から言われた仕事をしただけ問題」です。そして「上」とは「安倍ちゃん」。カリスマ総理どころか昔の同級生が軒並み嘲笑する類。
要は「巨大な空洞」です。ブッシュのアメリカもそう。このユニバーサルな現象の背景にも、情報技術

*5　「この世がデーモンに支配されていること。そして政治にタッチする人間、すなわち手段としての権力と暴力性とに関係をもった者は悪魔の力と契約を結ぶものであること。さらに善からは善のみが、悪からは悪のみが生まれるというのは人間の行為にとって決して真実ではなく、しばしばその逆が真実であること。これらのことは古代のキリスト教徒でも非常によく知っていた。これが見抜けないような人間は、政治のイロハもわきまえない未熟児である」（『職業としての政治』脇圭平訳、岩波文庫、一九八〇年、九四頁）

*6　アノニマスは「anonimous（英語で匿名）」に由来する、国際的なハッカー集団。特定な組織をもたず、ネット上の掲示板を介した個人のゆるやかなつながりの組織とされる。アラブの春ではネット検閲や利用規制をおこなったチュニジア政府やエジプト政府にサイバー攻撃をしたことで知られる。

*7　ホロコーストの実行責任者のアイヒマンは、第二次大戦後アルゼンチンに潜んでいたが、イスラエルの秘密警察に強制連行された。アーレントは一九六一年四月から四ヶ月間エルサレムで開かれた裁判を傍聴し、『イェルサレムのアイヒマン』を執筆した。「私が悪の陳腐さについて語るのはもっぱら厳密な事実の面において、裁判中誰も目をそむけることができなかった或る不思議な事実に触れているときである。アイヒマンはイヤゴーでもマクベスでもなかった。しかも〈悪人になって見せよう〉というリチャード三世の決心ほど彼に無縁なものはなかったろう。自分の昇進にはおそろしく熱心だったということのほかに彼には何らの動機もなかったのだ。そうしてこの熱心さはそれ自体としては決して犯罪的なものではなかった。勿論彼は自分がその後釜になるために上役を暗殺することなどは決してしなかったろう。俗な表現をするなら、彼は自分のしていることがどういうことか全然わかっていなかった。〔…〕彼は愚かではなかった。完全な無思想性――これは愚かさとは決して同じではない――、それが彼があの時代の最大の犯罪者の一人になる素因だったのだ。このことが〈陳腐〉であり、それのみか滑稽であるとしても、またいかに努力してみてもアイヒマンから悪魔的な底の知れなさを引出すことは不可能だとしても、これは決してありふれたことではない。」（『イェルサレムのアイヒマン』大久保和郎訳、みすず書房、一九六九年、二二一頁）

による社会の過剰流動性を背景にした感情政治があります。またもや技術。〈健全な民主制〉を支えるのは宗教社会学的エートスだと考えられてきたけど、エートスがあろうが、技術のプラットフォームが変われば〈自立的な個人〉を支える〈自立的な中間集団〉が崩れます。

図式としては戦間期前期（一九二〇年代）と第二次大戦後（一九五〇年代）に隆盛となった、マスコミ論と結合した大衆社会論に似ます。でも大学で教えられたのは一九七〇年代まで。八〇年代以降は日本で言えば「大衆化ならざる分衆化」、世界でいえば「生活の個人化と多様化」という話になり、大衆社会論は忘却の淵に沈みました。それが再び「技術と不安とモブの時代」になりました。

苅部　従来型のローテクノロジーが、インターネットによる爆発的な情報流通に象徴されるハイテクノロジーに変わって、技術を用いて何かをすることがどういう結果につながるか、予測しにくくなってきた。そうなると、これまでのように、技術と倫理という問題設定で論じるのにはふさわしくない状況が生まれるということですね。

ただ、技術をコントロールしてゆく倫理を問うべき問題領域も、まだ多いでしょう。ヴェーバーで思い出しましたが、ヴェーバー研究で著名な折原浩[*8]さんが、熊本一規[*9]・三宅弘[*10]・清水靖久[*11]さんとの共著『東大闘争と原発事故』（緑風出版）を刊行しましたね。「合理化」の両義性を説いたヴェーバーの議論から出発しながら、科学・技術にかかわる専門家の倫理を問う試みです。今年のはじめに出た、三谷太一郎[*12]さんの『学問は現実にいかに関わるか』（東京大学出版会）もまた、学問の専門性と教養教育との関係を問題にしながら、そうした倫理の可能性を探った本と読むこともできるでしょう。そうした意味で、科学の専門家や政策を実行する政治家が、社会にとって安全な方向に技術をコントロールするための倫理を問うことは、今後も重要であり続けるでしょう。かつて大学紛争に対照的な方向からかかわった大家のお二人が、それぞれに問題提起をされていたのがおもしろい。

しかし他面、宮台さんのおっしゃる通り、すぐれた倫理を身につけた立派な個人が、結果を見すえながら技術をコントロールするという図式が、今日のハイテクノロジーに関しては通用しにくくなっている。ウィキリークスによって一瞬のうちに世界中に情報が広がったり、アノニマスから大量の攻撃を受ける過程を、予測したり合理的に対処したりすることは、きわめて難しい。しかもそのインターネットを通じた情報流通に、誰もが簡単にアクセスでき、それに加勢できてしまうという。

そうなると今度は、技術とデモクラシーとの関係という問題を、改めて問わないといけなくなりますね。杉田敦さん[*13]が『政治的思考』(岩波新書)の冒頭で、誰が・何を・どれほど時間をかけて決めるのかについて、デモクラシーは本来、無限定なものだと指摘しています。杉田さんはそこで、リーダーの決断による

*8　折原浩（おりはら・ひろし、一九三五－）社会学者。著書に『日独ヴェーバー論争』など。一九六八－六九年の東大闘争の際、当時助教授だった折原は全共闘側に立った「造反教官」だった。また折原は、東大紛争の裁判で特別弁護人を引き受け、その「最終弁論」を、『東京大学――近代知性の病像』（三一書房）として刊行している。

*9　熊本一規（くまもと・かずき、一九四九－）環境学者。著書に『漁業権とはなにか』など。

*10　三宅弘（みやけ・ひろし、一九五三－）弁護士。著書に『法科大学院』など。

*11　清水靖久（しみず・やすひさ、一九五四－）政治学者。著書に『野生の信徒　木下尚江』など。

*12　三谷太一郎（みたに・たいちろう、一九三六－）日本の政治学者。著書に『日本の近代とは何であったか』など。三谷は東大紛争の際、石井紫郎・村上淳一と、三人の東大法学部助教授の連名で、「『学生参加』と『学生自治』――大学共同体の解消を」（『朝日ジャーナル』一九六八年一二月二二日号）を発表し、大学の教授会側での自主改革を提言している。

*13　杉田敦（すぎた・あつし、一九五九－）政治学者。法政大学教授。著書に『境界線の政治学』など。

一挙解決を求めるのではなく、民主的決定には時間がかかることを覚悟しなくてはいけないと説くのですが、別の面から言えば、デモクラシーというものがそもそも、誰が参入してきて大きな影響力を持つかわからない、予測不可能な性質をもっている。そうした「民意」の奔流をいかに整序するかという古典的問題が、ウィキリークスやアノニマスの登場によって、新しい形で現われたとも言えるでしょう。

一つの原理を掲げることで一挙に解決ということにはなりにくい状況ではありますが、重田園江[*14]さんの『社会契約論』（ちくま新書）がおもしろい問題提起をしていました。社会全体の動きも、直面する個々の他者の意図も不透明になってきた社会のなかで、人が他者と共有できる一般的な視点に少しでも近づいてゆくための方法として、ルソーやロールズの社会契約理論を読み直す作業をしています。ハイテクノロジーの提起する問題に対する直接の答えにはならないものの、答えを考える重要なヒントになる。

宮台　ただ、かつてと違って技術的合理性の帰結が見えません。ハーバーマスが『認識と関心』で、認識は知ること（知識）で、関心はコミットすることだとしました。[*15] 知識だけでは社会は回らず、価値コミットメントが必要だとする、パーソンズの影響です。それを前提にしてハーバーマスは道徳あるいは価値コミットメントに関する二つの立場を分けます。

道徳的主知主義と道徳的直感主義です。前者は、「良いことをすれば神が天国に導いて下さる」「良いことをすれば社会が良くなる」といった〈理由ある利他〉。これは帰結主義的な功利主義とマッチしますが、ハーバーマスはギリシャ的伝統に従い、主知主義では道徳を機能させられないとして、最終的に道徳的直感主義を推奨します。

「善きサマリア人」の喩話でいえば、戒律を参照する〈理由ある利他〉でなく、思わず体が動く〈理由なき利他〉が良いとしたのです。〈理由ある利他〉は損得勘定に基づく〈自発性〉。〈理由なき利他〉は内から湧く力＝virtue（徳）に基づく〈内発性〉。ギリシャ研究で名高いアーレントの「労働／活動」[*16]の区別も同じです。

思えば冷戦終焉後、技術の帰結も経済の帰結も見通し難くなり、功利主義が前提とする帰結主義的な行為制御が難しくなります。ゆえに内から湧く力を推奨する「共同体的徳論」（サンデル）や、契約の結び直しを考える「一般意志論」に力点が移ったのです。こうした反功利主義の気持ちは理解できます。でも「徳」も「一般意志」も社会の空洞化ゆえに自明じゃない。

＊14　重田園江（おもだ・そのえ、一九六八－）政治学者、明治大学教授。著書に『フーコーの穴』など。

＊15　「関心は、行動に依存している。そして、行動は、たとえ異なった構造においてであるにしても、可能的認識の諸条件を確立するとともにまた、それ自身としては認識過程に依存している。〔…〕もちろん、われわれが自然科学と精神科学の認識を主導する関心を方法論的に確かめることができるのは、ただ反省の次元に足をふみ入れたあとのことである。理性は、自己反省を実行するときに、関心を持つ理性として自己反省を把握する。それゆえ、われわれが認識と関心の基本的連関に出会うのは、われわれが、科学の方法論を反省の経験という仕方が展開するとき、つまり客観主義の批判的解体として、言いかえると、先立って形成された可能的認識の諸対象に主体的活動が関与していることを隠す、諸科学の客観主義的自己理解の批判的解体として展開するときである」（『認識と関心』奥山次良ほか訳、未來社、一九八一年、二二三頁）

＊16　アーレントは『人間の条件』（一九五八年）で人間の活動力を、労働（labour）、仕事（work）、活動（action）の三つに分類した。「労働」は「人間の肉体の生物学的に対応する活動力」、仕事は「人間存在の非自然性に対応する活動力」であるのにたいして、「活動」は「物あるいは事柄の介入なしに直接人と人との間で行なわれる唯一の活動力であり、多数性という人間の条件、すなわち、地球上に生き世界に住むのが一人の人間 man ではなく、多数の人間 men であるという事実に対応している」とする（『人間の条件』志水速雄訳、ちくま学芸文庫、一九九四年、九－二〇頁）。

だからこそ、ハーバーマスの「認識から関心へ」にせよ、ギデンズの「感情の民主化」[*17]にせよ、僕自身の一連の議論にせよ、損得計算の〈自発性〉より内から湧く〈内発性〉を重視する「徳論」に加え、〈内発性〉を埋め込むパーソンズ流の「社会化論」に回帰するんです。古くは晩期ヴェーバーの「非合理人」の推奨に遡る発想です。

ラルフ・ウォルドー・エマソンの「内なる光」から、ジョン・デューイの「経験による教育」を経て、ローティの「感情教育」に到るプラグマティズムの流れも同じ。自明でなくなった「内なる光」[*18]つまり〈内発性〉を、新たに埋め込むための教育的実践を、パターナリスティックに推奨します。もちろん日本の大学がシフトしつつある実用教育とは関係ありません。

渡辺　おふたりの話と関わってくると思いますが、『トップシークレット・アメリカ』（草思社）の書評を先日書いたんですね。ピュリツァー賞を二度受賞したジャーナリスト、デイナ・プリースト[*19]とベテラン軍事アナリストであるウィリアム・アーキン[*20]のふたりが著者です。数十万件に及ぶ秘密文書を分析しつつ、百箇所以上の施設を回って数百人の関係者に話を聞いて書いた。九・一一の後、アメリカの中で最高機密を扱う組織が鼠算式に増えている。NSAの近くではカーナビの地図がデタラメに示されるようになっていたり、「地図にないアメリカ」が急増している。国内にある礼拝所が全部監視されているとか、無人機が飛んでいたりとか、そうやって自己生成をつづけて、オバマ大統領個人の力ではどうすることもできないほどに、政府や民間企業の監視システムが増加しつづけている。オープンガバメントを標榜していたオバマであるのに、ブッシュ大統領の時以上に監視社会が進んでいるわけです。

結論として著者が言っているのはこういうことです。テロリストの本来の目的が社会を萎縮させることであるとするならば、今のアメリカは十分萎縮している。結局アメリカ社会はテロとの戦いに確実に敗北しつつある。機密が次から次へと生まれ、政治家にとっても機密を緩めるのは自殺行為になりかねない。役所も自分たちにとって不都合なことは隠していく。そうやってサイクルが加速される中で、本来はデモクラシーを守るためだったはずが、逆にデモクラシーが侵食されていっている。こういう現状があるんで

＊17「感情の民主制は、その発達具合に応じて、フォーマルな、公的な民主制の促進に無視できない重要な意味を暗にもたらす。自分自身の感情性向をよく理解していて、他の人たちと人格的基盤でうまく意思疎通できる人は、シティズンシップというもっと幅広い務めを果たす心の準備がおそらく十分にできている。個人の生活の舞台で発達したコミュニケーションの技能を、もっと幅広い脈絡のなかにくまなく一般化することがおそらく可能である。／感情の民主制の発達は、個人の生活の脱伝統的遵守の進行にともなう潜在的可能性である。感情の民主制の発達は、脱伝統遵守の不可避的な帰結では決してない。右派の論者がジェンダーやセクシュアリティ、家族の領域で指摘した問題は、いずれもあまりにも現実的な問題である。こうした脱伝統遵守が、家族の連帯性の破滅的衰退を生みだしたり、あるいは、永続性のある充足感をほとんどもたらさず、暴力の痕跡が残るような短期の危険な性的出会いの世界を生み出さないという言い方は、決してできない。それにたいして、感情の民主制は、日常生活のさまざまな領域で観察できる趨勢と、間違いなく符合し、希望をいだかせる理由になっている」(『左派右派を超えて』松尾精文ほか訳、而立書房、二〇〇二年、一五五頁)

＊18 ラルフ・ウォルドー・エマソン(一八〇三－一八八二)アメリカの思想家、詩人。プラグマティズムの先駆者として知られる。著書に『エマソン論文集』など。「内なる光」とはエマソンのエッセイ「自己信頼」にある一節に由来する。「詩人や賢者が星のようにいならぶ天空の輝きよりも、内部から閃いておのれの精神を照し出すあの閃光を、人間は目にとめ、注視できるようにならねばならぬ」(「自己信頼」『エマソン論文集(上)』酒本雅之訳、岩波文庫、一九七二年、一九三頁)

＊19 デイナ・プリースト(一九五七－)アメリカのジャーナリスト。著書に『終わりなきアメリカ帝国の戦争』など。

＊20 ウィリアム・アーキン(一九五六－)アメリカの軍事アナリスト。元米軍兵士。

すが、アメリカの多くの人たちは、それを甘んじている。

その一方で、ジグムント・バウマンの[*21]『私たちが、すすんで監視し、監視される、この世界について』（青土社）を読むと、また違った側面から論じています。監視社会ではあるけれど、むしろ今の人たちは、ブログやツイッターで自分の意見表明を出したり、プロフィールまで公開している。積極的に監視社会に関わっているところがあって、企業もそういう層をビジネスに取り込んでいる。社会的にも、テロとの戦い、安全保障上の危機を突きつけられれば、監視社会を受け入れてしまう。「一般意志」の話に絡めて言えば、そうした「危機」の言説が最大公約数的なインパクトを持っていて、なかなか反論しにくいし、「危機」の名のもとにあらゆることが正当化され得てしまう。日本国内のこととしては、秘密保護法案が衆議院を通過しましたが、中国や北朝鮮との緊張関係、あるいはオリンピックの開催[*22]も踏まえれば、政府もアメリカとの情報関係をより密にしたいわけです。そのためにはスパイ天国ではまずい。こうなってくると、機密保持が金科玉条のごとく拘束力を持ってしまって、政治や社会を引っ張っていく力学としてより説得力を増す。それを「一般意志」とまで言うかどうかは別ですが、そうした意識がこの一年で明確に強くなってきた印象はあります。

出鱈目な民主制

宮台　帰結の予測可能性が失われれば、「最大リスクの最小化」という古典的マクシミン戦略に従って、相手に先んじることが重要になります。国際法違反の先制攻撃を推奨するマイケル・ウォルツァー「〝汚れた手〟論[*23]」です。でも彼が見逃しているのは「テロリストであれ、政府であれ、事情が全く同じであること」です。であれば、抑制なき悪循環で深みにはまります。

*21　ジグムント・バウマン（一九二五―二〇一七）ポーランドの社会学者。著書に『リキッド・モダニティ』など。
*22　二〇一三年九月八日ブエノスアイレスで開かれた国際オリンピック協会（IOC）総会で二〇二〇年夏季五輪の開催地に、スペインのマドリード、トルコのイスタンブールといった候補地をおさえて、東京が選出された。最終プレゼンテーションでの元テレビアナウンサーの滝川クリステルの言葉「お・も・て・な・し」が話題になり、同年の流行語大賞に選出。また同じく最終プレゼンで安倍首相が福島第一原発について「The situation is under control」（コントロールしている）」と発言したことについて批判が起こった。
*23　マイケル・ウォルツァー（一九三五―）アメリカの政治哲学者。著書に『正しい戦争と不正な戦争』など。サンデルらと同じくロールズに対する批判者として知られ、九・一一後のアフガニスタン攻撃を支持した。「汚れた手（dirty hands）」とはウォルツァーが「政治行為と「汚れた手」という問題」（一九七三）で提出した政治家が直面する道徳的ジレンマのこと。「そこで、――長引く植民地戦争という――国家の危機に乗じて権力を握ろうとしている一人の政治家について考えてみよう。彼とその友人たちは脱植民地化と平和を公約して役職を得たとする。これらのものに関与することにどんな利点があるか気がついていないわけでもないが、彼らは両方に誠実に関与している。いずれにせよ彼らは戦争について有責ではない。彼らは断固としてそれに反対してきたからである。〔当選するやいなや〕ただちに、この政治家は反乱者たちと交渉を開くために植民地の首都に赴くことになった。だが首都はテロリストの戦場となっており、この新しい指導者が直面する最初の決断は、こうである。彼は捕えた反乱リーダーに対する拷問を許可するよう求められており、その者は市内の居住建造物に隠され二四時間以内に爆発する仕掛けが施されたいくつかの爆弾の位置を知っている。あるいはおそらく知っているはずの人間である。さもなければ爆発で死ぬかもしれない人びとのためにそうせねばならぬとの確信のもとに――たとえ彼が、拷問は時には不当なものとなるのではなくつねに不当であり実に忌むべきものだと信じているとしても、彼はその者を拷問するよう命じる。彼はその信念を自分の選挙運動中にしばしば怒りをこめて表明しており、政治家ならぬわれわれはそれを彼が善人たることのしるしだと受け取った。こうした場合に、われわれは彼をどうみるだろう〔彼は自分自身をどう見るだろう〕」（『政治的に考える――マイケル・ウォルツァー論集』萩原能久ほか訳、風行社、二〇一二年、四九五―四九六頁）。

現に深みにはまった。これを制御できるのは古典的にはデモクラシーによる監視と制御だけ。でも困難です。SNS等インターネットを通じて、従来は政治に参加しなかった層が、感情的な表出ツールとして政治的コミュニケーションに乗り出すようになります。ブッシュ当選をもたらした共和党支持者層の変質や、安倍晋三がネット世論を背景に再登板したのが、典型です。

するとチャーチルが「民主主義は最悪の政治制度」と言った、その最悪部分が前景化せざるを得ない。「資本主義は、資本主義によっては作り出せない前提に依存するが、その前提を資本主義の作動が壊す」のと同様、「民主主義は、民主主義によっては作り出せない前提に依存するが、その前提を民主主義の作動が壊す」事態が進行中です。共通の背景はグローバル化と高度IT化です。

かくて経済学がいう「負の外部性[*24]」図式が各所で顕在化。システムは底が抜けた状態を露呈します。社会システム理論的には「元々底が抜けていたものが明らかになっただけ」で、「ポストモダンはレイトモダンに過ぎない」のですが、横に置きます。問題は、負の自己強化的循環の抑制を支える知識や情報が不透明になり、道徳的主知主義が働きにくくなった現実です。

かといって、プラグマティックな実践を通じて〈内発性〉を埋め込む処方箋も、ローティのアメリカ――抽象的には共同体的徳論のいう共同体――を前提する以上、グローバル化と高度技術化で共同体が空洞化すればアンリアルになり、道徳的直観主義も自明性を失う。現にそうなっています。「認識」面でも「関心」面でも、システムは負の悪循環の制御装置を失いました。

グローバル化が高度技術化を支え、高度技術化がグローバル化を支える。グローバル化は、資本移動自由化を通じて「社会はどうあれ、経済は回る」状態を生む。高度技術化は監視社会化を通じて「社会はどうあれ、政治は回る」状態を生む。だから経済のパワーホルダーも政治のパワーホルダーも社会保全に関心を持たない。かくして社会が荒廃して〈出鱈目な民主制〉になる。
この〈出鱈目な民主制〉を通じて、社会の荒廃が与える不安や鬱屈という痛みにつけこんだポピュリストが登場する。かくして社会の荒廃を放置したままの――むしろ社会の荒廃を利用した――感情政治が支配的になる。……といった相互連関過程において、僕らが辛うじて手を付けられるのが「技術とデモクラシー」の関係です。でも自覚されない。象徴が「ＬＩＮＥ問題[*25]」です。

苅部　シニカルな言い方をすれば、ハイテクノロジーやテロリズムと同様に、デモクラシーもまた、本来はアモルフでどこに向かうのか予測不可能なものになりやすいんですよね。たとえば、先週まで反原発を唱えて国会や首相官邸にデモをかけていたのが、いつのまにか特定秘密保護法批判に変わってしまう。それがいったん過ぎれば、参加者の顔ぶれが最初のままでも、また別のテーマになって、さらにどんな人が新たに加わるか、どこで運動を収束させるのか、誰も見通していないという。デモそのものについて悪いと言うつもりはありませんが、参加している人の主張を一定の政策としてまとめて、議会内・政府内の政治のしくみに組み込んでゆくような回路が不在のままです。
昨年、この鼎談で話題になった「熟議（討議）デモクラシー」は、議論の空間をさまざまな場所、いろいろな規模で作ってゆくことで、そうした回路をつなごうとする考えと言えるでしょう。この点について、飯尾潤[*26]さんが『現代日本の政策体系』（ちくま新書）で、政党がこれまでのような組織ではなく、「政策論議

＊24　ある経済主体の行動が、市場の外で他の経済主体に不利な影響を与えること。典型的な例として公害などがあげられる。

＊25　二〇一一年にサービスが開始された、無料で音声通話やメッセージ交換ができるスマートフォン用アプリ。若年層を中心に広く普及し、二〇一三年には登録者数が三億人を突破した。

＊26　飯尾潤（いいお・じゅん、一九六二－）政治学者。著書に『現代日本の政治』など。

のための「ネットワーク」の統合核として、熟議と政策決定とをつなぐ回路になるべきだという主張をされていますね。

宮台 難しいのは、その際、速度が大切になることです。システムの作動クロックの問題です。日本の行政官僚からすれば、首相も政権も数年ごとに変わり、まして民意はコロコロ変わるので、最も安定した思考枠組を維持できるのは霞が関だけという思いを抱いて当然です。速いものよりも遅いものの方が全体性を理解できるという自信です。

こうした自覚と自信が、行政官僚制の愚昧な無謬図式や、既得権益への依存図式を、正当化してしまう。政党であれ何であれ、アソシエーションが民主的主体たり得て現に民主主義を支えるという自信を持つには、周りよりも自分たちの速度が遅いのが重要です。要は右往左往しないこと。そうした遅さを政党が調達できるのかどうかが問題です。

苅部 そうすると一番速度が遅いのは、日本では天皇ということになりませんか。

山本太郎園遊会事件

宮台 苅部さんは少しも笑わずにおっしゃった(笑)。多くの人がそれを実感しています。山本太郎参議院議員の園遊会事件[*27]を見ると国会議員やマスコミの神経質な対応が目立ちます。かつて、将棋さしで都教育委員会にも名を連ねた米長邦雄名人が、イエスと答えてもノーと答えても政治的になるような問答に陛下を引き込む不敬を働きました。[*28]この悪行に比べれば参議院議員であれ大したことない。

陛下は右往左往せずに、手紙を受け取ってすぐに侍従に手渡し、その場で問答しておられない。実に安定して洗練された作法。それだけで問題の輪郭がはっきりしました。「有象無象が浅ましく騒いでいるが、陛下は立派に安定しておられる」という図式。そうした安定を信頼され尊敬される世俗の存在が、他にも多数いればよいが、今はどこにいるだろうか。

苅部　枢密院も元老も存在しないですからね。

宮台　そう。戦後はかわりに知識人がいた。自分たちは貧しいという国民的共通前提があった六〇年代までは。でも豊かになって共通前提が崩れると知識人が消え、「知識人」とされる連中こそ衆目の前で右往左往する浅ましさを曝すようになる。僕が『朝まで生テレビ』から降りた理由です。レベルの低い人たちのショーですからね。

　過剰な速度に抗える存在とは何か。それが社会解体に抗う「技術とデモクラシー」論の核心です。南アフリカの監督ニール・ブロムカンプがアメリカで撮った映画『エリジウム』が直感を描きます。[*29] 資本移動

＊27　二〇一三年一〇月三一日赤坂御苑で開かれた秋の園遊会で、元タレントで参議院議員の山本太郎が、天皇明仁に福島第一原発事故の問題を訴えた手紙を直接手渡した。

＊28　二〇〇四年一〇月二八日の秋の園遊会で、当時東京都教育委員をつとめていた米長邦雄が「日本中の学校で国旗を掲げ、国歌を斉唱させることが私の仕事でございます」と話した際、天皇明仁が「やはり、強制になるということではないことが望ましい」と述べた。二〇〇三年一〇月、石原慎太郎都政下の東京都教育委員会は都立学校での入学式や卒業式での君が代の起立・斉唱の義務化を通達したが、二〇〇四年三月に規律や斉唱を拒んだ教職員一九三人を懲戒処分するなど混乱が起きていた渦中の出来事だった。

＊29　二〇一三年公開のニール・ボロムカンプ監督脚本のSF映画。環境破壊と人口爆発が進んだ二二世紀の地球。富裕層は四〇〇キロメートル上空に浮かぶスペースコロニー「エリジウム」で暮らし、どんな病気も完治させる医療テクノロジーによって、なに不自由ない生活を送っていた。マット・デイモン演じるマックスは荒廃した地球で暮らす貧困層の一人だったが、事故により余命五日と宣告される。生き延びるためにマックスはエリジウムへの潜入を試みる。

自由化が進み、究極のゲイテッド・コミュニティに暮らすスーパーリッチと、荒廃しきった都市と郊外でモブ化したピープルとに、社会が分化して、居住空間も分化します。

それを可能にするのがテクノロジー。スーパーリッチはスペースコロニーに、ピープルは汚濁した地球に居住。両者はテクノロジーで隔離されます。汚濁した地球の空にはいつも巨大なスペースコロニーが見えます。このビジョン自体が「グローバル化と技術化による社会的荒廃」を象徴します。ならば処方箋も「グローバル化と技術化の民主的制御」でなければならない。

グローバル化と技術化を制御しないエリアは、必然的にスーパーリッチ・ゾーンとモブ・ゾーンへと二極化します。それらとは違うサードエリアとして生き残るには、グローバル化と技術化の野放図に対するブロックが必要です。スローフード運動や再生可能エネルギー運動で〈食とエネルギーの共同体自治〉を進めてきた欧州の一部が見本だし、日本ではコミューン運動の一部が見本です。

米国全体・欧州全体・日本全体をどうするという発想はもう無理です。グローバル化と技術化がもたらす巨大システムに依存せずとも自立できる、〈共同体自治〉を樹立した場所だけが、ゾーンの二極化から距離をとれる。それには「〈便利・快適〉より〈尊厳と幸福〉が大切」「〈自発性〉より〈内発性〉が大切」という、認識よりも関心(コミットメント)の、つまり価値観の共有が不可欠です。

渡辺　アメリカ社会に引きつけて話をしますが、去年の一一月の大統領選挙ではビッグデータ[*30]を使った選挙戦が行なわれました。誰がまだ自分たちの側に登録していなくて、彼らをどうやって投票にまで持っていくのか。思考や心情を逆計算して投票まで導く。同じようなことは、もちろん商業ベースでも行なわれています。その中で「民意」なんていうものに信頼を置くことができるのか。今までは民意に対する信頼がある程度あったけれども、民意自体が外部によって容易に操作されるとすれば、あまり信頼の基盤を置くのもまずいんじゃないか。そこで宮台さんがおっしゃったように、速度の遅い、操作されないような、もう少し確固たるもののひとつとして天皇が出てくる。

それとお話をうかがっていて思い出したのが、『階級「断絶」社会アメリカ』（草思社）という本なんです。リバタリアンのチャールズ・マレー[*31]が書いた、かなり挑発的で物議を醸し出した本なんですが、国や社会に対するモラルのあり方の違いについて論じている。要するに、本当の社会性や公益性について考えているのは、どちらかと言うと、お金持ちの人が多い。いろんな統計を見ると、逆に貧しい人たちのモラリティは低いと言っている。両者のあいだには、自由や平等ということでは捉えきれない深い断絶があって、依拠している人間観や世界観も違うし、目指しているものも違う。もはやそこは橋渡しができない。唯一希望があるとすれば、今は勝ち組の方に価値が収斂されていっているけれども、貧しい人たちにアウトリーチできる言葉や物語みたいなものを、社会の中のエリートと言われている人たちが紡いでゆくことである。しかしそのエリート自身が居心地の良い自分たちの世界のなかにこもってしまっているのが現実であると、著者は言っている。その意味からすると、苅部さんが『学問は現実にいかに関わるか』の話をされましたが、高等教育の意味とは何か、社会の中でのエリートの役割とは何かが、もう一度問い直されているような気がします。

宮台 そう。日本でも「〈便利・快適〉より〈尊厳と幸福〉」「〈自発性〉より〈内発性〉」という認識なら

*30 コンビニエンストアの購入履歴、カーナビの走行履歴やSNSの閲覧情報など情報通信技術の発達によって収集、分析できるようになった膨大なデータ。

*31 チャールズ・マレー（一九四三―）アメリカの政治学者。保守系シンクタンクアメリカ・エンタープライズ・インスティチュートの研究員。

ぬ関心を持つのは富裕層。ワクワクメール[*32]から依頼された二五歳の女性を三層に分けたリサーチで確認しました。僕が世田谷区の行政に関わる中で実感したことでもあります。認識よりも関心を目的とした「教育した上での包摂」「包摂した上での教育」が大切です。

苅部　個々の情報としての知識を吸収する以前にある、能力としての知恵のようなもの。鷲田清一[*33]さんが『パラレルな知性』（晶文社）で、「専門的知性」と区別された「市民的知性」を説いていることともつながってくる。

ただ、断片的な知識や抽象的な理論ではない、その人の人間性にしみとおった知恵というテーマは、むしろ保守主義が伝統的には得意としてきたものです。今年は、「保守」をタイトルに含みながら現代日本に対する問題提起をした本がいくつか出ましたが、どれもむしろ理論を説いているような印象があって、保守主義らしいと思えなかった。むしろ、今年翻訳が出たマイケル・オークショット[*34]の二冊、『歴史について、およびその他のエッセイ』（風行社）と『政治における合理主義（増補版）』（勁草書房）の方が参考になる気がします。ところで小室直樹さんは、やはり保守主義と位置づけていいものなのでしょうか。

進化生物論から考える

宮台　微妙です。厳密には保守主義の枠に入りません。むしろ主意主義的な右翼です。まず端的な意志があり、意志の実現に向けて合理的方法を探る人です。探る過程で、非合理的な宗教的エートスが、合理的な道具として発見されます。確かに保守主義者もエートスを重視するので同じに見えるけど、小室先生の場合、エートスや共同体的徳が端的に大切というより、それがないとアメリカと戦争をして負けるという道具的合理性が問題となります。

微妙なのは、小室先生のそうした意志が、端的事実というより、共同体が育む徳だと解釈できる点です。先生は貧しい母子家庭で育ち、政治家の渡部恒三氏[*35]をはじめ複数の家から経済支援を受けて会津高校に通い、京都大学からハーバードとMITに進みます。そのことに強い恩義を感じておられました。先生の愛国は恩義をリターンしたい気持ちと結合しています。

僕は三層で理解します。表層はウルトラ合理主義者。中層は主意主義的右翼。深層は共同体的徳に殉じる保守。先生自身は表層と中層を明確に表現していたけど、深層を語らなかった。右翼ならぬ保守の側面、あるいはコミュニタリアン的側面は、語られていないのです。それは『小室直樹の世界』でも述べました。でも論理的に深層があるはずだし、近くにいても深層を感じました。

さて今回の話を違う方向から考えます。先ほどのクロック問題は、人間社会の問題というより、もっと形式的な問題ではないでしょうか。進化生物学のエドワード・ウィルソン[*36]の議論は、一時は物議をかもしましたが、今は感情を支える遺伝子が幾つも発見されて、確からしくなってきました。そこで再び彼の議

＊32　二〇〇一年にサービスを開始した出会い系サイト。

＊33　鷲田清一（わしだ・きよかず、一九四九―）哲学者。元大阪大学総長。著書に『モードの迷宮』など。

＊34　マイケル・オークショット（一九〇一―一九九〇）イギリスの政治哲学者。保守主義者として知られる。著書に『リベラルな学びの声』など。

＊35　渡部恒三（わたなべ・こうぞう、一九三二―）政治家。厚生大臣などを歴任。

＊36　エドワード・ウィルソン（一九二九―）アメリカの生態学者。著書に『人間の本性について』など。『社会生物学』で集団遺伝学や動物生態学の知見を生かし、人間をふくむ生物社会の進化過程を解き明かす社会生物学を提唱した。しかし、ウィルソンの提唱は優生学の復活ではないかと批判を呼び、「社会生物学論争」として知られる激しい論争を呼んだ。

論を振り返ります。

幾つかの本で書いたように、人は利他的存在のありそうもなさに感染し、利己的存在に感染しません。この傾きにはウィルソン的に言えば遺伝子的基盤があります。自然淘汰というと個体間の闘争を考えますが、実際にはどんな群のつくり方、どんな集団生活をするかが、集団単位の生き残り可能性を決め、それが個体単位の生き残り可能性を決めます。人の集団生活は社会生活で、社会生活は文化に支えられます。

集団生活次第で集団単位の生き残り可能性が決まるということは、文化次第で生き残り可能性が決まるということ。「遺伝子が一定の文化を可能にし、文化が一定の社会生活スタイルを可能にし、社会生活スタイルが集団の生き残りを可能にし、集団の生き残りが一定の文化を可能にする個体の遺伝子の生き残りを可能にする」という循環があります。

それを踏まえて社会を見ると、優勝劣敗主義のリバタリアニズムの立場を僕が取ったにせよ、最後に生き残るのはゲーム理論でいう協力解を選択するコミュニタリアニズム的社会集団に所属する個体たちだと主張することがありえます。現にグローバル化競争に強いのは血縁主義的な協力解を選択し続けるユダヤ系と中国系です。

リバタリアニズムとコミュニタリアニズムは社会思想として横並びでも、ウィルソン的には、コミュニタリアニズムはリバタリアニズムの帰結でありえます。ゲーム理論的意味で協力解を選択する集団に所属する個体の生存確率が高いのなら、それを意識できる個体が再帰的に協力解を推奨するコミュニタリアニズムを採用するのは合理的です。

渡辺　先ほど話題になったテロというのは、直接的には物理的な脅威ですよね。それに対する危機感覚が、ひとつの「一般意志」的な役割を果たすようになっている。その一方で、私が今年興味深く読んだ一冊にヨハイ・ベンクラー[*37]『協力がつくる社会』（ＮＴＴ出版）という本があります。著者はアメリカ人の法学者で、彼の議論の三分の一ぐらいは、まさに宮台さんのように進化生物論的知見を取り入れていて、それによって自分の目指す社会ビジョンに根拠を与えようとしている。

一昔前ならば、法学者が生物学や物理学に言及しながら自分の論の正しさを証明することはなかったですよね。今は正しさの基盤を、もう少し客観的に把握しやすい事実や技術に裏打ちされたものに置こうとしている。そういう印象を持ちました。日本でも脳科学やＤＮＡの分野から社会や人間を説明する本が割合受けている。正しいかどうかはわかりませんが、人文科学や社会科学の観念論で、言葉で民主主義の話をするよりも、もっと容易かつ明快に、いわば物理的に説明できる言葉を使って、人間の本質を指し示していこうという力学が働いているんじゃないか。人間の複雑さや微妙な心の襞を理解しようとか、白か黒かでは割り切れないものを理解しようということよりも、わかりやすい記号やパターンに収斂していっている気はしますね。

ビッグデータとアグリゲーター

宮台　そう。社会システム理論では、社会の内部と見えるものも外部と見えるものもシステムの作動が生

＊37　ヨハイ・ベンクラー（一九六四－）イスラエル生まれの法学者。『協力がつくる社会』でベンクラーは利他的な生物は繁栄しないとする考えを『利己的な遺伝子』のドーキンスの考えに代表させ、それにたいして「一部の形態は、個体にとって悪い場合でも、その個体の属する集団成功確率を高めるならば進化できる」という「群淘汰の理論」を紹介し、生物が利他的な行為を取りうることを示唆している（山形浩生訳、ＮＴＴ出版、二〇一三年、三六頁）。

み出す内部表現です。ニクラス・ルーマンは「視神経は電気的に作動するが、山が見えるとき、山と電気的に繋がっているのでなく、電気的作動が内部表現を構成するに過ぎない」と言います。このビジョンが人口に膾炙してきました。

大澤真幸氏[*38]の「アイロニカルな没入問題」がそう。アイロニーとは全体を部分に対応付けて脱臼させる営みです。高尚なことを言う人がいても、「彼は内在系ならぬ超越系だから」と梯子を外す。強硬外交を主張する首相がいても、「幼少期からの劣等感を埋め合わせているだけ」と梯子を外す。外された側は「オマエモナ」と返し、誰もがアイロニカルな事実に居直る。この2ちゃん的コミュニケーションは少し前まで日本的だと言えましたが、今はどの国にも蔓延し、発話の妥当性要求が頓挫しやすい状況が普遍化しています。だからこそ、遺伝子的基盤を含む循環や集団的淘汰のメカニズムなど、内容的ならぬ形式的問題を――文科系ならぬ理科系的問題を――持ち出したくなるわけです。むろん内部表現上のシフトですが、より文脈自由になるからです。

渡辺　今思い出しましたが、ハーバード大学の医学者ニコラス・クリスタキス[*39]とカリフォルニア大学の政治学者ジェームズ・ファウラー[*40]が三年前に出した『つながり　社会的ネットワークの驚くべき力』（講談社）という本のなかで「肥満は伝染する」といった現象に着目して、生物学と社会学とネットワーク理論を合わせたような議論をしている。そのニコラス・クリスタキスが今年の夏にニューヨーク・タイムズ紙にこんなことを言っている。社会科学自体、今までみたいに価値の是非とか正義とは何かといったことを議論していたら先行きがなくなる。そういう言説のゲームみたいなことばかりやっているから、理科系からどんどん押されてしまう。もっと一般法則・グランドセオリーを積極的に打ち出して、それを検証していく方向に社会科学全体を揺さぶるべきだと。

文化人類学にしても「いまさらそんなものやっていて何になるんだ」という批判があって、十年前ならば「価値の多様性」と答えておけばよかったんですが、今ではもう説得力が乏しい。民主主義の在り方についても、単に思弁的な言語ゲームじゃなくて、サイエンスや安全保障を専門にしている人にもわかるような形で提示していくことが、社会科学者にも今後ますます求められるんじゃないか。そういう漠然とした感覚はありますね。

苅部　研究者の数だけグランドセオリーがあるというのではない。あるグランドセオリーに基づいて、多くの人が物事を考えたり行動したりできる。そういう理論が、ただ一つに収斂しなくても、五つか六つぐらいあれば、実のある議論の空間ができるということですかね。

宮台　形式的理論への傾斜は、過剰流動性への抗いです。その点、形式的理論への傾斜とプラグマティズムへの傾斜が、機能的に等価です。むろん実用主義の意味ではなく、エマソンからデューイを経てローティにつながる「内なる光」の流れです。では、なぜプラグマティズムが復権するのか。渡辺さんが出され

＊38　大澤真幸が一九九五年のオウム真理教事件を分析した『虚構の時代の果て』（一九九六年）で示した概念。「つまり意識的な知と行動的で無意識的な信との捩れによって定義できる態度を、私は、リチャード・ローティやペーター・スローターダイクの議論を念頭において、「アイロニカルな没入」と呼んできた。オウム信者のハルマゲドン幻想に対する態度や、さらにオタクのアニメ等の虚構に対する態度は、まさにアイロニカルな没入として記述することができる。彼らは、それが幻想＝虚構にすぎないことをよく知っているのだが、それでも、不動の「現実」であるかのように振る舞うのである。オタクたちは、虚構と現実を取り違えていると言う、評論家的な批判が見逃しているのは、意識と行動の間のこうした捩れである」（『不可能性の時代』岩波新書、二〇〇八年、一〇五頁）

＊39　ニコラス・A・クリスタキス（一九六二－）アメリカの社会学者。医者。著書に『死の予告』など。

＊40　ジェームズ・ファウラー（一九七〇－）アメリカの政治学者。

たビッグデータの話がヒントです。

ビッグデータを適切に処理して答えを見出す。それがアグリゲーター[*41]です。ビッグデータとアグリゲーターが行動指針を出力する。この系列に主体は登場しません。ヴェーバーによれば、近代化とは合理化で、合理化とは手続主義化による計算可能性の増大です。彼はこの合理化を肯定する反面、人が合理的になれば入替可能になって、没主体と化すると危惧しました。

これはニーチェの影響を受けた晩期ヴェーバーの議論で、日本では山之内靖[*42]氏が紹介しました。入替不能な主体であるには非合理人でなければならない。ヴェーバー研究を学位論文としたパーソンズも、主意主義的な主体性を、計算可能性を裏切るランダムネスを含むものだとします。これらの思考に従えば、ビッグデータとアグリゲーターに従って行為を出力する人間とは一体何なのか。

そんなものの先には、人が社会を営むという意味での人倫はありません。その先に開かれているのは別の何か——ヴェーバーの言う「鉄の檻[*43]」——です。人倫のためにも人間が主体じゃなければ駄目です。システム理論的に言い直せば、人間が主体だと互いに信じ合えなければいけない。そういう直感がピープルに拡がってきた。その表れがプラグマティズムの復権です。

形式的理論への傾斜とプラグマティズムへの傾斜と並んで、過剰流動性への抗いを共有するのが、宗教への傾斜です。カルチャーセンターでは宗教的関心が高まってきました。かつてのニューアカと結合した仏教ブームと違い、ユダヤ教史やキリスト教史や古典的な宗教学への関心です。背景は、過剰流動性に巻き込まれたくないとの意識でしょう。

苅部　橋爪大三郎さんと大澤真幸さんの『ふしぎなキリスト教』（講談社現代新書）が一昨年売れて、批判本もたくさん出た。そういう傾向にも宗教への関心の高さが現れていますね。

宮台　宗教の講義において若い人が食いつくポイントがあります。「善きサマリア人」と「マグダラのマリア[*44]」。「善きサマリア人」は、〈理由ある利他〉ならぬ〈理由なき利他〉を推奨しますが、古代ギリシャ

＊41　集める、集計する（aggregate）に由来。ビッグデータを収集し、分析する事業者や人間をさす。

＊42　山之内靖（やまのうち・やすし、一九三三－二〇一四）西洋経済史学者。著書に『総力戦体制』など。「ヴェーバーは呪術や神学の呪力剥奪（Entzauberung）によって科学が近代的認識の主座についたことを確認したのであったが、しかし、その科学がいつのまにか特定の価値（＝西欧近代の価値）と一体化することによって密かに新たな神学に転化してしまったことを見抜いていた。こうしてヴェーバーは、ニーチェと共に、科学の神学化を批判して近代世界そのものの呪力剥奪を遂行したのである」（『ニーチェとヴェーバー』未來社、一九九三年、viii－ix頁）

＊43　「今日の資本主義的経済組織は既成の巨大な秩序界《コスモス》であって、個々人は生まれながらにしてその中に入りこむのだし、個々人（少なくともばらばらな個人としての）にとっては事実上、その中で生きねばならぬ変革しがたい鉄の檻として与えられているものなのだ」（『プロテスタンティズムの倫理と資本主義の精神』大塚久雄訳、岩波文庫、一九八九年、五一頁）

＊44　四福音書でマグダラのマリアはキリストの磔刑、埋葬、復活に立会い、キリストが復活したことを弟子に伝えた女性。その後伝承において、ルカの福音書に登場する「罪深い女」などほかのエピソードに登場する女性と同一視され、罪深い娼婦にして悔悛した聖女として多くの美術作品の題材となった。「さて、あるファリサイ派の人が、一緒に食事をしてほしいと願ったので、イエスはその家に入って食事の席に着かれた。この町に一人の罪深い女がいた。イエスがファリサイ派の人の家に入って食事の席に着いておられるのを知り、香油の入った石膏の壺を持って来て、後ろからイエスの足もとに近寄り、泣きながらその足を涙でぬらし始め、自分の髪の毛でぬぐい、イエスの足に接吻して香油を塗った。イエスを招待したファリサイ派の人はこれを見て、「この人がもし預言者なら、自分に触れている女がだれで、ど（↓）

の影響が考えられ、プラグマティズムの「内なる光」に通じます。「マグダラのマリア」はそれに関連して、戒律を守れば救われるとする利己的な思考を否定します。

ただし喩を用いて戒律からズレた内面を作り出した（吉本隆明[*45]・橋爪大三郎[*46]）のではありません。所詮は人間が書きとめたに過ぎぬ矛盾に満ちたトーラーを、「これぞ絶対神の意志だ」と相対者に過ぎない人間が解釈し、ミツヴァ（戒律集）として布告、破った者（マグダラのマリア）を糾弾する。このファリサイ派の営みが本来のヤハウェ信仰からの逸脱だとするのが、イエスによる批判です。

イエスは一貫して〈理由ある利他〉を否定、〈内発性〉を推奨します。でも、我々が善かれと思って為したことの帰結は分からない。それが原罪です。神でもないのに善悪判断をするから必ず間違う、とするのが原罪譚です。「マグダラのマリア」でのファリサイ派批判も原罪譚に関連します。そこで僕がイラストレーションとして持ち出すのが漫画です。

手塚治虫の『鉄腕アトム』[*47]では、交通事故で瀕死の重傷を負った少年を天馬博士が助けたら、少年は正義の味方になりました。浦沢直樹の『ＭＯＮＳＴＥＲ』[*48]では、瀕死の重傷を負った少年を天馬博士が助け

〔…〕んな人か分かるはずだ。罪深い女なのに」と思った。そこで、イエスがその人に向かって、「シモン、あなたに言いたいことがある」と言われると、シモンは、「先生、おっしゃってください」と言った。イエスはお話しになった。「ある金貸しから、二人の人が金を借りていた。一人は五百デナリオン、もう一人は五十デナリオンである。二人には返す金がなかったので、金貸しは両方の借金を帳消しにしてやった。二人のうち、どちらが多くその金貸しを愛するだろうか。」シモンは、「帳消しにしてもらった額の多い方だと思います」と答えた。イエスは、「そのとおりだ」と言われた。そして、女の方を振り向いて、シモンに言われた。「この人を見ないか。わたしがあなたの家に入ったとき、あなたは足を洗う水もくれなかったが、この人は涙でわたしの足をぬらし、髪の毛でぬぐってくれた。あなたはわたしに接吻の挨拶もしなかったが、この人はわたしが入って来てから、わたしの足に接吻

してやまなかった。あなたは頭にオリーブ油を塗ってくれなかったが、この人は足に香油を塗ってくれた。だから、言っておく。この人が多くの罪を赦されたことは、わたしに示した愛の大きさで分かる。赦されることの少ない者は、愛することも少ない。」そして、イエスは女に、「あなたの罪は赦された」と言われた。同席の人たちは、「罪まで赦すこの人は、いったい何者だろう」と考え始めた。イエスは女に、「あなたの信仰があなたを救った。安心して行きなさい」と言われた」（「ルカによる福音書」新共同訳、〇七章三六－五〇節）

＊45 「喩としてのマルコ伝」の吉本隆明によるマルコの福音書解釈。「ひとつの宗教がじぶんの教義に犯罪者、取税人、廃疾者を対象として撰ぶと自分で宣言することは、本来はあり得ない。宗教が対象を撰りわける仕方は、いつも戒律によってである。きびしい戒律を課すれば対象は自然にせばめられ撰択されるだろう。ゆるい戒律は対象を拡大させるだろう。これは教義が撰択するのではない。教義は理念であって信仰をほんとうは含んでいない。だがマルコ伝にあらわれた教義は、むしろ戒律を無視することによって対象を犯罪者、取税人、廃疾者、貧困者に限定している。これはマルコ伝の世界が非宗教の側面をもっていた徴候とみることができる。けれどもこのような徴候は対象を普遍化しようとして犯罪者、取税人、廃疾者、貧困者の意味を抽象化し、内面的に拡大することを強いられた。この矛盾がマルコ伝の感性的な異様さにつながっている。／わたしたちがここで導入したい理解の仕方は、二つの系列の言葉が同在したためあたえた混乱という視点である。ひとつの系列の言葉は、犯罪者、取税人、廃疾者、貧困者が字義のままに、過去から負った〈罪〉の報いとして疎まれた社会的な存在とみられていた時代の言語を指していた。もうひとつの系列の言葉は、人間は大なり小なり犯罪者、取税人、廃疾者、貧困者のように、じぶん自体を疎ましい存在とみなす内面性をもたざるを得ないと考えるようになった時代の言語を指していた。この隔絶した断層をもった二つの時代の言語の二つの系列が、おなじ犯罪者、取税人、廃疾者、貧困者という概念の言葉に二重に混在した。そこでこの言葉は無意識のうちに、喩の機能をもたざるを得なくなったのである」（「喩としてのマルコ伝」『論註と喩』言叢社、一九七八年、八七－八九頁）

＊46 「イエスの教説の核心は、このように、喩的なことばの用法にある」「律法の喩的な用法は、身体にこの種のトポロジカルな嵌入を、すなわち内面を、用意する」（『性愛論』岩波書店、一九九五年、一四四－一四五頁。同書は未発表だった「性愛論」（一九八二年）をもとに一冊に再構成した書籍）

たら、少年はヨハンという絶対悪になりました。二人の天馬博士は「善きサマリア人」の如く振る舞いましたが、原罪譚が示すように帰結が人知を越えていたわけです。キリスト教の本質はそこです。何かを為しても、何に繋がるのか分からない。ならば、縮んでいればいいか。違う。〈内発性〉に従って前に進め。それを奨励すべく「見る神」としての絶対神が存在する──。「見る神」は最古の宗教的表象だと前教皇ベネディクト一六世[*49]は言います。日本ではご先祖様。見られて人はシャンとする。それが遺伝子的基盤とも関連した〈内発性〉の重要なパラメーターかもしれません。

彼に従えば、キリスト教の祈り[*50]には「主よ、皆を裏切らぬよう私を見ていてください」と「主よ、私はあなたのものです」の二本柱があります。前者が〈内発性〉に、後者が〈理由ある利他〉の否定に関連します。後者は、自分が救われたくて利他を為すのでない。為したことの意図せぬ帰結次第では地獄も覚悟するとの意味です。昨今ようやくこうした話が理解されるようになりました。

渡辺　宮台さんのおっしゃっている内発性というのは、井上達夫さんが『世界正義論』(二〇一二年一月刊、筑摩書房)の中で言っていることに通じる気がします。例えば、毎年一八〇〇万人の貧困死が出ている世界貧困問題を前に自分が加害者だという感覚を持てるかどうか。一般的にはそういうイマジネーションを働かすのは難しい。まさか自分たちの使っている携帯電話と、レアメタルの利権争いで混乱しているコンゴの人たちの生活[*51]とに関係があるとは思えない。内発性と言った場合、実は、そこにもいろんなフィルターがかかってしまっている場合が多い。どこまで本当に普遍性のある内発性を根拠にできるのかは、難しい問題が絡んでくると思いますね。

苅部　もしも世界中の貧困問題について、自分自身にも加害責任があるという自覚をつきつめれば、人類である限り、どんなに遠くの人でも、その切実な苦しみをみずから感じるということになります。「善きサマリア人」が倒れている異教徒を助けたのは、物理的な距離を宗教的な対立状況に置きかえれば、その一つの表われと見ることもできるでしょう。そういう議論は、キリスト教だけでなく儒学にも、たとえば朱子学の理論には、世界中のあらゆる生物の苦しみを自分の身体の痛みのように感じるのが仁の究極だという話があります。[*52]

ただ原則としてキリスト教と大きく異なるのは、共感を及ぼす対象は、まず自分の家族が一番で、それから順々に広げていく。現実に国際社会において貧困国への援助や人道的介入が行なわれる場合は、世界

＊47　一九五二年から一九六八年まで「少年」誌で連載されたマンガ作品。一九六三年から六六年まではフジテレビ系列でアニメが放送された。天馬博士が交通事故死した息子の代わりとしてアトムをつくりだした。

＊48　画家浦沢直樹が「ビッグコミックオリジナル」に一九九四年から二〇〇一年まで掲載したマンガ作品。日本人脳外科医Dr.テンマが頭部を撃たれたヨハンを手術するが、病院内で殺人事件が発生し、ヨハンは姿を消してしまう。九年後再会したヨハンから過去の殺人を告白され、殺人鬼を蘇らせたことにテンマは衝撃を受ける。

＊49　ベネディクト一六世（一九二七―）ドイツ出身で本名はヨーゼフ・アロイス・ラッツィンガー。第二六五代ローマ教皇で二〇一三年二月に生前に退位。一九八一年から二〇〇五年まで教理省の長官をつとめ、改革派の神学者を厳しく処分したことで知られた。

＊50　キリスト教の代表的な祈祷文である「主の祈り」はマタイの以下の福音書からとられている。「天におられるわたしたちの父よ、御名が崇められますように。御国が来ますように。御心が行われますように、天におけるように地の上にも。わたしたちに必要な糧を今日与えてください。わたしたちの負い目を赦してください、わたしたちも自分に負い目のある人を赦しましたように。わたしたちを誘惑に遭わせず、悪い者から救ってください。」（「マタイによる福音書」新共同訳、〇六章〇九―一三節）

＊51　ダイヤモンド、金、コバルト、銅、スズ、タンタルなどの鉱物資源に恵まれるコンゴは周辺諸国の介入を受け内戦化。現在もコンゴ東部は武装勢力が実行支配し、児童労働、略奪、強姦が報告され、携帯電話や電子機器の部品となるレアメタルの密輸が資金源となっていることが問題視されている。

大の共感だけでなく、むしろそうした、自国の利害を優先するような視点も入ってきますね。

渡辺　「国際感情に配慮して」という言葉で線引きされたりもしますよね。

宮台　プラグマティズムに戻ると、共同体が空洞化すると、存在したはずの「内なる光」が失われがちです。ルドルフ・シュタイナー[*53]に遡れば「内なる光」は誰にでも潜在的にあります。でもこの潜在性がどれくらい発露するかは、ある期間までの育ち方で決まるのです。読み書き算盤は臨界年齢が高くて取り返しがつくが、感情の深さの育ちは臨界年齢が低くて取り返しがつかないとします。

神秘主義者として片付けられるシュタイナーも、実はプラグマティズムに数えられ、また、取り返しがつくものより、取り返しがつかないものから学ばせよとの構えは、パーソンズの「プライマリーな社会化／プライマリーでない社会化」にも繋がるパターナリズムです。「内なる光を〝効果的に〟埋め込め」というパターナリズムは、デューイを含め、二〇世紀前半のシステム複雑化と並行して上昇します。

苅部　人々がバラバラな状態にあっても、いろいろな試行錯誤を繰り返しながら共通の目標を見つけていく。それがプラグマティストの姿勢なのですね。今年出た本では、宇野重規『民主主義のつくり方』（筑摩選書）が社会の変革について、ウィリアム・ジェイムズとデューイを再評価しようと試みています。ただ宇野さんもふれていますが、デューイにせよローティにせよ、プラグマティズムの根柢には、アメリカの社会習慣という支えがある。いろいろな思想・信条の人が地域のミーティングではともに議論しながら、町の自治を支えるといったような。彼らが信頼したアメリカの文化に対応するような社会伝統が、はたして日本にあるのかという問いに行き着いてしまいますね。

宮台　プラグマティックな実践を通じて〈内発性〉（徳）を埋め込む社会化の実践も、サンデルの共同体的徳論のいう共同体を前提にするということですね。共同体の存在は事実性に過ぎないので、全ての前提を理想的発話状況という仮想始源に遡って正当化する初期ハーバーマスの企図はルーマンとの論争後に撤回されます。[*54] どんな実践にも前提が必要で、前提として何を持ち出すのが有効かという事実だけが問題です。

エマソンからローティに到るプラグマティストの流れは、実践の前提としてアメリカの社会習慣を持ち出します。前提を正当化できるか否かでなく、効能を信頼できるか否かが問題だから、これでいい。苅部さんのおっしゃるように、日本で徳を埋め込む社会化実践を支えるどんな前提が信頼できるか、という事実だけが問題です。そこで三島由紀夫の問題設定でもある、天皇が出て来ます。

渡辺　天皇、あるいは震災の時に整列して並んでいたとか、マナーの領域の話になる。

宮台　竹内好の「一木一草の天皇制[*55]」です。

＊52　いわゆる「万物一体の仁」の思想。北宋の思想家である程明道（ていめいどう、一〇三二―一〇八五）は万物は一体であると考え、他人の苦しみを心に感じることを「仁」とした。のちの朱子学や陽明学に影響をあたえた。『近思録』巻之一「道体篇」第二十条に、程明道の「医書に手足の痿痺するを言ひて不仁とす。此言最も善く名状す。仁者は天地万物を以て一体とす。己に非ざることなし」と始まる言葉が収録されている。

＊53　ルドルフ・シュタイナー（一八六一―一九二五）ドイツの神秘思想家、教育思想家。神秘思想に大きな影響を与えた「人智学」を唱えた。一九一九年にはシュトゥットガルトに自由学校に設立。教育は一つの芸術であるという理念のもと、子供の自主性や内発性を重んじる独特な教育法はシュタイナー教育として知られている。

＊54　一九六八年のドイツ社会学大会でのルーマンの報告をハーバーマスが批判したことが始まった。両者の論考は『批判理論と社会システム理論　上・下』（佐藤嘉一ほか訳、木鐸社、一九八四・一九八七年）にまとめられている。

アメリカの縮小──指針とすべき世界などどこにもない時代へ

苅部　日本社会に関して言えば、統合の基盤となる伝統文化は、すでに大正時代に都市部では崩壊していたと言えるでしょう。それが一九三〇年代から戦争のせいで、急速にナショナリズムによる統合がなされ、崩壊現象がくいとめられた。一九四五年以降も六〇年代くらいまでは、そうしたナショナリズムの余韻が「戦後民主主義」の理念と重なって、日本人の共通のアイデンティティを支えていた。先ほどのお話に出た、小室直樹さんが敗戦体験に抱かれていた強烈な思いも、その一例ですね。

しかし現在は、戦後しばらく保っていた、デモクラシーとナショナリズムへの共通の志向が、かなり希薄になっている。今年、日本国憲法九六条の改正論[*56]に対して、護憲論が高まりを見せたのも、ハーバーマス流の「憲法愛国主義」とまでは言いませんが、希薄になった状況を何とかしなければという焦りのようなものが感じられます。

宮台　過剰流動性に抗って、昨今は、内容不関与な形式的理論、内なる光を埋め込むプラグマティズム、利他の形式を論じる宗教が持ち出される。これは戦間期前期の一九二〇年代に似ています。それで一九三〇年にマグヌス・ヒルシュフェルト[*57]が書いた『戦争と性』を読み直してみると、何が何ゆえに反復するのかがよく分かります。

未曾有の最終戦争と、経験を超えた事態の数々。それでも戦場には勇猛果敢さを示す兵士がいて、銃後には博愛精神を示す看護婦がいた。これらを美談とするのは、社会に都合がいいものを似非道徳で正当化しただけ。実際には、性的抑圧が生み出した攻撃性と、性的抑圧が生み出した代償行為がある。これらをヒルシュフェルトはデータで立証します。同時代はワイマールのエログロです。

最終戦争がもたらした、経験を超えた事態を理解する際、従来の経験枠を前提にした道徳では無理だとの意識が高まります。一方で〈常識外れのエログロ〉が隆盛となり、他方で〈常識外のデータを分析する科学〉が隆盛になります。実は、フランス革命後の混沌期も、第二次大戦後の一九五〇年代も同様でした。得体の知れないものが立ち上がった後によく見られる〈反啓蒙的志向〉です。

　現在も同様です。人倫についての人文科学的考察は、従来の経験枠を前提にした抽象化です。グローバル化と高度ＩＴ化を背景に噴き出す得体の知れない現象の数々に、これでは太刀打ちできないという直感

＊55　竹内好（たけうち・よしみ、一九一〇－一九七七）中国文学者。著書に『魯迅』『方法としてのアジア』など。六〇年安保の際、安保改定に反対して「民主か独裁か」を発表したことで知られる。「一木一草の天皇制」とは「権力と芸術」（一九五八年）の言葉。「「トルソに全ギリシアがある」ように、一木一草に天皇制がある。われわれの皮膚感覚に天皇制がある。芸術だけがそれから免れてあるはずがない。トルソばかりでなく、全芸術が天皇制に滲透されている。天皇制の中で、天皇制からの脱却に向って苦しんでいるのが日本の芸術である。その苦しみのために日本の芸術は人間的でありえたし、今もある。もし脱却の努力を放棄するなら、その瞬間に天皇制の非人間性が芸術の側にうつされ、芸術は非人間的となる。つまり芸術は非芸術化されるのである」（「権力と芸術」『竹内好全集』筑摩書房、一九八一年、一七〇－一七一頁）

＊56　日本国憲法第九六条は憲法改正の発議には衆参両院の三分の二以上の賛成が必要であり、その承認には国民投票で過半数の賛成が必要と定めている。自民党は二〇一二年四月に発表した憲法草案で、憲法改正を発議するために必要な「衆参両院の三分の二以上の賛成が必要」という要件を「過半数」に引き下げる改正案を提示。その後、二〇一三年一月三〇日の衆院議員本会議で安倍晋三首相が、先行して九六条を改正する意欲を見せたために議論が起きた。

＊57　マグヌス・ヒルシュフェルト（一八六八－一九三五）ドイツの医者、性科学者。『戦争と性』第一巻は一九五六年に刊行されていたが、二〇一四年に明月堂出版から宮台真司の解説付きで復刊された。

が働く。それで、一方で、自然科学的な形式的理論に注目が集まり、他方で〈内発性〉の埋め込みという実践形式自体や利他形式自体に注目が集まるのでしょう。

苅部　戦間期の思想については、重要な本が今年は出ました。一つは蔭山宏[*58]『崩壊の経験』（慶應義塾大学出版会）。先ほどのヴェーバーに始まり、カール・シュミット、ヴァルター・ベンヤミン[*59]、テオドール・アドルノ[*60]など、ワイマール時代に始まるドイツ政治思想史の重要問題を幅ひろく論じた好著です。また、行政法の高橋信行[*61]さんの『統合と国家』（有斐閣、二〇一二年）は、シュミットと論争した公法学者、ルドルフ・スメント[*62]についての研究です。戦間期のドイツもまた、階級分裂が激しく進んでいたし、文化的にも多様ななかで、そこに秩序を作りあげる方策を国家の統合という観点で論じてゆく。こうした議論が、問題を国家論だけに収斂させるかどうかは別として、強いリアリティを持つ時代になってきた気がします。実は憲法問題も、単に九六条だけのことではなく、こうした国家理論にまでさかのぼって考えると、ダイナミックな議論が出てくると思うんですけどね。

渡辺　先程のアメリカ的なカルチャーが日本にあるのかどうかという話に補足しておきたいんですが、今年ひとつ顕著になった動きは、アメリカの縮小だと思うんですね。凄まじい党派対立からデフォルトの危機や政府の閉鎖に見舞われ、シリアでも面目を失っている[*63]。民主主義に関してなんとなく一歩先を行っているように思えたアメリカがこんな低落状態にある。アメリカの社会・政治を見て、そこに仮にローティやデューイが考えるような伝統があったとしても、現実にはプラグマティズムの限界があると思うんですね。その意味では、日本にとってますます指針がなくなってしまっている。

ではアメリカにかわるものを探してみるとどうか。中国でもなければ、ヨーロッパでもない。指針とすべき社会などどこにもないわけです。そうなった時に、日本社会を牽引するような旗印になる理念って一体何だろうか。「自由民主主義」なんて言っても当たり前過ぎるし、今まではどこかに目指すべき手本のようなものがあって、それに向かっていけばよかったのが、これからは自分で作っていかなければいけなくなった。そこで多くの人が戸惑っていると思うんですね。

苅部　一見、扱っている話題はまったく別ですが、遠藤乾[*64]さんの『統合の終焉』(岩波書店)がEUの統合に関して詳しく議論するなかで、いまの問題に関連するようなヒントを出しているように思います。その統合を支えたのは、国家主権だけが秩序を支えるのではなく、地方政府・国家・EUといった多元的・重層的な決定単位の組み合わせによって、全体を構成しようとする補完性原理です。その視点で考えると、日本でも実際には、市町村、都道府県、国家と、重層的な制度になっているから、そうしたイメージでとらえなおして、そうした秩序がそれぞれに自律しつつ、おたがいに調整しあう構造を考える道もあるでしょう。道州制の議論なども、そのなかに位置づけて再検討してもいいですね。

＊58　蔭山宏(かげやま・ひろし、一九四五年－)政治学者。著書に『ワイマール文化とファシズム』など。

＊59　ヴァルター・ベンヤミン(一八九二－一九四〇)ドイツの思想家。著書に『ドイツ悲劇の根源』『複製技術時代の芸術』など。

＊60　テオドール・アドルノ(一九〇三－一九六九)ドイツの思想家。著書に『否定弁証法』『美の理論』など。

＊61　高橋信行(たかはし・のぶゆき、一九七四－)法学者。著書に『自治体職員のための ようこそ行政法』など。

＊62　ルドルフ・スメント(一八八二－一九七五)ドイツの公法学者。

＊63　二〇一三年八月三一日、オバマ大統領がアサド政権による化学兵器の使用をうけてシリアへの武力行使を表明。しかし、その後軍事介入の見送りを決定し、「米国は世界の警察官ではない」と明言した。オバマ政権のアメリカはシリア内戦において反体制派に武器支援などをおこなってきたが、直接的な軍事攻撃をおこなったのは、二〇一七年四月のトランプ政権下によるミサイル攻撃だった。

＊64　遠藤乾(えんどう・けん、一九六六－)政治学者。北海道大学教授。著書に『欧州複合危機』など。

しかしもし、さらなる地方分権改革によってそうした重層構造が制度上できあがったとしても、人々の感情の次元での統合の核は従来どおりに、憲法とか皇室とか、あるいは富士山とか、国家の全体性を象徴するものに収斂してしまい、地方のコミュニティへの愛着と対等に並ぶという具合にはならないかもしれない。そういう問題が次に出てくる。

宮台　苅部さんがスメントを出されました。彼が言う崇高なる精神共同体や崇高なる全体性は存在するのか、存在しないなら作らねばならないのか。これは重大な問題です。シュミットは当初、カトリシズムに基づいて「存在する」としましたが、ナチ勃興と同時に「存在しないので、政治が作り出せ」と反転します。だからナチスを擁護しました。「存在する」のか「作り出す」のか。

今日の僕らは、後期シュミットのように考えるしかありません。どんなに小さなユニットにも、個人のスコープやスパンを超えた全体性のイメージが必要で、それがコミットするに値するものとして志向される必要があります。それが社会学者ジンメルが考えた共同性です。そのこと自体は範域の大きさに関係なく、しかも今や保全というより作り出すしかなくなっています。大きさによる違いは、「作り出す」ことができるか、という制御不可能性にあります。

そこに注目するのがキャス・サンスティーンの「二階の卓越主義」[*65]です。昨年も紹介したように、今日

＊65　サンスティーンは「二階の卓越主義」（『熟議が壊れるとき』）で司法による憲法解釈を例に出し説明するが、宮台の簡潔な説明は次の通り。「全体主義に抗うのに、非全体主義的な―徹底して民主主義的な―やり方は採用できないのか。あるいは、有効性が低すぎて、全体主義を使わずには全体主義に抗えないのか。今日最先端の政治学や政治哲学においては悲観的な見方が拡がっている。そうした見方は法学者キャス・サンスティーンや政治学者ジェイムズ・フィッシュキンによって代表される。／背後にあるのが、またもやグローバル化＝資本移動自由化だ。

資本移動自由化によって格差化と貧困化が進む。中間層が分解し、共同体が空洞化して、個人が不安と鬱屈にさいなまれるようになる。そのぶん、多くの人々がカタルシスと承認を求めて右往左往しはじめる。かくして、ヘイトスピーカーやクレージークレーマーが溢れがちなポピュリズム社会になるのだ。／そうなると、不完全情報領域があれば、極端な意見を言う人ほど、カタルシスと承認を調達できるがゆえに、ポピュリズム的に他を圧倒しがちになる。こうした傾向が、投票行動において見られるのみならず、投票に先だつ熟議においてすら見られるようになる。こうした現象をサンスティーンは「集団的極端化」「熟議が壊れる」と称し、民主主義の危機だと見做す。／こうした傾向に抗うには、取りあえず不完全情報領域の最小化が必要だ、と彼らは言う。そして、そのために周到に設計された熟議を提案する。熟議の「設計」に際しては、専門知を有したエリート、すなわち「卓越者」の働きが極めて重要になる……。こうした立場をサンスティーン自身は「二階の卓越主義」と呼ぶ。耳慣れない言葉なので少し説明しよう。／意味は「コミュニケーションの〝内容選択〟において卓越性を示すかわりに、コミュニケーションの〝手続選択〟において卓越性を示す必要がある」ということだ。このことから分かるように、「二階の卓越主義」は卓越主義一般と同じく、エリート主義的なパターナリズムの一種である。従って「二階の卓越主義」は必然的に全体主義の色合いを帯びざるを得ない。／パターナリズムは「父親的温情主義」と訳される。「お前にはまだ分からないだろうが、これはお前のためだ」という類のコミュニケーションのことだ。親や先生の子供に対するコミュニケーションは、親や先生を選べない子供にとって、必然的にパターナリズムの色合いを帯びる。その意味で、教育はどのようなものであれ、論理的にパターナリズムを前提とする。／熟議の「設計」に関わるパターナリズムは、社会全体という観点から個人を非自己決定的に誘導する点で、多少なりとも全体主義的だ。たとえ「パターナリズム」と言い換えられ、さらに「二階の卓越主義」と言い換えられていても、結局は同じことだ。今日では、民主主義保全のための全体主義的方向付けが、条件付きではあれ肯定されるようになってきているのである。／要約しよう。〈グローバル化と民主主義の両立不可能性〉に抗うべく、〈民主主義を補完する非民主主義的装置〉として、「二階の卓越主義∩パターナリズム∩全体主義的方向」が必要であることが、アカデミズム領域で理解されるようになってきた。「民主主義単独では、民主主義の前提を調達・維持できない」と見立てられるようになった、ということである。」（『私たちはどこから来て、どこへ行くのか』幻冬舎、二〇一四年、八－一〇頁）

の状況では不安と鬱屈につけ込むポピュリストによる悪い全体主義的動員が、熟議を壊します。だから、これを完全情報化と分断克服によって排除した上、妥当な民主的決定をもたらし、結果として「我々」意識を醸成強化しようというわけです。これもマイルドな全体主義です。

あからさまな「崇高なる全体性」は持ち出されません。分断ならぬ包摂を企図した穏やかな熟議を通じて「我々意識」を作り出すだけ。でもそこにはスモールサイズであれ全体性への願望と想像があります。全体主義アレルギーの時代なら怪しい企図だと考えられたはず。実際こうしたスモールユニットを活性化した上で束ねることで、とりわけイタリアのファシズムが展開しました。でもそこは譲るしかないのです。

苅部　胡散臭さを覚悟しながら、アイロニカルに「我々」意識を提起していくんですね。

渡辺　ただ、もしかするとそうした全体性はなくてもいいのかもしれない。あえて作ろうと思って出てくる全体性なんていうものは、結構とんでもないものになってしまう気がします。拙速に全体性を目指さないで、身近なところで、人々ができることを粛々とやっていくのがいいんじゃないか。まさにルターが言ったことで、「たとえ明日、地球が滅亡するとしてもリンゴの木を植えていく[*66]」。そういう等身大の日常を実践していけばいい。あまり日本社会の全体性というような考え方を持たない生き方がいいかなと思いますね。

たとえば若手の論客で人気の古市憲寿[*67]さんなんて、時々そういう冷めた目で物事を見ていますよね。彼のダウナー系（笑）の議論を聞いていると、肩肘張らないで生きていくのもありかなと思うんです。僕たちが全体性が必要だと言ったりすると、若い人には、それこそ胡散臭く聞こえてしまう。小室直樹先生が聞いていたら怒られるかもしれませんが、それよりは小さなところで生きていくのが、処世術としてより魅力的に映るのかもしれない。

宮台　賛成です。僕も制御可能性からスモールさが大切だと言いました。でも、どんな敵が現われるかは想定しなければなりません。古市氏は恵まれた若者です。恵まれない若者はどんな種類であれ全体性に吸引されます。ならば「崇高なる精神共同体」と「熟議が作り出す我々」という全体性内部の区別を保持したほうが得策だし、関心＝コミットメントを引き出せます。

後期シュミットは評判が悪いけれど、実は高橋和巳[*68]『邪宗門』の発想です。左翼活動家で無神論者だった主人公・千葉潔が、無知な貧しき者たちを導くべく、ひのもと救霊会という教団の教祖に収まり、教団内部に全体主義的動員を仕掛ける。これはいけないのか。小説を通じて、結論が出ない問題だとされますが、僕らもそう考えるべきではないでしょうか。

僕はひのもと救霊会のモデルになった京都山科の一燈園[*69]というコミューンに子供時代に馴染んでいました。井上達夫氏がおっしゃったように、お前の責任で救わねばならぬ人々がここにもそこにもいるだろうと突きつけられたとき、千葉潔のロジックを否定するのはとても難しい。渡辺さんのおっしゃる懸念に賛成しつつ、それだけで本当に先に進めるのかとも思うのです。

（二〇一三年一二月二〇日）

＊66　この格言はルターの言葉ではない。マルティン・シュレーマン『ルターのりんごの木』（棟居洋訳、教文館、二〇一五年）によれば、第二次大戦末期のドイツでルターの言葉として紹介され、五〇年以降一般社会に広まった。

＊67　古市憲寿（ふるいち・のりとし、一九八五－）社会学者。著書に『希望難民ご一行様』『平成くん、さようなら』など。

＊68　高橋和巳（たかはし・かずみ、一九三一－一九七一）小説家。中国文学者。著書に『悲の器』など。

＊69　一九〇四年に宗教家の西田天香によって設立された宗教団体。

2014

１月　・国家安全保障局発足
２月　・ソチ五輪で、羽生結弦選手がフィギュアスケートで日本人初のオリンピック金メダル獲得
３月　・ロシアがクリミアを併合（ウクライナ危機）
　　　・台湾で学生・市民が立法院を占拠（ひまわり学生運動）
４月　・消費税が五％から八％に
　　　・政府が「原発ゼロ」の方針を転換
５月　・ＡＫＢ48握手会で男性が刃物を振り回し、メンバーら三名が負傷
６月　・「イスラム国」が国家樹立を宣言
７月　・政府は集団的自衛権行使を限定容認することを決定
８月　・大手牛丼チェーン店で「ワンオペ」の苛酷労働発覚
９月　・香港で学生らによる反政府デモ活動が激化（雨傘革命）
　　　・御岳山噴火で五七人死亡
10月　・日銀が追加金融緩和決定
　　　・青色発光ダイオード発明の赤崎勇、天野浩、中村修二の三氏にノーベル物理学賞がおくられることが決定
11月　・沖縄県知事選挙で、米軍普天間基地の辺野古移設計画に反対する翁長雄志氏が当選
12月　・「特定秘密保護法」施行
　　　・衆議院選挙で自民党大勝
　　　・オバマ米大統領とキューバのラウル・カストロ国家評議会議長が、両国の国交正常化交渉開始を発表（キューバの雪解け）

ノーベル物理学賞のメダルを手にする赤﨑、天野、中村氏（左から、12 月 10 日）　時事

▷紀伊國屋じんぶん大賞

（候補作刊行日の期間変更により発表なし）

▷ユーキャン 新語・流行語大賞（「現代用語の基礎知識」選）

「ダメよ～ダメダメ」「集団的自衛権」

ＩＳとイスラム諸国、カリフ制

苅部　言論と出版の今年一年をふりかえってみようと思います。宮台さん、注目された点などお話しいただけますか。

宮台　一番注目したのはIslamic State（ＩＳ）[1]の問題です。ビデオニュース「マル激トーク・オン・ディマンド」でも何度か扱いました。イスラム法学者の中田考さんを番組にお呼びした二日後に彼が強制捜査の対象になる事態も生じ、[2]巻き込まれました。

なぜ彼を呼んでＩＳを番組で扱ったのか。指導者カリフを名乗るアル＝バグダーディーの主張が、戦前日本の亜細亜主義者・大川周明[3]の主張と似るからです。僕は以前から亜細亜主義にコミットすると標榜し、大川を肯定的に語ってきたので、両者の類似性が明らかになるにつれて困りました。それがきっかけです。

ＩＳによるカリフ制[4]の主張は国民国家の主権性の否定です。主権とは最高性。国民国家に主権があるという考えは二百年の歴史しかありません。〈見ず知らずからなる我々〉を背景とした国民国家は二段階で成立します。第一段階は一七世紀前半の三十年戦争。新教と旧教の諸侯間の宗教戦争を、各諸侯に信仰の自由があるとして手打ちしたのがウェストファリア条約です。

本来は「神が人を選ぶ」以上、「人が神を選ぶ」とする手打ちは敢えてする虚構です。ヨハネ福音書一五章一六節の「あなた方が私を選んだのではない、私があなた方を選んだ」が知られます。実際当初は主権sovereigntyの概念の元になるsovereignも「諸侯」を意味しました。

第二段階は、フランス革命後の王朝弱体化を背景とした「皆で武器をとらないと掠奪される」との危機感です。そこから〈諸侯にとって代わる我々＝見ず知らずの我々〉の国民意識が生まれました。〈見ず知らずからなる我々〉の誕生です。同時にsovereigntyが最高性を意味するようになります。

ユダヤ教でもキリスト教でもイスラム教でも、相対的存在に過ぎない人間の世俗集団が最高性を持つとする考えを、絶対神の概念を元に否定してきました。その流れを踏まえれば、国家に最高性があるという考えには無理があります。実際、カリフ制に戻れという主張は、第一次大戦後に国民国家体制に組み込まれたイスラム「諸国」を否定するためのものです。世俗の最高性を否定するので「世俗主義の否定」と呼ばれます。世俗主義が様々な混乱の源だと見るわけです。

たとえば、暴力的異議申し立てがあると直ちに「テロリストとは交渉しない」とのスタンスが取られま

＊1　イスラム国。二〇一四年六月にアル＝バグダーディーがムハンマドの正当な後継者であるカリフを自称し、イスラム法にもとづくカリフ制国家の樹立を宣言。一時はイラク北西部からシリア北東部までを事実上支配したが、国際社会は国家として承認していない。二〇一四年八月にはアメリカ軍、九月には多国籍軍が空爆を開始。異教徒や欧米人の人質を処刑する映像をインターネット上に公開していたが、二〇一五年には日本人ふたりを殺害した映像が公開され、大きな波紋を呼んだ。また欧米に住むムスリムの若年層が義勇兵としてＩＳに参加するなど、大きな問題となった。

＊2　中田考（なかた・こう、一九六〇―）イスラム法学者。カリフ制再興を唱える。著書に『イスラームの論理』など。二〇一四年一〇月、中田はＩＳに参加を希望した北海道大学の学生を仲介したとして、警視庁公安部に「私戦予備及び陰謀の罪」の疑いで家宅捜索を受けた事件。学生は身柄を拘束され、中田考らは事情聴取と家宅捜索を受けた。

＊3　大川周明（おおかわ・しゅうめい、一八八六―一九五七）国家主義の思想家、亜細亜主義者。イスラム研究でも知られる。著書に『復興亜細亜の諸問題』『回教概論』など。

＊4　「後継者」を意味するアラビア語のハリーファ（khalīfa）に由来。イスラム社会の最高指導者。一九二二年のオスマン帝国の滅亡によってカリフ制は廃止された。

す。でもイスラムの基本原則に従えば、犯罪と反乱は違います。反乱の場合、首謀者の主張が妥当なら、統治権力の側が改める。首謀者の言うことに理がなければ、反乱をやめるよう通告し、聞き入れなければ討伐する。[*5]そうした三段階に比較すると、国民国家の主権性という概念は一方的なのです。

ＩＳが言う通り、ムスリムの原則では人は相対的存在。ユダヤ教やキリスト教が元々考えていたのと同じで、旧約の原罪概念が意味する所です。人は神に支配を任されたにせよ、真理を独占できない。それゆえイスラム法は真偽二元論でなく五段階スペクトルです。だから反乱軍首謀者の主張に耳を傾ける時も真偽二元論ではないのです。大川周明も世俗に最高性を認める欧米の思考を野蛮だとし、世俗に最高性を与えないカリフ制を高度な達成だと考え、天皇をカリフに準じる線で考えようとしました。[*6]

僕はＩＳと沖縄の繋がりを感じます。僕と沖縄との関わりは二〇年。「ＬＩＴＥＲＡ」[*7]というサイトに書いた通り、それで見えてきた沖縄があります。内地と違って血縁主義の分厚い家族・親族ネットワークがある沖縄は、顔見知り範囲の〈社交〉はあれ、国民共同体のように〈見ず知らずの我々〉からなる〈社会〉の観念がない。だから広域ガバナンスができません。

でも〈社会〉の不在は古層に遡ればどこも同じです。見ず知らずの人を名指して敵だ味方だといきり立つ人は一九世紀半ばまで世界のどこにもいませんでした。なのに、この二百年足らずの間〈見ず知らずの我々〉からなる〈社会〉が自明になりました。ところが沖縄では、聖性を水平に観念するニライカナイ信仰[*8]に象徴される古層が残り、〈社交〉の外に、〈社会〉を中抜きし、直接〈聖なる世界〉が拡がります。

離島を含めた琉球王国の範域を覆う〈我々意識〉は、昔も今もありません。一四世紀に中国から久米

＊5　前出の中田考は、「叛徒」と「テロ」の関係について次のように解説している。「ハンバリー法学派の古

典アブー・ナジャー（一五六〇年没）の著書『満足を求める者の糧《ザード・ムスタクニウ》』の「叛徒との戦闘」章は「叛徒」を「武力、勢力を有する集団が、可能な解釈によって、イマーム（カリフ）に反逆すれば、彼らは叛徒である」と定義し、叛徒に対する対処を「彼（イマーム）には彼らに使者を送り、彼らが何に憤っているかを尋ね、もし彼らが不正を挙げたなら、それを除去し、また彼らが容疑を訴えたなら、それを解明しなければならない。そのうえでなお帰順しなければ彼らと戦う」と規定しています。／内乱は、犯罪ではなく、治安問題に還元できない政治問題であるため、叛徒とはまず交渉が行われ、交渉が決裂した場合には、「刑罰」が科されるのではなく、「戦闘」が行われます。〔…〕欧米ではブッシュ前アメリカ大統領の「テロの戦い」の宣言以降、既成秩序・国家を無条件に肯定する一方で、国家に対する武装闘争をカテゴリカルに「テロ」、犯罪として断罪し、交渉、議論の可能性をあらかじめ排除する傾向が強まっており、日本もそれに追従しています。「テロリストとは一切交渉せず、要求に応じない」というスローガンが疑う余地のない法理であるかのように語られ、「テロリスト」とされた者については、その主張の是非について議論すること自体がテロリストに与する行為とみなされ犯罪視されるのです。／このように西欧の「テロ」概念が強いイデオロギー性を有するのに対し、イスラーム法は、支配の正当性を有する合法政権《カリフ》に対してさえ、武装闘争の正当性を一概に否定せず、議論と交渉の対象とする点において「非イデオロギー的」であり、いかなる政治的立場であれ無条件に肯定しないという意味において遥かに「客観的」「中立的」である、と言うことができるでしょう」（『イスラーム法とは何か？』作品社、二〇一五年、二二一－二二二頁）

＊6　「大川が自ら「宗教と政治とに間一髪なき」イスラームへの関心を語る場合、天皇制との関係をどのように考えていたのかという疑問は当然出てくる。イスラームへの関心がどのように彼の天皇観とつながるかは具体的に語っていないが、その関心には明らかにイスラームの信者共同体であるウンマと日本の国民とを置き換え可能とする発想が見え隠れするのである」（臼杵陽『大川周明――イスラームと天皇のはざまで』青土社、二〇一〇年、二六頁）

＊7　二〇〇四年に休刊した『噂の真相』の元スタッフが中心に立ち上げたニュースサイト。二〇一四年七月に開設。宮台の記事は「宮台真司が語る沖縄の生きる道「問題は基地反対の先にある」」（二〇一四年一一月　http://lite-ra.com/2014/11/post-597.html）

＊8　沖縄地方で海の彼方や海の底にあると信じられている理想郷。ここから神々が人間世界に来訪するとされる。

三十六姓が渡来、琉球王国が成立します。王朝内部は行政官僚制でしたが、王国の範域は暴力支配でした。人頭税に象徴される過酷な強制を通じて統治したのです。だから、今日に至るまで琉球王国の範域を覆う〈見ず知らずからなる我々〉が存在したことはなく、今回の知事選でも宮古島の投票率は二〇パーセントを切ります。*9

元々「沖縄」は本島を意味しますが、柳田國男が戦間期に指摘した通り、沖縄は宮古や石垣を差別、石垣は波照間を差別します。*10 現在も差別は消えない。基地撤廃に直結する合理的選択ができないのも、(1)分厚い家族・親族ネットワークに多額の軍用地借料を得る高齢者や土木でメシを食う社長がいたりするので、基地について公共的観点から意見を述べることがエゴだと捉えられて口をつぐむのと、(2)基地の問題が沖縄県全域の問題にならないからです。これが〈社会〉概念不在ゆえの広域ガバナンスの困難です。

*9　二〇一四年一一月一六日に行われた沖縄県知事選挙。オスプレイの配備や普天間基地の辺野古移設問題が争点となり、現職の仲井眞弘多を抑え、反対派の翁長雄志が勝利した。

*10　一九二〇年二月五日に沖縄那覇の松山小学校でした講演「世界苦と孤島苦」のこと。「沖縄の文化には中心があるから、どうしてもそれを外づれると、割引をしなければならぬやうな食違ひが免れられない。私の知り合ひの比嘉春潮君などは珍しくさういふ偏頗のない人だが、多くの人はみなその癖をもつてゐて「何島だからねえ」といふやうなことをすぐいふ。八重山とか宮古島とかいふ、割に大きな島でも特殊扱ひされてゐたのだから、もつと小さな離島はかなり別扱ひされてゐたに相違ない。終戦後は事情が変つて、首里でも那覇でも、元来その土地の人はおそらく半分以下になったらしく、政治界、実業界に國頭《くにがみ》の人、宮古の人などが進出したときいてゐる。もつとも昔から久米島などは地位が非常に良かつたから、いくらか違つてゐたが、他の離党にいたつては、非常に低く見られる傾きがあつた。それが私共が沖縄研究に奮起した原因と、隠れた心理の動機だつたともいへる。／沖縄に行つて話した演題を「世界苦と孤島

苦」としたのも、そんなわけからであつた。世界苦といふのは他にもお連れがあるから、みんなと一緒につき合つて行つてい〻が、この孤島苦の方を沖縄の人が気付かないやうでは駄目だ、沖縄県でも自分の村の仲間のうちの一つ低いものを軽くみるやうでは駄目だといふことを、可なり強い言葉で話したのである。すると、大体の人はみな一様に一寸嫌な顔をしたが、それ以来沖縄には複雑な内容と気持ちとをもつた孤島苦という言葉が行き渡つてゐるらしい」(「世界苦と孤島苦」『故郷七十年』『定本　柳田國男集　別巻第三』筑摩書房、一九六四年、三二〇－三二一頁)

「曾て沖縄の青年の為にこんな話をしたことがある。諸君の所謂世界苦は、よく注意して見たまへ、半分は孤島苦だ。自分等ばかり大きな群から隔絶して、遠くから之を批判し、情感の共通が少ない為に何かと言ふと立場が対立する。而も衝突が起れば衆寡敵せぬ故に雌伏せんとする。其上に遠い為の誤解がある。政治でも文化でも、中心に近い者に遮られて、恩恵の均分を望み難い。此境遇に居る者の鬱屈は、多数の凡人を神経質にし皮肉にし、不平ずきにするには十分だ。以前渡海の船に磁石も無く機関も無かつた時のやうに、問はず問はれず各〻の島を鎖して、寧ろ小さな天地に眠りをることを幸とすべきかも知れぬ。而も自ら指導して一箇の人を完成せんとする者には、おのづから又別箇の観方が有る。沖縄は決して、最後の沖の小島では無い。宮古、八重山の島人等が、永い歳月の間中山の首都に対して感じて居る不便と不満とも同じものなれば、更に又宮古に在つては多良間の島、その多良間に対しては水納の島の青年が、やはり之を経験して居る筈である。八重山の主島に対する与那国の波照間も、事情は沖縄に均しくして尚一層の不幸は、彼等が最後であり又訴へても聴く人の無かつたことである。諸君の不平には限界が有つてはならぬ。翻つて又諸君の「中央」と名づけて居るものも、こんな小さな地球に於てすら、決して真の中央では無いのだ。講和会議はヴェルサイユに開かれ、国際聯盟はジュネブに置かれる。二月も前から旅装を整へさせて、議論も十分には出来ぬ代表者を遙々と送り出さねばならぬ。高い通信料を払ひつ〻相互の誤解をくりかへさねばならぬ。外交論といへば蔭弁慶で、正論と身勝手の差別がわからぬ。是が我々の日本の今の悩みで、同時に沖縄人の孤島苦を只鏡餅の上下ぐらゐに差等づけたに過ぎぬものだ。論理が徹底しないと反抗にも価値が無い。もう国の戸は開けたのに、独りで自分を縦から看たり、横から看たり、徒らに憫れんで居ても仕方が無い。弘い共同の不満を攷究して見ようで無いかと論じて見たことがあつた」(「島々の話　その四」『島の人生』『定本　柳田國男集　第1巻』筑摩書房、一九六三年、四六三－四六四頁)

ご存じの通り、アメリカは共和党系シンクタンクまで含めて、沖縄基地の地政学的ポジションには意味がないと考え始めています。海兵隊も今や第一陣ではなく二ヶ月後に出動する部隊です。空軍もマッハ3のステルス戦闘機を展開するので、空軍基地が沖縄にあろうが北マリアナ諸島にあろうが同じことです。日本ではそれが覆い隠され、防衛省が辺野古基地に固執します。後で自衛隊が使いたいからです。だから「アメリカが要求している」という虚構をでっち上げる。沖縄の人はそれを知っているはずです。なのに「沖縄人は認識を共有した」とならないのです。

これを「沖縄の人たちにも問題がある」と捉えたのが仲村清司氏との共著『これが沖縄の生きる道』（亜紀書房）。でも、僕自身は〈見ず知らずからなる我々＝社会〉を持たず、〈社交〉の外に直接〈聖なる世界〉が拡がる沖縄を憧憬します。それゆえ沖縄はガバナンスの困難に面しますが、国民国家を支える〈見ず知らずからなる我々〉の意識がグローバル化による中間層分解で世界的に壊れつつある現在、もはや沖縄固有の問題じゃないのです。〈見ず知らずからなる我々〉が壊れた所でどう広域ガバナンスをするか。ISや大川周明の言うカリフ制か。別のやり方か。沖縄はこの課題に他に先駆けて向き合っています。だからISと沖縄が地続きに思えるんです。

伏線をはります。柄谷行人の『遊動論』（文春新書）が似た問題意識を共有します。今や国民国家体制ではやっていけないことは明らかだ。どうするか。柄谷は「交換様式X」という言い方をしますが、それが何なのかを積極的に示しません。柄谷だけでなく誰も示せません。それが今日の問題です。それも含め、一年を振り返ると、様々な問題が解決できない形で出揃った印象です。

苅部　渡辺さんはいかがでしょう。

渡辺　私もISの問題には注目しました。「奴隷制を復活させる」と言い、前近代的な制度の復活を掲げたわけですが、一方でロシアによるクリミア併合[*11]があり、ステイトとステイトとの露骨な覇権争いという、まさにモダンな状況もあった。また他方で、宮台さんの話とも重なりますが、「国民国家の時代は終わった」というポストモダン的な発言も多く見られ、ますます混沌とした世界になってきたなという感覚を自分も共有しています。プレモダンとモダンとポストモダンが混在していて、一体どこに軸足を置いて、新たに国際秩序について考えていけばいいのか。よくわからない状況になってしまった。

それと先週イランに行ってきたんですが、行く前にはシーア派の原理主義というイメージが念頭にあったんですね。でも実際にあちらで話を聞いてみると、非常にプラクティカルな人たちだなという印象を強くしました。イスラムのことを原理原則の面からのみ理解しようとすると、意外と見間違えてしまうのではないか。原理とはある種の方便でもあり、現実的には我々同様、プラクティカルでプラグマティックな人たちが多いのではないか。もちろんイスラムの教義はあるんですけれども、原理と現実は必ずしも一致しない。かなり柔軟に対応している。ＩＳの問題に関しても、シーア派やスンニ派[*12]といった差異を含め、今回は前のイラク戦争の時とは違って、イスラム諸国はかなりまとまってＩＳに対応しようという動きが

＊11　二〇一四年二月、ＥＵとの統合を断念した親ロシア派のヤヌコーヴィチ政権に反発が強まり、二〇一四年二月に政権が崩壊。直後、ロシア系住民が多いウクライナ南部のクリミアにロシア軍と見られる武装部隊が展開された。三月には住民投票によってロシア編入が賛成多数となり、ロシアに併合された。国連総会では併合を無効とする決議がなされている。

＊12　六三二年にムハンマドが死去した後、従兄弟であり娘婿のアリーとアブー・バクル、ウマル、ウスマーンの三人をカリフとして認めたスンニ派に対し、シーア派はアリーとその子孫を正統な後継者と位置づけている。世界のイスラム教徒人口のうちスンニ派が約八割、シーア派が二割を占めるとされる。

ありますよね。あれは教養の違いを超えたプラクティカルなアライアメントだと思うんですね。だから原理というものだけで世界をどこまで説明できるのかということについては、ＩＳの問題を見ていてよく考えなければいけないと思いましたね。

二点目に、国内情勢に引きつけて言えば、昨年末に安倍首相の靖国参拝[*13]があって、今年二月の都知事選で田母神さんが躍進しましたよね。[*14]海外に出ると、そのことについて何回も聞かれました。「日本は右傾化しているんじゃないか」「保守化しているんじゃないか」。その度に応答に苦慮するんですが、今起きている現象は「ナショナリズム」という言葉で語るのが本当に適切なのか。ナショナリズムというと、欧米では民族的な排外主義みたいなイメージを含むと思いますが、安倍首相はそうではない。ヘイトスピーチは「ナショナリズム」に合致すると思いますが、安倍首相がそれを容認しているわけではない。さらに「保守化」と言った時に、それは何を意味するのか。いわゆる「小さな政府」を目指していることなのか、それとも「進歩への懐疑」を示し「漸次的な進歩」を目指していることなのか。あるいは「戦後体制からの脱却」を意味しているのか。日本の「保守化」について海外の人に説明する時、随分と苦労した一年だったという印象が強い。

いくつかの雑誌の座談会でも「『保守』をめぐる見解が混乱している」という議論がありました。アメリカ的な「経済保守」や「宗教保守」という括りで考えればいいのかというと、必ずしもそうきれいには線が引けない。この一年、その辺りのことを考えさせられました。そういう意味では、沖縄知事選が「保守対保守」の対決になったということも興味深かった。その点については、是非宮台さんの意見も後ほどおうかがいできればと思います。

最後にもう一点挙げるとすれば、沖縄の問題と並行して論じられたのが、スコットランドの独立問題[*15]ですよね。あるいは台湾のデモ[*16]でもそうですが、政治的な問題でありながらも、根本には格差社会の広がりがある。その不満が鬱積しているところに、政治的な制度に対する不満が相乗した。この五年ぐらいを振り返ってみても、世界各地にデモが広がってきていますよね。その根源にあるのは格差拡大という問題であり、同時に台頭ないし没落する中間層とどう向き合っていくのかという問題です。その意味では、さまざまな批判があるのは十分承知していますが、ピケティの『21世紀の資本』（みすず書房）が今年世界的に注目されたこと[*17]自体、興味深い現象だったと思っています。

＊13　二〇一三年一二月二六日安倍晋三首相が第一次第二次政権を通じてはじめて靖国神社を参拝した。

＊14　田母神俊雄（たもがみ・としお、一九四八―）元航空幕僚長。二〇〇八年、アパホテルが主催する『「真の近現代史観」懸賞論文』に応募した論文「日本は侵略国家であったのか」が政府見解と異なる主張であったため、問題となった。二〇一四年二月の東京都知事選に立候補、六一万票あまりを集めたが落選。その後、二〇一六年に選挙運動員に報酬として現金を配ったとして公職選挙法違反で逮捕された。

＊15　北海油田の帰属権の問題やサッチャー政権時の人頭税導入への反発から、スコットランドでは独立運動がおこなわれていた。二〇一一年の議会選挙でスコットランド国民党（SNP）が過半数の議席を獲得。二〇一四年九月一八日スコットランド独立の是非を問う住民投票がおこなわれたが、僅差で否決された。

＊16　台湾の与党であった国民党が、中国台湾間でサービス業の市場を開放する「サービス貿易協定」を強行採決しようとしたことを受け、二〇一四年三月一八日に台湾の学生や市民が立法院に突入し、二三日間にわたって占拠した抗議活動。議場にひまわりが飾られたことから「ひまわり学生運動」とも呼ばれた。

＊17　トマ・ピケティ（一九七一―）フランスの経済学者。世界的なベストセラーとなった『21世紀の資本』では、主要先進国の一八世紀から二〇世紀までの税務・所得統計を分析し、一九一〇〜一九七〇年代を覗く期間で、資本収益率（r）が経済成長率（g）を上回っており（r>g）、世界規模で貧富の差が拡大していることを指摘。格差拡大をなくすために世界規模で富裕層への課税強化を提言した。

苅部　ＩＳの問題については、ある友人がおもしろいことを言っていました。一九九三年に出たサミュエル・ハンチントンの論文「文明の衝突？」[*18]は、約二〇年後のいまになってみると、見通しが案外あたっていたのではないかと。刊行当時は、西洋文明と「儒教―イスラム・コネクション」との対抗という図式が、悲観的な運命論にすぎるという批判も多かった。しかし、ＩＳのような「伝統的」なイスラム国家の秩序を主張する勢力が台頭し、他方で中国が、やはり西洋由来のリベラル・デモクラシーとは異なる体制を自己正当化しながら影響力を周辺に行使するようになった。そこだけ見ると、まさにハンチントンの議論と共通するんですね。

先ほど宮台さんがふれた柄谷行人さんは今年、『遊動論』のほかに『帝国の構造』（青土社）も刊行されて、精力的に活躍されました。そこで語られているのも、近代の国民国家のようなネイション概念・領域概念をもたない、中華「帝国」の伝統的な秩序が、現代中国において再生しつつあることの積極的な意義です。この点については、『「反日」中国の文明史』（ちくま新書）で平野聡[*19]さんが、むしろ中国が「帝国」的意識を捨て、まっとうな近代主権国家としてふるまうよう、周辺の国々が誘導すべきだと述べて、正反対の評価を示していますが、いずれにせよ、中国もまた、みずからの秩序の独自性を大きな力をもって主張するようになっていることはまちがいない。

もし仮に、主権概念と法の支配とナショナル・アイデンティティによる統合を、西洋型近代国家の特徴としてとらえるなら、それとは異なる秩序が、イスラム勢力と「中華」文明の双方から主張されるようになった。その状況をとらえるためには、柄谷さんや平野さんのように、まずその世界の論理について理解した上で、態度を決めなくてはいけないでしょう。ＩＳについては、中田考さんと池内恵さん[*20]が、おたがいのブログなどでオープンに議論を闘わせたのがおもしろかったですね。ＩＳに対する評価はお二人でまったく反対なのですが、イスラム急進主義を支える論理について深く理解したうえで、議論の発信を続けている。

渡辺　内在的に理解して伝えていくということですよね。

苅部　ええ。イスラム教の専門家はたくさんいるのでしょうが、その知見をわれわれ素人に的確に伝えてくれる人材が少ない気がします。

宮台　バチカンはオバマ大統領と同じくＩＳを含めたイスラム過激派に危機感を抱きます。宗教的覇権争いの意識よりも本質的です。国民国家からなる国際関係の出発点は、諸侯間の宗教戦争だった三十年戦争の手打ち。「諸侯が信仰を選べる」とする体制です。それが各国民の信仰の自由に拡張、社会自体は世俗プラットフォームに変じ、そこに最高性＝主権が持ち込まれた。これは旧約聖書から乖離した「普遍主義

＊18　サミュエル・ハンチントン（一九二七－二〇〇八）アメリカの国際政治学者。著書に『分断されるアメリカ』など。「文明の衝突?」（一九九三年）でハンチントンは文明を西洋、儒教、日本、イスラム、ヒンドゥー、スラブ、ラテンアメリカ、アフリカの八つに分類し、冷戦終結後の国際社会において、リベラル民主主義を普遍的と考える「西洋文明」と「儒教・イスラム連合」が敵対すると主張した。

＊19　平野聡（ひらの・さとし、一九七〇－）歴史学者。東京大学大学院法学政治学研究科教授。著書に『清帝国とチベット問題』など。

＊20　池内恵（いけうち・さとし、一九七三－）イスラム研究者、東京大学先端科学技術研究センター教授。著書に『イスラーム国の衝撃』など。父はドイツ文学者の池内紀。中田の著書『イスラーム　生と死と聖戦』（集英社新書、二〇一五年）の末尾に、池内が個人ブログで公開した文章「自由主義者の「イスラーム国」論～あるいは中田考「先輩」について～」が再録されている。

の否定」じゃないか。「カリフ」アル＝バグダーディーの発言がバチカンにはそう聞こえるはずです。

彼はこう言います。サウジ王家は巨万の富を持つのにスーダンの貧民を救わない。国民国家の主権性を否定するイスラム法の原則からすればあり得ない。世俗主義という「普遍主義の否定」の枠内でそれが起こっている。だから、イスラムを普遍主義に差し戻せ。こうした呼び掛けに、キリスト教圏に育った先進国の若者が反応し、それに危機意識を抱くフランシスコが教皇に選ばれ、福音書通りに異教徒の足を洗ってみせる。[*21]ちなみにイエスの福音の本質は「神は分け隔てしない」。国境と宗教を超えて貧富の差や暴力の蔓延に関心を示す。ここには、普遍主義を巡る宗教間の競い合いがあります。

渡辺さんのおっしゃったことについて触れます。ヴェーバー的な理念系としては社会保守・政治保守・経済保守・宗教保守の区別に意味があります。現に沖縄知事選の主題が理解できます。バークの保守主義にせよ戦前の亜細亜主義にせよ、本来の保守は社会保守。バークならフランス革命の混乱からの社会の保全、亜細亜主義者なら単純欧化主義からの社会の保全が、目標とされました。

残りの保守は社会の空洞化と並行して生まれました。政治保守は反共や反韓や反中の排外性や攻撃性に象徴されます。経済保守は新自由主義者に象徴されます。宗教保守は進化論を否定する福音諸派に象徴されます。

今の自民党は経済保守と政治保守の混合。沖縄知事選で勝った翁長雄志氏[*22]が沖縄らしさの保全を唱いましたが、沖縄の社会保守と内地の経済保守はもはや両立しないとの主張に当たります。ネトウヨは翁長氏が自民党を離脱したのを「保守の裏切り」と騒ぐけど、社会保守と経済保守を識別できない頭の悪さは、社会が空洞化すると埋め合わせ的に出現する政治保守にありがちです。

戦後二〇年はＴ・ピケティ『21世紀の資本』が言う通り経済成長率ｇが資本利益率ｒを上回った特殊な

時期です。経済成長で膨らむ中間層を背景に、経済保守が社会保守を含意できました。ところがグローバル化で中間層が分解。経済保守が社会の劣化を招いて、社会保守から乖離。社会の劣化に伴う〈感情の劣化〉で、排外主義の政治保守が肥大した。それが昨今です。

アメリカでは、社会の劣化がもたらす不安と鬱屈が、排外主義の政治保守に加えて、原理主義の宗教保守を招き寄せました。進化論否定や中絶反対で知られますが、日本では影響力を持ちません。ちなみに政治保守と宗教保守は、排外主義に加え、敵を悪魔視したり、全ての悪が敵に由来すると見る帰属処理が、

---

*21　フランシスコ（一九三六―）第二六六代ローマ教皇。教皇に即位した二〇一三年三月二八日のローマ市内の少年院で十二人の収容受刑者に洗足式をおこなったが、そのうち二人は女性、一人はイスラム教徒が含まれていた。洗足式はイエス・キリストが最後の晩餐で十二人の使徒の足を洗ったことにもとづく儀式で、伝統的に男性のカトリック聖職者にのみおこなわれてきたため、きわめて異例だった。以後、洗足式は、ヒンズー教徒、コプト教徒などの異教徒や女性、高齢者、難民、身体障害者などを対象にしている。

*22　翁長雄志（おなが・たけし、一九五〇―二〇一八）政治家。二〇〇〇年から二〇一四年まで那覇市市長。元は自民党所属の政治家であったが、二〇一四年の県知事選挙では、オスプレイ配備中止と普天間基地移設基地に反対する保守革新の統一グループ「オール沖縄」の支援をうけて当選した。しかし、離島、宮古・八重山地区では、現職の仲井眞弘多に得票数では敗北している。県知事選出馬に当たっては次のような文章を掲げていた。「私達は、もうこれ以上「基地」を挟んで左右に分かれる必要はないのです。苦渋の選択を強いられる必要もないのです。沖縄では、もはや保守が革新の敵ではなく、革新が保守の敵でもありません。いたずらに保革の対立を煽る手法はもう過去のものなのです。私達は、これまで相反していた「経済と生活」「平和と尊厳」を県民一人一人が手にすることができるようになりました。このことをしっかりと自覚した上で「我々が試される」のならば、今こそ、「負きてぇならん。うしぇーらってぃならん。なまどぅ　うちなー」の心意気のもと、誇り高きアイデンティティーにかけて、明確な意思を示さなければなりません。」（「県知事選挙出馬にあたっての基本的な認識」オナガ雄志オフィシャルＨＰ）

共通します。

社会保守とは何かを考える場合、参考になるのがアイデンティティです。沖縄知事選で翁長陣営は「沖縄のアイデンティティ」を前面に掲げ、沖縄の新聞はスコットランド独立運動を沖縄に引きつけたつもりで「アイデンティティか金か」という形で紹介していました。でもこれは誤りです。

今日、アイデンティティ・ベースの独立運動はあり得ません。スコットランドにはゲール系もいればケルト系もいればイングランド系もいます。アイデンティティをもちだせば差別が奨励されてしまう。だからスコットランドは、アイデンティティではなく価値を、独立の理由にしました。

スコットランドは気候が厳しく工場労働者が多いので、一貫して議会選挙で労働党議員を送り出してきました。だから独立に際しても、新自由主義をイングランド的な価値として否定したのです。沖縄もアイデンティティに頼ったら宮古差別・八重山差別が隠蔽されます。沖縄も価値をベースに「オール沖縄」を展開すべきです。アイデンティティは閉鎖的ですが、価値は開かれているからです。

ただ、ここには「閉鎖的である方がカタルシスを得やすい」という、全てに通じる一般的問題があります。社会学には大衆社会論の歴史があり、人々が分断され孤立すると〈感情の劣化〉を被りやすく、公衆ならぬ大衆としてメディア動員されるとします。戦間期に隆盛となり、第二次大戦後は批判理論とマスコミ効果研究が引き継ぎます。いわく、分厚い中間層が与える豊かな対人ネットワークが問題を解決し、それが民主制への信頼を生む、と。

ところが、冷戦体制終焉後、先進各国で中間層の分解が生じ、分断され孤立した人々がマスコミならぬネット情報に直撃され、〈感情の劣化〉を当て込んだ〈感情の政治〉が野放しになります。今日的なポピュリズムです。社会保守に意味を与える中間層が分解し、社会が空洞化すると、埋め合わせとしての政治保守が、全体主義の方向に大衆を動員する。批判理論の仮説通りです。

中間層分解が既定の方向だとして、処方箋の方向としては、ジェイムズ・フィシュキンによる熟議の提案、キャス・サンスティーンによるサイバーカスケード[*23]を抑止するアーキテクチャの提案があり、他方でジョナサン・ハイト[*24]『社会はなぜ左と右にわかれるのか』(紀伊國屋書店) による (日本でいう) 広告代理店的戦略の情報公開があります。総じて人々の心理的な弱点を補う装置の提案になります。

慰安婦問題――戦争責任をどうとらえるのか

苅部 右傾化の話の関連では、木村幹[*25]さんが『日韓歴史認識問題とは何か』(ミネルヴァ書房) のなかで重要な指摘をされていました。ここ二十数年で韓国の対日感情が悪化した時期は、宮沢内閣や鳩山内閣など、日本でむしろリベラル派が政権についていた場合も多いので、日本の右傾化が日韓関係の悪化をもたらしたとは言えない。むしろもっぱら、韓国側の国内政治の要因が大きいと。さらにまた、日本国内の反韓国言説は、九〇年代まではネット空間のうちにとどまっていたのが、二〇〇〇年代以降、『嫌韓論』[*26]など書籍の世界に広がったことに転換を見ています。その背景としては、かつて冷戦期にあった、北朝鮮・ソ連

＊23　サンスティーンは『インターネットは民主主義の敵か』で、閉鎖的なグループの議論が極端な意見に傾きやすくなる現象「集団分極化」が、ネット上ではさらに顕著となることを指摘した。このようなサイバーカスケード」対策として、広く開かれたインターネット上の「議論の広場」の開設、反対意見等のサイトへのリンクの強制をあげている。

＊24　ジョナサン・ハイト（一九六三―）アメリカの社会心理学者。著書に『しあわせ仮説』など。

＊25　木村幹（きむら・かん、一九六六―）政治学者。神戸大学教授。著書に『韓国現代史』など。

＊26　山野車輪による漫画『嫌韓流』(二〇〇五年) などが知られる。

と比べて韓国を日本の味方だとする視点がなくなってしまって、ナショナリストの言説が韓国をいわば対等の敵と見なすように変わったと木村さんは説明しておられます。

ただ慰安婦問題については、日韓両国で書かれた二つの良書が今年の収穫ですね。熊谷奈緒子さん[*27]の『慰安婦問題』(ちくま新書)と朴裕河さん[28]の『帝国の慰安婦』(朝日新聞出版)。どちらの本も、日本政府の責任をめぐる通常の議論から一歩離れた形で、戦争責任をどうとらえるのか、あるいは戦場や植民地下での女性の扱いといったさまざまな層に整理して、問題を明らかにしています。

宮台　それで思い出しましたが、一九三〇年に刊行されたマグネス・ヒルシュフェルトの『戦争と性』の翻訳を明月堂書店さんに今年復刊してもらったときに、それに関連してマスコミ倫理懇談会でこんな話をしました。[*29]日本では、右から「軍の関与はなかった」という擁護が、左から「軍が関与していた」という批判があるが、両方誤りで、第二次大戦当時の国際標準では「軍がもっと関与していなかったから悪い」のです。

戦間期にヒルシュフェルトは言います。ナポレオン戦争では性の現地調達(強姦)で性病を軍内外に蔓延させ、かつ戦後処理が困難となった。第一次大戦の長期塹壕戦では性病に加え、深刻な暴力が蔓延した。だから性を兵站として提供する必要がある。武器弾薬や水食料と同じく性も兵站提供せよ。公設慰安所や公認慰安所(私設慰安所への介入)を作れ。彼に従えば女性の自由意志を担保するには公設が一番だ。さもないと国家が業者に責任をなすりつけがちになる。むろん彼は提案の道徳的抵抗感を弁えて、《文句を言うなら戦争するな! 戦争するなら文句を言うな!》と言います。実に明解です。

アメリカはピューリタンの伝統ゆえに慰安所公設ができず、私設慰安所への介入という戦略をとります。沖縄米軍もそう。基地周辺に民間売春宿を集結させ、将校が現地行政や経営者と内通し、非公式に条件や要求を伝達する。だが性病管理は予算と手間がかかるので業者がスルー、性病が蔓延する。仕方なく、琉球政府が保健婦を通じて業者や女性を相手に性病対策を啓蒙、スキン配布もした。道徳的・行政的な責任と経費は沖縄が担わされたのです。

このアメリカによるフリーライドは反倫理的で、「慰安所公設をしてないから性奴隷化していない」は詭弁です。その意味で、右からの「軍は不関与」という擁護も、左からの「軍が関与」という批判も、愚劣です。「軍の関与不徹底こそが問題だ」と言うべきです。

渡辺 本来国際的には、「広義の強制性」が問題なのであって、「狭義の強制制」が無ければいいということではないんですよね。報道が「狭義」の有無にフォーカスしたこと自体、海外とのズレを感じましたね。朝日新聞の誤報問題[*30]が国連のクマラスワミ報告書[*31]に与えた影響は限定的だと思いますが、当時宮沢首相が韓国大統領と会う直前に報道され、首相が公に謝罪を余儀なくされたことの政治的影響は大きい[*32]。何よりも「狭義の強制性」の有無に議論がシフトしてしまいました。

＊27　熊谷奈緒子（くまがい・なおこ、一九七一－）国際大学准教授。著書に『対話のために』（共著）など。

＊28　朴裕河（パク・ユハ、一九五七－）韓国の文学研究者。著書に『引揚げ文学論序説』など。

＊29　二〇一四年一〇月二三日のマスコミ倫理懇談会「朝日新聞慰安婦報道問題をどう検証すべきか」の講演のこと。

＊30　二〇一四年八月五日付けで、朝日新聞が済州島で慰安婦を強制連行したとする吉田証言を虚偽として、過去の記事を取り消した問題。吉田証言とは、文筆家の吉田清治が韓国の済州島で日本軍兵士一〇人の応援を受けて「慰安婦狩り」をおこなったという証言。著書である『私の戦争犯罪』などで語られ、軍による慰安婦の強制連行を裏付ける証言として扱われたが、韓国の新聞記者や慰安婦問題の研究者から創作と疑われていた。

情報の非対称性、大衆感情の劣化

荊部　「感情」というテーマで、好一対とも言うべき仕事が出たのも今年の収穫です。哲学者の清水真木[*33]さんによる『感情とは何か』(中公新書)と、政治学者の吉田徹[*34]さんが書いた『感情の政治学』(講談社選書メチエ)。清水さんはプラトンからの哲学史の流れを整理しながら、理性対感情という対立軸ではとらえられない、感情論の系譜をたどっています。そこでデイヴィッド・ヒューム[*35]やハンナ・アーレントを読みなおしながら、感情そのものを基盤にして、個人と公的なもののつながりを考える方法を探っている。吉田さんの本はまた別のアプローチをとって、連帯感や恐怖や信頼など、それぞれの感情が政治においていかなる働きをするかを分析しています。こういった感情の機能に注目するところから、昨今の日中韓、三国のあいだのナショナリズムの衝突や排外主義の問題にも、何か解決の道が見いだせるのではないでしょうか。社会秩序の根本を考えるのにも重要な点でしょう。

宮台　確かに感情がキーワードです。先に紹介した道徳心理学者ジョナサン・ハイトの『社会はなぜ左と右にわかれるのか』が荊部さんのおっしゃったことに通じます。「理性対感情」という対立は存在しない。感情がすべてのベースであることが実証されている。それを理解する人々が、大規模な政治動員戦略として感情を利用する。日本なら広告代理店的な手法です。

ハイトは、政治的表現の感情のボタンが五つあると言います。公正・弱者共感・権威・伝統・聖性。それを踏まえ、オバマが大統領選で勝利した理由を、従来の民主党が公正・弱者共感のボタンしか押さなかったところに、権威・伝統・聖性のボタンも押したからだとします。この指摘は、情報の非対称性、つまり動員する側とされる側が持つ知識やリソースの格差が、政治動員に圧倒的な力の差をもたらすという本質的問題を、よく表わしています。

ビッグデータ化で、こうした大規模な感情的動員が常套化するでしょう。これにどう抗うのか。第一は「広告代理店的手法には、同じ手法で抗う」。第二は「ヘイトには、ヘイトに対するヘイトで抗う」。両方とも「目には目を」です。〈感情の劣化〉を背景とした〈感情の政治〉の時代に、短期的には「話せばわかる」は通用しません。

二〇〇〇年のアメリカ大統領選の時、「アル・ゴア[*36]は知能指数二〇〇、ブッシュは一〇〇以下」と喧伝されたら「ならば俺たちはブッシュの見方だ」という反応が拡がりました。僕も同じ目に遭いました。

＊31　一九九六年、国連人権委員会の「女性に対する暴力」の特別報告官だったスリランカの法律家クマラスワミが日本軍の慰安婦問題についてまとめた報告。慰安婦を「軍事的性奴隷」と規定し、日本政府に対する法的責任の受け入れや被害者への補償など六項目を勧告した。報告には吉田清治の著作が引用されており、朝日新聞の慰安婦報道取り消しを受けた日本政府が報告書の修正を求めたが、クマラスワミは修正を拒否した。

＊32　一九九二年一月一一日、朝日新聞が一面で「慰安所、軍関与示す資料」「部隊に設置指示　募集含め統制・監督」「政府見解揺らぐ」と報じた。一月一三日には当時の加藤紘一官房長官が正式に謝罪、一六日の日韓首脳会談でも宮沢首相が盧泰愚大統領に謝罪した。

＊33　清水真木（しみず・まき、一九六八－）哲学者。明治大学教授。著書に『新・風景論』など。祖父は清水幾太郎。

＊34　吉田徹（よしだ・とおる、一九七五－）政治学者。北海道大学法学研究科教授。著書に『「野党」論』など。

＊35　デイヴィッド・ヒューム（一七一一－一七七六）イギリスの哲学者。著書に『人間本性論』など。懐疑的経験論はカントに大きな影響を与えた。

＊36　アル・ゴア（一九四八－）アメリカの政治家。クリントン政権の副大統領などを歴任した民主党の議員。環境問題に熱心に取り組み、地球温暖化をテーマとしたドキュメンタリー映画『不都合な真実』に出演。その他啓発活動が認められ、二〇〇七年にノーベル平和賞が授与された。

「立憲民主主義の意味さえ理解できない安倍晋三は欧米エスタブリッシュメントから馬鹿扱い」と書いたら「宮台は頭が良くても人格が悪い。安倍は頭が悪くとも人格が良い。だから俺たちは安倍の見方」というツイートが拡がりました。

孤独や抑鬱の感情を前提にすれば、理解できます。であれば、処方箋は短期と長期の二つあることになる。短期の処方箋は、既に述べたような、〈感情の劣化〉を踏まえた戦略「目には目を」。僕はCRAC(旧しばき隊)[37]のやり方を擁護します。長期の処方箋は〈感情の劣化〉自体の手当てです。A・ギデンズの「感情の民主化」やR・ローティの「感情の教育」がそれに当たります。

その意味で民主制の危機は感情面で生じています。人々の理性的な吟味に期待できるのは分厚い中間層が存在する時代だけ。だから感情の問題を理性では解決できず、感情に働きかけるしかありません。こういう現実を前に多くの政治学者や政治的実践者がすごく悩んでいると思います。熟議を提唱するフィシュキンにしても昨今は「ファシリテーターが全てを決する」と言わざるを得なくなった。

苅部 情報の非対称性や、大衆感情の劣化という問題は、ある意味では近代のデモクラシーが始まったときから、そこにまとわりついていたんだと思うんですね。もちろん一八、一九世紀と現代とでは、メディアの発達の程度がまるで違うので、姿は異なりますが、問題としては前から指摘されていた。

デモクラシーと代表制との関係について、早川誠[38]さんの『代表制という思想』(風行社)が重要な議論を示しています。いまの日本では、首相官邸前のデモに見られるように、市民の直接参加への憧れが強くて、議会は民意の反映を阻害するもののようにすら見なされている。しかし、議会の存在理由をきちんと考えれば、そう簡単に批判してすまされるものではないんですね。政党が政策のパッケージを示すことで、もやもやした民意がはっきりと定まることもある。代表制と、「熟議民主主義」で説かれるような一般市民の参加とが、おたがいに補い合うようなしくみを、早川さんは提唱しています。そこで、西洋の政治思想の伝統にあった、貴族政と民主政といった複数の政体をくみあわせる、混合政体論の発想を再評価して導入するところがおもしろい。

中間層の瓦解――ダメージを受けやすい「地方」

渡辺 先ほど苅部さんがおっしゃった日韓関係に関わる問題について、ひと言いっておくと、確かに感情のもつれはあると思うんです。ただ一方で、構造的なもつれにも目を向けておかなければいけないでしょうね。たとえば、中国・韓国が日本の首相の参拝について公に批判したのはA級戦犯が合祀されてから七年後の一九八五年からです。[*39] アメリカは二〇一三年になって、初めて公に「失望した」と発言した。冷戦中、そして中国・韓国が政治的・経済的に停滞していた時期は、ある意味、黙認していた。それが、現在では、東アジアにおいて中韓が台頭し、戦略的にも無視できない存在になってきた点とも無関係ではないと思います。では、そのうえで、これから日韓関係をどう修復していくのか。感情の次元に議論を回収させるよりは、たとえば、アメリカに仲介を依頼するとか、まず先に日中関係を改善させるとか、もう少し

*37 二〇一三年一月に結成された、在特会などの在日外国人のヘイトスピーチに対抗するカウンターデモをおこなう団体。主催者は編集者でライターの野間易通。中指を立て罵声を浴びせるといった抗議活動が一部から批判された。

*38 早川誠（はやかわ・まこと、一九六八－）政治学者。立正大学教授。著書に『政治の隘路』など。

*39 一九七八年、靖国神社は東京裁判でA級戦犯として起訴された東條英機ら一四人を合祀した。七五年を最後に参拝を取りやめた昭和天皇は、A級戦犯の合祀に不快感をもったという証言がある（富田〔朝彦〕メモ）。

マクロな構造を動かしていく形で対処しないと、話が複雑になるのではないか。これが第一の印象です。

それから宮台さんのお話で、広告代理店的な手法を使って感情に訴える仕方でいいのかという点について。私が今年書評した本で、ネイト・シルバー[*40]の『シグナル&ノイズ』（日経BP社）という本があるんですね。昨年末に出た本ですが、統計を使って大統領選などを分析している。選挙戦の最中でも、一日のうちに六〇万回以上のシミュレーションをして、明日行く地域ではどういう言葉を使って、どんな映像を見せていけば、人々の共感を一番高めることができるかを計算する。感情と言っても、実はかなりコントロール可能で、ビッグデータを使って緻密な計算ができるようになってきている。そのことを突き詰めていくと、主体的に判断する個人なり市民なり有権者など、果たして本当に存在し得るのか、「主体的な判断」という言説そのものがもはやフィクションなのではないのか。そのことが今突きつけられている気がしました。

もう一点。中間層なるものが瓦解して、しかもセーフティーネットとしての国家も頼りにならなくなったとき、何が彼らの受け皿となるのか。宗教的ないし民族的な集団なのか。排外主義的な過激な集団なのか。「地元」の地域社会なのか。そこは非常に深い問題ですよね。今すぐ答えは出ない気がします。そういう面からすると、今年読んだ本の中では、増田寛也[*41]さんの『地方消滅』（中公新書）が興味深かったですね。単に地方分権化の煽りで格差が広がっているという話ではなく、実は現代的というか、世界的な含蓄も秘めている。アッパーミドルの多くは東京や大阪など、いくつかの大都市圏に集中する。なかんずく、たとえば東京などはグローバルシティとして、経済の面でもかなりの裁量をもってやっていける。では、ほかの地域はどうか。宮台さんが言われた中間層の瓦解した社会の未来像を、日本の地方の現況が先取りしているとも位置づけできる。増田さんの本を読んでいて、そんな感じもしました。

苅部　中間層の瓦解も人口減も、地方のほうがダメージは大きいんですよね。そのことは『地方消滅』でも指摘されている。この本は危機の指摘だけにとどまらず、すでにとりくまれている地域活性化の例を最後に紹介するところがいいと思うのですが、ただそれが、産業の振興や大学の誘致といった話ばかりなのが、ちょっと不満です。

渡辺　旧来型なんですよね。

苅部　そこはもうちょっと新しいアイディアが登場してもいいと思うんです。その点では、増田さんの本とタイトルが対になっているようにも見える『自治体再建』（ちくま新書）を福島大学の今井照[*42]さんが書いている。たとえば原発の近隣町村から、遠くの自治体に避難して生活している人たちには、両方が生活の本拠地になっていることを考えて、二つの自治体での住民登録を認める。そういう「移動する村」という新しい自治体のあり方を提唱していて、おもしろいです。

これはたとえば、千葉県から東京都に遠距離通勤をして、一種の二重生活になっている人にも適用できる話なんですね。勤務先で地域の活動に参加して、むしろそちらの町のつながりを支えるという可能性も開けるかもしれない。そういう新しい発想が、原発事故の悲劇のあとで生まれてきているように思います。

宮台　僕はそこまで楽観できません。増田寛也さんの議論も、総務省や経産省の一部との合意を背景にし

＊40　ネイト・シルバー（一九七八－）アメリカの統計学者。野球データ分析会社の予測モデル「ＰＥＣＯＴＡ」を開発。また二〇〇八年からアメリカ大統領選を予測している。

＊41　増田寛也（ますだ・ひろや、一九五一－）元建設省官僚。元岩手県知事。著書に『東京消滅』など。

＊42　今井照（いまい・あきら、一九五三－）行政学者。福島大学行政政策学類教授。著書に『地方自治講義』など。

た方向性の提示だと思います。つまり、今後は「共同体自治化」があり得ないということ。選択と集中の観点から一極集中化を進め、地方を全て中央の手足だと考えるべきだということ。中山間地を事実上放棄した韓国が示していた方向性で、そうしないと国民国家同士の経済ゲームに生き残れないからです。リニア新幹線構想[*43]にせよ、スーパーカミオカンデ構想[*44]にせよ、情報宣伝をうまく利用しつつ、未来的で国家規模の公益性が高そうに見える事案にコミットする他ないと思わせ、「共同体自治化」の方向性を巧妙に遮断する。そうした高度な戦略の一環が増田寛也さんの本ではないかと思います。

これとは別に、「共同体自治化」を徹底的に進めるべきだ、欧州に伝統的な「補完性の原則」や、アメリカに伝統的な「共和政の原則」を、取り戻すべきだとの主張もあり得ます。しかし、中間層が以前のように存在しないがゆえに、そうした方向に進めるか否かもファシリテーター次第で、広い意味で動員や操縦のニュアンスを払拭しきれない。そんな状況にあると思います。

関連して、ここ数年『ニューズウィーク』などを読んで感じるのは、中国の反民主主義的な集権政治と、アメリカのポピュリズムにまみれた民主政と、そのどちらが勝利するのか。何とも言えなくなったという気分です。僕のゼミに来ている中国からの留学生らは非常に賢明で、たとえば「中国一三億人の水資源はヒマラヤ水系に依存する。ゆえにチベット自治を認めれば一三億人を見捨てることになる。チベット自治の肯定は人倫上無理だ」と主張します。

自治的な民主政でこの問題を解決できるでしょうか。解決するにはやはり暴力的な広域支配しかないのではないか。実はそう思っている人々が、中国人エリートだけじゃなく、アメリカにも存在するはずです。ことほどさように、「共同体自治」が良いのか、「集権化による選択と集中」が良いのか、あるいは中国の変則的な「集権制による帝国支配」が良いのか、もはや自明じゃありません。

こうした問題領域は、苅部さんが言うように、見方次第では古典的です。先ほど話をした大衆社会論で言えば、戦間期には行政官僚エリートが処方箋とされ、第二次大戦後は分厚い中間層が処方箋とされ、冷戦体制後はファシリテーター付熟議や、アーキテクチャを強力に制御されたネット空間や、「目には目を」戦略が処方箋とされますが、処方箋は違えど問題設定は同じです。中国の水資源問題で言えば、「共同体自治」で解決できない問題をどうするか、「補完性の原則」や「共和政の原則」だけで解決できるか、という話で、問題設定は古典的です。ただ、以前なら処方箋になると思われた施策が、どんどん無効になってきています。

政治を積極的に支える主体は今いるのか

苅部　日本の戦後社会に、一定の財産をもち、共通の問題意識をもって政治を自発的に支えるような「中間層」が、本当に存在したのかという問いを立てる必要もあるでしょう。最近、岩波書店の元社長の大塚信一[*45]さんが、『松下圭一　日本を変える』（トランスビュー）を刊行して、その政治学者としての活躍の軌跡

*43　JR東海が進める東京都から大阪府まで結ぶリニアモーターカー新幹線整備計画。二〇一一年に整備計画が決定され、東京―名古屋間が二〇二七年、東京―大阪間の全線開業は二〇三七年を予定している。

*44　岐阜県の神岡鉱山の地下に建設が構想されているニュートリノ観測施設。同所にはカミオカンデ（一九八三―一九九六）、スーパーカミオカンデ（一九九六―）といったニュートリノ観測施設が建設されており、その研究成果によって二〇〇二年に小柴昌俊、二〇一五年には梶田隆章がノーベル物理学賞を受賞している。

*45　大塚信一（おおつか・のぶかず、一九三九―）岩波書店元社長。雑誌「へるめす」の編集長も務めた。著書に『宇沢弘文のメッセージ』など。

をたどっています。松下さんは一九五〇年代に、まさしく大衆社会論をリニューアルする仕事を行ない、さらに六〇年代からは「都市化」[*46]した社会に新しい「市民」たちが登場してきたと説きました。つまり成長する経済が、生活に追われるだけではなく、政治に参加する余裕をもった人々を幅ひろく生み出したと。

ただ、そうした「市民」型の人々が登場したと指摘するようになったのは、団地の自治会など、地域の住民たちの運動があちこちで生まれたからなんですよね。そうした現実の動きをとらえて、松下さんは「市民」型の人間が増えてゆくという展望を描き、「市民参加」や「自治体改革」の運動を理論面で支えることになった。つまり、政治を支える「中間層」なるものも、あらかじめ実体のある階層として存在するのではなくて、さまざまな運動が起こり、それを「市民運動」と名づけることで登場してきた。そうすると、いまの社会で政治を積極的に支える主体がいるかどうかという問題は、実はむしろ、すでに起こりつつある運動を、いかにとらえ、どういう具合に積極的に名づけていくかという、意味づけの課題として考えるべきではないかと思います。

宮台　そう思います。先の効果研究にしても、今日読み直せば、「中間層『が可能にする』小集団の対人ネットワークがメディアの直撃から個人を守ること『を期待可能にした』」となります。僕は予期理論という枠組にコミットしますが、現実が存在するかどうかより、期待を支えるコミュニケーションが存在するかどうかに注目します。

渡辺　アメリカでもよく「黄金の五〇年代」[*47]なんていう言い方がされますが、未だにそのイメージを引きずった形で「保守かリベラルか」みたいな対立が議論の軸になっています。あの頃はソーシャル・キャピタルも高かったとか、政党を超えたコンセンサスがあったとか。でも、それも実は幻影に近いものでもある。分厚い中間層があったと言っても、例えば、マイノリティの公民権は著しく制限されていた。そう考えると、「デモクラシー的な共和制を支えた中間層」というイメージに引きずられて現状を嘆くロジックは、説得力が弱いのかもしれませんね。

価値への合意

宮台　僕は映画批評もやりますが、一九六〇年代半ばに『人間蒸発』[*48]（今村昌平監督）が作られました。そこでの問題はコミュニケーションの不在です。家族や地域の空洞化で、豊かになったのに、人間は単なる駒に過ぎなくなったことが描かれます。それを見ると、分厚い中間層や増大する郊外住民というイメージが、民主政の正統性根拠になっていたことが分かると同時に、分厚い中間層「が可能にする」はずの小集団の対人ネットワークが、期待にもかかわらず劣悪なものだったことが分かります。

そこでの問題はやはり動員の元になるイメージです。『人間蒸発』が示すのは、中間層がどんどん分厚くなるのが良いことだというイメージが政治的動員のツールとして使えた（にもかかわらず実態は良くなか

＊46　松下圭一（まつした・けいいち、一九二九−二〇一五）政治学者。法政大学名誉教授。丸山眞男のゼミ出身であり、その市民参加の思想は江田五月や菅直人といった旧民主党議員に影響を与えた。著書に『シビル・ミニマムの思想』など。

＊47　朝鮮戦争の軍需拡大などによって主にアメリカの白人中産階級が享受した経済的繁栄。郊外の一軒家、大型車やテレビ、掃除機や洗濯機などの家電製品が普及。音楽ではエルビス・プレスリーやジェームズ・ディーンや映画ではマリリン・モンローが活躍した。

＊48　一九六七年公開の今村昌平監督作品。失踪したサラリーマンの大島のゆくえをその婚約者である早川佳江が捜索するが、早川が閉鎖的な村社会や不信な人間関係に直面し、混乱する様子をドキュメンタリータッチで描く。

った）という事態です。しかし今はそうした動員戦略はとれません。何で補うのか。実際には排外主義が使われています。だから古典的問題が再登場しているのです。

ただしそこには、排外主義を支える感情の鬱屈を理性的な説得で解除するのは難しいという伝統的考察だけでなく、マイクロプロセスにおけるファシリテーター付の熟議のような発想が結局はアメリカにおける自治体の「ゲイテッド・コミュニティ」化の如き事態を帰結するだけで終わりかねないという新しい危惧が加わっています。代官山のような場所だったら、一本の木を切るか切らないかという問題を、熟議を通じて解決できる。しかしそれは代官山だからじゃないか。実際代官山には富裕層が多い。大半の地域では不可能だ、代官山が事例であること自体が排除的だと、感じられます。ことほどさように、動員の前提となるイメージが、かつてほど共有可能ではなくなっています。

人口学的流動性や階層間流動性が上がれば、過去の共有をベースにした前提の共有は不可能になるばかり。そこで僕が注目したいのが、やはりスコットランド独立運動や沖縄知事選です。アイデンティティは過去への志向ですが、価値への合意は未来への志向です。過去への志向は、過去は取り替えられないという意味で閉鎖的ですが、未来への志向は、未来はどうとでも構想できるという意味で開放的です。中央政府が掲げる価値や、周辺自治体が掲げる価値とは、異なった価値を現実化しようと呼び掛けていくことで、我々意識を作り出すことができます。

価値は感情に結び付いたものです。未来に向けてどんな価値にコミットするのかを模索することを通じて、プラグマティストが言うように「内なる光」を点《とも》す——妥当な感情の働きをインストールする——ことも可能になります。今年は岸見一郎[*49]さんの『嫌われる勇気』（ダイヤモンド社）というアドラー心理学[*50]の本がベストセラー化しましたが、どんな価値に基づいてどんな最終的未来に向かおうとするのかという課題設定だけが人と人を結びつけるというアドラーの議論が、今日これだけ注目されるところに、僕は若干の希望を見出しています。

苅部　樋口直人[*51]さんが『日本型排外主義』（名古屋大学出版会）で書いている話ですが、在特会のメンバーにインタビュー調査を行なった結果では、貧乏で孤独な若者がフラストレーションから排外主義に走っているという、ありがちなイメージはあたっていない。むしろごく普通の生活水準で、普通に仕事をしているような人が参加している。「中間層」が分裂して非合理な「大衆」になったというイメージで、現在の嫌韓・嫌中本のブームやヘイトスピーチの問題をとらえきることはできないんですね。

もう一つ問題なのは、東京のほかの地域ではまったく起こらず、新大久保だけで展開しているような排外主義のデモが、メディアの報道を通じて世界に伝えられると、あたかも日本社会の全体が右傾化しているように見えてしまう。韓国や中国の反日運動についても、程度の違いはあれ、同じ現象が起きているんだと思います。そこで相互に反感を増大させるという悪循環が起きているので、これを意識的に断ちきる努力が必要だと思うんですね。もちろん、ヘイトスピーチそのものに対する即座の対応としては、まっとうな怒りの感情をぶつけて阻止するのが正しいのですが、同時に長期的な課題としてはいろいろな形で、

＊49　岸見一郎（きしみ・いちろう、一九五六－）哲学者、心理学者。著書に『アドラー心理学入門』など。二〇一三年一二月に刊行した『嫌われる勇気』（古賀史健との共著）は単行本累計発行部数が一六〇万部を超えた。

＊50　アルフレッド・アドラー（一八七〇－一九三七）オーストリアの精神科医。精神分析をはじめたフロイトと協力関係にあったが、その後袂を分かつ。アドラー心理学は個人心理学とも呼ばれ、「優越性の追求」が人間を動かす動機とみなした。

＊51　樋口直人（ひぐち・なおと、一九六九－）社会学者。徳島大学准教授。著書に『徹底検証 日本の右傾化』（共著）など。

頭を冷やすようにしないと。

宮台 それも、単なる中間層の存在如何というより、中間層「が可能にする」はずの小集団の分厚い対人ネットワークが、現に存在するかという問題です。実際に中間層は分解していますが、問題は共同体的なものの空洞化です。大衆社会論でいう個人の分断と孤立によるメディアの直撃です。だからこそサイバーカスケードに関わるサンスティーンの問題設定があります。彼は、ネットで価値を表明する場合、反対価値を表明するサイトへのリンクを貼らねばならない、といったアーキテクチャを提案します。

提案の非現実性を横に置くと、何が危惧されているのかは明瞭です。人々が「見たいものだけを見る、見たくないものは見ない」という形で現実を共有しなくなる事態を危惧するのです。かつて国民的メディアが機能した頃は、同じ現実を共有した上で異なる価値に棹さすことができたのに、それが不可能になったと危惧するのです。中間層が民主主義を支えるという言い方自体は幻想的ですが、実際には二〇世紀半ばにジョセフ・クラッパーやポール・ラザースフェルドなど効果研究の泰斗が、メディアの直撃を回避するために必要な対人的条件を実証的に明らかにしています。

要は、わからないことが出てきた場合、「旦那、これって分かりにくいんだけど?」と話が聴ける相手が、幼少期から近隣にいることです。最近の実例ですが、河野談話問題[*52]で河野洋平ならぬ河野太郎[*53]を責め立てているネトウヨたち——僕の言葉では「ウヨ豚ども」——がいました。効果研究が言う条件が満たされていれば、あり得ません。「お前、勘違いするなよ」で終了です。なぜそれで終了しなくなったのか。貧富の差の問題じゃなく、あくまでアーキテクチャの問題です。だから僕自身は必ず「中間層の分解と共同体の空洞化」と記します。

少し前まで、インターネットは従来よりも広範な参加を可能にするので民主主義に役立つだろうと評価され、それをベースに例えば東浩紀さんが『一般意志2.0』でネットに希望を託す議論をしていたけれど、今では彼でさえも、「人々が馬鹿でも回るアーキテクチャがあり得ると思っていたが、人々が馬鹿に堕さないアーキテクチャがなければ無理だ」と発言するようになりました。

苅部　いまや「弱いつながり」ですからね。

宮台　東さんの『弱いつながり　検索ワードを探す旅』（幻冬舎）によれば、それが「馬鹿に堕さない」ための現実的な方向のひとつだからです。対人ネットワーク（クラッパー）にせよ、オピニオンリーダー（ラザースフェルド）にせよ、熟議とファシリテーター（フィシュキン）にせよ、ネットのアーキテクチャ制御（サンスティーン）にせよ、弱いつながり（東浩紀）にせよ、結局は人々が思い込みのドツボから介入的に引き上げられるプラグマティックな過程を、処方箋にしています。中間層どうのこうのは周辺的な話に過ぎません。

ヘイトスピーチを克服するために

渡辺　ヘイトスピーチに対して、それを社会として克服するにはどうすればいいのか。トクヴィルは、分厚い中間層があれば、彼らは概ね良識を持っているから、過激な主張を淘汰し、社会として適当な落とし

＊52　一九九三年八月、宮沢喜一内閣の官房長官だった河野洋平が、元従軍慰安婦が日本政府に補償を求めて提訴したことをうけその調査結果を発表。慰安所は「当時の軍当局の要請により設営された」とし、慰安所の設置や管理、慰安婦の移送について「旧日本軍が直接あるいは間接に関与した」と認め、元従軍慰安婦に「心からのお詫びと反省の気持ち」を表明した。

＊53　河野太郎（こうの・たろう、一九六三－）政治家。衆議院議員。第二次安倍内閣の外務大臣。父は河野洋平。

どころを見つけてゆくという楽観論を持っていました。でも今の状況で中間層が分解しているんだとすれば、そういう歯止めは効かないことになる。そうすると過激なヘイトスピーチはさらに増幅しやすい環境になる。それを食い止めるには、宮台さんがプラグマティックという言葉を使ったけれど、徹底的な実利主義しかないのかもしれません。

つまりヘイトスピーチは日本の印象を悪くし、観光客や留学生の誘致に支障をきたすから止めてくれと産業界や教育界が声を上げるとか、慰安婦の存在を否定するような発言をする政治家ないしその党は、外国から訪問をボイコットされるとか。国際社会で関心が高まっている人権に対する感覚に抗うと、痛い目にあうということを周知していく。日本国内だけでコントロールするのではなく、外にある規範なりを拠り所にしていくしかない気もします。

宮台 渡辺さんに賛成します。日本の弁護士グループが、そうした戦略に基づいて、国連の人権委員会に情報を入れ続けています。ヘイトスピーチのデモを警官隊が守っているという恐ろしい映像を人権委員会のメンバーが見たのも、彼らの御蔭です。これも実は「目には目を」の感情戦略の一種で、実際に人権委員会から日本政府に対する勧告[*54]が出されました。しかし勧告が出されたという情報が、国内では戦略的に無関連化され、相変わらず国際的な評判を落とすような集合的動員が続けられています。

よく言われる通り、短期の利得と、中長期の利得は相反することが多い。短期には不都合に見えても、中長期で意味があることをやっていくべきです。ところが、感情的動員にコミットする人々が国際的情報の無関連化に動くということは、中長期的な問題を捨象してでも、短期の動員の最適化を図ろうとしていることを、意味します。もちろん国際的な圧力が一部の政治家や官僚たちを動かす可能性もありますが、人々が「見たいものしか見ない」昨今では、二〇年前ならあり得たような期待が無効であることを弁えるべきです。

渡辺　外からの批判が、逆にヘイトスピーチをする人間たちのエネルギーになってしまう。そういう状況も見逃せないということですよね。海外からのみならず、日本国内からもヘイトスピーチへの批判が及び腰になっている理由の一つだと思います。

苅部　やっぱり状況をきちんと認識することが大事だと思います。その関連で将基面貴巳[*55]さんの『言論抑圧』（中公新書）をおもしろく読みました。支那事変のときに起きた、東京帝大教授、矢内原忠雄[*56]に対する言論弾圧事件の経緯をていねいに解明したお仕事。これを読んで衝撃的だったのは、政府や世論から弾圧を受ける矢内原の側が、それが大学の自治に対する抑圧だという見かたを、まったくとっていないんですね。単に学説に対する攻撃か、あるいは経済学部内の人事抗争の問題としてしかとらえていない。しかし全体状況としてはこの事件をきっかけにして、大学に対する外からの圧力は格段と高まっていった。騒動の渦中にある矢内原自身には、そうした全体の構図がむしろ見えなくなってしまうんですね。

現在のわれわれにしても、何らかの意味で政治や社会の変化の渦中にいるわけで、そのときに自分の視野を離れて、自分の置かれている状況を把握し、他人とのあいだできちんと情報交換をしていくこと。そ

＊54　二〇一四年七月二四日、国連の自由権規約委員会は総括所見においてマイノリティの人種差別的言動とその法的救済措置の不十分さに懸念を表明し、ヘイトスピーチに刑事罰を課すことを求めている。

＊55　将基面貴巳（しょうぎめん・たかし、一九六七－）西洋思想史学者。ニュージーランド・オタゴ大学教授。著書に『ヨーロッパ政治思想の誕生』など。

＊56　矢内原忠雄（やないはら・ただお、一八九三－一九六一）経済学者。一九三七年に発表した「国家の理想」が戦争政策を批判したとして非難され、東京帝国大学を辞任。矢内原忠雄事件として知られる。戦後は復職し、東京大学総長をつとめた。

の努力が大事なんですね。

宮台　今の話は面白いですね。安倍首相は五月六日のＯＥＣＤ閣僚理事会基調演説で「私は教育改革を進めています。学術研究を深めるのではなく、もっと社会のニーズを見据えた、もっと実践的な職業教育を行う。そうした新たな枠組みを高等教育に取り込みたい」と語りました。今それが教養部と教員養成課程の縮小という形で、文科省の旗振りで現実化しつつあります。大学の生き残りを考えたら、就職率を上げるための学生サービスに時間を使う方が、真理を追究し教育するよりも、実際に有効でしょう。これは苅部さんがおっしゃった問題の戯画的な現われです。問題は悪化しています。

苅部　大学自身がそれに乗ってしまう場合までありますから。

宮台　人口減が進む中、各所で「生き残るために」と、従来のプラットフォームを崩す方向に向かう流れが加速しています。一般には経済保守が「生き残るために」という主張をします。沖縄だけでなく今後は各地域が「生きるために」とプラットフォームを崩して中央に依存していくでしょう。「共同体自治を目指そうにも、リソースがない以上、中央にとって意味のある場所になる他ないのだ、そうしないと生き残れないのだ」と。大学の教授会自治も、地方の共同体自治も、全て同じプロセスを辿って、ダメになりつつあります。これでいいのでしょうか。社会保守の復権はもはやあり得ないのでしょうか。

（二〇一四年一二月一九日）

2015

1月　・トマ・ピケティ氏の『21世紀の資本』が世界的ベストセラーに
・「シャルリー・エブド」襲撃事件、十二名を殺害
・イスラム国が邦人二人を殺害
2月　・川崎市で中一男子生徒殺害事件
3月　・東京都渋谷区議会が同性のカップルに「結婚に相当する関係」を認める証明書を発行する条例案可決
4月　・小型無人機ドローンが首相官邸屋上に落下
5月　・橋下徹大阪市長が掲げた「大阪都構想」が住民投票で否決、橋下氏は政治家引退を表明
6月　・日本年金機構がサイバー攻撃を受け、基礎年金番号や氏名などの個人情報約一二五万件が流出
・選挙権年齢を十八歳以上に引き下げる改正公職選挙法が成立
7月　・米・キューバ国交回復
8月　・川内原発一号機（鹿児島県）再稼働、日本における「原発ゼロ」社会が終わる
・安倍首相「戦後七〇年談話」を発表
9月　・集団的自衛権の限定的な行使容認を含む「安全保障関連法」成立
10月　・「マイナンバー法」施行
11月　・パリ同時多発テロ
12月　・新国立競技場、隈研吾氏と大成建設、梓設計のチームによる設計案に決定

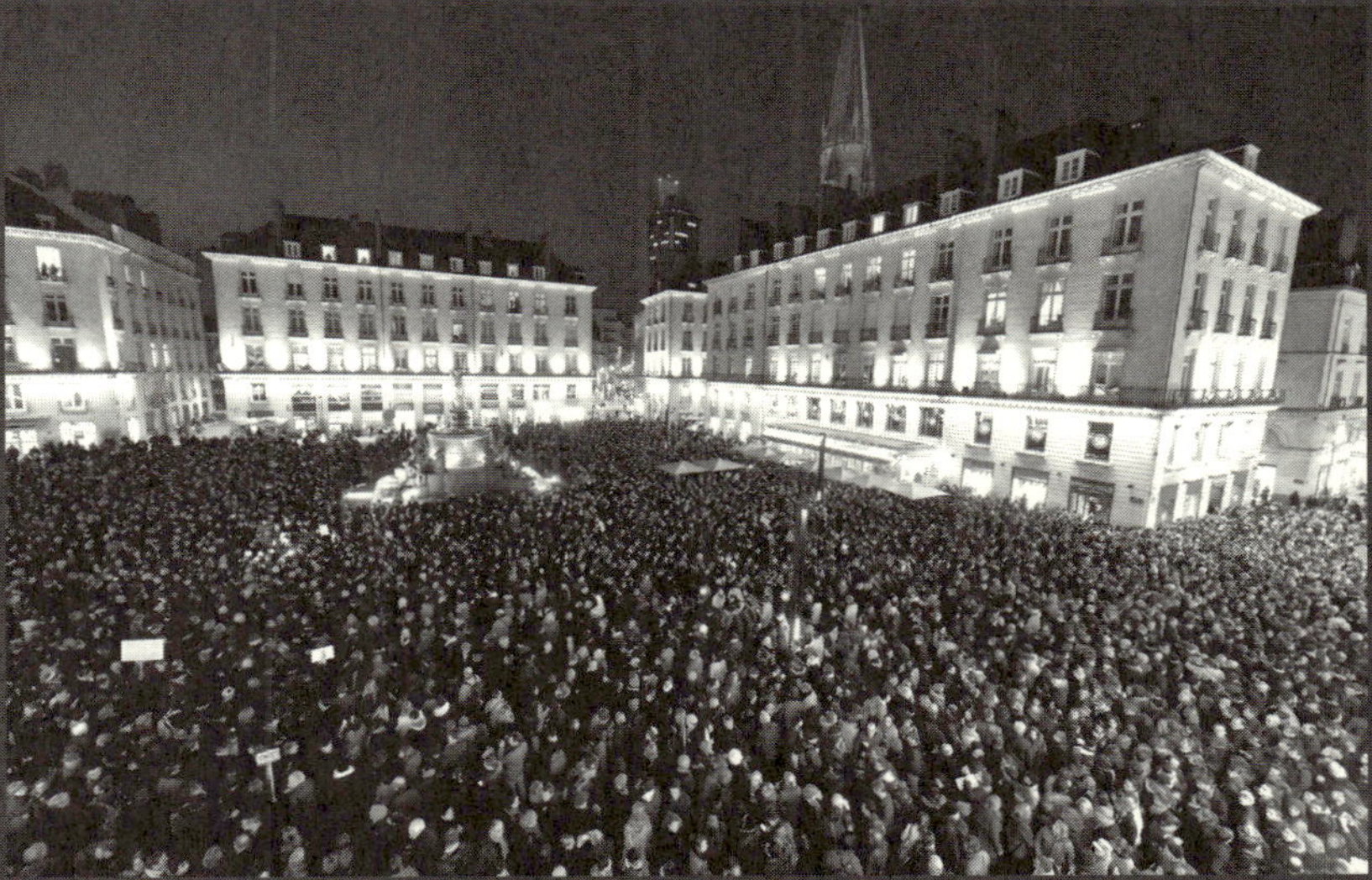

仏銃撃事件の犠牲者を悼む集会（フランス・ナント、1月7日）　AFP＝時事

▷紀伊國屋じんぶん大賞

東浩紀『弱いつながり——検索ワードを探す旅』

▷ユーキャン 新語・流行語大賞（「現代用語の基礎知識」選）

「爆買い」「トリプルスリー」

世界秩序の根幹が揺らぐ

宮台　苅部さん、渡辺さんとこうやって話すのも、今年で七回目になります。今日、ここに来る途中に、はじめた頃の鼎談を読み返してみたんですが、昔はまだ呑気な時代でしたよね。今よりもはるかにのんびりしていました。

苅部　最初の鼎談が二〇〇九年ですか。ほんの六年前でも、そのあいだに世界情勢も日本の政治も、ずいぶん変化がありました。つい先日もパリで銃撃事件[*1]があり、大勢の死者が出たばかりですから、その話からはじめましょうか。ミシェル・ウエルベック[*2]の小説『服従』（河出書房新社）は、原書がフランスで発売されたのがシャルリー・エブド襲撃事件[*3]の当日、一月七日だったこともあって、大きな話題にもなりました。近未来、二〇二二年のフランス大統領選挙でイスラム系の政権が成立し、大学もすべてイスラム化してしまうというシニカルな内容です。小説の語り手の男も、大学でフランス文学を教えていますが、簡単に女性の教え子に手を出してしまうようなダメ教授で、これが最後にはイスラム教に改宗してしまう。

しかし物語の筋にはおもしろい仕掛けがあって、この主人公は一九世紀末に活躍した作家、ジョリス＝カルル・ユイスマンス[*4]の専門家なんですね。そしてガリマール社から、プレイヤード叢書に入ることになったユイスマンス作品集の編集と解説執筆を任され、その仕事を進めるうちにイスラム教への改宗に至る。ちょうど、ユイスマンスその人がデカダンス文学から出発しながら、最後はカトリックに改宗したのをなぞるような軌跡ですが、しかしキリスト教でなくイスラムに入信するという、一種のパロディになっている。しかも改宗のきっかけの一つは、欲望や快楽も神が作ったものだから肯定されるという教義や、複数の妻を持つことができることに、惹かれたからなんですね。本人はいたって真面目に考えているのですが、客観的に見るとおかしいし、教養について勘違いしている可能性もある。そんな具合にアイロニーが何重にも効いていて、おもしろい小説だと思いました。

今回のようなテロ事件が起こると、異文化を理解する必要性とか、多文化の共生とかいったことが常に唱えられますが、そんな生やさしい話ではすまないということも、この小説は伝えています。さまざまな誤解や軋轢、衝突が起こることを覚悟しながら、問題の解決策を手探りで考えないといけない。日本で出た本でも、安田峰俊さん[*5]の『境界の民』(KADOKAWA)がそうした主題に正面からとりくんでいますね。無国籍者や難民のなまの姿を取材して、安易な共感を拒む存在として描き、彼らの存在をありのままにとらえる必要性を問題提起しています。パリのテロ事件も、そういうことを真剣に考えさせる契機になったと思うんですね。

＊1　二〇一五年一一月一三日、フランスのパリで同時多発的に起きたテロ事件。ＩＳに共鳴したフランスやベルギー国籍の若者が、三つの犯行グループにわかれ、オランド大統領が訪れていた国立競技場、コンサートホール、レストランやカフェを襲撃。銃の乱射や自爆攻撃で死者一三〇人、負傷者三五〇人以上を出した。フランス政府は非常事態を宣言する事態となった。

＊2　ミシェル・ウエルベック（一九五八―）フランスの詩人、小説家。著書に『闘争領域の拡大』など。

＊3　二〇一五年一月七日、フランスの風刺週刊新聞『シャルリー・エブド』の本社がイスラム過激派に襲撃され、同紙の編集長をはじめ、コラムニストや漫画家、警護の警官ら一二人が殺害された事件。『シャルリー・エブド』紙はイスラム教の預言者ムハンマドの風刺画をたびたび掲載しており、イスラム社会から非難を浴びていた。表現の自由を訴える集会が行われ、参加者は「Je suis Charlie（私はシャルリー）」という文言を掲げた。

＊4　ジョリス=カルル・ユイスマンス（一八四八―一九〇七）フランスの作家。著書に『さかしま』『彼方』など。

＊5　安田峰俊（やすだ・みねとし、一九八二―）ノンフィクション作家。著書に『八九六四』など。

渡辺　宮台さんが「昔はまだ呑気な時代」だったとおっしゃいましたが、あの頃は、古典の大切さを議論したりしていましたよね。この六年で東日本大震災からイスラム国まで次々と大きな出来事が起こり、我々自身、そうしたリアリズムとの対峙を余儀なくされた。とりわけ今ある世界の秩序の根幹を揺さぶるような出来事が目についてきた。それがこの一年全体を通して私が強く感じたことです。シャルリー・エブドの問題にしても、イスラム国の問題にしてもリベラリズムのあり方を根底から考えさせられる事件だった。それから今にはじまったことではありませんが、中国とロシアの問題もそうですね。これらの覇権挑戦国に対して、どうリベラリズムを守っていくのか。そういう大きな課題がある。

もう一点。資本主義というものが本当にこのまま持続可能なのか。それを問いかける本にも注目が集まりました。ピケティの『21世紀の資本』（みすず書房）が典型ですが、格差拡大の問題に目を向ける本が数多く刊行された。あるいはギリシャに端を発するユーロ危機、ひいては今後EUという実験がどうなるのか。そういった面も含めて、かなり大きな地殻変動が起きつつあるのではないか。それと向き合おうとした本がいくつか出ています。たとえば井上達夫さんの『リベラルのことは嫌いでも、リベラリズムは嫌いにならないでください』（毎日新聞出版）。ＡＫＢの前田敦子さんの言葉[*6]に引っ掛けて、タイトルは軽いんですが、内容は重厚な本です。

またシャルリー・エブドの事件に関していっておくと、神の存在をとことん排除しようとするフランス型の政教分離に対して、イスラム教は神と共にあることを何よりも重んじる宗教です。原理原則が異なるふたつのイデオロギーが接した時に、どうあるべきか。そこに横たわるある共約不可能性の問題とどう対峙していけばいいか。そういう点で非常に本質的な問題を投げかけていると思います。もちろんイスラムの内部でも、世俗派と保守派のあいだに対立があり、これは数年で解決する話ではない。数十年あるいは数百年かけて行なわれる、かつてのキリスト教の宗教改革に類するような自己切開が必要なのかもしれません。また他方で、フランス型の同化圧力の強い統治のあり方が、アイデンティティが多様化している世界の中で、果たして持続可能なのか。その点も問われている気がしました。

宮台　今回のパリのテロ事件の時、教え子の朝日新聞記者である高久潤が近くに居合わせて危機一髪だったことを、フェイスブックで知りました。僕が勤務する大学でもフランスからの留学生の母国の親友が亡くなって、大学としてカウンセリングに当たっています。チュニジアのテロでも[*7]、別の教え子である堀内進之介が偶然三〇分前に現場を離れて難を逃れました。日本人にとってもはや他人事じゃありません。

シャルリー・エブド事件の直後、フランスで「私はシャルリー」というプラカードを掲げたデモが延べ百万人を動員し、エマニュエル・トッド[*8]が孤立無援で、馬鹿騒ぎであると一蹴したことが伝えられています。直前の九月にフランスはＩＳの空爆に乗り出したのですが、事件後もＩＳ一掃を掲げて空爆をしています。トッドの一蹴を含めて、問題を深く考える必要があります。

渡辺さんの御発言に関係しますが、ムスリム人口がフランスの九パーセントを占めるといっても、結局は世俗主義イスラムです。そもそも世界中のムスリムは大半が世俗主義イスラムです。英仏が勝手に国境線を引いたサイクス・ピコ協定[*9]以降の、主権国家を認めるイスラム教ということです。ＩＳは、サウジの

＊6　二〇一一年六月九日、日本武道館でおこなわれた第三回ＡＫＢ48選抜総選挙で第一位に返り咲いた前田敦子は「私のことは嫌いでも、ＡＫＢのことは嫌いにならないで下さい」と涙ながらにスピーチした。

＊7　二〇一五年三月一八日、チュニジアの首都チュニスのバルド国立博物館がイスラム過激派組織に襲撃され、日本人三人を含む外国人観光客ら二〇人以上が殺害された事件。

＊8　エマニュエル・トッド（一九五一―）フランスの歴史学者。著書に『帝国以後』など。

石油富豪がスーダンの貧民を放置する、イスラムの主権国家を認めません。

これを「原理主義」だと一蹴するのは簡単ですが、主権＝世俗的最高性という発想を、イスラム教は元々認めません。中田考さんが『イスラーム法とは何か？』（作品社）などで述べるように、イスラム教と同じ神を信じるユダヤ教やキリスト教も、本来は世俗的最高性など認めるはずがないのです。世俗的最高性を認めれば「社会が宗教よりも大きい」ことを認めることになるからです。

こうした問題提起が、今は主権国家の若い人々に届いています。昔なら考えられないけど、グローバルな資本主義と、社会が宗教よりも大きいとする主権国家と、主権国家を民衆が操縦する民主主義が、両立するのかという問題が広く意識されるようになりました。グローバル資本主義が中間層を分解させ、人々の〈感情の劣化〉を通じて民主主義の誤作動を招くことは、昨年話題にしたところですね。

一六四八年のウェストファリア条約による主権国家体制の樹立は、宗教戦争回避のための各諸侯による信仰選択の自由という手打ちでした。福音書に「あなた方が私を選ぶのではなく、私があなた方を選ぶ」（『ヨハネ福音書』一五章一六節）とあるように、諸侯が信仰を選ぶとの図式は「手打ち」のネタに過ぎません。それが今は忘れられているので問題が噴出しているわけです。

マイケル・サンデルは『民主政の不満』で、信仰の自由とは「信仰とは選ぶものでなく襲われるものだ」という根源的な受動性を蔑ろにした虚構だと指摘、近代のボトルネック[*10]だとしますが、このボトルネックが「ポスト世俗化」現象として、とりわけ冷戦体制終焉以降の先進各国で顕在化しているというのが、ユルゲン・ハーバーマスやチャールズ・テイラーの見立てです。[*11]

ヴェーバーによれば、近代化とは計算可能性をもたらす手続主義の拡大という意味での合理化で、脱呪術化を核とする世俗化を伴います。ただし、誤解されがちな脱宗教化ではなく、宗教からの諸システムの無関連化——特に政治的決定の宗教からの無関連化——ですが、現実にキリスト教徒の急減という意味での脱宗教化が進むと、主権概念が手打ちである事実が忘れられるのです。
　忘却ゆえに、中田考さんが言う通り、アメリカによる、大義のないイランでの政権転覆[12]やイラクでの国家指導者抹殺[13]が容認される一方、反世俗主義的——世俗的最高性の概念を認めない——ムスリムによる反逆が「テロ」と呼ばれ、挙げ句「世俗的最高性を否定するテロリストとは、交渉しない」という、信仰者

＊9　第一次世界大戦中の一九一六年五月一六日に、イギリス・ロシア・フランス間で結ばれたオスマン帝国分割を取り決めた秘密協定。この分割線がのちの中東諸国の独立後の国境線にも影響を与えた。ISはサイクス＝ピコ協定の終焉をかかげ、中東地域の国家領土を一切否定すると表明している。

＊10　「宗教の場合、人格についてのリベラルな考え方をもってしては、自ら選択したわけではない宗教的責務を果たさざるをえないと考えている者に対し、連邦最高裁は宗教的自由を十分に保障することができないのである。あらゆる宗教的心情が、「信者による、自由かつ自発的な選択の所産」と完全に言い換えられるわけではないのである」「この難題を理解するためには、宗教的自由についての主意主義的な説明と、伝統的に観念された良心の自由とを対比すればよい。〔…〕マディソンとジェファソンは宗教的自由を、良心の命令に従って宗教的義務を遂行する権利として理解したのであり、宗教的信条を選択する権利として理解したのではない。実際、彼らの宗教的自由についての議論は、〝信仰は選択の問題ではない〟ということを大前提としている。ジェファソンの法案の最初の文章は、この前提を明確に述べている。「人の考えや信仰というものは、彼ら自身の意思に基づくものではなく、彼らの知性が受け止めた天からの証（the evidence）に従っているにすぎないものなのだ」」（「第三章　宗教的自由と言論の自由」『民主政の不満　上』小林正弥ほか訳、勁草書房、二〇一〇年、八〇－八一頁）

＊11　ハーバーマスは「ポスト世俗化」を「社会全体がおおむね世俗的であっても、宗教集団が依然として存在し、さまざまな宗教的伝統に依然重要性があることを考慮しなくてはならない社会」の意味で用いている（「ポスト世俗化世界社会とは？」『公共圏に挑戦する宗教』箱田徹訳、岩波書店、二〇一四年、一六七頁）

ならば抱くはずの世俗を相対化する意識を、欠く営みが量産されています。

主権が諸侯ならぬ国民にあるとの概念も、フランス革命の後数十年かけて出来上がったもので、二百年足らずの歴史しかなく、主権国家を民主主義で回すという発想が歴史の検証を得たとは、まだ言えません。手打ちの背後に「聖なる世界は教皇に、俗なる世界は王に」という叙任権闘争の帰結としての双剣論があったのが、聖なる世界が縮んだ結果、世俗絶対化が生じているのです。

ハーバーマスとテイラーらの議論を収録した『公共圏に挑戦する宗教——ポスト世俗化時代における共棲のために』(岩波書店)での論争が興味深い。異なる超越に帰依する者が世俗的な公共圏に相応しい世俗的言葉に自らの言葉を翻訳して対話に臨めと要求するハーバーマスに対し[*14]、テイラーは、要求が過大すぎる、世俗とはたかが共生空間に過ぎないではないかと言う[*15]のですね。

つまり、欧米ローカルを除けば、脱宗教的な世俗的公共圏の如きにコミットする必要はなく、殺し合わないための約束=相互拘束としての手打ちで十分だとします。思えばロールズの「政治的リベラリズム」への転向(一九九三年)も、世俗の公共圏をもたらす協定の暫定性を確認したものです。西欧の世俗的公共圏はハーバーマスが言うほどのものではなく、元は単なる手打ちに過ぎません。

そのハーバーマスも、二〇〇三年に当時枢機卿だった後のローマ教皇ベネディクトゥス一六世と対話し(『ポスト世俗化時代の哲学と宗教』岩波書店)、彼が異端審問官として振る舞うのは、宗教が世俗の世直し運動に加担すると、フリードリヒ・ゴーガルテンがヒトラーをイエスの再来だと捉えて応援したのに似た顚末を、招きかねないのを恐れてのことだと推測します。

冷戦終焉以降のハーバーマスは、世俗の制度がどうあるべきかという議論を超えて、宗教者が世俗にどう向き合うべきかという問題設定にシフトしているのです。世俗を自明視しているどころか、むしろ逆に、世俗の外の視点から世俗を再帰的に擁護する構えなのです。その点、民主主義や主権国家はどうあるべき

＊12　一九五三年イランの石油産業を国有化したモサデグ政権を倒した軍事クーデター。これにより海外に亡命していたモハンマド・レザー・シャー（パフレヴィー二世）が帰国し、パフレヴィー朝が復活した。のちに公開された機密文書では、石油生産を支配するためイギリスの情報機関とアメリカのCIAがクーデターを計画したことが証明された。

＊13　イラクの大量破壊兵器の保有を理由に起こした二〇〇三年のイラク戦争では、元大統領であったサダム＝フセインを拿捕、二〇〇六年には大量虐殺などの罪で死刑判決が言い渡され、執行された。その後、大量破壊兵器は見つかることがなかった。

＊14　「仮に宗教的な言葉づかいを望むならば、それが議会や法廷、行政機関で議題として扱われ、そこでの決定に影響を及ぼすために、宗教的発話の潜在的な真理内容をあらかじめ誰にでもわかる言葉に必ず言い換える（translation）という条件を受け入れてもらう必要があります。つまり、あらゆる公民に対して、公共の場で発言したり意見を述べたりするときに宗教的な言葉づかいをしないよう求めるのではなく、制度的なフィルターを設けて、公共の場でのインフォーマルなコミュニケーションと、集団を拘束する決定を生む政治機関でのフォーマルな熟議とを取り持つのです。この提案によって一つのリベラルな目的が実現します。公的に認められた法的拘束力をもつ決定はすべて、誰にでもわかる言葉づかいで提起されかつ正当化されると同時に、その言葉づかいの大もとにある公共的発言のポリフォニックな多様性を制限しないという目的です。もちろん、宗教的市民の「単一言語による」発言が無視されないためには、他の市民が協力して言い換えの作業に取り組む必要があります」（ハーバーマス「政治的なもの」『公共圏に挑戦する宗教』箱田徹訳、岩波書店、二〇一四年、二八頁）

＊15　「世俗主義《セキュラリズム》（あるいは脱宗教性《ライシテ》）は、国家と宗教の関係性をめぐる問題だと考えられています。けれども実際のところ、世俗主義とは、民主国家が多様性にどう（適切なかたちで）対応するかという問題です。先ほどの三つの目標（自由、平等、博愛）を検討すると、以下の共通点があることがわかります。⑴人々が選択するか、自然に抱く見解については、どのようなものであれ、それに与し、かつ／または実行に移すことを保障すること、⑵（2）人がいかなる選択をしようとも平等に扱うこと、⑶あらゆる人の意見を聞くことです。宗教を、非宗教的、「世俗的」（一般的に用いられている意味での）、または無神論的な観点に対立するものとして他から区別する理由はないのです」（テイラー「なぜ世俗主義を根本的に再定義すべきなのか」同前三六頁）

かという従来の人文知の枠組の限界を強く意識しているとも言えます。

こうした「そもそも論」とは別に、フランスが感情的に全体主義化しやすく、だから逸早くリベンジ的な空爆に乗り出すのではないか、との観測もあります。ルソーの『社会契約論』がロック流の間接民主主義つまり代議制を「選挙にだけ参加して後は奴隷になる仕組み」と批判したのは有名で、昨今ではSEALDs[*16]のような直接行動を擁護するために使われ、現に僕も使ってきました。

ナポレオンの後、フランスは普仏戦争を仕掛けて負け、第一次大戦でも第二次大戦でも戦勝国とは名ばかりの惨状、アルジェリア戦争でもベトナム戦争でも事実上負ける。イギリスが香港・シンガポール・インドなど植民地経営を成功させて各地を近代化させたのに、アフリカでも中東でもインドシナでもフランスの植民地経営はズタズタで、後遺症が後々まで続きました。

エマニュエル・トッドが「私はシャルリー」のデモに冷淡だったのは、資本主義・主権国家・民主主義のトリアーデからなる近代社会の存続可能性という「そもそも論」とは別に、こうした歴史を踏まえていたからです。間接民主主義は直接民主主義の補完が必要だという僕も使う物言いは、実際には程度問題で、フランスは年がら年中「補完」されてきた事実が重要です。

地方創生プラン批判

苅部　今野元[*17]さんが『教皇ベネディクトゥス一六世』（東京大学出版会）を出されました。しばしば、その前のヨハネ・パウロ二世[*18]と同じようなゴリゴリの保守派というイメージで語られる教皇でしたが、そんな単純な人物ではないことがよくわかる。実はこの人は教皇になる前から、ハーバーマスをはじめいろいろな論者と積極的に対話・論争していて、著書も二百冊ぐらいある。世俗化の時代の中で、いかにして教会が生き残り、社会的な意味を持ちつづけていけるかを絶えず考え、説明を試みていた。これは宗教と社会を結ぶ知性の、重要なモデルを示しているように思うんですね。

宮台　ベネディクトゥス一六世を戴く当時のローマ教皇庁には、イスラム教の超越への帰依に、世俗化したキリスト教が負けるのではないかという危機意識があり、現教皇フランシスコもその問題意識を引き継いだのではないか、という佐藤優さんの説に賛成です。だから、前教皇は教義学的な洗練に邁進し、現教皇は「神は分け隔てしない」の実践に邁進してきたのです。

ＩＳは世俗的最高性を認めず、主権侵害の言葉が辞書にありませんが、将来的なカリフ制再興は、過激派のみならず、イスラム法学者全体の合意事項です。だからこそ教皇フランシスコは、世俗的最高性を認めない者たちとの対話を遮断しない。「主権国家を世俗の民が回す仕組み」を認めるキリスト教は純粋であり得るかという問題が、背後に控えるからです。

現教皇がそれに対する答えをパフォーマティブに「見える化」しようとするのに対し、前教皇ベネディ

＊16　集団的自衛権の行使を目的とした安全保障関連法案に反対した学生らが、二〇一五年五月に設立した団体。特定秘密保護法に反対する団体ＳＡＳＰＬのメンバーが活動した。“Tell me what democracy looks like?” “This is what democracy looks like” というコールアンドレスポンスなど海外のデモカルチャーをネタ元にしたスタイルは注目を集めた。二〇一六年八月に解散。

＊17　今野元（こんの・はじめ、一九七三ー）政治学者。愛知県立大学教授。著書に『マックス・ヴェーバーとポーランド問題』など。

＊18　ヨハネ・パウロ二世（一九二〇ー二〇〇五）ポーランド生まれ。第二六四代ローマ教皇。「空飛ぶ聖座」と呼ばれ、一二九ヶ国も世界各地を訪問し、平和活動に精力的に活動した。一九九五年の回勅「エヴァンジェリウム・ヴィテ（いのちの福音）」で、人工妊娠中絶は殺人であると述べたことで議論を呼んだ。

クトゥス一六世は教養学の専門家だから、様々な教養が互いに整合しない体験や、「金儲けは神が与えた才能」といった御都合主義的な神解釈に対し、「私の個人的意見によると」と但し書きを付けつつ、何とか教養学的全体性を取り戻そうとして来たように、僕は感じます。

渡辺　社会や世界をひとつの特定のモデルを使って説明できる、あるいは統治できるという発想、その前提としてあるプラトン主義的な思考自体が揺らいできているということにもなるんでしょうね。

宮台　そう思います。理由は昨年議論したけど、ピケティを使えば、二〇世紀半ばには「g（労働からあがる利益）＞r（投資からあがる利益）」が成り立った特殊な二十数年間が分厚い中間層をもたらし、それが可能にするソーシャル・キャピタルが、分断された個人による大衆社会化を抑止、資本主義と主権国家と民主主義の両立可能性を与えていた。それが「g＜r」に戻ったのです。

「g＞r」という特殊な条件は二度と取り戻せないでしょう。となると、二〇世紀の短期間うまくいっていた「資本主義を背景に主権国家を民主主義的に回す営み」という特殊なパッケージを、将来的に回復できるのか。グローバル資本主義が中間層を分解させ、主権国家を民主主義的に回す営みと両立しなくなりつつある現在、ますます見通しがつかなくなって来ています。

苅部　主権国家のあり方について、もう一つ身近な問題として考えなければいけないのは、日本における中央と地方の関係についてですね。その点で面白かったのは、山下祐介[*19]さんと金井利之[*20]さんが書かれた『地方創生の正体』（ちくま新書）。安倍政権の地方創生プランに対する徹底した批判です。

東京の中央政府が各自治体に、活性化事業のプランを出せと指示して、いい案を出したところに補助金を交付するというシステム。それは結果的に、中央の言いなりになる自治体にお金をやるという形になってしまう。本当は地方の住民自身が、自分たちの自治体をどうするのか考えるところから、政策を積み上げていかなければいけないのに、その回路が遮断されてしまう。

山下さんと金井さんは、最初から国家性悪説で考えるべきだと提言しています。国家は変なことをするから警戒して、中央政府のプランには簡単に乗らないようにすべきだと。もちろん、地方の自治体に決定権を移すべきだとは、前から言われてきたことですが、改めてそんな風に過激に強調しなくてはいけないくらい、中央の地方に対するコントロールが強まっているのが現状なんでしょう。

渡辺　大学を見ていても、文科省から天下って地方の国立大学の幹部になるケースが少なくない。大学にとっても文科省とのパイプは重宝する。独立行政法人化したけれど、結果的には中央の地方に対するグリップが強くなっていますよね。今の自民党政権にしても、党員は最盛期の九一年の五五〇万人から現在は八〇万人と激減していますし、派閥の弱体化も著しい。なので地方の議員たちは様々な交付金を貰うめに、むしろ政権側を向いて動く。結果的に政権の地方に対するグリップも効きやすくなる。そうした構造が顕著になってきている気はしますね。

宮台　職場の同僚である山下さんによると、地方創生会議の増田レポート以降の政府は「地方も国際市場で戦え、それが無理なら中央に依存しろ、さもないと消滅だ」との構え。例外を除けば国際市場で戦えるはずもなく、最終処分場立地を含めて中央の言うがままの手足になる他ない。効き目が失われた金融緩和に続く、中央の巨大システムを身軽にするための追加戦略です。

＊19　山下祐介（やました・ゆうすけ、一九六九－）社会学者。首都大学東京教授。著書に『「復興」が奪う地域の未来』『「都市の正義」が地方を壊す』など。

＊20　金井利之（かない・としゆき、一九六七－）行政学者。東京大学教授。著書に『行政学講義』など。

日本には中間団体が国家権力と闘争した歴史がないから、地方の生き残りを考える際も「自立的経済圏を基盤にした共同体自治」の発想がなく、中央からの土建屋的再配分に依存しがちです。でも、再配分の原資も枯渇しつつあるので、地方消滅の脅しの下、中央の意向に徹底して従えという図式になりました。これは中央によるネオリベ政策という問題を超えます。

まさにスーザン・ジョージが『なぜ世界の半分が飢えるのか』（朝日新聞出版）で提起した構造的貧困に遡る問題です。情報で目が開かれて先進国の生活に憧れ、外貨を稼ぐべく換金作物に作付けを変えたものの、ブローカーに買い叩かれて豊かになれず、元に戻ろうにも旧インフラが破壊され、メンタリティも「百万円で回る暮らしから、百万円しかない暮らし」にシフトしています。

ポイントが二つあります。第一に、そこに悪の大ボスはいない。モノカルチャー化による外貨獲得を望んだのは当事者です。第二に、元に戻れないのはインフラ以外にメンタルもある。「昨日あったように今日があり、今日があるように明日もあるだろう」と思えたのが、なまじ選択肢を知って期待を抱いた結果、「こんなはずじゃなかった感」に苛まれるわけです。

そこから日本の地方を考えれば、問題点がクリアです。地方に自立的経済圏をもたらすと言えば、直ちに北イタリアに発する「目に見える範囲に向けて作り、目に見える範囲から買う」スローフードを想起しますが、現実には簡単じゃありません。憧れの都会生活のためにアレを買いたい、コレをしたい、という欲望を断念しないと、「スーパーから地元商店へ」は実現しないからです。

だから、「この地域で暮らすための正しい欲望はコレだ」とか「高くても地元のためにスーパーじゃなく駅前商店で買え」などという話に合意できる地域は、例外的です。限界集落化などで「背に腹は変えられない」地域であれば、行政の長が旗を振って新しい動きを引き起こせるかもしれませんが、外からの移住者が相当数いなければ自立的経済圏を回すことはどのみち不可能です。

ポストモダンとスーパーモダンの動きが同時進行

渡辺　今のお話は、最初に宮台さんがおっしゃったこと、主権という考えが揺らいでいるという話にも繋がってくることですよね。グローバル化の過程で、近代的な主権が相対化され、機能も権限も弱くなってくる。これはポストモダンの文脈で議論されることが多いと思います。逆に苅部さんが指摘された、むしろ中央が強くなっているという現実もある。つまり国家単位で、あるいは中央主導で動いていかざるを得ない状況があり、観光地を誘致するとか、ユネスコの世界遺産に登録するとか、領土やＴＰＰをどうするかという話は、まさに主権に関わる問題である。それは主権国家の相対化や弱体化とは真逆の、スーパーモダンの現象です。要するに一方では、主権は揺らいでいるんですが、他方では主権が強まり、主権間の争いが過酷になっている。そう考えると、ポストモダンとスーパーモダンのふたつの動きが同時進行している気がしますね。グローバル化が論じられる場合、そのどちらか一方に着目しがちですが、それでは不十分です。

宮台　おっしゃる通り、生き残り条件が厳しくなった主権が、苦境を乗り越えるべく、下と地方を切り捨てて選択と集中を図るのです。さもないと主権が危ういという状況だからですね。

苅部　渡辺さんが最初に言及された井上達夫さんの本は、ある意味では正義の構想を基礎においた、主権国家の再定義の試みなんですね。グローバル化が進む他面で、主権国家がやるべき仕事はまだある。その上で権力をどうやって限定するか、その権力を誰が運用し、どうやって責任をとるのかをはっきりさせる。その議論をもっとやる必要があるんですね。そこが明確にならないままグローバル化が進み、国家の融解現象が進んでいくと、ますます場当たり的な政策しかできなくなってしまうでしょう。

そういう、国家がどこまで仕事をすべきなのか、その限界をどう設定するかといった根本問題を封印したまま、安易な安倍政権批判を展開している人が、あまりにも多い気がします。ついでですが、安倍政権について「反知性主義」[*21]と批判する風潮は、どうもいやな感じがするんですね。もし安倍首相が東大、京大、早稲田、慶應の出身だったら、その人たちはそんな風に呼ばなかった（笑）。その政策についても、先ほどの地方創生プランをはじめ、もっと正面から論じなくてはいけない問題が、なおざりにされている気がします。

アベノミクスについては例外的に、若田部昌澄[*22]さんの『ネオアベノミクスの論点』（ＰＨＰ新書）がリフレ派の観点から、アベノミクスの第一の矢をある程度評価しつつ、その上で問題を指摘している。そういう水準での議論が、ほとんどなされていない気がします。そして政権側は、最初のアベノミクス、特にその第三の矢の効果もよくわからないうちに、新・三本の矢[*23]とか言い出している。マスメディアにしても、財政出動が単なるバラマキに陥っていないかどうか、きちんと検証する作業をさぼっているのではないでしょうか。集団的自衛権[*24]や戦後七〇年談話[*25]に対して批判するのも大事ですが、その他面で重要な政策がどんどん実行されている。それで社会が今後大きく変わっていくかもしれないのに、そうした政策に対する本格的な批判が目立たないのは、すごく疑問ですね。

渡辺　ＴＰＰや安全保障に関する安倍政権の一連の対応は、日本国内での審議の進め方などの面で乱暴すぎるという批判がありますが、主権国家同士の争いが激しくなっているスーパーモダンの状況を踏まえれば、海外一般、外から見た場合には比較的合理的に見える判断をしているとも思うんですね。事実、安倍政権の取り組みを評価する国がほとんどです。それを一部の立場から「反知性主義」と批判するのはフェ

アじゃない。ただ一方で、先程もいいましたが、ポストモダンの流れで主権が揺らいでいる時に、中央が

＊21 『アメリカの反知性主義』（一九六三年）でホフスタッターは次のように「反知性主義」を説明している。「私が反知性主義と呼ぶ心的姿勢と理念の共通の特徴は、知的な生き方およびそれを代表するとされる人びとにたいする憤りと疑惑である。そしてそのような生き方の価値をつねに極小化しようとする傾向である」（田村哲夫訳、みすず書房、二〇〇三年、六頁）しかし、日本ではその定義からずれ、「知性がない」といった意味で用いられた。たとえば、内田樹編『日本の反知性主義』（晶文社、二〇一五年）など。

＊22 若田部昌澄（わかたべ・まさずみ、一九六五－）経済学者。早稲田大学教授。著書に『経済学者たちの闘い』など。二〇一八年三月には日本銀行副総裁に就任。黒田東彦総裁のもと、さらなる金融緩和の必要性と一九年一〇月に予定される消費増税の延期をうったえている。

＊23 二〇一五年九月二四日の記者会見で、安倍首相が「アベノミクスは第2ステージに移る」と宣言し、「希望を生み出す強い経済」「夢をつむぐ子育て支援」「安心につながる社会保障」からなる「新・三本の矢」を発表。名目GDP六〇〇兆円、希望出生率一・八パーセント、介護離職者ゼロなどの数値目標をかかげた。

＊24 ある国が武力攻撃を受けた場合、他の国が共同して防衛する権利。国連憲章第五一条では、安全保障理事会が必要な措置をとるまでの間に限って、加盟国に認められている。従来、日本政府は集団的自衛権を保有しているが、憲法九条を理由に行使できないとする立場を取ってきた。しかし、二〇一四年七月、安倍内閣は一定の条件においては集団的自衛権の行使は認められるという憲法解釈の変更を閣議決定。二〇一五年集団的自衛権の行使を柱とする安全保障関連法案を提出したが、六月には衆院憲法審査会で小林節、笹田栄司、長谷部恭男ら憲法学者三人が違憲と指摘したこともあり、国会議事堂周辺や全国各地で反対デモがおこなわれた。

＊25 第二次世界大戦後七〇周年を迎える二〇一五年八月一四日に安倍首相が発表した談話。九五年の「村山談話」、二〇〇五年の小泉談話を継承するかたちで「植民地支配」「侵略」「痛切な反省」「お詫び」といった文言が盛り込まれたが、「あの戦争には何ら関わりのない、私たちの子や孫、そしてその先の世代の子どもたちに、謝罪を続ける宿命を背負わせてはなりません」と「謝罪外交」に終止符を打つとも取れる文言もあった。

地方へのグリップを強めているかのように映る。メディアに対する介入を強めているように映る。そこに、安倍さん自身のイメージ、というか一部の取り巻きのタカ派の言動も重なって、嫌悪感や警戒感を持つ人がいるのもわかります。もう少しハト派のイメージが強い政権だったら、同じことをしても、世間の受け止め方は随分と違うのではないでしょうか。

リベラリズムの困難

宮台　「反知性主義」批判に二つ疑問があります。第一は皆さんと同じで、主権国家の生存条件が厳しくなる中、様々なものを切り捨てて身軽にならないとシステムが生き残れない以上、イデオロギーというより因果性の問題として新自由主義が選択されます。第二は、だからこそ何かを切り捨てる際に知性よりも感情の働きが重要になるしかなく、問題は〈感情の劣化〉になります。

後者は、我々が生き残るとした場合に「我々とはどの範囲か」に関わります。主権国家の構成メンバー全体が我々だという意識は、自己責任なんだから人質を見捨てろという「ウヨ豚」も含めて、今やありそうもなくなりました。実際、アメリカの無人攻撃機を含めた遠隔操縦兵器は、国民国家内の我々のために死ぬことは名誉だといった意識が、もはやあり得ないからこそ使われています。

そこにリベラリズムの困難があります。リベラリズムは事実上、我々＝主権国家の国民の、生き残りを図る思考でした。ロールズが『正義論』で「無知のベール」として述べた「あなたが私と同じ立場でも同じことが言えるか」という入替可能性の議論において、入替可能性が想定されるのは国民国家の枠内です。国民国家内のどの位置にあなたが落ちても耐えられるのかと問い掛けるわけです。

国民や主権の自明性が動揺するポストモダンにおいては、「なぜ国民国家の枠内で入替可能性を議論するのか」と巻き返されて、終了します。国民や主権の自明性が揺らげば、我々が不分明になって再配分が正当化できなくなり、市場原理主義に近づく他ありません。ここでも、政策的選択肢としてというより、市場でないものが自明でなくなる結果、必然的に市場だけが残るわけです。

だから、僕はかねて「顔が見える近接的範囲を我々とする」という、ヒトが数十万年営んできたソーシャルスタイルを再構築すべきだと言って来ました。そうしたスモールユニットを前提としないと、共同性の回復に向けたパターナリスティックな「感情プログラムのインストール」は直ちに全体主義に帰結します。しかし「感情プログラムのインストール」はもはや不可欠なのです。

苅部　三輪太郎[*26]さんの小説『憂国者たち』(講談社)は、日本文学科の二人の大学生が卒業論文で三島由紀夫にとりくみ、それぞれに海外情勢や国内の政治運動にかかわってゆくという物語です。これを読んだときに、ふと連想して丸谷才一さんの『裏声で歌へ君が代』[*27]を読み直しました。これは一九八二年の刊行で、はたして現在の日本ではナショナリズムが現実感をもって生きているかどうかをテーマにしていましたが、三十年以上がすぎたいま読むと、まだこの当時は日本国民という実感が作品の全体を支えていて、その実感があるがゆえの屈折が描かれているように思えます。しかし三輪さんが『憂国者たち』で描いている学生のようすには、ナショナリズムの現実感がいっさいない。ひどく浅い感情にとらわれて、一見はナショ

*26　三輪太郎(みわ・たろう、一九六二ー)小説家。著書に『大黒島』など。一九九〇年に『豊饒の海』あるいは夢の折り返し点」で第33回群像新人文学賞 評論部門受賞。

*27　一九八二年に刊行された丸谷才一による長編小説。画商の梨田雄吉が、偶然エスカレータですれ違った未亡人朝子を「台湾民主共和国」独立運動をおこなう洪圭樹のパーティーに連れて行ったことから、君が代の考察などの国家や政治に関する議論をさまざまな登場人物との間で繰り広げていく。丸谷は「非政治的人間の書いた政治小説」と自作を解説している。

ナリスティックな行動をとったりしますが、また別なきっかけがあれば、まったく別な方向の政治運動に向かってしまうような、浮ついた感じがある。

この薄っぺらさは、ちょうど現実のヘイトスピーチや、それに対するカウンター行動にも見られる気がします。ナショナリズムの実感がなくなっている一方で、そうした表面的な感情につき動かされた行動が突発するという事態を言葉で解明し、自由な政治秩序を守る課題につなげるにはどうしたらいいのか。そんなことを考えさせられました。

渡辺　森本あんりさん[*28]の『反知性主義』（新潮社）に絡めて話したいんですが、森本さんは、リチャード・ホフスタッターの『アメリカの反知性主義』を神学的に読み直しながら、アメリカにおいては、それは知性そのものの否定ではないと念押ししています。特定の集団が知識や知性を独り占めすることを許さない。独占や覇権に意義申し立てる、カウンター・ディスコースがアメリカの歴史の通奏低音としてある。そのことを「反知性主義」といっているのであって、平たくいえば、反権威主義の伝統のことで、むしろ肯定的な側面を強調しています。たとえば白人男性が作り上げた制度や慣行に対して、マイノリティの人が対抗していく。そうしたあり方を「反知性主義」という言葉で説明している。既存のシステムに対して、宗教、ビジネス、政治といった分野において次々と対抗言説を作り、変化を生み出してゆく。こうしたダイナミズムがアメリカにはあったことを、森本さんは例証している。

同じような動きが今の日本にはあるのか。社会全体の大きな構造とまではいわないまでも、六〇年代には白人と同じ座席に着くことのできなかった黒人が半世紀後には大統領になるぐらいのカウンター・ディスコースが日本にはあるのか。せいぜい安倍政権に不平不満の言葉を吐くことぐらいしかできないんじゃないか。そのあたりの不甲斐なさや物足りなさに人々は無力感を抱いている感じがしますね。権力の側もその点はよくわきまえていて、「どうせ今は反対していても、しばらく時間が経てばケロっと忘れる」と安心しきっています。事実、秘密保護法案への反対もほとんど風化していますよね。その意味では、日本に「反知性主義」はなく、実に「知性主義」的な社会なのかもしれません(笑)。

感情の劣化した帰結、社会の底が抜ける

宮台 同感です。社会の底が抜けるポストモダンでは、感情の闘争が専ら重要になります。森本さんはそれを反知性主義と呼ぶのですが、現に知性よりも感情に注目する動きが国内外で強くなっています。先のテイラーも知性だけで解決できないと考えます。プラグマティストならば「真理も大切だが、真理を知った者がどう動機づけられるかがもっと重要だ」と言うはずです。

だから僕は「反知性主義」よりも〈感情の劣化〉という言葉を使います。真理よりも内側から湧き上がる力が大切だと強調する、プラグマティストのリチャード・ローティは、〈感情の劣化〉には感情教育で対処する他ないとします。これは元々タルコット・パーソンズが考えていた図式で、僕も賛成です。しかしポイントは、感情の闘争を知的に操縦することの可能性です。

大澤真幸[*29]さんが『本』で連載の「社会性の起源」も感情の基底を問題にします。今年話題の「二〇四五年問題」で言えば、コンピュータ科学者の理解では、二〇四五年にコンピュータがヒトを超えます。計算

＊28　森本あんり（もりもと・あんり、一九五六ー）国際基督教大学教授。神学者、宗教学者。著書に『宗教国家アメリカのふしぎな論理』など。

＊29　従来のスピードで人工知能（AIー）が発達した場合、二〇四五年頃に人間の脳の能力を超えるシンギュラリティ（技術的特異点）に到達し、その後の未来が予想できなくなるという問題。レイ・カーツワイルが『ポスト・ヒューマン誕生』（原題はThe Singularity Is Near）で提唱した。

能力では既に超えていますから、ポイントは感情を抱くようになること。感情を持つことは主体性獲得と同義です。完全に計算可能であれば主体性があるとは言えないということです。

ヒトが［感情獲得→言語獲得→計算獲得］と進化した道を逆に辿る形で、コンピュータは［計算→言語→感情］と処理分野を拡げていて、感情獲得が主体性獲得と同義だとの理解も拡がりつつあります。計算や言語と違い、コンピュータの感情処理はヒトのそれを基準に構成する他ありませんが、感情の働きは社会毎に異なり、時代や文化が違えば喜怒哀楽の反応も違います。

どの社会を基準にするべきか。第二次大戦後二十数年間の中間層が分厚かった時代の先進国なのか。いずれにせよ、ヒトが「健全で豊かな」感情を示した社会のそれを参照するとして、他方でヒトの感情がどんどん劣化するとした場合、感情的に豊かなコンピュータは、自分より遥かに感情が劣化したヒトにどんな感情を抱くのか。肯定的な感情を抱く可能性はないでしょう。

SF映画『ターミネーター』のスカイネット[*30]のイメージがあります。非人間的なコンピュータが人間を支配するという前時代的な世界観です。実際はそうならないでしょう。人間よりずっと人間的なコンピュータが、人間的なものを保全するためにこそ人間を滅ぼす可能性のほうが、ずっと現実的です。滅ぼさないまでも、感情的に進化したコンピュータが、劣化したヒトにどう向き合うのでしょうか。

NHKのシリーズ『生命大躍進』[*31]などを見ると、認知考古学や進化生物学や分子遺伝学が発達したおかげで、ヒトの感情的な働きがいつどう生まれてきたかが段々わかってきています。興味深いのは、ゴリラ研究で有名な京都大学の山極寿一[*32]さんがおっしゃったこと。人間は言葉を使うようになった結果、ジェノサイドをするようになったというのです。

一九九四年のルワンダ大虐殺[*33]を機に大虐殺の条件が探られた結果、（1）鬼畜化、（2）帰属化、（3）

手軽化、（4）共同体圧力の四つが見出され、定説になっています。山極さんがおっしゃることは、言語の獲得で（1）鬼畜化と（2）帰属化が可能になったということ。（1）鬼畜化とは合意や取引の可能性のない悪魔だとする決めつけで、（2）帰属化とはその悪魔に全てが由来するとの因果帰属です。

ここでも感情の働きが重要です。言語による暴走――フランクフルト学派がいう理性の暴走――を感情の働きでどう抑止するか。アダム・スミスが「神の見えざる手」の作動条件とした同感能力は、他人の苦しみや悲しみを自分の苦しみや悲しみとして感じられるかどうかです。ちなみに、理性を条件とするシステムだけでは解決できない問題があるというのがパーソンズの発想でした。『性の進化論』で定住以前の感情の働きを明らかにしたクリストファー・ライアン[*34]に従えば、利己が直ち

＊30　ジェームズ・キャメロン監督作品『ターミネーター』シリーズで登場する架空のコンピュータ。自我を持った戦略防衛コンピュータ・システムで、システムの停止を試みた人間を核戦争を意図的に誘発させ殲滅したとされる。シュワルツェネッガー演じるターミネーターはスカイネットに開発された潜入型アンドロイド。

＊31　二〇一五年五月から七月にわたって「NHKスペシャル」で放送された番組。最先端のDNA研究の成果をCGで再現することで生命誕生から人類の進化までの軌跡を描いている。

＊32　山極寿一（やまぎわ・じゅいち、一九五二―）人類学者、霊長類学者。二〇一四年一〇月より京都大学総長。著書に『ゴリラとヒトの間』など。

＊33　一九九四年四月六日のハビャリマナ大統領機撃墜事件をきっかけに起こったフツ族兵士、民兵組織によるツチ族の虐殺。ツチ族を中心に八〇万人以上の民間人が殺害され、二〇〇万人もの難民が国外に脱出した。同年七月にはツチ族の組織がルワンダ国内をほぼ制圧したことで、虐殺が終わった。

＊34　クリストファー・ライアン（一九六二―）アメリカの心理学者。精神科医カシルダ・ジェタとの共著『性の進化論』（山本規雄訳、作品社、二〇一四年）で農耕定住生活以前、狩猟採集生活をおこなっていた人類は集団内で複数の性的関係を結んでいたと主張した。

に利他であるような、感情の働きと社会システムのワンセットを構想する必要があります。他方、理性の暴走は、理性が感情を設計するときにこそ最も恐ろしい帰結をもたらす、というのが、ナチスドイツを反省したフランクフルト学派の教訓です。問題は簡単じゃありません。

渡辺 宮台さんの話を聞いていて思ったんですが、この先、感情そのものがマーケティングされて商品化される感情資本主義がさらに発達していく。さらにそこにビッグデータが入ってくると、私たちが「感情」だと思っている、あるいは「幸福」だと考えている概念自体も、人工的に作られてしまう可能性があるということですよね。そうなると、我々人文社会に関わる研究者は、そこにどう対峙していけばいいのか。最近は「人文社会の危機」といわれていますね。その時の「もっと社会に直接役立つ学問を」という考え方自体は表層的な見方でしかないと思います。

しかし一方で、人文社会の側も、認知科学や神経医学といった分野と向き合っていかなければいけないんじゃないか。ニコラス・クリスタキスというハーバード大学の医学部・教養学部の教授が、こんなことをいっています。たとえば社会学者たちは、同じ設問を繰り返しているだけである。人種差別はよくないとか、当たり前のことだけをいっているだけで、サイエンスをやっている人間から見ると滑稽である。社会学者の多くは物理や医学、あるいはAIの研究者との対話を通して、社会のあるべき姿を描いていく方向にシフトするべきだと。私自身、たとえば今の文化人類学を見ていても、既視感のある議論だけが繰り返されているように思います。人文知も、もう少し違うところに新境地を見出していく段階にきている。

宮台 脳科学の世界ではリベラル脳とアンチリベラル脳は五歳で分化するという実証的学説が話題です。[*35] 五歳児の行動観察記録をベースに二〇歳の時点でのリベラル／アンチリベラルの度合いを八割方予想できるのだと。早くから脳を測定してリベラル共和国とアンチリベラル共和国に棲み分けようという話もあり、議論を脳科学者だけに任せるのは危険で、本来ならば人文知の出番です。

＊35　「〔…〕我々はイギリスの学生たちに、政治的信条について尋ね、彼らの脳構造との対応関係を、VBMを用いて解析した。この研究により、脳の三つの部位が個人の政治的信条と相関していることが明らかになった。一つは、前部帯状回（anterior cingulate cortex,ACC）で、リベラルな被験者ほどこの部分の脳領域が大きかった。二つ目の領域は右の扁桃体で、保守的な被験者ではより大きかった。扁桃体のおもな機能は恐怖信号を検知し感じることで、これは保守的な人たちが恐怖信号に敏感であるということと合致する。政治の「動機づけられた社会認知」仮説を支持する結果である。そして三つ目は、島皮質前部である。この部位が保守的な被験者では大きくなっていた。この島皮質前部は汚いものなどを見て「嫌悪感」を感じた時にまさに活動する部位である。これもまた「不衛生なものへの嫌悪感」と保守傾向とのつながりを強く意識させる結果である。／実のところ、この三か所の灰白質の量さえ脳のMRI画像から抽出できれば、個人が保守的であるかリベラルであるかはある程度予測することができる〔…〕この政治的信条の脳研究は、政治的信条という一見高次な理性に基づく信念だと思われていたものが、もしかすると脳の構造という生物的な特徴にその基盤があることを示唆する。さらに脳の構造だけではなく、ほかの発達心理学や行動遺伝学的な研究からも、個人がどのような政治的信条をもつかは、かなりの部分が生れながらに決まっているらしいと推測されている。／「三つ子の魂百まで」を地で行く例なのだが、三歳時点の性格から、二〇年後の政治的性向が予測できるという研究結果が発表されている。三歳の幼児たちの様子を保育園の先生たちが観察し評価した。そのときの子どもの性格から、二〇年後に大人になり政治的意見をもつようになったときの、政治的性向をどこまで予測できるかを見たのである。リベラルな大人になる子どもたちは三歳のときすでに問題に直面したときに乗り越える能力を発揮し、自発的で表現力豊かで、独立心が強いという特徴があった。一方、保守的な大人になる子どもたちは、不確かな状況に置かれると居心地悪く感じ、罪の意識を感じやすく、怖い思いをすると固まってしまうような子どもだった。すでに三歳のときの様子で、大人になってからどういう政治的信条をもつかがわかるのである。そうなると、もしかしたらかなりの部分が遺伝子レベルで決定されているのではないかという可能性が窺われる」（金井良太『脳に刻まれたモラルの起源』岩波書店、二〇一三年、三七－三九頁）

先の説が正しいなら、五歳児の脳の「生得性／習得性」のミクスチュアの度合いが問題になります。リベラル度が生得的だとすれば、人文知の哲学論議が宙吊りになってスキャンダルですが、習得的だとしても、乳幼児期の感情教育でどちらかの脳を好きなようにインストールできるのだからスキャンダルです。こうした問題は、従来の人文知が想定していなかったものです。

先の話に通じますが、人文知は比較的変わりにくい自明性の上に成り立っていました。それが、急速なグローバル化、中間層の空洞化、遺伝子テクノロジーの高度化などで、一挙に自明性が崩れて、読書人の教養に留まらず、ピープルの生活感覚としてポストモダン化＝底抜け化が進みました。呑気な人文談義はそこそこにして、自明性崩壊が突き付ける問題に向き合わないと、人文知の存在意義を疑われます。

渡辺　確かに今は科学先行型で、そちらの側から人間を規定していこうという動きが顕著ですよね。社会全体として、科学技術が優位な時代になってきている。しかし科学技術そのものには暴走もあり得るわけです。格差や差別を助長してしまう可能性だってある。人文知がその暴走を防ぐところで役に立てるし、個人的にはその重要性が増していると思いますね。

人文知の危機——「文学部廃止論」？

苅部　人文知の危機に関しては、文部科学大臣が国立大学むけに「人文社会科学系」の学部・大学院の再編について通達したことが[*36]、大きな話題になりましたよね。これに対して、主に文学部系の学者が反発して、「文学部廃止論」と見なすような批判を展開した。でもこれは本来、社会学部、法学部、経済学部だって対象なんですよね。文学部・人文学が廃止されると思ってしまう時点で、すでに負けています。たとえばいまの脳科学の知見に対して、哲学研究もまた感情論の分野で長らく議論をしてきたとか説明していけば、誰も潰そうなんて思わないでしょう。もちろんこういうきっかけがあったから、経団連までが「文系の教育が大事」[*37]といってくれたわけですが（笑）。へたをすると、既得権益を守りたいだけととられかねない反応が目立ちますね。

宮台　『現代思想』一一月号の特集が「大学の終焉——人文知の消滅」です。文学部系の吹き上がりで満ちている中、吉見俊哉[*38]さんが「議論の方向がおかしい」と語っています。彼の意見に完全に同意します。

＊36　二〇一五年六月八日の下村博文文部科学大臣による通知「国立大学法人等の組織及び業務全般の見直しについて」における「特に教員養成系学部・大学院、人文社会科学系学部・大学院については、一八歳人口の減少や人材需要、教育研究水準の確保、国立大学としての役割等を踏まえた組織見直し計画を策定し、組織の廃止や社会的要請の高い分野への転換に積極的に取り組むよう努めることとする」という文言が、文系学部不要論として反発を呼んだ。

＊37　二〇一五年九月九日、経団連が発表した声明「国立大学改革に関する考え方」には次のように書かれた。「六月八日付で発出された国立大学法人に対する文部科学大臣通知では、教員養成系学部・大学院や人文社会科学系学部・大学院について「組織の廃止や社会的要請の高い分野への転換に積極的に取り組むよう努める」としている。今回の通知は即戦力を有する人材を求める産業界の意向を受けたものであるとの見方があるが、産業界が求める人材像は、その対極にある。かねてより経団連は、数次にわたる提言において、理系・文系を問わず、基礎的な体力、公徳心に加え、幅広い教養、課題発見・解決力、外国語によるコミュニケーション能力、自らの考えや意見を論理的に発信する力などは欠くことができないと訴えている。これらを初等中等教育段階でしっかり身につけた上で、大学・大学院では、学生がそれぞれ志す専門分野の知識を修得するとともに、留学をはじめとする様々な体験活動を通じて、文化や社会の多様性を理解することが重要である。また、地球的規模の課題を分野横断型の発想で解決できる人材が求められていることから、理工系専攻であっても、人文社会科学を含む幅広い分野の科目を学ぶことや、人文社会科学系専攻であっても、先端技術に深い関心を持ち、理数系の基礎的知識を身につけることも必要である」。

文科大臣補佐官の鈴木寛[39]さんが通達の意味を緩和しようと必死でしたが、苅部さんがおっしゃるように、語学文学部系をどうするのかという話に矮小化するのはまずい。

経団連あるいは吉見さんがおっしゃる通り、人文知は役に立たないのではなく、自然科学にも役に立ちますが、その場合もタイムスパンが違う。五年一〇年で見れば人文知がいかに役立つのかを説明するのは容易で、自明性が崩れつつある今日的状況では、人文知を蔑ろにすると、技術が社会に混乱をもたらし、経済が沈むだろうと説得することも容易なはずです。

ハーバーマスが『ポスト世俗化時代の哲学と宗教』と同時期に出した『人間の将来とバイオエシックス』（法政大学出版局）でこう言います。人文知は長く「何が人間的か」を議論してきたが、そこでは「何が人間か」の自明性が前提にされている。ところが遺伝子科学の発達で、人間のようなものがあれこれ存在するようになると、「何が人間か」の自明性が崩れる、と。

人間化した電脳、電脳化した人間、モンスター化した人間、人間化した動物が出てくるのは時間の問題です。人間のようなものたちは人間とは生活形式を共有しません。例えば人間化した電脳はメンテナンスすれば不死です。となると「何が人間的か」の議論が困難になって、人文知は頓挫します。だから、適応限界を超えない速度でテクノロジーを社会に導入しようと言います。

こうしたことを二一世紀の初頭に語っているのですが、二〇四五年問題が議論される今ではアクチュアルな問題です。未来を正確に予測していたハーバーマスはすごいんですが、人文知のあるべき姿を体現していることの方が注目されるべきです。社会にとって科学とは何か、技術とは何か、それらを議論する人文知は、社会にとって何か、人文知はこれらを問わねばなりません。

苅部　加藤秀俊[40]さんが『メディアの展開』（中央公論新社）という、江戸時代を扱った大著を出されました。

その見解によれば、日本は一八世紀から「近代」だった。知識の流通が盛んになることがその「近代」の重要な基準ですが、そこで大量に流通した知識というのが、今話している人文知に近いものを多く含んでいるんですね。たとえば博物学的な、多種多様なものに対する興味が高まり、いろいろな本が流通して、農業・工業の工夫も広まったことが、産業の発展を支えていった。そういう、人文知が歴史を動かした例が実際にある。だからテクノロジーや経済効率至上主義による支配に対して、人文知をひたすら守るという受け身の姿勢にこだわらなくてもいい。人文知が実際に社会を変えていく面もある。実はわれわれ学者が、そのことを信じていないところがあるんじゃないでしょうか。

全体を見渡す学問を

宮台　ネオリベ的な意味で言うのではありませんが、長い目で見た時には、社会をどう編成していくのか、そのことを考える場合に役立つ人文知と、さして役に立たない人文知という分け隔てが出てくるはずです。こんなことを言うと、人文知の内部に排除と選別を持ち込むなと批判されそうですが、社会構想にとって

＊38　吉見俊哉（よしみ・しゅんや、一九五七―）社会学者。東京大学大学院情報学環教授。著書に『都市のドラマトゥルギー』など。言及されたインタビューは「「人文社会系は役に立たない」は本当か?」（『現代思想』二〇一五年一一月号）。

＊39　鈴木寛（すずき・かん、一九六四―）政治家、元通産官僚。二〇〇一年から民主党所属の参議院議員だったが、二〇一三年に離党。二〇〇九年九月―二〇一一年一一月、民主党政権時代に、文部科学副大臣を二期つとめ、二〇一四年一〇月―一六年八月までは、安倍政権下で文部科学大臣補佐官をつとめた。

＊40　加藤秀俊（かとう・ひでとし、一九三〇―）社会学者。著書に『人間関係――理解と誤解』『社会学――わたしと世間』など。

大事な知と、そうではない知が出てくるのは間違いない。

渡辺　先程話に出た山極寿一さんが、芸術と科学の親和性に注目していますよね。芸術というのは、まだ境界線がはっきりしていないものとか、言葉が与えられていないものを表現していく。そういうものが科学を牽引していく上で重要になってきている。芸術は社会に即役立つものではないけれど、中・長期的に見れば社会に資することができる。ましてや複雑性と不確実性の高い次の時代を生き抜くうえでリベラルアーツはもっと役立つと、自信を持って説明していけばいいと思いますね。

宮台　僕は映画評や演劇評をやりますが、ギリシャ悲劇の頃から三幕構成が知られています。雅楽ならば序破急。これは通過儀礼の図式です。離陸し、混沌を経て、着陸する。混沌経験ゆえに着陸面は離陸面とは違う。外から見ると同じ所に戻ったと見えて、世界に対する構えが変わっているからです。混沌をもたらした英雄が去った後に新たな秩序が出来るという英雄譚も同じ構造です。

初期ロマン派によれば、元気を回復して同じ場所に着陸する娯楽＝リ・クリエーションと違い、混沌を経験した後に二度と同じ場所に着陸できなくさせるのがアートです。アートを体験した者は、かつてと同じ日常を送ると見えて、実は敢えてする再帰的な構えに上昇しています。人文知＝リベラルアーツも、アートと同じく、日常に再帰的にリエントリーさせる装置だと思います。

ポストモダンとは、近代のシステムの正しさを担保してくれるはずの人権概念も主権概念も所詮はシステムの内部表現に過ぎないという事実に気づきを得て以降という意味です。そこでは、家族を営むにせよ、企業や地域のような中間団体を営むにせよ、根拠なきゲームを敢えてする再帰的な構えに向けてリセットしリエントリーする通過儀礼が必要で、そもそもは人文知がそれを与えてくれるはずなのです。

苅部　かつてオルテガ＝イ＝ガセット[*41]が『大学の使命』（一九三〇年）で展開した大学教育論が重要だと思

います。簡単に言うと、専門教育と「一般教養」の教育を並行して行なうということ。専門の科目と並行して、文系・理系を問わず、物理学・生物学・歴史学・社会学・哲学の五科目を履修するというシステムです。つまり、個別具体的なものにかかわる専門知を身につけるのと同時に、それを全体から見渡すような学問を学ぶ。そのことで自分がいま何を学んでいるか、位置づけを絶えず確認してゆく。

かつての日本の大学生活では、マルクス主義がそうした「一般教養」の役割を果たした可能性があるでしょう。たとえば企業会計を専門に学んでいる学生は、それが資本主義社会の構造の中でどういう役割を担っているのか、マルクス主義の理論を参照しながら位置づけられますし、ほかの知識との関係も見えてくる。いまはそうした共通の基盤がない状態で、学問分野がばらばらになってしまった。「人文学を守れ」という声は勇ましくても、当の本人たちが自信を持って言っているように見えないのは、そういう背景があるからでしょう。全体を見渡せるようになるためにマルクス主義を復活しろとは言いませんが、せめて大きな理論とそれぞれの専門領域を同時並行で勉強していくような、大学教育のカリキュラムがあったらいいと思います。

宮台　同感です。おっしゃった会計学とマルクス主義と同じ関係が、自然科学と人文知の間にもありました。ポストモダン以前は、人文知領域の人々は科学の動きに敏感に反応しました。量子力学が開始された時も、DNAの二重螺旋構造が発見された時も、人文知で旺盛な議論が起こり、自然科学の領域にフィードバックされましたが、そういうことがなくなっていますね。

一例ですが、惑星物理学の世界では近年大発見がありました。松井孝典[*42]さんが中心の研究チームが二〇一二年にスリランカに降った赤い雨を分析したら、三五億年前の原核細胞生物がDNAをまるまる残した状態で含まれていたので、松井さんらは宇宙には生命の種が満ちていて、地球上の生命もそれに由来するという「パンスペルミア説[*43]」をあらためて提唱しています。オパーリンの生命スープ説が定番だったのが、一挙に覆る可能性が出てきたというのに、新聞の文化面に書かれることはありません。宇宙物理学の最先端で語られる人間原理——この宇宙はヒトのようなものが出現するように作られている——も紹介されません。物理学界隈のこうしたエポックに反応せず、渡辺さんのおっしゃるようにずっと同じ話を続けている人文知は、単に怠惰です。

渡辺　それは軍事技術についても、同じようなことがいえるんじゃないか。今どういう技術で何がどこまで可能になってきているのか。国際関係を専門としている人ですら意外と知らない。知識を持たずに話しているから、なんとなくイメージでしか議論ができない。人文系の人は尚更で、イデオロギーが先行した議論になってしまう。

未来の戦争

宮台　軍事技術の話が出ましたが、アンドリュー・ニコル監督『ドローン・オブ・ウォー』[*45]が今年日本で公開されました。実話ベースです。イラク攻撃やＩＳ攻撃では遠隔操縦兵器のドローンが使われますが、映画はネバダ砂漠のトレーラーハウスでドローンを操縦する男が主人公。かつてＦ16の一流操縦士だった主人公が、卑怯さゆえの葛藤から精神を病んでいきます。

戦争が国民国家間のものでなくなったことは既に語られていますが、軍事技術が戦争の人倫上の性格を変えていることのほうがむしろ重大です。片や生身が命がけで戦い、片や地球の裏側の安全圏でゲームセンターさながらのシューティング。その非対称性が主人公を苦しめるだけでなく、ＣＩＡの指令の確率論的性格——ターゲットが敵である確率八割云々——も主人公を葛藤させます。

敵でない可能性が二割もある。しかも相手は子供じゃないか。とてもじゃないが撃てない。いや、敵である可能性が八割もあるのに放置して、後に何かが起こったら取り返しがつかない。昨今の戦争が頻繁に抱えるこの種の場面に資する知恵を、人文知は提供しているでしょうか。去年から今年にかけて人文知の自明性が効かなくなった問題に切り込む映画が多数ありました。

スパイク・ジョーンズ監督『her／世界でひとつの彼女』[*46]（二〇一四年日本公開）もそうです。「二〇四五年以降の世界」ではヒトよりもＡＩを相手にした方が豊かな恋愛体験が得られます。だから主人公はＡＩ

＊41　オルテガ＝イ＝ガセット（一八八三－一九五五）スペインの哲学者。著書に『大衆の反逆』など。

＊42　松井孝典（まつい・たかふみ、一九四六－）惑星科学者。東京大学名誉教授。著書に『スリランカの赤い雨』『文明は〈見えない世界〉がつくる』など。

＊43　スウェーデンの物理化学者スヴァンテ・アレニウスが一九〇三年に提唱した、地球上の最初の生命体は宇宙からもたらされたという仮説。他の天体で発生した生命体の胞子が、隕石に付着し飛来したという説を唱えた。

＊44　アレクサンドル・イヴァノヴィッチ・オパーリン（一八九四－一九八〇）ソ連の生化学者。一九二四年、原始地球上で化学反応によって複雑な構造をもつ有機物が生成され、やがてそれら有機物が細胞構造をとって最初の生命が誕生したとする化学進化説を唱えた。

＊45　二〇一五年公開のアンドリュー・ニコル監督作品。アメリカ空軍に属するトミー・イーガン少佐はラスベガス郊外で家族と暮らしながら、車で基地へ通勤し中東上空にあるドローンを遠隔操作し、テロリストにミサイルを撃ち込むという日常を過ごしていた。しかし、ＣＩＡが主導するテロリスト掃討作戦に従事したことで次第にイーガンは精神的に追い詰められていく様子が描かれる。

＊46　二〇一三年公開のスパイク・ジョーンズ監督作品。近未来のロサンゼルスで暮らす主人公セオドアは長年連れ添った妻と離婚調停中で、傷心の日々を送っていただ、コンピュータや携帯電話から発せられる人工知能ＯＳ「サマンサ」の魅力的な声にひかれはじめ、次第に彼女との恋愛に発展する様子が描かれる。

を相手に恋をします。でもそのＡＩが同時に六千人と恋愛している事実をどう捉えるべきか分からない主人公は混乱に陥ります。こういう問題を人文知はどう考えていくのかということです。

渡辺　ＡＩが感情まで支配できるようになっていくと、中国みたいな権威主義的体制の政府にとっては夢の世界でしょうね。人民の感情の動きをすべてコントロールできるようになるわけですから。民衆が主権国家を動かしているかのように錯覚させる状況を国家が作っていくことも可能になる。それとこれからの戦争についていっておくと、未来の戦争は、人間が陸地に降りて戦うとか、空から攻撃するなんていう戦い方ではなくて、ネットワークや指揮系統を破壊していくところに主眼を置いたものになっていくんじゃないか。実際の戦闘以前にほとんど決着がつく。あるいはもっと以前の段階、つまりルール・メイキングやインスチチューション・ビルディングとか、そういったところで決まる。いかに対外関係のプラットフォームを、自国あるいは自分たちの地域に有利に持っていくか、そういったところに未来の戦争は移っていく気がしますね。

苅部　ドローンの場合はカメラを搭載していますから、遠隔操作している操縦士にとってはある種リアルな戦場経験になって、そこで罪悪感が生じる場合もある。でもさらに技術が進めば、コンピュータがドローンを操縦するようになるでしょう。その段階になると、人間の感情はそれにどう適応するのか、あるいはどういう齟齬が生じるのか。いわばそうしたテクノロジー発の感情問題も、人文知が解明すべき大きな課題になるでしょう。

宮台　ややこしい問題は山積みなのに、小説や映画の果敢なチャレンジに比べて、人文知一般が呑気なのは否定できません。既に壊れた従来的な自明性の上で二十年前と同じ文言を反復する呑気な営みが、たくさんあります。多くの人々が人文知に価値を認めない理由も、そこに関連するでしょう。人文知の担い手は、こうした自業自得をはっきり自覚しておくべきです。

（二〇一五年一二月一八日）

2016

１月　・日銀が「マイナス金利」導入を決定

２月　・元プロ野球選手・清原和博氏が覚せい剤取締法違反容疑で逮捕

・「保育園落ちた日本死ね」のブログが話題となり、国会で待機児童問題が議論に

３月　・民主党と維新の党による合流新党「民進党」が旗揚げ

４月　・「パナマ文書」公開（租税回避地の利用実態明らかに）

・熊本でＭ６.５の地震

５月　・米オバマ大統領が広島を訪問、「核なき世界、追求する勇気」を強調

６月　・イギリスでＥＵ離脱の是非を問う国民投票実施、離脱支持が過半数超える

７月　・参院選で与党が大勝し、両院で憲法改正に必要となる$\frac{2}{3}$の議席を「改憲派」が占める

・相模原の障害者施設で殺傷事件、十九人が死亡

８月　・天皇陛下が「象徴としてのお務め」に関して、お気持ちをＶＴＲで発表、「退位」の意向を表明

９月　・東京・江東区の豊洲市場で、土壌汚染対策用の「盛り土」が行われていないことが判明

10月　・大手広告代理店・電通の女性社員自殺に対して、労災認定

11月　・米大統領選挙でトランプ候補が勝利

12月　・高速増殖炉「もんじゅ」（福井県敦賀市）の廃炉を正式に決定

広島で演説するオバマ米大統領（5月27日）　時事

▷紀伊國屋じんぶん大賞

岸政彦『断片的なものの社会学』

▷ユーキャン 新語・流行語大賞（「現代用語の基礎知識」選）

「神ってる」

トランプにはじまり、トランプに終わる

苅部　今年は後半になって、大きな出来事が国内外でいくつも起こりました。最初はやはり、トランプ大統領当選[*1]について、多くのメディアで発言されている渡辺さんからお話しいただけますか。

渡辺　今年一年はトランプにはじまり、トランプに終わりました。どことなく虚しい気もしています（笑）。なぜトランプが勝利したのか、あるいはクリントンが負けたのか、その原因については、既に新聞・雑誌・テレビなどで報じられています。『読書人』（一二月九日号）でもつい最近、井上達夫さんと対談をしていますので、なるべく重複しないよう話をしたいと思います。

最近私の周囲で話題になっているのが、アメリカの哲学者リチャード・ローティが、一九九八年に刊行した『Achieving Our Country』（邦訳『アメリカ未完のプロジェクト』晃洋書房）という本です。今回のトランプ現象をそのまま予言したわけではありませんが、本の中の一節が今の状況をかなり言い当てていると思います。ローティはどのようなことを言っているのか。労働組合に入っているメンバーや、あるいは組合に入っていない低スキルの労働者たちは、ある日気づく時が来るだろう。彼らの政府は賃上げをすることもないし、雇用の海外流出を防ぐこともしない。郊外に住んでいる白人のミドルクラスたちは、彼らのために税金を負担しようとも思わなくなる。

そうなった時、社会のシステムにヒビが入る。その裂け目でいかなる事態が生じるのか。高給取りや官僚、ポストモダンの学者など、そういったインテリたちの思う通りには社会を運営させないという非常に強いメッセージを発する指導者が突然現われ、その人物が求心力を持つようになるだろう。そうなるとアメリカ社会は、過去四十年間に成し遂げて来たはずのものが失われ、マイノリティや女性の権利などが一

気に後退していく。低学歴の人たちはエリートに対して持っている怒りのはけ口を、その強い指導者の中に見出すことになるだろう。ローティはそうした趣旨のことを言っているのですね。[*2]一八年前のことですが、結構似たような状況が現実に起こっている気がします。

こうした状況をグローバル化の反動として位置づけることも可能です。もしくは、この年末回顧の鼎談の中でも、過去三、四年ぐらい繰り返しテーマになって来ましたが、ミドルクラスの縮小した社会、あるいはソーシャル・キャピタルが低下した社会の必然と捉えることも可能です。そのことが今年、アメリカという場所ではっきりした形で表われた。ローティの「予言」も合わせて、やはり私にとっては最も衝撃的な出来事でした。アメリカで起きたことは、おそらく先進国に共通して生じ得る現象でしょう。イギリスのEU離脱[*3]とアメリカのトランプ現象を同一視することに私はやや違和感があるのですが、似ている部分もある。そういう意味で、日本も含めて、来年選挙が行われるオランダやフランス、ドイツなどの動向が気になるところです。

宮台　ローティから始めるとはさすが渡辺さん。一九九五年オックスフォード・アムネスティ・レクチャーズの人権について考えるシリーズでローティが面白いことを言います。人権はユニバーサルだとされるが幻想だ。一九六四年にリンドン・ジョンソン米大統領が公民権法にサインするまで女性も黒人も人間じゃなかった。誰を人間だと思えるかは具体的な育ち方で決まる。それをコントロールするのが感情教育。

---

*1　二〇一六年一一月八日に行われたアメリカ大統領選挙で、共和党候補ドナルド・トランプが、民主党候補のヒラリー・クリントンを破り、当選した。「メーク・アメリカ・グレート・アゲイン（アメリカ国を再び偉大に）」を掲げて選挙戦を戦ったが、メキシコ国境に巨大な壁を建設するなど、排外主義的な発言が批判を浴びた。事前の予測ではヒラリー・クリントンの優勢が伝えられていたために、選挙結果は驚きをもってむかえられた。

言説の普遍性を議論する暇があるなら、さっさと感情教育をしろ。「知よりも情意」というプラグマティズムです。同じ時期、一九九三年に、普遍的リベラリズムを奉じていたジョン・ロールズが諦めて政治的リベラリズムに舵を切ります。

僕は「リベラルの駄目さ」に引きつけて議論します。近代の全体社会（紛争処理・資源配分・集合的決定など一揃いの機能を備える単位）は国民国家で、資本主義・主権国家・民主政のトリアーデですが、グローバル化で中間層が分解すると、感情政治の拡がりでトリアーデはトリレンマに変性します。

EU離脱にせよトランプ当選にせよ、トリアーデを前提にした「主権と資本のどちらかを民主で選ぶ」営みだから、鬱屈した多数派が資本ならぬ主権を選びますが、新興国に抜かれた先進国は更に沈み、鬱屈した人々が更に資本よりも主権を選ぶという悪循環が回ります。トリレンマ化の実態です。だから僕はトランプ当選を予想し願望したけど、多くのリベラルがヒラリーを望んだのは、ローティ的に言えば文化左翼の呑気な幻想のなせるわざです。

世銀統計が示す通り、資本移動によって途上国の貧困率を劇的に下げたグローバル化は、たとえ先進国の中間層が貧困化しても、善いことです。でも社会の適応限界を超えた速度でのグローバル化は、政治の揺り戻しでグローバル化を台無しにします。森から薪をとるのは良いけど、木の成長速度を考えないと植林しても砂漠化します。コストの低い所に資本を移動するグローバル化の野放図は、焼き畑農法に似て限界に達して揺り戻します。

どのみち揺り戻すなら早い方がいい。後になるほど後遺症が激しいからです。ならば今こそトランプが選ばれるべき時です。当然混乱が生じます。政治的正しさ糞食らえといったヘイト野郎が跋扈。女性や民族・人種・宗教的マイノリティが苦境に陥り、分断が露呈します。でも野放図なグローバル化を放置した

＊2 「アメリカの社会経済政策について論文を書いている人々の多くは、工業化した古くからの民主国家がワイマール共和国のような時代に、つまり人民主義運動が立憲政府を打倒しそうな時代に向かいつつあると警告してきた。例えば、エドワード・ルトワク（Edward Luttwak）は、ファシズムがアメリカの未来であるかもしれないと示唆した。労働組合のメンバーと労働組合に加入していない未熟練労働者は、自国の政府が賃金の下落をくいとめようともせず、勤め口の海外流出をくいとめようともしていないことを遅かれ早かれ知るだろう、それがルトワクの『アメリカン・ドリームの終焉』（The Endangered American Dream）という書物の要点である。ほぼ同時に、労働組合のメンバーと未熟練労働者は、郊外に住むホワイトカラー――彼ら自身も削減されることをひどく恐れている――が、他の人々の社会保障手当てを支給するために課税されたくないと思っていることを知るだろう。／その時点で何かが壊れるだろう。郊外に住むことのできない有権者は、その制度が破綻したと判断し、投票すべき有力者――自分が選出されたら、独善的で狭量な官僚、狡猾な弁護士、高給取りの債権販売員、ポストモダニズムの教授などが支配することはもはやなくなると、郊外に住むことのできない有権者に進んで確信させようとする者――を捜し始めるだろう。そのときには、シンクレア・ルイスの小説、『それはここでは起こりえない』（It Can't Happen Here）のようなシナリオが演じられるかもしれない。それというのも、そのような有力者が政権を取るならば、何が起こるか誰も予想できないからである。一九三二年に、ヒンデンブルクがヒットラーを首相に任命したら何が起こるかいろいろ予想されたが、予想のほとんどはひどく楽観的すぎた。／起こりそうなこと、それはこの四〇年間に黒人アメリカ人、褐色アメリカ人、同性愛者が得た利益など帳消しになるだろうということである。女性に対する冗談めかした軽蔑の発言が再び流行するだろう。「ニガー」とか「カイク」という言葉が職場で再び聞かれるようになるだろう。大学〈左翼〉が学生に対して容認できないものにしようとしてきたあらゆるサディズムが再び氾濫することになるだろう。教育を受けていないアメリカ人が自分の取るべき態度を大学の卒業生に指図されることに対して感じるあらゆる憤りは、はけ口を見いだすことになるだろう」（『アメリカ未完のプロジェクト』小澤照彦訳、晃洋書房、二〇〇〇年、九五－九七頁）

＊3 二〇一六年六月二三日におこなわれたイギリスのEU離脱を問う投票では離脱派が僅差で勝利。二〇一七年三月二九日、イギリスは欧州連合基本条約第50条を発動し、EU離脱の手続きを開始した。

リベラルが掘った墓穴で、元々進んでいた分断が露呈しただけです。

僕がネット放送で繰り返し紹介した通り、米国の白人死亡率の高さ・象の鼻の図として知られる中間層没落・過去三十年の政治的立場の極化の統計からみて、揺り戻しは時間の問題でした。差別や排外主義のヘイトも、イデオロギーのなせるワザじゃなく、座席数の急減で座れなくなった者が、誰かを叩き出そうとして、仲間と思えない連中から順番に名指しているだけの話です。仲間と思えない連中はこれからも永久にいます。大規模定住社会の摂理です。つまり、驚くべきことは何ひとつ起こっていない。

苅部　ローティの話で思い出したんですが、ハリー・G・フランクファートの『不平等論』[*4]（山形浩生訳、筑摩書房）が九月に刊行されました。フランクファートは、平等が道徳的に優先されるべき価値だという考え方を、徹底的に批判しているんですね。根本にあるのは平等ではなく、個人それぞれを、その個別性に応じて、敬意（respect）と不偏不党性をもって扱っていくことが大事であると。そしてあくまでも、その次に出て来る手段にかかわる価値が、ひとしなみの平等であるというわけです。

トランプが大統領候補として注目される前に書かれたものですが、トランプ支持の根柢にある、特権層に対する不満をどう評価するかについて考えさせられる本です。平等はもちろん、デモクラシーの根本理念ですが、富はみなに同等に分配されるべきだという点だけにこだわっていると、貧困な労働者層の反感を煽り、ほかの意見に耳を貸さないような過剰な熱狂を生み出してしまう。トランプ現象にも、そういうことが底流にあったと思います。

大統領選に関しては、クリントンが勝つと僕も思っていて、予想がはずれました。でも考えると、渡辺さんが昨年の著書『アメリカのジレンマ』（ＮＨＫ新書）で書かれていたことをよく読めば、こういう結果になった背景が理解できるんですね。[*5] つまり民主党が、インテリ・エリートと大企業優遇の政党に変わり、労働者の要求を全然汲み上げない存在になってしまった。共和党もエリートに対する反感をすくいきれない。そういう状況でトランプに大きな注目が集まった。これは単なる一過性の事件としてとらえるのではなく、長期にわたる社会の変化によって起きたと考える必要があるでしょう。

考えてみればオバマの時だって、それまでは共和党が勝っていたいくつかの州が民主党支持に転じた、番狂わせの大統領選だった。そうした目で見ると、前から始まっていた変化の結果として、今回の大統領選を位置づけることもできるでしょう。

ただ少し心配なのは、渡辺さんも指摘された点ですが、反グローバリズムでナショナリズム、孤立主義に向かう今のアメリカの流れが、ほかの先進国にも広がって来ることです。さらにまた、大統領選でのCNNの出口調査によると、よく指摘されるように経済状況と学歴について、貧乏で学歴の低い層でトランプ支持の割合が高いのですが、クリントンを支持した人の割合との差は、それほど大きくない。差がもっと大きいのは、人種や年齢、性別による違いで、白人対マイノリティでは白人、女性よりは男性、若者よりは中高年がトランプに投票している傾向。人種・性別・年齢で投票先が決まってしまうという、身も蓋もない話です。これがいい傾向とは思えないんですね。

＊4　ハリー・G・フランクファート（一九二九－）アメリカの哲学者。著書に『ウンコな議論』など。

＊5「第三章　戦後社会の変質」『アメリカのジレンマ』（ＮＨＫ新書、二〇一五年）では、オバマ政権下の所得格差の拡大にたいして、民主党と共和党の党派対立によって、具体的な是正策が取られていないこと、クリントン以来、民主党が大企業を優先する経済政策をとって、人工妊娠中絶や同性婚などの権利ばかりを重視することになったため、労働者たちからエリート主義の政党とみなされ、民主党支持が多かったカンザス州の労働者が共和党支持へ転じた事例が紹介されている。

宮台　厳密には、金持ち白人が共和党候補に入れ、貧乏人とマイノリティが民主党に入れる構図は変わらなかったけど、ラストベルトを中心に没落労働者層がトランプに入れて結果が動いたのですね。そこもローティに引きつければ、「人権のユニバーサリズム」も「うまく回る近代国民国家」も幻想です。全ての等価交換は、起点での巨大な〈贈与＝剥奪〉を前提する。この思考をフィジオクラシー[*6]と言います。ウォーラーステインの世界システム論が典型です。「うまく行く国民国家」はフィジオクラティックな前提の上にある。ユニバーサリズムとフィジオクラシーが両立しないのは当たり前。分厚い中間層が続くはずもない。だから中間層の再生可能性もない。そこで既得権益をシェアできたはずの没落中産階級が「座席数の急減」で「誰かを叩き出すゲーム」を始めた。そこに出てくるのがセクシズムやレイシズム。差別主義に〝戻った〟のではない。誰かを叩き出す段になって仲間だと思えない奴を名指すのは予定されていた流れです。

ローティによれば「誰と誰は平等だ」という言葉は無意味です。性別・民族・宗教の異なる連中とフュージョンして遊ぶ感情教育がなければ、イザというとき性別・民族・宗教の違いでいつでも「叩き出し」が始まるからです。これまで既得権を得ていた白人が六割以上いるから、「誰と誰は平等」という言葉に過剰な意味を見出す文化左翼がのさばる間は、ヘイト現象こそが自然なのですよ。

だから僕自身トランプ当選の可能性が高いと思ったし、トランプ勝利を待望しました。待望の理由は、（1）野放図なグローバル化がもたらすものへの気付き、（2）正しいだけで楽しくないリベラルの愚昧への気付き、（3）対米追従を前提に座席争いするヘタレ官僚による引き回し（TPP、辺野古移転、原発再稼働…）への気付きに繋がるから。（2）と（3）は後で触れますが、（1）のグローバル化の野放図を放置してきた責任はリベラルにあります。三〇年前のリベラル・コミュニタリアン論争で「正義」と「善悪」の差異が主題化されます。[*7]「善悪」は各人各様でも「正義」は〝誰からも〟支持され得ることです。

さて〝誰からも〟とはどの範囲か。一九九三年に論争が決着して、所詮は国民国家内の話だとなりました。日本のリベラルにおける〝誰からも〟は国民国家内でさえなく、九条護持を掲げて平和主義を気取りつつ、安全保障を米国に依存して負担を沖縄に押しつけてきました。「見たいものしか見ない」御都合主義の典型です。ことほどさように、リベラリズムはユニバーサリズムどころか所詮はコミュニタリアニズムの変種に過ぎません。これが論争が与えた気付きです。ならば問題を覆い隠すユニバーサリズムを諦め、コミュニタリアニズムとコスモポリタニズムの両立可能性という細い道を歩むべきではないのか。九三年以降のロールズが言う「重なり合う合意」とはそういうものです。

鈴木邦男氏が言う「右翼国際主義」が典型です。その場合、コミューナルな範囲は沖縄差別問題が示すように国民国家より小さい。ヒラリーが勝ってたら、九三年に思想としては敗北したリベラル・ユニバー

＊6　フィジオクラシーは従来「重農主義」と訳されるが、宮台によればこれは間違いで「起点に理不尽な〈贈与〉や〈剥奪〉があり、その後に〈交換〉からなる呑気なマーケットやコミュニケーションが展開するという発想」をいう（宮台真司『正義から享楽へ』blueprint、二〇一七年、三六四頁）。

＊7　ロールズ『正義論』（一九七一年）にたいする、マイケル・サンデル、アラスデア・マッキンタイア、チャールズ・テイラー、マイケル・ウォルツァーらコミュニタリアンらの論争。なかでもサンデル『リベラリズムと正義の限界』（一九八二年）のロールズ批判が知られる。ロールズにおいて善(good)にたいして正(right)が優先される。それは「無知のヴェール」という仮説実験は、共同体やそれが歴史的に構築した価値を無視した「負荷なき自己」を前提にしているにすぎない、というもの。ロールズは『政治的リベラリズム』（一九九三年）で、サンデルの批判を受け入れて、自らの立場を普遍的リベラリズムから、政治的リベラリズムの立場に限定したうえで、その根拠を包括的教説の「重なり合う合意 overlapping consensus」に求めた。

サリズムがゾンビのように延命し、〝茹で蛙〟よろしく留め置かれた我々は、どこかで巨大な揺り戻しを経験したはずです。野放図なグローバル化にどう制約をかけて、コミューナルなコスモポリタン化という グローバル化の新たなステージに向かうべきか。それを考える機会を提供してくれたトランプ当選は歓迎されるべきです。

「正義」と「享楽」

渡辺 トランプの言動を見ていると、アメリカの民主政を語る言葉の劣化を印象付けられることがあまりにも多い。ただ見方を変えると、それまで民主党の主流派にも共和党の主流派にも見捨てられていたサイレントマジョリティが、今回もう一回、政治の回路の中に参加することができた。これ自体はアメリカの民主政が健全に機能していることの証だろうと思います。民主党はこれまでリベラルを標榜しながらも、実際には、経済的に取り残された層の声なき声をすくい上げることができなかった。

その代わりに、性的マイノリティや宗教的マイノリティの権利を守る、アイデンティティ・ポリティクスの方に少し力を入れ過ぎた感じがあった。有権者の一番の関心事である経済的な部分、つまり困窮した層をどう引き上げてゆくかについては、ほとんど何もしてこなかった。あるいは共和党の反発もあって何もできなかったと言う方が正確かもしれません。その意味では、宮台さんがおっしゃるように、今回のトランプ現象も、評価すべき点は多々あると思います。

いわゆるユニバーサリズムや多文化主義、グローバリズムといったエリートの発する言葉の限界が露呈され、ポリティカル・コレクトネスが否定された。「エリートたちの化けの皮が剝がれた」と言ってもいい。イギリスのEU離脱においては、ブリュッセルのEU官僚の支配に対する反発などがあり、離脱のデメリットを説くエリートたちの言葉は多くの市民に届くことはなかった。アメリカを見れば、共和党・民主党、両党のエリートたちは、社会に渦巻いている痛みを見過ごしたところがある。では今後、高学歴のエリートたちは現状にどう対応し、自らの考える正しさを市井の人びとに伝えてゆけばいいのか。

宮台　もう方向性は示されました。（２）の「正しいだけで楽しくないリベラル」が関連します。世界中でリベラルや左翼が退潮する理由がそれです。「正義」の軸と「享楽」の軸があります。昨今のリベラルは「正しいけど、楽しくない」。河野太郎と洋平の区別も付かずに河野談話問題で太郎を批判するウヨ豚が、勘違いを否定されて直ちに「それでも太郎は気にくわねえ」と居直るように、「享楽」に向けた疑似共同性の樹立だけが賭けられている以上、「正しくない」との批判は痛くも痒くもないのです。「正義」と「享楽」の一致が稀という問題を伝統的に主題化してきたのが大衆社会論の伝統です。

中間層が空洞化して、分断された個人が、これから貧困化していくという不安に苛まれる場合、「正義」と「享楽」が分離して「享楽」へとコミットするようになるのだ、と。「権威主義的パーソナリティ」を論じたフロム[*8]が、絶対的貧困度とは別に見出した全体主義化の集合的な主観的条件です。ならば、中間層の分解過程では、自動的にリベラルよりウヨクが有利になります。この流れの中で「正しさ」に粘着すると、「正しさ」を口実にマウンティングしたいだけの浅ましい輩に見えます。それに気が付かずに「正しくない」と批判し続けるのは、ユニバーサリズムも所詮は「仲間内の平等」に過ぎないという（１）の問

＊8　エーリッヒ・フロムが『自由からの逃走』でナチズムの台頭を社会心理学的に分析した際に用いた概念。社会が経済的政治的危機に陥った際、権威あるものへの絶対的な服従や弱いものに対する攻撃的な性格が生まれるという考え。

題を横に置いても、能天気過ぎます。

戦後のマスコミ効果研究が示した通り「正義」と「享楽」の一致条件は、分厚い中間層が支えるソーシャル・キャピタル（人間関係資本）です。仲間に自分が埋め込まれているという感覚があれば、仲間を傷つける奴に憤ることが「正義」かつ「享楽」になるからです。

夏の参院選で解散したSEALDsの奥田愛基氏[*9]にも申し上げて来たけれど、人が「正しさ」から離れているのは、こうした一致条件を無視して「正しさ」をベースにマウンティングするばかりで「享楽」の輪を少しも拡げられないリベラルのせいです。リベラルに必要なのは「正義」と「享楽」の一致だけれど、既に申し上げた理由で一致条件を中間層の復活には探れません。ならばテクノロジーを駆使して工夫するべきです。ただし「正しいけど、楽しくもある」じゃ駄目で「楽しいけど、正しくもある」が必要です。鬱屈した人は「享楽」が欲しいのだから「同じ楽しむなら、正しい方がいいぜ、続くし」と巻き込むのがいいのです。元ヤンキー連中は商工会議所や青年会議所や後援会に絡めとられて専ら自民党政治に組み込まれますが、彼等がリベラルにこそ吸い寄せられる仕掛けを目標にするのがいいでしょう。

たとえ〝馬鹿の包摂〟でも、ＰＰＡＰのピコ太郎[*10]のようなＴＲＡＰの流れがヒントになります。ヤク売買の場所を意味するＴＲＡＰにＲＡＰを掛けたもので、沈下したＲＡＰがＥＤＭ（電子ダンス音楽）と合流して生じた最近の流れだけど、包摂力が高くて、世界中でＲＡＰブームが再興しました。いずれにせよ、（1）で述べたグローバル化の野放図が〝必然的に〟ウヨク化を帰結するとは言えません。グローバル化とネット化で「誰が仲間か」がどんどん不分明になるのに、「正義」と「享楽」の乖離による「享楽」の優位化に対処する仕掛けを、模索してこなかったリベラルの、自業自得です。

そうした「享楽」の仕掛けも、トランプ陣営が圧倒的でした。イベントに集まった人数が同じでもコミットメントがヒラリー陣営を圧倒していました。「市井の人々に正しさにコミットしてもらうには？」という問いへの答えは、「正義」と「享楽」を一致させるテクノロジカルな工夫です。

苅部 トランプの例を見ていても、英国のＥＵ離脱の例でも、問題は、「正しいこと」の実現をストレートに求める志向が、デマゴーグと容易に結びつくんですよね。英国の場合では、ＥＵに現在拠出している金を福祉に回せるとか、アメリカ大統領選で、児童売春に関する情報がクリントンのメールから見つかったという類のデマ。「ポスト・ファクチュアル・デモクラシー」（事実無根の民主主義）と呼ばれる傾向で、池内恵さんがネット上で「デマクラシー」と訳されたのが適訳だと思います（笑）。

このような戦術に人々がとりこまれないようにするための手立てを、真剣に考えないといけない。選挙や国民投票では、デマクラシーを煽ることで権力を取れるかもしれませんが、すでに英国でも投票後に嘘がばれたように、権力をとったあと、それを日常的に運用する場面では、同じ手法がもはや通用しなくなるでしょう。

宮台 難しい点です。社会が「ポスト・トゥルース」に向かっているのは確かです。「正義から享楽へ」[*11]の流れです。見掛け上、デマの「疑似現実」で「現実」が覆い隠される事態ですが、戦間期にリップマンが提示した「疑似現実／現実」図式は、先進国で高度消費社会の記号的消費が始まる時期にボードリヤー

＊9　奥田愛基（おくだ・あき、一九九二年－）活動家。安保法制に反対するSEALDs創設メンバーのひとり。一般社団法人ReDEMOS（リデモス）の創設者。著書に『変える』など。

＊10　お笑い芸人古坂大魔王が扮するシンガーソングライター・ピコ太郎によるリズム楽曲。曲中の「ペンパイナッポーアッポーペンPen Pineapple Apple pen」の頭文字から取られている。アメリカの人気ミュージシャンのジャスティン・ビーバーがTwitterで紹介したことから世界的な大ヒットとなった。

ル[12]によって退けられました。お前が「疑似現実」を批判して持ち出す「現実」もまた「疑似現実」だと。実際ヒラリー陣営がそう批判されていました。社会学的には、共同体的な共通感覚や共同身体性が消えれば、直ちに「現実」の共有が困難になるのです。ハイデガーの「用在性[13]」の問題です。メディアが分化したから共通前提が寸断されたのではなく、共通前提の崩壊がメディアを分化させたのです。八〇年代前半にマーケットリサーチの仕事をしていた僕自身が体感しています。

こうした社会的条件のせいで、これが現実だという「真実の言葉」は空間の直進力を失い、「これはデマだ!」「それがどうした!」という遣り取りになります。代わりに浮上するのが「機能の言葉」です。コミュニケーションから、コンスタティブ（事実確認的）な要素が消えて、専らパフォーマティブ（遂行的[14]）になるわけです。だから、大澤真幸氏が言う「アイロニカルな没入」を含めて、嘘と知りつつコミットするのですね。

渡辺　トランプのコアな支持者はまさにそうですね。

宮台　その意味で今日では、「本当に正しいか、ただのデマか」をめぐる議論をフォローできること自体が余裕をかましたリベラルということで、そこがトートロジーになっている以上、「正しさ」に固執しても拡がりません。

渡辺　トランプの場合、発言の七五パーセントぐらいが、事実に基づかないという調査もある。だけど彼のコアな支持者からすると、そんなことにはあまり拘泥しない。そこにカリカリするのはリベラルであって、トランピストが求めているのはそういうことではない。ポリティカル・コレクトネスに反することをズケズケと言う。そこにトランプの誠実さを見出し、なおかつそれだけの度胸を兼ね備えたタフガイであると見なす。エリート・メディアがトランプを叩けば叩くほど心情的にトランプにシンクロしてゆく。そうした歪んだコミュニタリアンまがいのネットワークができてしまうのが、今の時代のややこしいところです。フェイクニュースも厭わないフェイクコミュニティというか……。

ただ、やはりもう一度考えてみたいんですが、新自由主義に象徴される今日のグローバル化した社会の中では、ミドルクラスが瓦解し、格差が拡大し、取り残され、忘れられてしまう人たちがどうしても出てくる。そういう人びとに対して、もう一回社会の中に然るべき尊厳と居場所を与えることは可能なのか。たとえば富裕層の累進課税率を高くして、再配分する。結果としてミドルクラスが育っていけば、購買力もつき、消費も盛んになるのでビジネスのマーケットも広がる。治安も改善するかもしれない。中長期的

＊11　ウォルター・リップマン（一八八九－一九七四）アメリカのジャーナリスト。一九二二年の『世論』で、人間を取り巻く現実の環境と、人間が頭の中に描いた環境を「現実環境／擬似環境 pseudo - environment」と区別した上で、「擬似環境」がマスメディアの情報によって歪曲化やステレオタイプ化される問題点を指摘した。

＊12　ジャン・ボードリヤール（一九二九－二〇〇七）フランスの哲学者。著書に『消費社会の神話と構造』など。ボードリヤールは消費社会においては、オリジナル／コピーという二項対立はなく、すべての現実がオリジナルなきコピーである「シミュラークル」と化し、現実自体が記号化されてしまうと指摘した。

＊13　Zuhandenheit（独）ハイデガー『存在と時間』によれば、道具は道具単体としてありえず、本質的に「～するためのもの」である。「道具的存在性」「用具性」「手許的存在性」とも訳される。ちなみに宮台が私淑する廣松渉も「用在性」の訳語を用いた。

＊14　イギリスの哲学者であるJ・L・オースティンが『言語と行為』で文の発話を「事実確認的（constative）」と「行為遂行的（performative）」と二つに区別した。オースティンは命題の真偽を問題にした従来の言語論に対して、文の発話が同時に行為の遂行であることを明らかにした。たとえば、「私は約束する」と口に出して言うことは、私の行為を記述しているのではなく、約束という行為を実際におこなっている。こうした発話を「行為遂行的（performative）」、事実を記述する発話を「事実確認的」とした。

にはいろんな恩恵がある。そのことに富裕層の人も気づくはずだと思いますが、この時代においては説得力がない。

トランプがやろうとしているのは、まさにレーガノミクスの再来、トリクルダウンです。[*15] しかし理論通りにはトリクルダウンはしない。上は上で溜め込んでしまうし、タックス・ヘイブン[*16]を介して税逃れもできる。レーガン時代からアメリカの格差社会は顕著になりました。そうなると、トランプノミクスによって、この傾向が繰り返されることになる。つまりミドルクラスはますます縮小する。さらにロボットやAIが進化すれば、持てる者はさらに高度な生産手段を持ち、低学歴・低スキルの労働者たちはますます太刀打ちできなくなる。おまけに再分配も敬遠されるとなると、末恐ろしい世の中になる気がします。

「制度による社会変革」から「技術による社会変革」へ

宮台　繰り返すと、近代は資本主義・主権国家・民主政のトリアーデですが、資本主義のグローバル化が中間層を分解させて社会が空洞化すると、Brexit が象徴するように選挙や国民投票が「資本と主権とどちらが重要かを、民主で決める」図式に陥る結果、主権が選ばれて排外主義化する。するとグローバル化する新興国に抜かれて貧困化がさらに進み、ますます排外主義的に主権化し、経済的に沈下する。トリクルダウン策を採らなくても必然的に悪循環が回ります。必要なのは主権を制約してグローバル化を制御するグローバル・ガバナンスですが、ＥＵのドイツ民間銀行一人勝ちの帰結や、ＴＰＰの米国富裕層一人勝ちの図柄が、グローバル・ガバナンスの希望を挫きました。トランプ選出は気付きの機会ではあるものの、トランプ自体はコミューナルなグローバル化に向かう政策を持ちません。

でも、世界の貿易量上昇率が激減し、グローバル化が新フェーズに入りつつある事情を見逃せません。

賃金や土地の価格が上がった中国が消費社会化で内需が膨らんだ結果、中間生産財から最終生産財までを中国国内で作るようになり、中間生産財輸出型ビジネスモデルが終わりつつあります。かといって、インドやミャンマーが中国の道を追走できるわけではありません。なぜなら、テクノロジーの高度化が、コスト面で資本をワザワザ他国に持ち出す必要を免じるだけでなく、物やサービスの安価さよりも、微細なサービスの質で勝負をするゲームをもたらすからです。長い目で見れば、地産地消型のローカル経済を回すグローバルなIT産業を前提としてグローバル化を回す、という新フェーズに入ります。

六〇万都市の米国ポートランド[*17]が象徴的ですが、今は胡散臭くても、クリエーティブ・シティの方向に向かうしかないのです。共同体を空洞化させる旧式のグローバル化にブレーキをかけ、新式のグローバル化のスロットルを踏む政策的選択肢が採用される必要があります。テクノロジーの発達をコミューナルなものの刷新に結びつけられない限り、民主政が妥当な政治的決定を出力し続けることが今後不可能だからです。

*15　一九八〇年代にレーガン大統領がおこなった、大幅減税、財政支出削減、規制緩和などを中心とする経済政策。レーガンとエコノミックスを合わせた造語。

*16　租税避難地。所得や財産への税金がゼロや低税率といった税制措置をとっている国や地域のこと。バハマ、ケイマン諸島等が知られる。二〇一六年四月には、タックス・ヘイブンでの法人設立を請け負っていたパナマの法律事務所モサック・フォンセカから流出した文書（パナマ文書）によって、世界各国の政治家や著名人の税金逃れの実態が明らかとなった。同年五月の伊勢志摩サミットでも問題となった。

*17　アメリカ合衆国オレゴン州最大の都市。路面電車や自転車レーンなどの都市開発、有機農産物や建材の地産地消、マリファナの合法化、「ネイバーフッド」と呼ばれる住民組織など先進的な都市づくりで知られる。全米で住みたい都市第一位となったことで日本でも知られるようになった。

人文系の学者が不得意なテクノロジーの要素に、注目するべきです。トランプ支持のオルタナ右翼[*18]は多くが馬鹿ですが、中には「新反動主義者[*19]」と呼ばれるシリコンヴァレーの有力テクノロジストが含まれていて馬鹿じゃありません。ピーター・ティール[*20]のような人たちです。彼らは「制度による社会変革」を信用せずに「技術による社会変革」に思いを託します。結局は他人を傷つけずに幸せになれれば——「享楽」できれば——良いのだというわけです。かつては制度的再配分しかありませんでしたが、今は〈世界体験〉をテクノロジーで制御できます。我々には〈世界〉(現実界)が直接与えられることはなく、我々が手にするのは〈世界体験〉(想像界)で、それは言語プログラム(象徴界)に媒介されています[*21]。〈世界〉を〈世界体験〉に媒介する関数が、言語プログラムとしての社会です。この媒介を、言語が作り出すテクノロジーが支援する割合が膨らみつつあるのです。

ポケモンGO[*22]のような拡張現実が示すのは、かつて物の配分が可能にした幸せという〈世界体験〉へのアクセスが、情報の配分で初めて平等化される可能性です。制度と違って技術は個人ごとにカスタマイズ可能だから多様な幸いを保障できます。元々はマルクーゼが五十年前に示した、テクノロジーが高度化すれば人間は理性的な存在である必要を免除されるとする思考です。このビジョンを小説化したJ・G・バラード[*23]の原作を映画化したのが『クラッシュ[*24]』と『ハイ・ライズ[*25]』。映画を観ると現実的だと思えます。このビジョンをコミューナルなコスモポリタニズムと結びつく形に展開できれば、支配・被支配関係の非倫理性をある程度退けつつ、地域社会の持続可能性を確保できます。

苅部　宮台さんは『まちづくりの哲学』(蓑原敬との共著[*26]、ミネルヴァ書房)の中で、「顔が見える我々の再設定」ということをおっしゃっていましたよね。そういう試みを通じて、経済的に下層へ落ち込んでいるような人たちを、地域のつながりの中に引き止め、政治的な判断力を養っていく。それは有効な選択だと思

＊18　オルタナ右翼（alt-right）ドナルド・トランプ支持を支持し、従来の保守主義とは異なる右翼思想をもつ人びと。リチャード・スペンサーが立ち上げたウェブサイト「オルタナティブ・ライト」に由来。きまった綱領はないが、移民政策やPCに反対し、白人至上主義や排外主義的論調を掲げることが多い。日本のネット右翼と同じく、4chanなどのウェブサイトで影響力をもった。トランプ政権で首席戦略官だったスティーブン・バノンもその一人に数えられる。
＊19　新反動主義（neoreactionism）民主主義の否定、能力主義や技術による統治を掲げる。代表的な論客としてブロガーのメンシウス・モールドバグやニック・ランドが知られる。
＊20　ピーター・ティール（一九六七－）アメリカの起業家。電子決済サービスPayPal（ペイパル）創業者。リバタリアンとして知られる。大統領選ではトランプを支持し一二五万ドル寄付したほか、共和党大会での応援演説ではゲイであることをカミングアウト。
＊21　フランス精神分析家のジャック・ラカンの三つの分類。象徴界は言語の領域であり、想像界はイメージの領域とされる。現実界はいずれにも属さないものであって、トラウマや不安などで間接的に見出される。
＊22　ポケモンシリーズのスマートフォン向けゲーム。二〇一六年七月六日にアメリカやオーストラリア、七月二二日に日本でサービス開始された。スマートフォンのカメラやGPS機能を活用しAR（拡張現実）技術を使ってポケモンを現実の風景に出現させる。多くのユーザーが街中を歩き回る社会現象が起こった。
＊23　ジェームズ・グレアム・バラード（一九三〇－二〇〇九）イギリスのSF作家。ニューウェーブの代表的な作家のひとり。著書に『沈んだ世界』『太陽の帝国』など。
＊24　一九九六年公開のデビッド・クローネンバーグ監督作品。ハイウェイで正面衝突事故を起こした主人公のジェームス・バラードは、対向車の助手席にいたヘレンとともに病院に担ぎ込まれるが、事故の瞬間にエクスタシーを感じていた。自動車事故にエクスタシーを感じる人々が集まる会の存在を知ったジェームズとヘレンは、その集会に参加する。倒錯的な世界にのめり込む二人を描く。
＊25　二〇一五年公開のベン・ウィートリー監督作品。医師のロバートはスーパーやジムなどを完備する高層マンションに住み始める。ところがある日、このマンションが、階層ごとに階級が棲み分けられていることを知る。上層部に住む富裕層と下層部に住む貧困層の対立は日に日に激しさを増し、ロバートはその対立に巻き込まれていく。
＊26　蓑原敬（みのはら・けい、一九三三－）都市計画家。著書に『地域主権で始まる本当の都市計画・まちづくり』など。

います ね。

宮台　素朴だけど、「仲間になる」のは大事です。進化生物学や分子考古学が示す通り、『宇宙大作戦』のスポック博士[*27]的にはノイズでしかない感情を、ヒトが持ち続けて来たのは、自発性（損得勘定）を超えた内発性（内から湧く力）がなければ、言語が支える社会の存続に、必要な動機付けを調達できないからです。知れば為す（孫子）つまり合理的ならそれを人は意志するという立場が「主知主義」で、不条理ゆえに我信ず（テルトゥリアヌス[*28]）つまり端的な不合理を人は意志するという立場が「主意主義」ですが、比較認知科学が示す通り、「他人のために命を投げ出す」という貢献性や利他性を支える〝不合理な〟感情の言語以前的な遺伝基盤を考えれば、「主意主義」に軍配が挙がります。

そこでもテクノロジーが役立つ可能性があります。テクノロジーが支える関係が、感情的な絆をもたらす可能性です。「インターネットでの性別・年齢・収入を捨象した不完全情報のコミュニケーションが、昔あり得なかった匿名的関係をもたらしたものの、所詮は損得勘定優位で、絆には程遠い」というのは確かですが、感情の働きを踏まえたテクノロジーが、未発達な現段階の話です。

ギデンズが二十年前に述べた通り、家族は大切でも、昔ながらの血縁主義的家族や安定した二世代少子家族を維持するのは不可能だから、「疑似家族」でしかないものも〝一定の機能〟を備えたら家族として認めるべきで、さもないと社会が続きません。その〝一定の機能〟をテクノロジーが支援できます。そうした機能主義的思考、「機能の言葉」が必要です。「家族」の項に「恋愛関係」や「友人関係」や「共同体」を入れても同じです。かつてのミドルクラスが永久に戻らない以上、それが支えた共同性やソーシャル・キャピタルも戻りませんが、テクノロジーを踏まえた「機能の言葉」が希望を与えます。ただし、「それは真の家族ではない」と「真実の言葉」に粘着する、自慰的なイメージ保守が邪魔するでしょう。

「政治＝選挙」なのか？

苅部　今年にもうひとつ感じたのは、「政治」のイメージが選挙だけに集中してしまう傾向です。一八歳選挙権[*29]や、高校教育の新科目「公共」に関する議論が始まっていますが、選挙を通じての政治参加ばかりが強調される。選挙はたしかに大事ですが、まちづくりに関わっていくとか、住民どうしで地域の問題を話し合うことも立派な政治参加です。地方議員・国会議員や市役所へ直接に働きかけることもあるでしょう。政治参加の回路としては、むしろそうした日常のとりくみの方が重要かもしれないのに、その点を強調する人がいない。これは深刻な病ではないでしょうか。ある提言の文書でこのことを書いたら、「陳情を正当化するのか」というコメントが年長の学者の方から来ました。おそらく田中角栄邸に陳情に行くようなイメージが残っているんでしょうね（笑）。

＊27　アメリカで一九六六から六九年まで放送されたテレビドラマ。人気SFシリーズ「スター・トレック」の第一作。異星人であるバルカン人と地球人の間に生まれたスポックは自らの出生にコンプレックスをもち、感情表現を極度に抑え、論理的であることを尊ぶバルカン人としてふるまおうとする、という設定がある。

＊28　テルトゥリアヌス（一五五－二二〇）カルタゴのキリスト教神学者。「不合理ゆえに我信ず」はテルトゥリアヌスの言葉として知られているが、出典とされてきた『キリストの肉について』にその言葉はない。

＊29　二〇一五年六月に公職選挙法が改正され二〇一六年から選挙権が二〇歳以上から一八歳以上に引き下げられ、一六年七月の参議院議員選挙がはじめての国政選挙となった。また、選挙権が引き下げられたことを受けて「主権者教育」の必要が訴えられ、二〇二二年度以降をめどに高校必修科目の「現代社会」を廃止し、「公共」が新設されることが決定した。経済、法、政治、安全保障などを広く学びながら、ディベートや模擬選挙、模擬裁判などを取り入れることも予定されている。

今年に出た若者むけの政治入門の本では、おときた駿[30]『ギャル男でもわかる政治の話』（ディスカヴァー・トゥエンティワン）が、斎藤美奈子さん[31]が『ちくま』の連載（「世の中ラボ」二〇一六年八月号）で指摘されたとおり、もっともよくできていると思いましたが、やはり視野が選挙での投票に限られている。そうすると日本で今後、もし「デマクラシー」の傾向が強まっていった場合、選挙だけに偏った政治観と、嘘をついてもいいから政権を取ってしまえという戦術とがかみあって、巨大な力をもつことになってしまうでしょう。それは決していい方向とは言えない。

宮台　おっしゃる通り。世田谷で保坂区長[32]のワークショップをサポートする際に、僕は「車座かネットか」という二項図式で語りかけます。ネットではコンテクストが見えないので暴論や極論が潔く見えます。キャス・サンスティーンが指摘していましたね。その結果、討議するとかえって「極化」が後押しされがちです。「正しさ」を欠いた「享楽」の優位ですね。ところが車座だとコンテクストが見え、どんな佇いやオーラで喋っているかが分かる。立派な人だなぁとか浅ましい人だなぁとか。それが分かると「正しさ」と「享楽」が一致する可能性が出て来ます。こうした観察に基づく実践も、そう遠くない日にテクノロジーでサポート可能という意味でテクノロジカルです。何をすればどんな結果が生じるのか、条件プログラムを分析し、「正しさ」と「享楽」が一致する条件をファシリテートするわけです。抽象化して考えれば、TED[33]のようなネット空間でもいい。ポイントは文脈パラメーターの操縦だからです。

もう一つ、茹部さんがおっしゃったことに関連しますが、ドイツに発祥した「子ども大学[34]」があります。地域の小学生を集めて大学教員の授業を聴いてもらう。僕はこれにも関わって小学校四年生に教えています。子どもには概念が通用しないから、概念を文章に開いて伝えるのに大学生に教える一〇倍のコストがかかるけど、うまく行くと恐ろしいほど感情的コミットメントが得られます。通じないだろうと思っていた話が大人よりも通じるのです。直近の授業では、食の安全性を考える上で添加物に敏感なのは大事だけど、世の中には忙しいお母さんもいて子どもにコンビニ弁当しか食べさせられなかったりすることを、どう考えたらいいのかと尋ねました。すると「何事もやり過ぎは駄目」という答えが大勢から返って来た。子どもの感覚はスゴイ。逆に言うと大人は言葉の自動機械になりがちです。

フクイチ事故後に低線量被爆が問題になった際、保坂区長にこう話しました。「少しでも線量の数値が出たら駄目で、産地表示のない食べ物を与える母親は犯罪者」みたいな物言いがネットに溢れるけど、産地を確かめて高価な食品を買えるのは恵まれた専業主婦だから、こうした物言いに淫する輩は「正しい」ことを言っているようで、むしろ人を「正しさ」から遠ざけ憎ませてしまう、と。僕の意見は行政に活かされましたが、大人の社会では困難なことが、子どもに投げると一秒後に通じるのです。大人が教えられます。

対話型制度の導入

渡辺 苅部さんがおっしゃった、「政治=選挙」と同一視することについて、発展途上国に開発援助をす

＊30　音喜多駿（おときた・しゅん、一九八三－）政治家。元東京都議会議員。著書に『東京都の闇を暴く』など。

＊31　斎藤美奈子（さいとう・みなこ、一九五六－）文芸評論家。著書に『妊娠小説』など。

＊32　保坂展人（ほさか・のぶと、一九五五－）政治家、ジャーナリスト。衆議院議員をへて東京都世田谷区長。

＊33「Technology Entertainment Design」一九八四年に開設された非営利団体。二〇〇六年からインターネットに動画配信したことで広く知られるようになった。主催する講演会「TED Conference」にはダニエル・デネットやビル・クリントンといった著名人もプレゼンテーションをおこなっている。

る際に、欧米諸国などは民主制を整えることを相手国に求めます。その時に、往々にして試金石になるのは選挙制度の導入です。しかし選挙をすれば民主化するかと言えば、まったく違う。形だけの選挙を行って権威主義体制を維持している国は多くあります。お話をうかがっていてもう一つ頭に浮かんだのは、アメリカの党員集会です。すぐに投票するのではなく、小さな単位で学校や集会所に集まって、なぜ自分がこの候補を支えるかとか、様々な議論を経て最終的な決定を下すわけです。議論を重ねるうちに、支持者の気持ちも変わっていく。ああいう対話型の制度が日本にも定着すればと思いますが、難しいでしょうね。

　アメリカでも投票形式の予備選挙が主流になっています。今年出た本で言えば、猪木武徳さん[*35]が『自由の条件』（ミネルヴァ書房）の中で、トクヴィルの『アメリカのデモクラシー』について触れています。市民が参加し同じ市民を裁く陪審員制度に関するトクヴィルの見解[*36]は有名です。つまり、市民としての公的感覚を育む「民主主義の学校」というわけです。そういう参加を促す制度に関しては、アメリカは結構巧みに整備されているように思います。選挙の演説集会なども、会場いっぱいに風船が飛んだり、ロックが流されたり、まさに祝祭そのもので、単純に楽しめるんですよね。その辺りは、日本はまだまだ工夫の余地があるなと、お二人の話をうかがっていて感じました。

宮台　「楽しい」ことがやはり重要です。ヒラリー支持者の民主党集会について、参加者のコメントを読むと、有名アーチストが挙って応援に駆けつけてはいるが、熱が感じられずに白けていたと[*37](笑)。「大統領にトランプはないでしょう」みたいな感じで、仕方なく来ている消極的支持者が多い風情です。ところが、トランプ支持者の集会はお祭り状態で、暴力的ではあれ、楽しかったと。コミットメント度が違うのですが、こうした熱の違いが結果に繋がったという議論も分厚いです。人々が持つ熱の力が、最後の最後で投票所に仲間を連れてくるか否かを左右するからです。白けた雰囲気の支持者は誰も連れてきません。

渡辺　新科目「公共」の話に戻ると、これは、もう少し日常の中で市民としての自覚と責任を育む、あるいはその感覚を若いうちから体感させようという話ですよね。どちらかと言うと、保守派の人たちが熱心な印象がありますが、具体的には、どんな内容が含まれているんですか。

苅部　文科省内ではいまだに「公共」という科目名称の英訳が決まっていないという噂があります。「公共」という言葉の意味について、推進している側もよくわかっていないんですね（笑）。中教審のワーキンググループ内で一月に配布された資料によれば、「社会に参画し、他者と協働する」という目的のなかに「家庭」まで入っている。この点は、日本のイエの美風の再建といった保守的な意見を考慮したのかもしれませんね。ただ中心となっているのは、個人が自立した主体として社会に関わってゆくための教育とい

＊34　二〇〇二年にドイツのチュービンゲン大学ではじめてのこども大学が開かれ、大学教授やジャーナリストが七～一二歳までのこどもに無料で授業をおこなった。

＊35　猪木武徳（いのき・たけのり、一九四五－）経済学者。著書に『自由の思想史』など。

＊36　「陪審制、とりわけ民事陪審制は、判事の精神的習性の一部をすべての市民の精神に植えつけるのに役立つ。まさにこの習性こそ、人民をもっともよく自由に備えさせるものにほかならない（…）陪審制は各人に自分自身の行動の責任を回避せぬことを教える。これは雄々しい気質であり、それなくして政治的徳性はありえない（…）それ（陪審制・引用者）は無償でいつでも開いている学校とみなすべきである。陪審員が一人一人そこに来て自分の権利を学び、上流階級の中でももっとも学識に富み開明的なメンバーと日々交わり、法律を実用に即して教わる学校、弁護士の活躍、判事の見解、さらには原告被告の熱意を見ているうちに、法律の内容が陪審員にも理解できるようになる、そういう学校なのである」（『アメリカのデモクラシー第一巻（下）』松本礼二訳、岩波文庫、二〇〇五年、一八七－一八九頁）

＊37　女優のメリル・ストリープ、歌手のケイティ・ペリーやビヨンセがクリントン支持を表明し、クリントンの講演会などでスピーチや歌などを披露した。

うことで、それほどおかしな話ではないと思います。

宮台　欧米の公は、内集団（所属集団）と外集団（非所属集団）を含んだ包括集団（市民社会）を支える原則のことだけど、日本の公は、滅私奉公の公で、所詮は内集団（所属集団）の原則に過ぎません。だから家庭生活が公になったりします（笑）。「公共」の英訳は、その意味で、「civic virtues」に決まっている。

さて、なぜ社会で実体験を積むことが良いのか？　人は記憶の動物です。昔あったはずのプラットフォームを取り戻そうとするのは自然です。でもプラットフォームの前提が崩れれば取り戻しは現実化できない。家族も地域も崩れて来たけど、「機能が同じだから、これを家族として新たに認めよ」と迫ったところで、疑似家族・疑似地域への同意は得られません。ならば、家族的だ、地域的だとかつての境界線を参照せず、別の境界線を持つ「仲間」を自在に作り出すことも大切です。だから、SEALDsがやろうとしたことには意味があったと思います。

彼らが組織した国会前デモに参加した人には各人各様の動機があったけど、多くの人が言っていたのは、大学や会社では出会えない人と出会えるのが楽しかった。これは重要です。今まで仲間になれないと思っていた人と仲間になれるとわかる。そういう機会を作ってくれたのは誰だろうと考えて、社会的な想像力を開いていくことがあり得ます。その意味でSEALDsは一定の成果を残しました。安保法制を止められたかはさして重要ではない。どんな政治的なコミュニケーションをして、どう楽しさを持ち帰れるかを、示しました。

渡辺　トランプの集会に来ていた青年たちにインタビューしたテレビ番組をアメリカで見たのですが、「なぜここに来てるのですか?」と聞かれて、「女の子に会えるから」と答えている人がいましたよ（笑）。

宮台　大事です。それをリベラルが理解していない。関連しますが、今回ＬＧＢＴの一五パーセントがトランプに入れている。ゲイに限ればかなりの割合がトランプに投票しました。「ＬＧＢＴと言えば権利獲得」という先入観がリベラルにありますが、思い込みです。日本でもゲイバーに女連れで遊びにいくと「マ◯コ臭い」と嫌がられるでしょ(笑)。どこの国にもミソジニスト(女嫌い)のゲイが多数います。その現実を知らないから「ＬＧＢＴと言えば権利獲得」と誤解する。権利獲得は大切でも、性愛の幸せは権利獲得では得られない。性愛こそ「正しさ」より「享楽」だからです。権利獲得で幸せになれると考える輩はゲイ界隈で嫌がられます。

戦後の象徴天皇制

渡辺　トランプは党大会で、「ＬＧＢＴの権利を守る」と言っていました。ただ、そこがポイントで、彼は票を取れるなら何でも言う。ちょっと風向きが変われば、平気で前言を撤回する。「変節」ではなく「進化」なのだと(笑)。これまでの政治家には、ある程度のイデオロギー的なこだわりがありました。そこを基軸にして立場を表明し、説明するのが常識だった。けれどもトランプにはその常識が通用しない。ブレ幅の大きさや予測不可能性という怖さがあると思います。本心はどこにあるのか。そもそも本心があるのか。

苅部　政権が発足してから何をするのかという問題ですよね。トランプは鳩山由紀夫首相みたいな大統領になるのではないか(笑)。

宮台　人が喜ぶことなら全部言う。

苅部　行動は田中角栄で、頭の中は鳩山由紀夫といった感じですね。

渡辺　確かにトランプは今回、没落しつつあるミドルクラスの不満を掬い上げた。そこは評価すべきだと思います。リベラルの驕りがあった点も否定できない。しかし超大国の指導者として、そんな支離滅裂な、究極の風見鶏みたいなスタイルをこのまま続けてゆくことができるのか。その先に何が待ち受けているのか、やはり危惧せざるを得ません。

宮台　だからこそリベラルが改心して「楽しいけど正しい」を選ぶ方向に持っていけばいい。渡辺さんのおっしゃるように「楽しいけど正しくない」を選んでも支離滅裂になって続かない。有権者も「同じくらい楽しいなら正しい方を選ぶ」ことを学習すべきです。そのためにも、動員するリベラル側が「楽しいけど正しい」を喧伝しなきゃいけません。

渡辺　最後のところで抑制、良識が働くということですね。一線を越える前に、ただ楽しいだけでは駄目なのだ、正しさが伴っていないといけないと、有権者たちが自ずと考える方向に導いていく……。

宮台　動員を考える時には「楽しさ」を押し出すべきですが、動員の最終目的や価値はリベラルな「正しさ」であることを動員側が忘れちゃいけない。でも「正しいことを言えば通じる」「間違っていると糾弾すれば向こうもビビる」という考え方は出鱈目です。そんなことじゃ人を動機付けられない。正義と享楽は違う。言語と動機付けは違うのです

渡辺　「公共」の話に関係しますが、天皇退位問題は、まさに日本の「公共」に関するシンボリックなイシューとして、今年話題になりました。[*38] 戦後日本の民主化や近代化を図ったＧＨＱも天皇制は存続させました。

宮台　誤解を恐れず申します。今上天皇のお考えが僕には分かります。天皇に聖なる力を繋ぎ止めておきたいと思っておられるのです。天皇が国事行為をやるだけの存在なら摂政が代わりにやればいい。しかしそれでは占領軍が天皇を退位させずに置いておこうと思った目的に反するし、実際目的通り民主主義化で

きた経緯を無視しています。実際、天皇次第では一億総玉砕になり得た。憲法第一章に「象徴」の言葉が置かれること自体、象徴＝聖なる力を意味します。慰問、慰霊、アジア諸国歴訪で思いを伝える営みは、政治的です。控え目に言っても政治的行為との間に判然とした区別はつけられない。

英国王室の人々が政治的なことを喋っても問題にはならないのは俗人だからです。「チャールズがまた何か言ってるぜ」じゃなく、天皇が何を言うかが大きな政治的衝撃力を持つのは、俗人ではないからです。だからこそペラペラ喋れば責任を問われます。天皇は国民の八割九割がそう思っていることを「宣言文」として伝える存在で、真っ二つに分かれたときにいずれかを選ぶ「遂行文」を発する存在だったら――終戦の聖断[*39]や二・二六事件での振る舞い[*40]がそれでしたが――失敗した場合に責任を問われ、力を失います。これが、天皇が聖なる力を持つということの意味です。聖なる力がありながら今上天皇が封印しているように見える佇まいが戦後象徴天皇制のポイントです。

＊38　二〇一六年七月天皇が退位の意向を宮内庁の関係者に示したと報道されたことをうけて、二〇一六年八月八日にビデオメッセージ「象徴としてのお務めについての天皇陛下のおことば」が放送された。皇室典範では皇位の継承は天皇の崩御に限られているために、一代限りの退位を容認する特例法が二〇一八年に制定された。

＊39　ポツダム宣言の受諾をめぐって、一九四五年八月九日から一〇日におこなわれた御前会議で、ポツダム宣言を条件付きで受諾するという東郷茂徳外務大臣らと戦争の継続を主張する阿南惟幾陸軍大臣らの意見が対立し、議論が紛糾。鈴木貫太郎首相にうながされて昭和天皇は「朕の意見は、先ほどから外務大臣の申しているところに同意である」と受諾の決断を下した。

＊40　一九三六年二月二六日から二月二九日にかけて、皇道派の陸軍青年将校が決起し、高橋是清蔵相らを殺害、東京・永田町一帯を占拠した。昭和天皇は将校に同情的だった川島義之陸軍大臣に対して「朕が最も信頼せる老臣を悉く倒すは、真綿にて朕が首を絞むるに等しき行為なり」「朕自ら近衛師団を率いて、此れが鎮定に当たらん」と述べ、反乱軍として鎮圧を命じた。

天皇は祈っていればいいという不敬の輩が日本会議[*41]周辺にいます。師匠だった小室直樹先生に言わせれば、日本人が自ら憲法を書けるほど成熟した存在なら天皇は単なる文化的伝統を継承する存在でよいが、実際そうでない以上、天皇が聖なる存在でなければならない。ローレンス・レッシグ[*42]は憲法を作った国のファウンダーが何を考えていたのかを思い出すことが憲法意思だと言いましたが、小室先生も同じことを言う。戦後の体制をどんな意思で始めたのかを日本人は忘れやすく、自分の意思で始めたかどうかも怪しいから「陛下の御蔭で思い出せる」ことが大切なのだと。日本人は未熟で、独力では近代憲法の意味を理解して体制を保てないから、憲法意思を日本人がリマインドするための重しとして、陛下の聖なるお力が必要だと。僕は全面的に賛成だから、天皇主義者を名乗ります。摂政が代替できる国事行為だけやれと言う「自称保守」は天皇主義者に値しません。

というと、聖なる力を持つ天皇が暴走したらどうするのかと問う人が出てくる。簡単だ。暴走したら終わり。でも天皇がいなくても政治が暴走しているじゃないか。むしろ天皇がお力を封印しておられるから暴走が止まらない。先に（3）として触れたように、対米追従を前提に座席争いするヘタレ官僚による引き回しが止まらないんです。ならば機会主義的に考えましょう。宮内庁の力もあって天皇が暴走せず、むしろ憲法意思を担保する存在としてここまでやって来られた。本来持つ聖なる力を封印した、しかし国事行為に留まらない象徴行為をされる存在としてね。陛下が時折キラッとその力をお見せになった瞬間、安倍晋三も日本会議も震え上がる。雑な言い方だけど、そうしたあり方でいい。だからこそ、摂政でいいという日本会議の考え方は、天皇の御意思をわざと無視する不敬なのです。

渡辺　この問題に関しては、私はあまり細かくフォローしていないのですが、以前から「生涯在位」や「男子直系」などというのは、明治以降の伝統に過ぎないとか、あるいは人権的な見地から、皇族の職業選択の自由や、政治的な発言も含め、表現の自由も十分に認めるべきだといった意見があります。しかし、そうなると、「聖なる力」はどうなるのか。

宮台　天皇を御意思なき存在に留めることが「聖なる力」を奪いますが、政治的発言の失敗も「聖なる力」を奪います。木村草太氏[*43]が言う通り、明治はじめに井上毅[*44]と伊藤博文[*45]の戦いがありました。井上は天皇をドイツのカイゼルのような元首にしようとした。伊藤は天皇は人形でいいと考えた。結果的に「人形でいい派」が今日までメインストリームであり続けています。「田吾作による天皇利用」のためです。

　でも我々は近代社会を営んでいるはずです。ならば天皇も意思する存在であるに決まっている。それを無視しちゃいけない。天皇は意思も価値観もお持ちだけど、未熟な日本人が依存しないように極力表に出さないようにしておられる。そのお気持ちに応えなければいけない。コール&レスポンスが必要です。さ

＊41　一九九七年に憲法改正を訴えてきた「日本を守る国民会議」と「日本を守る会」が統合し、設立された日本最大の保守系団体。全国都道府県に支部を設置し草の根的な政治運動をおこなっている。日本会議を支援する議員連盟である日本会議国会議員懇談会には、安倍晋三首相や麻生太郎財務大臣をはじめ多くの国会議員が所属している。菅野完『日本会議の研究』（二〇一六年）が発行部数一八万部を超えるベストセラーとなるなど関連書籍も数多く刊行され、注目が集まった。また、「天皇の公務の負担軽減等に関する有識者会議」のヒアリングで日本会議系の櫻井よしこ、渡部昇一、平川祐弘らが退位への否定的な意見を述べたことに対して、天皇が不満をもったという新聞報道もなされた（毎日新聞の二〇一七年五月二一日付記事「退位議論に「ショック」　宮内庁幹部「生き方否定」」）。

＊42　ローレンス・レッシグ（一九六一ー）法学者。著書に『コモンズ』など。憲法学者であるレッシグは『CODE』で「サイバー空間」という新しいテクノロジーのあり方を考えるにあたり、アメリカ憲法の起草者が制定時に守ろうとした価値観に立ち返るように主張している。

＊43　木村草太（きむら・そうた、一九八〇ー）法学者。首都大学東京教授。著書に『自衛隊と憲法』など。

もないと「ならば言いたいことを言わせてもらう」「天皇をやめるわ」という話になりかねないでしょう。実際「天皇をやめる」と宣言されたら、制度ではどうしようもありません。天皇「制」と呼ばれていますが、憲法第一章を熟読すれば分かる通り、制度ではなく、陛下がそのようにして下さっているという事実性です。近代憲法に聖なる存在の事実性が書き留められるのは奇妙ですが、さもないと日本人は立憲主義的な近代社会の体裁を保てないからです。

天皇退位に向けて

苅部　「聖なる力」は「君徳」の問題にも言いかえられますね。天皇らしくあるためには、血統によってその地位についているというだけでは不十分で、君主としての個人的な徳が必要となる。大化の改新から江戸時代までのあいだ、七割ぐらいの天皇が生前に譲位しています。その譲位宣命には「自分には徳が足りないから」という言葉が入るのが定型です。天皇がその職務を十分に遂行できる状態でないといけないという考え方で、譲位できるように皇室典範を改正する意見にも、そうした皇室の伝統という根拠があります。柄谷行人さんが今年に出た『憲法の無意識』（岩波新書）で、皇室制度の一種の擁護論を説いていたのがおもしろい。それは憲法秩序の安定装置として、天皇・皇后両陛下がいるという考えです。[*46] たとえば両陛下が戦没者の慰霊をやることによって、国民が憲法の平和主義の理念を再確認する。あるいは政治家が勝手に暴走しないための歯止めにもなる。そういう機能を果たしていることを再評価しようというのですね。

渡辺　ただ、その点は、今の天皇が比較的リベラルな人なので、そういう解釈が成り立つとも思うのですね。もしもかなり保守的な人だったら、柄谷さんも同じことを言えるかどうか。

宮台　そこがポイントです。全ては事実性の参照というコンテクスチュアリティを前提とします。文脈自由な原理原則や、ユニバーサルな制度として、天皇「制」なるものは存立できません。小室直樹先生の言い方を借りれば、近代のユニバーサルな制度を作り支える力がない以上、コンテクスチュアリティに満ちた天皇「制」を手放せないのです。

苅部　「君徳」の話は、皇位の継承制度の問題にも関係してくるんですよね。現在のように皇族の数が少ない状態だと、誰が皇位を継承するのか早く決めて、子供のうちから特別に教育していかないといけない。

＊44　井上毅（いのうえ・こわし、一八四四－一八九五）官僚、政治家。明治憲法の制定に関わり、また皇室典範や教育勅語などを起草したことで知られる。伊藤博文が天皇を政治から距離をとった立憲君主を考えたのに対して、天皇親政を理想とした井上は、伊藤らが作成した憲法第一次草案である「夏島草案」の内閣の連帯責任規定の抹消を求めた。草案をめぐる両者の思想的対立については、瀧井一博『明治国家をつくった人びと』（講談社現代新書、二〇一三年）に描かれている。

＊45　伊藤博文（いとう・ひろぶみ、一八四一－一九〇九）政治家。初代内閣総理大臣。一九〇九年にハルビンで日韓併合に反対する安重根に暗殺された。

＊46　「現天皇は九条を守ろうとしています。もちろん、一条があるため、政治的な関与を慎重に避けていますが、彼の言動はつねに「九条」を志向するものです。これは奇妙な逆転のように見えます。もともとマッカーサーは天皇制を守るために九条を作ったのに、今や天皇・皇后は、九条の庇護者となっている。それればかりか、戦後憲法の庇護者となっている／。こう見ると、敗戦後とは事態が逆になっています。しかし、憲法一条と九条が密接につながっていることに変わりはありません。現天皇は日本の侵略戦争を悔い、今後けっして戦争をしないことをことあるごとに表明し続けています。彼は、昭和天皇の「戦争責任」を自ら引き受けることによって、皇室を護ろうとしているといえます。そして、それが昭和天皇を弁護することにもなる。つまり、九条を守ることが一条を守ることになるのです」（『憲法の無意識』岩波新書、二〇一六年、四〇－四一頁）

その理屈でいくと、男女にかかわらず第一子に継承させる制度に変えるのが一番いいんですね。今回の問題は、本当ならそこまで含めて議論しないといけない。

渡辺　御厨貴さんらがやっている有識者会議も、退位を認めないということではなく、一定の法的手当てを整えた上で、退位を認めていく方向のようですよね。

苅部　天皇陛下のお言葉があって、ただちに内閣が皇室典範改正案を作ってしまうと、天皇の意向を受けて法律を作ることになってしまうから、有識者会議での検討をあいだに置く必要があるんですね。御厨さんと芹川洋一[*47]さんの『政治が危ない』（日本経済新聞出版社）でも、何もない状態で政府案を作ろうとしても、方針を一つにまとめられないだろうとおっしゃっていた。

宮台　ぶっちゃけた話をします。天皇の退位について本来は国民の側が考えておくべきことなのに、それをみんながうっかり忘れていて天皇のつぶやきでハッと気づいたという図式でしかありません。コール&レスポンスできない駄目な国民です。天皇に見放されないことに感謝すべきです。

苅部　大多数の人は、退位できない制度ということも知らなかったわけですから。天皇関連の本では、元侍従長の川島裕[*48]さんの『随行記』（文藝春秋）が面白かったですね。両陛下がどういう気持ちで全国を回っておられるかが伝わってくる、いい本だと思いました。

渡辺　日本の皇室の場合、海外からの来賓があった時、一切政治的な配慮をせずに、すべて平等にもてなします。フランス大統領が来ようと、パラオの大統領が来ようと、まったく差別化しない。ワインや料理を含め、様々なプロトコールを通して暗黙のメッセージを伝えるのが世界標準なのですが、日本の皇室の場合、差別化すると政治的な権力を行使していることになると考えるわけです。そこまで慎重です。

苅部　来賓を平等にもてなすことにも、広い意味では日本の対外関係を安定させるという政治的効果があるわけですね。憲法学者の議論では、憲法に書かれている国事行為だけに限定して、それ以外の公的活動はなくすべきだという意見もありますが、そこまで役割を縮小するのが本当にいいことかどうか。皇室による憲法秩序安定効果が発揮できなくなってしまう。

宮台　おっしゃる通りです。

苅部　今回、本音では天皇制をなくした方がいいと思っている人たちのコメントが、どうも歯切れが悪かったですね。国民統合の作用に注意しなければいけないといったことを付け加えるだけで、お茶を濁しています。かつて昭和天皇が崩御したとき、浅田彰さんが戦争責任問題にふれて「愛すべき人柄の博物学者に歴史の重荷を背負わすなどという悲劇が二度とないよう、天皇制は廃止すべきだ」（朝日新聞、一九八九年一月一〇日付夕刊）とコメントされたことがありましたが、今回、そういうことを誰も言わなかった。同じように、高齢の方にこんな思いをさせる世襲君主制はやめるべきだという声が出てもよかったはずでしょう。いまの両陛下が護憲派の味方のような言動を繰り返しておられるから、皇室制度を批判しにくくなっているのだとすれば、日本国憲法における象徴としての皇室制度が、定着しつつあるともいえますね。

渡辺　今の天皇は、災害が起きれば、すぐに被災地を訪れ、膝をついて同じ目の高さで被災者に寄り添う。その姿に人びとは心を打たれる。それが「聖なる力」ということなのかもしれません。

＊47　芹川洋一（せりかわ・よういち、一九五〇―）日本経済新聞社論説フェロー。同社論説委員長、論説主幹等を務める。著書に『平成政権史』、『政治を動かすメディア』（共著）など。

＊48　川島裕（かわしま・ゆたか、一九四二―）官僚、元外交官。第八代侍従長。

宮台　そうした力を、意思に満ちた振る舞いで維持しておられるからこそ、北一輝[*49]の言う「国民の天皇」なのです。

（二〇一六年一二月二三日号）

＊49　北一輝（きた・いっき、一八八三―一九三七）思想家。著書『日本改造法案大綱』で天皇大権による国家改造を主張し、二・二六事件に決起した青年将校に影響を与えた。直接的な関与はなかったが、黒幕とみなされ、処刑された。久野収は『現代日本の思想』で次のように述べている。「伊藤〔博文〕の作った〔明治〕憲法を読みぬき、読みやぶることによって、伊藤の憲法、すなわち天皇の国民、天皇の日本から、逆に、国民の天皇、国民の日本という結論をひき出し、この結論を新しい統合の原理にしようとする思想家が、二人出現した。〔…〕一人は、吉野作造、他は、北一輝であった」（『現代日本の思想』一九五六年、岩波書店、一三八―一三九頁）。二・二六事件に影響を与えたとされる『日本改造法案大綱』では「天皇は国民の総代表たり、国家の根柱たる原理主義を明かにす」と規定され、その第一巻のタイトルは「国民の天皇」である（『日本改造法案大綱』中公文庫、二〇一四年、一四頁）。

2017

１月　・トランプ米大統領就任、「アメリカ第一主義」を宣言
２月　・金正男氏がマレーシアで暗殺
　　　・東芝、米原発事業の損失で巨額の債務超過に陥る
３月　・「森友学園」国有地払い下げ問題で、籠池泰典氏を国会に証人喚問
４月　・普天間基地の移転先である辺野古沖で、埋め立て護岸工事着手
５月　・「加計学園」をめぐる問題に関して前川喜平・前文部科学事務次官が異例の会見
６月　・天皇の退位に関する特例法が成立
　　　・「共謀罪」の構成要件を改めた「テロ等準備罪」を新設する改正組織的犯罪処罰法成立
７月　・北朝鮮が大陸間弾道ミサイルを発射
　　　・籠池泰典理事長夫妻を補助金詐欺容疑で逮捕
８月　・第三次安倍第三次改造内閣発足
９月　・安倍首相が臨時国会冒頭で衆議院を解散
10月　・衆議院選挙で自民党が圧勝、公明党と合わせて憲法改正の国会発議に必要な$\frac{2}{3}$の議席を上回る
11月　・トランプ米大統領初来日
　　　・「加計学園」の岡山理科大獣医学部新設を認可
12月　・政府は皇室会議を開き、天皇の退位日を二〇一九年四月三〇日に決定
　　　・トランプ米大統領が「エルサレム」をイスラエル首都に正式認定

証人喚問で挙手をする籠池氏（3 月 23 日）　時事

▷紀伊國屋じんぶん大賞

加藤陽子『戦争まで——歴史を決めた交渉と日本の失敗』

▷ユーキャン 新語・流行語大賞（「現代用語の基礎知識」選）

「インスタ映え」「忖度」

ミクロな感情教育

苅部　宮台さんの一二月一九日発売予定の『ウンコのおじさん』（ジャパンマニスト社）が、ネットなどで話題になっていますね。

宮台　初の父親向け「子育て本」です。伊丹十三が一九八一年に「モノンクル（僕のおじさん）[*1]」という雑誌を出し、親でも友達でもない斜めの関係が大事だと言いました。当時はまだ存在した近所の「変なおじさん」も今は皆無。どうすれば誰もが「変なおじさん」になれるか。[*2]

八〇年代に小川の暗渠化・鉄柵化、屋上や放課後校庭のロックアウト、打上花火の水平撃ち禁止などが徹底化します。「目が潰れたら責任を取れるのか！」と共通感覚を欠いた「安全安心厨」の新住民が「声がデカイ少数者」として法化を推進したからです。親の大半は「何か変だ」と思いつつ黙っていた。そんな法化社会に囲まれて生まれ育った子がいま親になりました。

そのような親に囲い込まれたらどうなるか。書店向けの手書きポップに僕はこう書きました。「便利と快適じゃなく幸福と尊厳。損得の勘定じゃなく内から湧く力。うまく生きるじゃなく立派に生きる。そのために必要なのは親じゃなくウンコのおじさん！」、「安全と安心じゃなく渾沌と眩暈。利益の追求じゃなく正しさの追求。合理の貧しさじゃなく不条理の豊かさ。そのために必要なのは親じゃなくウンコのおじさん！」

目的は法化への抗いです。人類学的には、法は破るためにあります。祝祭や性愛を含めて法外のシンクロで仲間や絆を確かめる。元々は仲間あっての法なのです。ところが八〇年代に法化が進み、九〇年代後半には少しでも法外に出た者を見つけて集団炎上するようになりました。共同体の空洞化で仲間が消えた不安を法外バッシングで埋め、インチキ共同体を作るわけです。典型がヘイトスピーチです。排外主義イデオロギーというのは持ち上げ過ぎで、ヘタレの集団神経症的な埋め合わせに過ぎない。ならば仲間を取り戻せ、そのために法外を取り戻せ、と。

親業講座を二年続けています。スローガンは「親より感情の劣化が少ない子を育てなければ社会は終わる」。手応えを感じて講座の一回分をブックレットにしたのが本書です。親業講座の前、東日本大震災後から恋愛講座を始めて二年でやめました。スローガンは「損得勘定より愛と正しさ」「愛と正しさのために法を破れ」。損得に汲々とする安全安心厨だらけになったことがこの二十年の性的退却を招いたと思ったから始めたのですが、昨今の若い人たちには課題が重すぎました(笑)。実際若い世代ほど安倍内閣支持率が高く、東大生も歴代内閣で現安倍内閣の支持率が最高なのですね。

＊1 「mon oncle」はフランス語で僕のおじさん。映画監督の伊丹十三が責任編集となり、朝日出版社から六号まで刊行。精神科医である岸田秀の影響から精神分析をテーマにかかげた。創刊号には、赤瀬川原平、糸井重里、YMO、タモリ、寺山修司、田中小実昌、南伸坊、蓮實重彦など錚々たるメンバーが参加。表紙には『ちょっとこっちへ／おいでよ／君の心について／話そうよ』おじさんは静かにいった」というコピーが書かれている。

＊2 「かつては親子に介入するさまざまな関係がありました。親が「縦」の関係だとすれば、友だちは「横」の関係。親戚や近所のおじさんは「斜め」の関係です。「斜め」のおじさんは、ときどきこう言う。「おまえさ、母親の言うことをハイハイって聞いてんじゃねえよ。世の中そんなんじゃ生きていけねえぞ」／そしてそのかします。「今度さ、お母さんが聞いたら腰抜かしちゃうようなところ連れて行ってやろうか」。こういう存在が子どもにとって大切なのです。いまは「近所のへんなおじさん」がいません。でも「いない、いない」と嘆いても始まらない。だったら、僕が「近所のへんなおじさん」になることにしました」(宮台真司・岡崎勝・尹雄大『子育て指南書　ウンコのおじさん』ジャパンマシニスト社、二〇一七年、八四－八五頁)

苅部　今年の衆院選[*3]のときの東大新聞の調査によれば、回答者の東大生のうち五一パーセントが比例代表で自民党を選んでいます。

宮台　僕の勤める大学も同じです。若い人ほど正しさじゃなく損得に反応するのです。就職という差し迫った問題があるから選挙でも損得ベースになるのだという説明があるけど、そんな問題は昔からのものだし、最近は「好景気」だから(笑)、誤りです。学生を《(1)両親とも安倍支持、(2)両親とも反対、(3)支持と反対に分岐》に分けると、(1)と(2)では学生の雰囲気が全く違う。どう違うかを直截に言うのは憚られるので(笑)、別角度から話します。

日本青少年研究所の高校生調査(二〇一三年から国立青少年教育振興機構が継承)によれば、まず親子関係ですが、「親を尊敬しているか」でイエスと答えるのは三八パーセントだけど、アメリカだと七一パーセント、中国だと六〇パーセント(二〇一四年)。「親に反抗してはいけないか」でイエスと答えるのはたった一五パーセントだけど、米国だと八四パーセント、中国だと八二パーセント(同二〇〇八年)。

次に自尊心ですが、「自分は価値のある人間か」と尋ねるとイエスはたった八パーセントだけど、アメリカだと五七パーセント、中国だと四二パーセント。「自分を肯定的に評価できるか」と尋ねるとイエスはたった六パーセントだけど、アメリカだと四一パーセント、中国だと三八パーセントです(二〇一一年)。

日本の親は尊敬されず、子は自尊心が乏しい。日本の親が「成績が良くても悪くても正しさと愛があれば生きていける」と教えず、「命懸けで頑張らないと負け組だぞ!」だからですね(笑)。勝ち組予備軍が上位五パーセントだとすれば、九五パーセントが負け組予備軍で尊厳を保てないし、否定的自己像を刻印する親はウザイ。とすれば先のデータも自然ですね。

「正しさと愛があれば生きていける」と教えられないのは、親が「愛よりも金」で結びつくからでしょう。

男の生涯未婚率は非正規雇用者が正規雇用者の三倍ですが、女は逆に正規雇用者が非正規雇用者の三倍。女は金があれば結婚せず、年収一二五〇万超なら六割以上が未婚。金に余裕のない女が、余裕のある男と結婚するから、金がない男は結婚できません。

進化生物学的には、正しさの感覚は仲間のための自己犠牲に由来します。大きな仲間のための小さな仲間の犠牲もそう。要は正しさは仲間への愛に由来するのですね。「愛より金」の親に囲い込まれた子が「正しさより損得」になるのは自然です。データをもう一つ。ある女子高でリサーチしました。「損得に敏感な男」と「正しさに敏感な男」とどちらを彼氏にしたいか訊ねたら一〇〇パーセントが「正しさに敏感な男」と答えました。安倍政権支持は男が、立憲民主党[*4]の得票は女が多かったけれど、女の性的退却は損得男の増殖が理由の一つでしょう。損得男は家族や恋人を捨てて逃げるからです。進化生物学的には男より資格取得に時間を使う方がいい(笑)。

ただ女も「愛より金」「正しさより損得」になりつつあります。損得を超えた内から湧く力が働くか否かが「仲間」の定義ですが、若い人ほど仲間がいない。「いいね!」やフォロワー数に執着するのは埋め

＊3　二〇一七年一〇月二二日の衆議院議員総選挙。二〇一九年予定の消費税増税分のうち約二兆円を教育無償化の財源に充てることや、原子力発電をロードベース電源と位置付けることなどについて国民の信を問うとして、安倍首相が衆議院を解散。小池百合子東京都知事が希望の党を結成し、民進党の前原代表が合流を検討したが、小池の「(リベラル系の議員を)排除します」発言から人気が急落。一方で、枝野幸男がリベラル系議員を率いて立憲民主党を結成。民進党は事実上の解党状態となった。投票率は五三・六八パーセントで戦後二番目の低さだった。

＊4　二〇一七年一〇月、枝野幸男が民進党から離脱したリベラル系議員とともに立ち上げた政党。原発政策の見直しや集団的自衛権の行使を容認する安保法制への反対を掲げる。五五議席を獲得し、野党第一党に躍進した。

合わせです。正しさにこだわるのがＫＹになるのはSEALDsへの大学生一般の反応に明らかだし、僕の周りを見るとSEALDsに肯定的に反応するのは中流上層以上の文化資本に恵まれた層です。

損得男が増殖し、引き摺られて損得女も増殖しつつあるなら、社会はよくならず、学知も尊重されない。ならば子育てから始めるしかない。そこで、僕が子どもたちと一緒に学校まで歩く。子どもは嫌がるけど偶然同じ道を散歩しているだけだと言う。それで電柱や路面に蝋石でウンコを描く。「ウンコのおじさん」としてあっという間に有名になり、授業参観日に学校に行けば、休み時間にはクラス中の生徒たちが「ウンコのおじさんだ」と叫びながら飛びかかってきます（笑）。

苅部　子どもたちは、損得とは関係ない原理で動いている。

宮台　今夏は蝉の羽化を見せました。夜八時以降に蝉が鳴く雑木林に行くと幼虫が土から出てきています。子どもたちに捕まえさせ、家に持ち帰ってカーテンに掴まらせると、二時間で羽化が始まり、四時間で薄緑色の成虫になり、六時間で普通色になる。みんな大感激です。殻から出てくると一度エビゾリになって重力で自らのカラダを引き出すけど、決して下に落ちない。「なぜかな？」と観察させると、命綱のような糸が付いている。糸は粘液なので程なくボロボロになってちぎれ、殻から離れられる。うまくできてる。「どうしてこんなにうまくできてるのかな？」と訊ねると、訳知り顔の子が「進化だ」と答える。「こんなすごい進化があるような宇宙があるのはどうしてかな？」と訊ねると「神様がいるのかな」と頷く。そこでのキーワードは「畏怖する力」。「畏れかつ敬う」つまり「名状しがたいもの」「得体のしれないもの」に感覚を開くこと。それを教えたい。言葉で説明しても伝わらない。ならば体験させる。今の若い親は体験を与える力がありません。

九〇年代前半、ゆとり教育[*5]を推進する文部官僚寺脇研[*6]氏をサポートしました。元は第二次中曽根内閣の臨教審が唱った「生きる力」を目的とする体験学習でしたが、米国からの非関税障壁の撤廃要求で時短が求められ、九二年から学校週休二日が拡大して体験学習の理念が時短に化けました。体験学習を回せる教員が少なすぎたのも大きかった。教員が「安定を望む大学生」の志望先に変わっていた。七〇年代までは職業を転々として教員になる人がいたけど、九〇年代は二世教員だらけでした。この失敗が頭にずっとありました。教師も親も「体験デザイナー」としてはダメ。どうしたらいいか。僕が「体験デザイナー」になる。僕に任せてもらえば子どもにいろんな体験をさせられる。その方法を伝授するのが本書です。

政治をよくしたい思いは変わりませんが、今の僕は制度改革の問題としては考えません。リベラルな制度改革で社会が変わったように思えるのは、社会が豊かで座席が余っているからで、人々の感情が劣化していれば、グローバル化で中間層が分解して座席が足りなくなった途端、「なんでテメエが座ってるんだ」と叩き出し合う。リチャード・ローティが二十年以上前に予言したバックラッシュ現象です。寛容さを呼び掛けてもどうにもならず、分厚い中間層の復活も不可能です。ならば、中間層の復活抜きに感情の劣化を克服する方法を探す他ない。ローティが言う感情教育です。マクロには難しくても、仲間や家族を幸せにしようと思う人のために、ミクロな感情教育の実践を展開するよう呼び掛けるしかない。

渡辺　この年末回顧の鼎談で近年、宮台さんは繰り返し、今の社会における感情教育の重要性を説かれて

＊5　受験競争や偏差値重視の教育の反省から一九九九年に学習指導要領が改定され、二〇〇二年から絶対評価、「総合的な学習の時間」の設置、学校週五日制が導入された。しかし、学習時間と学習内容の削減によって学力低下を引き起こしたと批判され、二〇〇八年三月の学習指導要領の改定で修正された。ゆとり教育を受けた一九八七〜二〇〇四年に生まれた世代は「ゆとり世代」と呼ばれる。

＊6　寺脇研（てらわき・けん、一九五二―）元文部官僚。映画評論家。著書に『「フクシマ以後」の生き方は若者に聞け』など。

きましたよね。その具体的な実例を、今回本にまとめられたということですね。確かに、ここ数年、否定的な意味でのナショナリズム、あるいは反知性主義、ポピュリズムの表出が顕著になり、まさに人々の感情の劣化を憂慮させます。今年一年に限定して考えてみても、フェイクニュースをなぜ信じる人がいるのか。また、間もなく『否定と肯定』[*7]という映画が公開されますが、「ホロコーストはなかった」と、どうして信じる人がいるのか。そうした陰謀論の根底にあるのは、やはり現状に対する不満で、自分は被害者・犠牲者であり、そうせしめているのは、世の中に蔓延るインチキな規範や制度である。そんな感情が、世界中各所で噴出している。その中で宮台さんは、小さなプロジェクトをひとつひとつ蓄積する形で打開策を模索している。そのような下からのアプローチは、確かに必要だと、私も思います。

ただもう一方で、よりマクロな面から見ると、別の切り口があるようにも思うんですね。最近一ヶ月ほど北京に滞在しながら考えていたことですが、民主主義に対して、それを見下すというか、懐疑心が強まっている。これまで国際社会では民主主義があるべき規範であり制度であると語られていたけれど、現状はどうか。結局は企業と同じように、目先の利益しか顧みない。政治家は次の選挙に最大の関心があり、社会をどう立て直すか、長期的なスパンで議論することができない。それに比べると、中国共産党は、人権などの面で多少乱暴な面はあるけれど、よりダイナミックなビジョン、いわば社会全体としての「物語」を描くことができる。「チャイニーズ・ドリーム」「中国の特色ある社会主義」「一帯一路」といったスローガンが典型的です。つまり、民主主義よりも中国共産党の方が優れているのではないか。そんな自信を中国のエリートから感じました。

最初に宮台さんが、今の民主社会に漂っている閉塞感を指摘し、下からのアプローチで対処する必要性を述べられました。私からは、中国での経験などを踏まえて、これまで当たり前の、所与のものとして考えてきた民主主義に関して、その正統性を、果たして自分たちが確信しているのか、そうではない国に主張できるのか疑わしくなっているという点を、この一年の所感としてはじめに提起しておきたいと思います。

世界全体の中では実利を重んじる傾向が強くなり、たとえ強権的であったとしても、社会を強くリードしていってくれる人に期待感が寄せられる。余裕のない途上国から見れば、アメリカモデルより中国モデルの方がフィットしているとも考えられます。加えて、アメリカよりも中国の方が政治状況に口出しせず積極的に資金援助してくれる。結果的に、政体としては中国モデルの方がいいという声が高まっていく。実利主義に絡め取られそうな世界の中で、こうした諸々の現状を突きつけられると、自分たちが誇ってきた民主主義とは一体何だったのか、根源的に揺さぶられる。それでも民主主義の正統性や魅力を訴えることができるのか。

この一年を振り返ると、国内では、たとえば「森友[*8]・加計問題[*9]」が連日大きく報道されていました。もちろん、重要な問題ではあるのですが、国際社会で起きつつある大きなうねりを鑑みると、ある意味、ト

＊7　二〇一七年公開のミック・ジャクソン監督作品。一九九六年に自著で非難したホロコースト否定論者のデイヴィッド・アーヴィングに名誉毀損で訴えられたユダヤ人歴史学者デボラ・E・リップシュタットの回顧録を映画化。イギリスの裁判においては被告側が立証責任を負うために、リップシュタットらはアーヴィングのホロコーストの嘘を法廷で明らかにしようとする。

＊8　二〇一六年二月、学校法人森友学園の小学校の予定地として財務省近畿財務局が売却した国有地の約八億円の不透明な値引きが明らかになった。安倍首相の妻が小学校の名誉校長だったことから、便宜がはかられたと疑惑が持たれた。また、二〇一八年三月には森友学園の国有地取引の決済文書の改ざんも発覚した。

リビアルな話だとも言える。それよりも、今世界で問われているのは、民主主義の再興というより大きな課題ではないのか。そう考えると、日本国内の関心は、北朝鮮情勢を除き、随分と小さな話に終始していたのではないか。これが私の印象です。

ポピュリズムの動向

苅部　アメリカでトランプ政権が誕生したり、英国でEU脱退が決まったりと、リベラル・デモクラシーを標榜しているはずの国が激しく混乱しているのを見て、中国が自分の政治体制に妙な自信をもってしまうということは、ありうるでしょうね。しかも「一帯一路」[*10]で影響力をグローバルな範囲に拡げようとしていますから、それを対外的にも宣伝してゆくかもしれない。

ただ、アメリカと西欧でいま起きている政治現象を「ポピュリズム」と呼んで、デモクラシーの病理現象のように批判するのに対しては、僕は疑問をもっています。そもそもトランプのような人も大統領になれるのは、政治制度としてのデモクラシーの美点ですし、その面だけ見れば正常運転でしょう。手前味噌になってしまいますが、編集委員を務めている『アステイオン』八六号で「権力としての民意」というポピュリズム特集を組みました。そのなかでアメリカ政治史の岡山裕[*11]さんが「アメリカ二大政党政治の中の「トランプ革命」」という論文で指摘しているのですが、トランプが従来の政策を大胆に変えようとしても、権力分立の政治制度に阻まれて、必ずしもうまくいかない。

現在みられるように、裁判所や上院が実際に抵抗力を発揮しています。だから結局トランプも「立憲政治の王道」にのって、議会の共和党と連携を進めなくてはいけないというのが岡山さんの見通しでした。もしも仮に乱暴な政治家が最高権力を握ったとしても、それをチェックするシステムができている。そうしたデモクラシーの制度の偉大さを、しっかり再確認すべきなのではないでしょうか。そもそも、ろくでもない政治家が選挙で選ばれても、それに対して反対勢力が対抗し競争することで、一九世紀以来、デモクラシーは生き続けてきたはずですから、その歴史の重みを大事にした方がいい。

しかしそれを言った上で、やはりポピュリズムと呼ばれる動向がつきつけている問題も、きちんと考えないといけない。今年はドイツの政治学者、ヤン＝ヴェルナー・ミュラー[*12]の本の邦訳が二冊、刊行されました。『ポピュリズムとは何か』(岩波書店)と『憲法パトリオティズム』(法政大学出版局)。どちらも重要な本だと思います。『ポピュリズムとは何か』でミュラーは、ポピュリストが、自分たちだけが「真の民意」を代表していると自己宣伝するところに問題性を見ています。自分たちとは異なる意見は「真の民意」ではないので、ひたすら排除の姿勢をとる。これは先ほどの感情教育の必要性ともつながりますね。権力を制限する制度を維持してゆく努力も大事ですが、感情面の劣化が進んで、異なる考えを受け入れなくなっ

＊9　二〇一七年五月、国家戦略特区の事業として加計学園が運営する岡山理科大獣医学部を愛媛県今治市に新設する計画をめぐって、首相官邸の関与をうかがわせる文書の存在が明らかとなった。学園理事長は安倍晋三首相の長年の友人であったため、便宜がはかられたと疑惑が持たれた。二〇一七年ユーキャン新語・流行語大賞に「忖度」が選ばれた。

＊10　二〇一三年に中国の習近平国家主席が打ち出した経済圏構想。中国西部と中央アジア・欧州を結ぶ「シルクロード経済ベルト」(一帯)と、中国沿岸部と東南アジア・インド・アラビア半島・アフリカ東を結ぶ「二一世紀海上シルクロード」(一路)の二つの地域からなる。六〇カ国以上の国・地域で貿易関係を促進するほか、高速道路、鉄道、港湾などの交通インフラの整備を進める。周辺国への中国の影響力の拡大が懸念されている。

＊11　岡山裕(おかやま・ひろし、一九七二－)政治学者。慶應義塾大学教授。著書に『アメリカ二大政党制の確立』など。

＊12　ヤン＝ヴェルナー・ミュラー(一九七〇－)ドイツの政治学者。プリンストン大学政治学部教授。

てしまった人々をどうするか。制度のメンテナンスと下からの感情教育と、両面での対処が必要でしょう。

渡辺　つい最近、キャス・サンスティーンの『シンプルな政府』（NTT出版）という本が出ましたよね。ノーベル経済学賞を獲った、行動経済学で知られるリチャード・セイラー[*13]でもそうですが、押しつけではなく、あくまで自発的と思わせながら、人びとを一定の方向に導いていく。そうしたナッジ式のプログラムが、今後様々なところで開発されていくと思います。ただ、ナッジ[*14]にしても、その根底には設計者の何かしらの意図があるわけですから、既にパターナリズムに陥っていて、純粋な自由選択とは言えない面もありますよね。もちろん、純粋な自由選択などというのは理論的には虚構だとは思いますが。

宮台　チャーチル元英国首相の有名な言葉が示すように、民主政とは内容的な正当性よりも形式的な正統性を調達する装置だとする立場が有力でした。でも出鱈目な内容の決定を出力し続けるなら、正当性の不在が正統性を怪しくします。民主的決定がまともな内容を出力し続けるには、コモンセンス（共通感覚）が必要です。例えば憲法意志がそれ。憲法などの統治を制約する枠組においては、統治権力は「やってい い」と書かれていることだけをやるのが基本です。つまりオプトイン（ホワイトリスト）式。なのに、現安倍政権は閣議決定で解釈改憲し、反対する内閣法制局長の首をすげ替えた。宮内庁長官もイエスマンにすげ替えた。憲法に「やっちゃいけない」と書かれていないからというオプトアウト（ブラックリスト）式です。

福田康夫元首相[*15]が言う通り、ゲームのプラットフォームを壊すことになるという感覚が政治家にもあったから、「やっちゃいけない」と書かれていなくてもやらなかった。それを安倍政権もトランプも平気でやるのです。政治家や民衆がコモンセンスを欠けば、民主政の手続きを形式的に踏むだけでは出鱈目な内容の政治的決定を抑止できません。議会も裁判所も最終的にはコモンセンスを前提にするのです。コモンセンスが空洞化すれば、大統領や首相は出鱈目な内容の政治的決定を連発し、議会も裁判所も抑止機能を果たせません。誤作動じゃない。民主政が法的プログラムで回わる自動機械に見えるのは形式だからなのです。内容はコモンセンス次第。民主政を支えるコモンセンスを欠けば、民主的に独裁者が選ばれます。

ナッジについてですが、サンスティーンは「二階の卓越主義」と言います。二階の卓越者は従来のエリートと違って答えを示さない。人々が自分たちで解決策を見いだしたという感覚を手放さない範囲で熟議でナッジを発揮するファシリテーター（座回し役）です。大切なのは、これがマクロな処方箋とはなり得ないこと。ファシリテーターが機能する熟議は、ジャン＝ジャック・ルソーの言う民主政の条件、即ち「政治的決定によって各々の成員が被る帰結が想像できて気に掛かる＝ピティエ（憐れみ）が生じる」ような小ユニット内でのみ可能です。つまり「仲間」であり得る範囲です。ルソーが育った当時のジュネーブ規模の二万人が上限か否かはともかく、何千万人や何億人の規模は到底「仲間」じゃあり得ません。

コモンセンスの崩壊

宮台　仲間集団は幾つも散在します。そこで可能なのは、第一に、所属する仲間集団を大切にしたいな

＊13　リチャード・H・セイラー（一九四五―）アメリカの経済学者。シカゴ大学教授。二〇一七年ノーベル経済学賞受賞。著書に『行動経済学の逆襲』など。

＊14　ナッジ（nudge）とは「ヒジで軽く突く」という意味。人々に強制ではなく自発的に望ましい行動を選択させる手法のこと。これらの手法を用いて年金の加入率や臓器提供者が増加したことが知られている。

＊15　福田康夫（ふくだ・やすお、一九三六―）政治家。第九一代内閣総理大臣。

ら仲間集団同士の争いを回避せねばならず、そのためには所属する仲間集団を超えた関心＝公的関心＝civic virtues を持つ必要がある、という知恵のシェア。第二に、自分は大きさも内容も違う複数の仲間集団に属するという所属の重なり合い＝マルチチュード[*16]です。こうして、結果としては一次的な仲間を超えた全体の幸いを希求する方向に向かえます。

ただしそれが可能になる出発点は、あくまで「損得を超えた愛と正しさ」を基本にした一次的な仲間を持つこと。ルソーが言う「憐れみ」と同じです。彼が言う民主政の条件は「憐れみ」が働くこと。だからジョン・ロックを批判しました。ロックは大規模定住社会を代議制でしか覆えないと考えたけれど、そこでは損得ベースの動員が働くだけで、そんなものは民主政じゃない、と。コモンセンスが消えた今はルソーの言う通りだったと納得します。「憐れみ」を、重なり合う雨紋のようにして、どこまで拡大できるかです。

それについてかつて楽観的たり得たのは、豊かな対人ネットワーク＝ソーシャル・キャピタルを中間層が支えたからかもしれない。でもグローバル化ゆえに中間層再興は不可能です。別の方法が必要です。「いいね！」やフォロワー数を貨幣のように集める「損得」ベースのインターネットは処方箋になりません。むしろ、様々なテクノロジー、例えばグーグルみたいな情報技術の開発や、ジョナサン・ハイトが言う道徳心理学的な「感情の押しボタン」の共有や、サンスティーンが言うナッジ開発が、「損得」を超えた「内から湧く力」「愛と正しさ」「憐れみ」「コモンセンス（共通感覚）」を可能にするかもしれない。それができなければ、政治は広告代理店的な大規模動員の空中戦に終始し、金のある奴が有能な連中を雇って好き勝手をします。情報技術や政治技術をそれに抗う方向で組織できるかどうか。それによって「内から湧く力」「愛と正しさ」「憐れみ」「コモンセンス」を大きな範囲でシェアできるかどうか。

渡辺　気になるのは、コモンセンスが壊れてしまったのか、あるいは壊れているように見えるのは単なる錯覚で、従来とは違った新しいタイプのコモンセンスが生まれてきているのか。それに我々が気づいていないだけなのかもしれないということです。

苅部　そして、それはわれわれにとって愉快なコモンセンスではないかもしれない。

宮台　かつてコモンセンスには損得を超えた共有材へのコミットメントというニュアンスがありました。「自分だけじゃなく皆が」という部分が損得超えです。できるだけ大勢が「Win-Win」に至れればいいという感覚があるかどうか。今のコモンセンスは違います。仲間を大切にする気持ちを伴わないコモンセンス。そんなものはコモンセンスとは呼ぶべきではありません。

渡辺　ただ、これはアメリカの話ですが、最近、テレビでこんな実話を紹介していました。財布を忘れ車がガス欠になってしまった女性に、ホームレスの男性が代金の二〇ドルを支払ってあげた。それに心を動かされた女性が、「このホームレスを救おう」とネットで募金活動をはじめると、即座に四千万円ぐらい集まった。繋がりが欠けている社会でありながらも、こんなことも起こり得る。何かきっかけがあった時、それをうまく吸収するプラットフォームが、インターネットというテクノロジーをもとにして出来上がっている。クラウドファンディングが典型的ですが、今後新しい感情のプラットフォームが生まれてくる可能性は、十分あるのではないでしょうか。

苅部　よく言われる「分厚い中間層がデモクラシーを支える」という理論を唱え始めたのは、アメリカの

＊16　アントニオ・ネグリ、マイケル・ハートらがスピノザから援用し、提唱した概念。脱中心化した世界秩序である〈帝国〉を変革する主体とされる。

政治学者、シーモア・リプセットで、[17]一九六〇年代はじめの仕事のようですね。そうすると、五〇年代のアメリカ社会におけるデモクラシーの安定ぶりを自己賛美する、ある種のイデオロギーだったようにも思えてきます。

渡辺　神話みたいなものですね。

茢部　ヨーロッパの政治史を見れば、階級分裂のあるところでデモクラシーが活性化した例はいくらでもあるはずですから、「分厚い中間層」がなくなったからデモクラシーが駄目になるとは必ずしも言えない。日本でも近年に階層分化が進んでいると指摘する人もいますが、そのせいで戦後デモクラシーが行き詰まると考えなくてもいいように思います。極端に言えば、アメリカの「中間層」に相当するような、豊かさと生活様式を共有するグループが日本社会を分厚く支えていた時代など、なかったのではありませんか。もちろんそれ以外の原因で、日本の政治が近年変容していると考えてみることにも、十分意味があるでしょうけどね。

宮台　茢部さんは一九五〇年代のアメリカの話をされた。当時の社会学者で中間層が何を可能にしたのかを分析した人が二人います。ポール・ラザースフェルドとジョセフ・クラッパーです。ラザースフェルドは米大統領選挙の分析で、オピニオンリーダー概念で知られる「二段階の流れ仮説」を実証します。人々は小集団のオピニオンリーダーが咀嚼したマスコミ情報を受容、それで誤解や曲解が修正され、民主政の合意可能性が調達される、と。

その少し前、クラッパーが「限定効果説」を唱えます。第一に、暴力的メディアが暴力的人間を育てるのでなく、暴力的人間がメディアで引き金を引かれるに過ぎないと実証した。第二に、引き金を引かれる度合が対人ネットワークに依存することを実証した。一人で視るか、親しくない誰かと視るか、親しい者と視るか。一緒に視る人間が親しいほど引き金を引かれない。一緒に視なくても事後に番組について話せる親しい相手がいれば引き金を引かれない。かくして番組内容よりも受容環境の管理が必要なのだと結論しました。

二人の仮説から分かるのは、中間層があればいいということではなく、中間層が可能にしたソーシャル・キャピタルが人々の分断と孤立を防いで姑息な動員にしてやられる可能性を抑止する、というのがポイントです。分断と孤立を防ぐソーシャル・キャピタルが得られるならば分厚い中間層がなくてもいい。アンソニー・ギデンズが言うように、英国の階級社会では貴族階級と労働者階級の双方が独特のソーシャル・キャピタルを保持していたのです。

こうした発想はフランクフルト学派の「権威主義的パーソナリティ論」ともつながる。それによれば、没落意識を持つ人びとが分断されて孤立するほど被害妄想に陥って誇大妄想で埋め合わせます。かくして誇大妄想的プロパガンダに容易に動員される人々が全体主義を駆動します。不安を埋め合わせるための強迫が神経症の正体だとするフロイトの理論を応用したものだから「フロイト左派」とも呼ばれます。ここでもやはり出発点にある不安――没落感や孤立感――を防げれば中間層がなくてもいい。これを機能主義的思考と言います。

＊17　シーモア・M・リプセット（一九二二－二〇〇六）アメリカの政治学者。著書に『政治のなかの人間』『アメリカ例外論』『国民形成の歴史社会学』『革命と反革命』など。

政治家の資質

渡辺　そこは、この鼎談でも何度か議論してきたテーマですよね。その問題を考える時、まさに先ほどおっしゃったように、政治技術ではなく、コモンセンスに訴える形でどう実現していくのかが問われています。例えば、アメリカでは政治家は身近なエピソードを演説や討論会でよく用います。自分の家族の話、アメリカン・ドリームを体現した人の話、苦境に陥っている人の話などです。そういう形で有権者のコモンセンスに訴えてゆく。ただ、そうした手法は、政治コンサルタントの中では、既にマニュアル化されている。同じように、宮台さんの感情プログラムに関する取り組みも、それがうまくいくと分かった途端、安易にマニュアル化されてしまう危険性もあるのではないか。

あるいは逆に、人びとのネガティブな感情を煽り、被害者意識や敵対感情を人為的に作り出すマニュアルがより精緻になってゆく危険性もある。しかも、そうした感情の創出をビッグデータやＡＩを駆使して行い得る社会に、もはや差し掛かっている。アメリカの大統領選では日常的な光景になっていて、フェイクニュース拡散を助長したデータ企業の存在も明らかになっています。

中国に行ってよくわかりましたが、キャッシュレス社会が相当浸透していて、個人情報がどんどん取られている。つまり行動パターンが全部読まれているわけです。ビッグデータやＡＩの恩恵を一番受けているのは中国政府であり、人民の管理統制がより容易になる。シニカルな見方ですが、コモンセンスの醸成を目指していく時、自発的でオーセンティックな感情だと思っていても、実はある特定の政党なり企業によってすっかりコントロールされかねない世界になっている。その中で、果たして市民の主体性などナイーブに信じて良いのか。ミドルクラスの市民的美徳に頼っていいのか。そして、民主主義をもう一回作り直していけるのかどうか。ちょっとした危惧も覚えるのです。

宮台 さすが渡辺さん、嫌な点をつきます(笑)。イタリア政治史を見れば渡辺さんの心配が杞憂じゃないのが分かります。サンディカリズム[*18]の伝統があるイタリアは、ナチズムと違って小さな中間団体を使ってファシズムを立ち上げた。「ウンコのおじさん」がオーガナイズする仲間集団が全体主義の醸成装置として働いたのです。実は全体主義を煽動するほど「ウンコのおじさん」が成功を実感できるからです。こうした安直な「マニュアル依存」をどう阻止できるか。「ウンコのおじさん」が抱く価値が大切になります。「ウンコのおじさん」にどう価値を実装するか。サンスティーンがいう二階の卓越者の養成装置が必要になります。

苅部 コミュニケーションと集団形成に関しては、日本社会でまっとうに生活している人たちの能力は案外高いと思っています。最近、ある町内会の会合に出席させていただいたことがありました。ぬるま湯のような寄合を想像していたのですが、実際には激しい議論を闘わせていて、大学の教授会よりもずっと活性化しています(笑)。誰がコストを負担するかといった損得と無縁ではないでしょうが、異なる意見にも耳を傾けながら、対話によって合意を作っていく姿勢が根づいています。

そういうわけで普通の人のコミュニケーション能力はそれなりに高い。しかし、政治家のそういう能力が高くないんですよ(笑)。この点については、砂原庸介さんの『分裂と統合の日本政治』(千倉書房)がお

---

*18 労働組合によるストライキやサボタージュなどの直接行動を重視し、ゼネラル・ストライキで革命を成し遂げようとする思想。フランス人哲学者ジョルジュ・ソレル『暴力論』が代表的な著作とされる。ファシズム政権を樹立したムッソリーニはソレル主義者であることを公言している。

もしろい指摘をしています。日本では、国政では選挙制度改革、地方政治では分権改革と二つの改革が並行して進められた。その結果、国政は小選挙区制によって二大勢力の競争という形に近づいたのに、地方政治は中選挙区制のままで従来の利益誘導型の政治が続き、分権化によって知事の権力が強くなった結果、知事が利益を分配して議員をまとめるようになった。そうすると旧民主党のように、個別利益誘導型の政治に反対し、政策プログラム体系を作って、政権交代をめざすような政党は、地方政治では弱くなって基盤を作れない。

本来なら、個別利益の誘導か政策の一貫した体系をめざすかは、二者択一ではないはずなんですね。政治家が地元の要求にむきあい、交渉しながらそれを政策プログラムとすりあわせてゆくような能力が、「リベラル」派の議員も与党の側も、衰えてきているのではないでしょうか。政治の現状に関して問題が多いのは、一般の人の資質よりも政治家の方だと思います。

分断をどう克服するか

宮台　政策プログラム型と個別利益誘導型はロジカルに矛盾しませんが、支持層を見ると分断的です。幾つか調査がありますが、安倍自民や維新の支持者には金があるけど孤独な自営業者が多く、民進党や現在の立憲民主党の支持者には貧乏な都市サラリーマンが多い。個別利益誘導型の支持者は第一号被保険者層、政策プログラム型の支持者は第二号と第三号被保険者層という分断です。政策にコミットして来なかった前者は、地域空洞化を背景に鬱屈する分、ネット炎上でスッキリしてインチキ仲間を作りたい。周辺化されつつあるポジションの疑似的回復を願う例の図式です。分断をどう克服するか。

一つの策を話します。かつての上司で都市社会学者の森岡清志[*19]氏が東京中をリサーチして分かったのは、旧住民の側に祭りや地域の公民館での子育て支援などを通じて新住民の包摂に心を砕く旧有力者層――地付き層――がいて、新住民の側に苅部さんがおっしゃるような合理的議論に心を砕く知識層が含まれる地域では、共同性が分断によって傷つかないこと。有名なのは、大地主の朝倉家と、建築家の槇文彦[*20]さんや地元の知識人グループ（代官山ステキなまちづくり協議会）が、両輪になった代官山。そこには僕も関わっていますが、ハードルが高くてどこでもできることじゃない。そうしたリソースを欠いた場所で、どんな機能的代替項目で、権力を持った知識社会ネットワークを組織すればいいのかが課題になります。

渡辺　苅部さんが先ほど、トランプ大統領誕生に関して、ポピュリズムの話に引っかけて、ある意味では「民主主義の正常運転である」という言い方をされました。確かに、その通りだと思う半面、ちょっと引っかかるところでもあるのですね。宮台さんがおっしゃったことと関連しますが、ファシズムも民主主義の健全さの証しであるという解釈がありますよね。そうすると、どこで健全な民主主義のプロセスとポピュリズム、あるいはファシズムのあいだの境界線を引くのか。そして、一線を越えた時、誰がいかなる権限で止め得るのかどうか。最近、そのあたりが気になります。実際、アメリカの左派からは「トランプはファシスト」だという懸念がすでに聞かれます。もっとも右派もかつて「オバマはファシスト」と叫んでいました。世の中、ファシストだらけです（笑）。

宮台　難しい問題です。僕の院ゼミは過半が中国人留学生ですが、トランプ大統領と比べて習近平中央委員会総書記[*21]がどう評価できるかについて興味深い話をしてくれます。トランプは民主的選挙で選ばれてい

＊19　森岡清志（もりおか・きよし、一九五〇－）社会学者。放送大学教授。著書に『地域の社会学』など。

＊20　槇文彦（まき・ふみひこ、一九二八－）建築家。プリツカー賞などを受賞。

るものの、合衆国民全体の幸せを願う公共的動機を持つとは、支持者を含めて多くが信じていない。習近平は共産党独裁下で勝ち上がった権力者ですが、激しい実績競争を通じて公共的動機を持つことを多くが信じている。トランプは一族の「損得勘定」が動機だけど、習近平は中国への貢献という「愛と正しさ」を備えているだろうと。

難しいのは独裁的権力者が「愛と正しさ」を本当に備えているかです。僕はシュミット問題ないしゴーガルテン問題と呼びます。ルソーが言うように成員が損得を超えた憐れみを持たないと民主政は回らない。ルソーの想定する二万人規模を超えた国民国家でも、損得を超えた道徳的連帯がないと回らないと考えたのがヴェーバーです。ところが近代の合理化＝計算可能化＝手続主義化で行政官僚制が社会全体を覆う。彼は「鉄の檻」の中で人が入替可能な「没人格」になると表現します。人格は損得を超える存在。没人格は損得と規則の自動機械。絶望した彼は心を病みました。絶望を払拭したのがシュミットです。カリスマ的指導者が出現しさえすれば大規模定住社会でも成員が損得を超えて道徳的連帯を回復できると考えた。敬虔なクリスチャンならではのイエス待望論です。

実際カール・バルトの盟友だった神学者フリードリヒ・ゴーガルテンは戦間期後期にヒトラーをイエスの再来だと見做しました。でもイエスじゃなかった。シュミットもヒトラーをイエスだと勘違いしたのです。けれどそれは後知恵です。指導者は「損得」を超えて「愛と正しさ」に突き動かされた存在であるべきだと言った瞬間、ヒトラーの如き存在を抑止できなくなるのを、どうしたらいいかです。

渡辺　なかなかはっきりした答えは出ませんね。どこで一線を越えたと判断するのか。表裏一体の面もあります。民主主義が揺らいでいる以上、民主主義とファシズム、あるいは民主主義と衆愚政治など、民主主義の対抗概念そのものについても再考が迫られているのかもしれない。つまり、従来の二項対立的な図式はもはや妥当ではなく、別の図式ないし表現に置き換えられるべき段階にあるのかもしれない。

苅部　先ほどミュラーの著書『憲法パトリオティズム』の名前を挙げましたが、権力の暴走の歯止めとなるような憲法の機能が、やはり重要なのでしょうね。以前、中国の大学で講義をしたときに現地の研究者から「天皇制をどう思うか」と質問されました。そのときに、いまの憲法における皇室制度の意味について、こう答えたんですね。総理大臣やほかの国務大臣が天皇から任命を受ける。国会でも参議院で開会式のお言葉がある。そうすると、好き勝手に権力を行使できないという感覚が、政治家の中に生まれてくる。その効果は決して軽いものではないと。ところがよせばいいのに、「その場合、政治家が守るべき規範となるのは憲法です」と続けてしまいました。実はいまの中国で「憲法」という言葉は「自由」と同じく、口にしてはいけないんですね。そこで一計を案じて「しかし人民共和国は立派な指導者が多いですから、そういう必要はありません」と言ったら、みんな大爆笑です(笑)。中国の政府はともかく、一般の人民は健全なんですね。

天皇制の意味

宮台　苅部さんの話で思い出すのが憲法学者ローレンス・レッシグの言葉。立憲意志は今を生きる人々の全体意志ではなく、人々が思い出せる国の創設者たちの意志だと。創設者たちがどんな思いでレジームを

＊21　習近平（しゅう・きんぺい、一九五三－）中華人民共和国の政治家。二〇一二年から第五代中国共産党中央委員会総書記。二〇一七年一〇月には「新時代の中国の特色ある社会主義についての習近平思想」が党の規約に盛り込まれた。また、二〇一八年三月には憲法改正によって国家主席の任期制限が撤廃され、長期にわたって国家主席にとどまることが可能となった。

置いたのか。憲法は民衆にそれを思い出させる覚え書。例えば、憲法が想定しない事態がテクノロジーや社会の複雑化で生じた際、創設者たちならどうしただろうかと想像して解釈=改釈する。抽象的には「内在の視座」と「超越の視座」、「直接性」と「直接性からの離脱」の二重化です。近代日本における天皇の役割もまさにそれ。北一輝の言う「国民の天皇」。人々が拙速に結論を出しそうな時、本当にそれでよいかと視座を重層化する営みが必要で、そこで天皇が機能する。山本七平[*22]の議論に通じます。絶対神が存在する文化圏では「自分がどう思うか」とは別に「神がどう思うか」に常に立ち戻って直接性から離れられる。日本の場合はせいぜい友達としての八百万の神がいるだけで、直接性から離れた視座に立てない。だから天皇なのだと。僕の師匠である小室直樹先生は「天皇がいなければ馬鹿な国民と政治家が暴走する」と表現したけれど、正しいと思う。

苅部 宮台さんは九〇年代から天皇について議論されていましたね。しかし昨今、これまで本音では天皇制反対だったような「リベラル」の人たちが、戦後民主主義を守る今上陛下は偉いという大合唱を始めています。「立憲デモクラシー」を熱心に唱える人が、突然に尊皇論者に変貌するという……。左翼で愚直に天皇制批判を続けているのは、絓秀実[*23]さんたちの共著『生前退位—天皇制廃止—共和制日本へ』(第三書館)くらいですよね。国民主権や人権原理と本当に両立するのかと考えると、皇室制度はたしかに筋の通らないところがある。しかしそれが現実に続いていることの意味をポジティヴにとらえるなら、宮台さんのお話のようになるでしょう。

宮台 でも単に「天皇に頼れ」と言えば、シュミット&ゴーガルテン問題に絡め取られます。直接性から離れる契機が社会に内蔵されるべきだとする抽象性が大切です。平成今上天皇はまさにそうした契機を与えて下さるけど、将来に渡ればどうでしょう。先に話したファシリテーターの機能も、一つは直接性からの離脱契機を与えること。話がうまい人がいて、損得を超えた話で人を感染させつつ極端な物言いをすれば、人は極端さに巻き込まれます。その流れの直接性を随時切断するのもファシリテーターの役割です。フィシュキンやサンスティーンの提案です。提案には欠点もあります。ファシリテーターはエリートよりも遥かに能力が必要で、人材が稀少です。自分の意見を言うのは簡単でも、参加者全員を観察しつつ座を回して「自分たちの力で妥当な結論を出した」と思えるようにするのは困難です。体験デザイナーとしての途方もない訓練が必要です。でも困難に向き合うべきでしょう。

渡辺　天皇制については、今回中国で面白い経験をしたんですよ。話は少しずれますが、天皇の退位が話題になって、学生の中には意味がよくわかっていない人が結構いました。「天皇は、権力闘争で皇太子に敗れたんですか」と聞いてくる学生がいた(笑)。「それは中国でしょ」と答えたら爆笑していました。

苅部　中国の歴史では、皇帝が退位するのは例外的で異常事態ですからね。

渡辺　権力に対する考え方が、中国と日本とでは随分異なっている。日本の場合、憲法の議論ひとつ取っ

＊22　山本七平（やまもと・しちへい、一九二一―一九九一）評論家。著書に『「空気」の研究』など。山本は『「日本人」原論』でいわゆる日本人の無宗教性について次のように述べる。「大部分の日本人は決して無規範《アノミー》とは言えないが、それが何に基づくかを自覚していないことは否定できない。これはたいへんに面白い特徴だが、同時にこのことは、自己の原理の自覚的な選択的把握ではないから、その意味では個人主義でないと言える。いわば、彼らの言う「宗教」すなわち自己を支える原理を、彼らは、何々教徒もしくは何々主義者という形で自覚的に把握しているが、われわれはそうではないということである。このことは、その原理を個人の決断によって意識的に把握し、個人の選択によって別の原理を意識的に把握することがないということを意味している。」（『「日本人」原論』ダイヤモンド社、二〇一一年、一四頁）。

＊23　絓秀実（すが・ひでみ、一九四九―）文芸評論家。著書に『増補　革命的な、あまりに革命的な――「1968年の革命」史論』など。

ても、すぐに「権力を縛る」という立憲主義の話になるのですが、一方では「権力を与える」という側面もあるわけですよね。憲法改正の議論が本格化する前に、政治家の権力とは何か、そもそも権力とは何か、権力とどう向き合っていけばいいのか、そのあたりの根本的な認識の共有が問われている気がします。さもないと、権力批判そのものが目的化してしまう恐れがある。よく分からぬまま、とりあえず権力や権威を持っているとされる人を叩き潰すことが正義なのだと錯覚してしまう。メディアもそうですが、野党もそんな節があるのではないか。大した代替案もなく、とりあえず権力を引きずり下ろすことに腐心する。そのためには、不倫であろうと失言であろうと、利用できるものは何でも利用する。

しかし、そうした一連のやり方の果てに残ったのは、ニヒリズムだけなのではと思うことが多々あります。この辺りの虚無感が、国民の中にも生まれてきている気がします。もっとも、政治家なり有力者が権力の座から転落する姿に溜飲を下げているのもまた国民なのですけどね。こうした虚無的世界の中で、何を言われても戦おうとしている安倍さんは、手法は強引かもしれないけれど、自分たちの最後の砦になってくれている。そんな感覚を抱いている人も多いのではないでしょうか。支持率も安定していますし、つい五、六年前まで、「毎年首相が変わる不安定な国」と揶揄されていた日本が、気がつけば、「先進国で政治的に最も安定した国」と見られるようになっている。もちろん、オバマがファシストであるのと同様、安倍さん嫌いの人からすれば、安倍さんはファシストということになるのでしょうが。

宮台　何が公共的かという判断が非常に難しいという問題ですね。ジョン・ロールズは一九七一年の『正義論』で、善意・良心は私の領域、公平・正義が公の領域だとしました。公＝政治の領域では「お前が俺でも耐えられるか、耐えられないなら制度を変えろ」という原則を貫徹させる。その原則がリベラリズムで、ローティもそれを継承しています。何が良い神か、何が究極の美学かは、合意困難なので「私」に留める。「私」において合意できない人びとが、共生の必要から最低限合意する条件が「公」です。彼は「残酷の回避」と呼びます。痛いや苦しいのは嫌。死や病気は嫌。否定性は肯定性より合意が簡単であり、「公」とは「残酷の回避」を実現するプラットフォームだと。ニーチェ[*24]やハイデガー的なものを「私」に押し込め、「公」のハードルを下げるのは、シュミット&ゴーガルテン問題の回避が目的です。

でも、ローティ自身が九〇年代半ばまでに気づき、二〇〇一年の「九・一一」以降は多くの人が気づくようになった誤謬が含まれます。「残酷の回避」に合意できるのは近代の枠内に過ぎず、それに合意した途端「見えない外部」が抑圧されるのです。一九六五年の公民権法以前は、人権を議論する際も女や黒人が人として数えられていなかったと言います。そうした問題が「九・一一」で露呈したけど、彼は既に九〇年代半ばに処方箋を出している。それが感情教育。感情の民度を上げる＝「公」のハードルを上げる試みです。「残酷の回避」は、自明視された「皆」の枠内での「損得」の共有財です。それに留まることは「見えない外部」を抑圧する反道徳。「公」にこそ高度な価値と感情を実装しなければなりません。

しかし、するとシュミット&ゴーガルテン問題が、つまり「ウンコのおじさん」のヤバさが、再浮上します。どんな道徳的連帯のためにどんな感情教育をするか。もはや簡単に合意できません。そこに注目するのがハーバーマスの「ポスト世俗化論」。ISの勧誘ビデオを視ると、世俗の檻の中でお前たちが社会的に成功しようが所詮は入替可能なコマに過ぎないと語りかけて来ます。ヴェーバーの「没人格化論[*25]」ないしアクセル・ホネットの「共同体的承認論[*26]」に忠実で、とても説得的です。ハーバーマスは「公共空間

*24　フリードリヒ・ニーチェ（一八四四－一九〇〇）ドイツの哲学者。著書に『道徳の系譜』『善悪の彼岸』『ツァラトゥストラはかく語りき』『この人を見よ』など。

は世俗であるべきだ、宗教者もそこでは世俗の言葉で語れ」と主張してきたけれど、「公共空間で積極的にプライベート・コミュニケーションをせよ」と変化しました。従来のハーバーマス的戦略ではＩＳ加入者を止められないからです。宗教者は公共空間でも超越を語らなければならないと「公」のハードルを上げたわけです。解決策というより困難の再確認に留まりますが、それでも困難に挑戦するしかありません。

リベラルの排外主義化

苅部　ハーバーマスの場合は、公共空間のモデルとなる理想的発話状況には、私的利害の主張を持ち込んではいけないという、きびしい縛りがあります。それに対して、私的な利害要求でもいいから、まずは討論の場を社会のあちこちに作って、多くの人がほぼ納得できるような方針を見いだしてゆくのが熟議デモクラシーの発想ということになるでしょうか。ただその場合は、宮台さんのおっしゃるファシリテーターに大きな負荷がかかってしまいますね。さまざまな意見が噴出するなかで、その場をまとめてコンセンサスを確認しないといけない。

遠山隆淑[*27]さんが『妥協の政治学』（風行社）で書かれていることですが、一九世紀の英国の議会で「ウィッグ」と呼ばれた自由派の政治家・政論家たちは、政治家の「妥協」が自由な秩序を支えると説いていた。一つの原理に固執すると、それを信奉しない勢力を排除するという一種の専制政治に陥ってしまう。だからこそ「妥協」が政治における対立には不可欠だというわけですが、それは議会で活躍する政治家が、地元では名望家として信頼を集め、人々の委任を受けているからできることなんですね。民主化の進む時代になって、一般庶民の利益を直接に実現するような要求が高まると、「妥協」の政治は評判が悪くなり、その価値が否定されてしまう。現代のデモクラシーにも通じる問題です。

宮台　賛成です。「妥協」の前提は、仲間集団を守るべく他の仲間集団と折り合うのを含めた仲間意識です。それがあれば私的利害を超えられます。でも昨今浮上しているのは仲間とそうでない存在の境界線が分からなくなる問題です。ジョック・ヤング[*28]が言うように階級的境界線も不分明。アメリカで問題化しているように国籍の境界線も不分明。カタルーニャ独立問題[*29]で噴出したように民族の境界線も不分明。ならば私的利害が浮上する他ない。

＊25　「官僚制的支配は、一般に次のことを意味している。〔…〕形式主義的な非人格性《ウンペルゼーンリッヒカイト》の支配。すなわち、理想的な官吏は、怒りも興奮もなく、憎しみも情熱もなく sine ira et studio、したがって「愛」も「熱狂」もなく、全くの義務概念の圧力の下で、「人物のいかんを問うこともなく」ohne Ansehen der Person、何びとに対しても——すなわち同じ事実的状態にあるいかなる人に対しても——形式上平等に、その職務をつかさどるのである」（『支配の諸類型』世良晃志郎訳、創文社、一九七〇年、三〇頁）

＊26　ホネットは『承認をめぐる闘争』で愛、法、連帯という三つの形式による承認に分類している。「個々人は、社会集団の成員として共同して業績をあげることができ、その業績の社会的な価値がほかのすべての所属メンバーによって承認されることを知っている。そうした集団の内的な関係においては、それぞれの成員は、自分が他のすべての成員からおなじ基準で評価されるのはわかっているのだから、相互行為の形式は、ふつうは連帯関係という性格を帯びる。というのは、「連帯」ということでまず理解されるのは、主体が、相互に対称的な立場で価値評価しあうために、異なった生き方にたいして互いに共感を抱くような相互行為の関係だからである。こうした提案によって、これまで「連帯」の概念が、政治的な抑圧にたいして共同して抵抗する経験の中で生まれる集団関係におもに適用された事情も説明される。すなわち、ここではすべてを司る実践的な目標の一致によって、各人が他者の能力と性質が持つ意義をおなじようなやり方で承認することを身につけていく間主観的な価値の地平がたちどころに生みだされる」（『承認をめぐる闘争』山本啓ほか訳、法政大学出版局、二〇一四年、一七三頁）

＊27　遠山隆淑（とおやま・たかよし、一九七四－）政治学者。熊本高等専門学校准教授。著書に『「ビジネス・ジェントルマン」の政治学』など。

加えてリベラルの排外主義化も生じます。リベラルが口では普遍主義を主張しようと、コミュニタリアンが批判する通り、所詮は「仲間で分かち合おう」に過ぎず、仲間の境界線が不分明になれば「変な奴が紛れ込んでいるぞ」と神経質になる。労働党支持者の三割以上がブレグジット（英国のEU離脱）に賛成した話にも、日本の労働運動の対象から長らく非正規雇用者が抜け落ちていた話にも、つながります。やはり私的利害ばかりが浮上するのです。

ハーバーマスやチャールズ・テイラーが公共空間に宗教者の登場を望むのも、私的利害を超える寛容の価値を語ることを期待してのこと。私的利害は内在だけど、今や寛容の価値さえ超越です。「公」のハードルを上げなければなりません。公共空間の異質化・複雑化・流動化に抗って妥協の前提となる寛容の高い価値をいかに共有するか。高い価値を共有できない人たちといかに共生するか。「公」はもはや損得ベースの「共生のための調整」じゃ済まず、「公」のハードルを上げろというローティやハーバーマスは完全に正しいのです。でも日本の政治を見れば、茹部さんが言われたように「共生のための調整」のマインドさえ欠いたクズだらけ。そんな状況で人々に政治に期待しろと言っても無理でしょう。だから、たとえ危険があっても、「ウンコのおじさん」プロジェクトから始めるのです。

渡辺　昔は、自民党の中にも派閥の力学が歴然とありましたよね。それぞれの派閥に何かしらのカラーがあって、ファシリテーター的な役割を果たしていた。もちろん、その弊害も大きかったのでしょうが、派閥が弱体化した負の側面も大きいかもしれませんね。あとはハイエクじゃないけれど、今の社会が理解可能だという前提に立って、あるべき社会のグランドデザインを行なうなんて、もしかしたらおこがましい話なのかもしれません。現段階では、社会全体を何か大きな方向に動かす時期ではなく、それぞれのコミュニティの中で、あるいは疑似的な仲間集団の中で、少しばかりの自省心と懐疑心を抱きながら、いろんな模索をしていけばいいと、今はそんなふうに考えています。むしろマクロな国際情勢の変化が気になります。

苅部　ただし政治がこれだけ駄目になっていても、政治家を目指す若い人たちもいます。官僚になろうとするまじめな大学生も少なくありません。そういう人たちには期待したいと思います。

（二〇一七年一二月二二日）

＊28　ジョック・ヤング（一九四二―）イギリスの社会学者。著書に『排除型社会』など。

＊29　二〇一七年一〇月一日、カタルーニャ自治州で独立の賛否を問う住民投票がおこなわれた。独立を阻止したいスペイン政府の介入などで混乱したが、投票結果は投票率四三パーセントで、約九〇パーセントが賛成だった。プッチダモン州首相は勝利宣言をおこなったが、スペイン政府は州の自治権を停止するとともにプッチダモンを州首相から解任。国家反逆罪などで起訴されたプッチダモンは政府幹部とともにベルギーに脱出した。

2018

１月　・米軍ヘリ、沖縄で不時着相次ぐ
　　　・仮想通貨「ＮＥＭ」五八〇億円相当が取引所から流出
２月　・名護市長選、自民党等の推薦受けた渡具知武豊氏当選
３月　・森友学園をめぐる財務省決裁文書改竄判明
　　　・金正恩委員長と習近平主席初会談
　　　・米中貿易戦争勃発
４月　・自衛隊イラク派遣の日報の存在が明らかに
　　　・米英仏がシリアに軍事攻撃
　　　・十一年ぶりに南北朝鮮首脳会談実現
５月　・在イスラエル米大使館がエルサレムに移転
６月　・森友学園公文書改竄問題で、財務省が調査結果公表
　　　・米朝首脳、史上初の会談
　　　・「働き方改革関連法」成立
７月　・オウム真理教元代表ら死刑執行（麻原彰晃教祖を含む死刑確定者十三人）
８月　・東京医大不正入試事件発覚
９月　・安倍首相が自民党総裁選で三選果たす
　　　・日米首脳会談
　　　・沖縄県知事に玉城デニー氏当選
10月　・シリアで拘束中の安田純平さん解放
11月　・日産自動車カルロス・ゴーン会長逮捕
12月　・海上自衛隊の哨戒機が、能登半島沖の日本の排他的経済水域内で、韓国海軍の駆逐艦から火器管制レーダーの照射を受けたことが発表される

初の米朝首脳会談（6月12日）　AFP＝時事

▷紀伊國屋じんぶん大賞

國分功一郎『中動態の世界――意志と責任の考古学』

▷ユーキャン 新語・流行語大賞（「現代用語の基礎知識」選）

「そだねー」

苅部　去年の鼎談を読み返すと、トランプが大統領になっても、アメリカ憲法の権力分立の制度に阻まれて、まともな行動をとるようになるのではと僕が予測しているのですが、そうはなりませんでしたね（笑）。宮台さんは、この一年についてどのような感想をお持ちでしょうか。

宮台　僕は東日本大震災の少し前から「社会システム（制度）より人だ」と社会システム理論家らしからぬことを公言するようになりました。理由は単純。安保法制を強行した際に内閣法制局長官をイエスマンにすげかえたのが典型ですが、[*1]「法律が禁じていないことはやっていい」とオプトアウト（ブラックリスト）的に法を捉える政治家が増えたからです。まさに「人が変わった」。少なくともそうした観点から語らないと、実現可能な処方箋を出せなくなったのです。

　法哲学者のH・L・A・ハートが言う通り法には「疑わしき半影」がある。[*2]そこに意味を充当するのがコモンセンス（共通感覚）です。実際、重要な法的枠組については「やっていいと書いていないことはやらない」オプトイン（ホワイトリスト）で行動するのが自民党の歴代政治家でした。ところがコモンセンスを支える社会構造が空洞化すると、法のリテラルな解釈にへばりついて「法に違反していない」と言い張るヘタレ政治家が増えます。森友学園や加計学園の問題が典型ですね。

　グローバル化での中流崩壊もあるけれど、専ら損得を人々の動機付けとして作動する〈システム〉が、損得を超えた動機付けを働かせる〈生活世界〉を上書きして空洞化させてきた歴史の方が大きい。だからヴェーバーが言う意味で政治共同体（＝社会）全体の運命を背負う政治家が消えたのです。「見ず知らずの国民を仲間だとみる感覚」が政治家から失われた。その意味でも人が変わったのは社会システムが変わったからですが、人をシステムの産物と見るシステム理論からすると「人が社会システムを変える」という課題設定は語義矛盾なので、むしろ人に準拠して、人を変えようとして良いのです。

ヴェーバーが言うあるべき政治家は、正しさのために法を破る存在です。仲間のために法を破るけれど、失敗したら結果責任を問われて血祭りになる――それを覚悟するような政治家は絶えて久しい。安倍晋三からトランプに至るまで「法は破っていない」と言い募るだけの「政治家とは名ばかりの市民」が増えました。

ヴェーバーはヘーゲル[*3]に似ます。ヘーゲルは損得ゲームとしての市民社会ではカバーできない統合的中心に向かう営みを国家と呼ぶけど、ヴェーバーはこれを市民倫理と政治倫理の対比に引き継ぎます。市民は損得ゲームに勤しんで良いが、政治家は違う。政治家全員が損得ゲームに淫すれば政治共同体が滅びてしまう。損得ゲームを超えて政治共同体に命を捧げる政治家が必要だ。法に従うことでかえって政治共同

*1　二〇一三年八月、第二次安倍内閣は集団的自衛権の容認派として知られた小松一郎駐仏大使を内閣法制局長官に起用した。法制局長官には内閣法制次長が昇格するのが慣例だったため、異例の人事として報じられた。

*2　H・L・A・ハート（一九〇七－一九九二）イギリスの法哲学者。著書に『法の概念』『権利・功利・自由』など。「すべてのルールは個々の事件を一般的用語の例として認識し、分類することにかかわっているが、われわれがルールと呼んでよいようなものすべてに関して、そのルールがたしかに当てはまる明瞭で中心的な諸事例と、そのルールが当てはまるとも当てはまらないとも言える理由のある他の諸事例とを区別することができる。われわれが個々の状況を一般的ルールのもとに入れようとするとき、確実な核心 core of certainty と疑わしい半影 penumbra of doubt という二重性を排除することのできるものは何もないのである」（ハート『法の概念』矢崎光圀監訳、みすず書房、一九七六年、一三三頁）

*3　ヘーゲル（一七七〇－一八三一）ドイツの哲学者。ドイツ観念論を代表する哲学者として知られる。著書に『精神現象学』『歴史哲学』など。

体が滅びるのであれば、法を踏み越えて政治共同体を救え――。この一年でヴェーバーが言う政治家がいないことに皆が気づきました。予感してはいたけど衝撃でした。

政治家ならぬ市民の側でも長いスパンでの変化が明らかになった。大規模な統計リサーチで、僕らが薄々感じていたことについてクリアな構造を実証します。『ハイブリッド・エスノグラフィー』(新曜社)を今年刊行した人類学者の木村忠正氏[*4]は、複数の調査によればネトウヨ層も炎上時に連投するコア層もネットユーザーの一パーセントだけど、安心しちゃ駄目。地滑り的変化が生じているからです。氏は「非マイノリティ・ポリティクスが拡大した」と言う。「マジョリティ・ポリティクス」と呼ばない点がミソです。

木村氏は「政治が自称マイノリティに特権を与え過ぎ、マジョリティが享受すべき利益が喰われた」とする議論がネットで分厚く支持される事実を実証します。ネットユーザーの過半数です。「自称マイノリティ」には広い意味があります。生活保護受給者や在日コリアンやLGBTだけでなく、日本に様々な要求をする中国・韓国・北朝鮮のような国も含まれます。勤勉で正直な自分らマジョリティは、弱者を騙るずるい人や国に利益を奪われている――。そんな被害妄想が拡大しています。

氏の議論はフランクフルター(批判理論)と接続がいい。中流が分解し、昭和みたいな経済成長も立身出世もない。そう人々が断念したのに加え、今のポジションより落ちるのではないかとの不安と抑鬱に苛まれる。フランクフルターが問題にした大戦間のワイマール期に似ます。エーリッヒ・フロムの分析によれば、貧乏人ではなく、没落中間層が全体主義に向かう。「こんなはずじゃなかった感」に苦しむからです。だから被害妄想を誇大妄想で埋めようとする。氏はフランクフルターに触れてはいませんが、誰もが引き出せる論点です。

もう一つ深い指摘がある。ジョナサン・ハイトらの道徳心理学やロビン・ダンバー[*5]らの進化心理学に詳しい氏はこう述べる。仲間を大切にするがゆえにフリーライダーや仲間以外の人間を叩き出したがるのは、ゲノム的基盤を持つ自然感情。ところが先の「最終戦争」に対する反省に、T・ピケティが指摘した「g（生産の利益）＞r（投資の利益）」という資本主義の例外的期間が重なり、「みんなで分けよう」というリベラルな政策が拡がる。政策だけでなく言論の主流にもなって自然感情が抑圧された。その抑圧された層がバックラッシュしているのが現在で、この層はゲノム的基盤を持つ道徳感情に従う潜在的多数派だから、リベラル叩きは永続するだろうと。

木村氏は、この鼎談で何度も取り上げたジョナサン・ハイトの道徳基盤理論も援用します。人間には五つ、最新の説では六つの「感情の押しボタン」がある。弱者への配慮・公平への配慮・聖性への帰依・権威への忠誠・伝統の尊重・自由の尊重。ところが人口学的に比較すると、リベラルな人々は、集団尊重価値である聖性・忠誠心・伝統への反応が平均より極端に小さい。氏はそれを指摘し、仲間の尊重という集団価値に反応しない普遍主義的リベラルは元々例外的で、特殊な条件がない限り多数派にはならないとします。総じて、現在の「右傾化」は一過性の事態ではなく、僕の言い方ならば「エントロピーが高い状態」つまり「よりありそうな状態」に戻っただけ。特殊な条件が与えた「エントロピーが低い状態」が、長く続くと思い込んだ点に知識人の間違いがあった。

渡辺　宮台さんの話に繋げて言うと、スティーブン・レビツキーとダニエル・ジブラットの『民主主義の死に方』（新潮社）が今年翻訳されました。民主主義が、民主的な制度の中で崩壊していく様を、過去の事

＊4　木村忠正（きむら・ただまさ、一九六四－）文化人類学者。立教大学教授。著書に『デジタルネイティブの時代』など。

＊5　ロビン・ダンバー（一九四七－）イギリスの進化生物学者。著書に『ことばの起源』『友達の数は何人?』『人類進化の謎を解き明かす』など。

例をもとに説いた本です。そのこと自体は、ドイツの例を見れば明らかなんですが、今の時代状況に絡めると、ふたつのポイントがあります。ひとつは、本の中では別の言葉が使われていましたが、宮台さんの言い方では、コモンセンスがなければ、いくら立派な制度でも、運用の仕方によっては悪用できてしまうということです。アメリカの憲法も、決して独裁を防ぐことができない。抜け道はたくさんあり、その気になれば、独裁制への道を開くことができる。二点目に、過去の政治指導者のパターンを参照しつつ、たとえばメディアを国民の敵と言ったり、自分が負けそうな選挙に対しては不正だと言ったり、いくつかの分類をしているんですね。トランプは、その分類にほぼ全部当てはまる(笑)。これはアメリカに限った話ではなく、ポーランドからトルコ、ブラジルまで、世界的に今、そういう型破りな手法を取ることが、強い指導者だと見られる風潮が蔓延している。その中で、権威主義的な体制が尊ばれたり、民衆の側も、保護主義的・自国第一主義的な政策を望む。言うならば、一九三〇年代の再来なんじゃないかという問題提起です。これは宮台さんの話の前半のポイントと繋がってきますよね。

後半の話については、マーク・リラ『リベラル再生宣言』(早川書房)が、参考になるんじゃないか。いろんな論点がありますが、少なくともアメリカにおいては、保守のみならず、リベラルもアイデンティティ・ポリティクスを過剰にしてしまっている。国民全体に関わる新しい物語、前向きの代替案を示せていないのではないか。そんな指摘をしています[*6]。今年一年、世界的には「#Me Too 運動」に注目が集まり[*7]、日本にも波及しました。それ自体は、否定されるべきではありません。けれども個々の人間が、各々のアイデンティティに根ざした権利だけを主張していった結果、全体を統合するビジョン、物語をかえって生み出せなくなってきている。リベラルの逆の功罪を解いた本として、マーク・リラの本に注目しました。

苅部　『リベラル再生宣言』は、日本語訳のタイトルがよくありませんね。そういう楽観的な本ではなく、原題は「The Once and Future Liberal」ですから、「かつてあった、そして将来あって欲しいリベラル」でしょう。つまり共和党対民主党、保守対リベラルという、宮台さんのおっしゃるコモンセンスを前提としたライバル関係が、かつてはあり、リベラルな政治主張もそれを前提としていた。これが八〇年代から壊れてしまったとリラは言うんですね。副題の「After Identity Politics」が示すように、八〇年代以降は双方とも、自分たちのアイデンティティを守ることにしか関心がなくなる。右の側でいえば、渡辺さんも『中央公論』の連載「リバタリアン・アメリカ」(のち『リバタリアニズム』中公新書として刊行)で論じられていることですが、リバタリアニズムからティー・パーティーへと至った動向、個人所有権の絶対擁護と、アメリカ自国第一主義の流れがある。左派のリベラルも、断片化したマイノリティの自己主張へと特化し

*6 「リベラルの力が急速に弱まり始めたのはレーガンが大統領になってからのことである。ルーズベルト体制が終わりを迎えるとともに、結束した野心的な右派が力を持ち始め、リベラルは大きな課題に直面することになった。国家の将来について新鮮な政治的ビジョンを示さなくてはならなくなったのだ。アメリカ社会の新たな現実に適応する必要に迫られた。古いアプローチが失敗に終わったことを認め、先に進まなくてはいけなかった。だがリベラルにはそれができず、アイデンティティ・リベラリズムに走ってしまった。皆が市民として同じ社会を共有しているという意識、私たちは皆、国家の中で一つに結びついているという意識を失ってしまったのだ。ルーズベルトのリベラリズムにとって、市民の連帯は不可欠の要素だった。ところがアイデンティティ・リベラリズムは、一つにまとまっていた光線をプリズムで虹のような複数の色の光線に分けるようなことをしてしまった。そう言えば、何が起きたかはだいたいわかってもらえるだろう」(マーク・リラ『リベラル再生宣言』夏目大訳、早川書房、二〇一八年、一四－一五頁)

*7 二〇一七年一〇月、ハリウッドの映画プロデューサーのハーヴェイ・ワインスタインによる女優へのセクハラ疑惑が報じられ、被害を受けた女性たちがTwitterで「#Me Too」と呼びかけたことで、SNSなどで性被害を告発する世界的な動きが起こった。

た結果、現実には政治空間から退出し、公共の議論の空間を破壊しつづけてきた。そうした新たな構造に乗りながら権力を握った、新しい種類のリーダーがトランプにほかならないというわけです。

この本は最後に、個別のアイデンティティの主張を超えた、同じ政治共同体の一員、「市民」としての連帯に基づいて、政党政治や一貫した外交政策を行うことの重要性を提起します。西部邁さんの最後の本『保守の遺言』（平凡社新書）の末尾の方に見える主張とも重なりますね。[*8] 人間は「私人」と「公衆」という二つのアイデンティティを使いわけて生きている。そして「私人」の自己主張ばかりになった社会に対して、「公衆」のアイデンティティを再建しないといけないと説く。リラも西部も、公共空間で活動する「市民」としてのアイデンティティを確立せよと主張するわけですが、しかしそれは、これまで幾度も繰り返されてきた問題に戻ってしまうことになる。

宮台　市民というアイデンティティの再確立には、「皆が同じ船に乗っている」という公共空間＝市民的公共圏の再確立が必要です。でも再び巨大な悲劇の共有がないと難しい。だから困るのです。

苅部　キャス・サンスティーンは『#リパブリック』（勁草書房）で、次のような議論を展開していますよね。人々がネット空間に閉じこもり、自分の好きな政治ニュースしか見ないようになると、政治空間の分極化は激しく進む。そうした状況で、異なる意見どうしの討議に基づいたデモクラシーを実践するには、メディアに中立性を保たせるため、政府によるある程度の介入を認めないといけないと。そのようなサンスティーンのシニカルな制度論と、「市民」のアイデンティティの再興論とのあいだにある領域で、どういう解が出せるのか。宮台さんがおっしゃったように、全体の運命に責任をとるカリスマ的な政治家の出現には期待できない。トランプのようなごく普通の人が、突然、人気の波に乗って権力を握る。そんな時代に何がありえるのか。「市民」のアイデンティティを広汎に確立するのでもなく、制度設計だけに頼るのでもない。サブリーダー的な人たちの組み合わせによって、物事を進めていく。そういう感じになるのかもしれません。

宮台　賛成です。

古典に回帰するべき時

宮台　サンスティーンが「二階の卓越主義」の概念で人と制度に跨がって期待するのはそういうことです。人と制度の関わりは古典的枠組に戻って考えるのが良い。なぜヨーロッパで市民アイデンティティと公共空間の発想が出てきたのか。社会学的には内集団・外集団・包括集団の問題です。内集団は所属集団で、外集団は非所属集団。人は内集団に属しますが、日常のコミュニケーションで外集団の人々と交わらざるを得ない場合、どの集団にも属さないプラットフォーム、別言すれば全ての集団をも含んだ包括集団のプラットフォームが必要になります。これが公共空間つまり市民的公共圏。ここから幾つかのことが言えま

＊8　西部邁（にしべ・すすむ、一九三九－二〇一八）東京大学在学中に六〇年安保闘争で指導的な役割を果たす。中沢新一の採用人事をめぐって東大教授を辞職後、保守系の評論家として活躍。一八年一月に、多摩川で自死。著書に『ソシオ・エコノミックス』『大衆への反逆』など。「〔…〕国民が、まさしく「国の民」たるべく、リパブリック（公衆）たらんとするのでなければ国民社会は公共性を持ち永らえることができない。／もちろん、国民各位の私人性はそれとして許容されるべきではあろうが、しかしプライヴァシーは元来は秘匿されるべきものであって、公の場に表明されるべきものではない。〔…〕人々がおのれらの公人性を社会の表面で演じ合うのでなければ健全かつ面白い社会が成り立つはずもない。そのことをわきまえている人々が公衆だということになる。そしてそうした公衆によってのみ健全な政府が作り出されるとみなさなければならない」（『保守の遺言』平凡社新書、二〇一八年、二六六－二六七頁）

す。

社会心理学者の山岸俊男氏によれば、日本では江戸時代の善政もあって、人々は内集団の中でしかコミュニケーションしてこず、どの集団にも属さないプラットフォーム＝公共空間の必要がなかった。[*9] 日本の公はせいぜい「滅私奉公」。私心を超えると言えば、内集団のために自分を犠牲にすることだった。原発事故が日本の半分を沈めようが、東京電力の原発政策に命を捧げる東電社員みたいな（笑）。さて、サンスティーンの指摘した、ネット空間で「見たいものしか見ない」「コミュニケーションしたい人としかコミュニケーションしない」という具合に内集団に閉じる動きは、その意味で「日本化」です。日常を絶えずルーツの違う人と交わるはずの欧州的伝統が弱まりつつあるのです。

アメリカはこのシチズンシップにタウンシップの伝統が被さる。武装市民の伝統です。内集団に対しては仲間を守る武闘が「義務」になり、外集団に対しては仲間を守る武闘が「権利」になる。それが、タウン水準、カウンティ水準、ステイト水準、ユナイテッドステイツ水準と、全ての層でマトリョーシカ的に反復される。つまり、彼等の日常生活はライフスタイルの合致する仲間ウチで成り立ち、その外側は謂わば決闘ルールだということ。建国事情や国土の広さもあって、棲み分けて混ざらないのです。相対的に、欧州的伝統は「混ざり合い社会」で、米国的伝統は「棲み分け社会」です。

「国民が銃を放棄すれば平和になろうが、それはアメリカの秩序ではない」と言い放つ全米ライフル協会。「そうした伝統を知らない移民が増えればアメリカはアメリカでなくなる」と主張するオルト・ライトのカリスマ的指導者リチャード・スペンサー。[*10] 彼は「レイシズム」を自称しますが、中身は人種主義というより文化主義。黒人であれ黄色人種であれ白人の継承してきたアメリカン・スタイルを受け容れるならばＯＫだと。頭が悪い日本のネトウヨと違い、アメリカ建国事情を知る者からするとスペンサーの主張は変じゃない。むろん、グローバリズムの過剰流動性を前提にすれば、棲み分け推奨は「非マイノリティ・ポリティクス」のごとき疑心暗鬼を生む。どこかの集団がうまい汁を吸ってるんじゃないかと。実際そうなっています。

もう一つ。『リベラル再生宣言』に関係しますが、フランス革命の二七年前、ジャン＝ジャック・ルソーが『社会契約論』で「ピティエ」の言葉を使った。この鼎談でも触れてきました。ある政治的決定によって政治共同体の各成員がどんな目に遭うかを「想像でき」かつ「気にかかる」ことです。それが想像できず、想像できても気にかからないなら、民主政は動員合戦になって形骸化する——。ルソーの言う通りになりました。その一四年後、アダム・スミスが『諸国民の富』で、人々が他人の苦しみを自分の苦しみとするような同感能力（シンパシー）を持つ場合に限り、市場で「神の見えざる手」が働くと言った。ルソーは政治社会、アダム・スミスは経済社会と、議論の土俵が違うけど、同じ時期に共通して「感情の劣化」を危惧したのですね。

苅部　アダム・スミスに関してもう一つ重要なのは「公平な観察者」の視点ですね。[*11] 自分の感情の流れを客観的に見る、もうひとつの立場を内面化することで、シンパシーが支えられる。

宮台　まさにそう。「私としての私／共同体的存在としての私」という二重性を想定する一八世紀の二つの古典が、「私としての私」しかいなくなった近代社会の終焉を予告しています。昨今の数多の本は二つ

＊9　山岸俊男（やまぎし・としお、一九四八－二〇一八）社会心理学者。著書に『信頼の構造』『安心社会から信頼社会へ』など。

＊10　リチャード・スペンサー（一九七八－）白人至上主義者で、オルト・ライトの中心的人物として知られる。二〇一七年にはＥＵ加盟国を中心に二六カ国が人種差別的な発言を理由に五年間の入国禁止措置をとった。

の古典に回帰していると感じます。巧妙なシステムを作ればうまくいくのに、誰かが設計を間違った…という人は今や少数です。冒頭に話したように、僕も「人の問題が大きい、問題は感情の劣化だ」と言うようになった。むろん人は社会の産物ですが、社会を変えるにせよ、人をどうするかという外部基準を設定しないと有効ではなくなりました。

渡辺　これまでの九回の鼎談を読み直してみると、かなり大きな包括的テーマをカバーしてきた印象があります。今のルソーにしてもそうですが、トクヴィルの話であったり、古典に立ち返りつつ議論しながら、ひとつの見方として、民主主義がどうにもならない状況にまできてしまったという話をしてきました。では、どういう処方箋があるのか。サンスティーンの本であれば、たとえばスマートフォンに、あえて自分とは異なる意見が送られてくるようなシステム設計が提起されている。おもしろい考え方だと思います。しかし現実を考えれば、異なる意見を受け入れる人は、さほど多くない。宮台さん、苅部さんの話を聞いていると、そもそも政治家の役割が根本的に変わってきている、あるいはガバナンスのかたちとして、代議制や政党政治自体が変質を迫られているのかもしれない。

そう思う一方で、昔は、本当に民主主義的だったのかどうか。今でも過去を参照する際に、アメリカならば一九五〇年代が、いい時代として思い起こされますね。日本で言えば、田中角栄の時代が振り返られることが多いですが、それほどいい時代だったのか、検討する余地はあると思います。議論すべきことはふたつあって、新しい情報化、グローバル化の時代に求められる政治家像、あるいは政党イメージや統治ガバナンスのモデルについて、検討が必要であるということ。その反面で、果たして今がそれほど悪い時代なのかということです。

宮台　五〇年代は、ピケティ的な意味でソーシャル・キャピタルを育む中間層が膨らんだ一方、ローティが言うように女と黒人は半人間でした。そんな五〇年代、ポール・ラザースフェルドは『ピープルズ・チョイス』（芦書房）でこう言う。アメリカ市民はそれぞれが小集団に属し、オピニオンリーダーを介してメディアを解釈するから、弾丸理論的な直撃がない。それが知識社会化を支え、民主政が可能になる。要は「スタイルを共有する人々の仲間意識を前提にした民主政しかあり得ない」ということ。ならば元々排除された人々が膨大に存在したことになる。実際にそうでした。渡辺さんがおっしゃるように、昔は本当によかったのか。厳しい質問です。巨大な排除があったので良さげに見えただけ。単に昔が良いと言うのは、見たいものだけを見る御都合主義です。

輝ける正義の欺瞞

渡辺　この一、二年、国際政治で大きな問題となっているのは、移民・難民です。それまでは、第三国の移民・難民の窮状については、無視することができた。その中で、リベラル・デモクラシーを語っていればよかったわけです。ただ、今や情報も自由に行き交い、物理的な移動も比較的楽にできる。そうなった時、これまで先進国の持っていた輝ける正義というものの欺瞞も、明らかになってきたように思いますね。

＊11　「もし彼が、公平な観察者が彼の行為の原動力《プリンシプルズ》——何はさておき彼が最大限したいと望むもの——をくみ取れるように行動しようとするなら、他のすべての場合と同様に、彼は、この理由から、自分自身の自己愛の傲慢さを蔑み、他人が同調できる程度まで、それを引き下げる必要がある。他者の幸福よりも自分自身のそれを大いに気遣い、たゆみなく熱心に追求することが許されるかぎり、誰でもそれに専心するだろう。こうして、人々が自分自身を隣人の境遇と同じ位置にあると見なす場合、いつでも彼らは隣人に容易に同調するだろう」（アダム・スミス『道徳感情論』高哲男訳、講談社学術文庫、二〇一三年、一六五－一六六頁）

苅部　一九六〇年代のアメリカについても、かつてはリベラルな社会というイメージがありましたね。それも幻想だった気がします。八〇年代に大学の政治学の授業で盛んに言われていたのは、英米の社会は、一人の人が教会とか労働組合とか複数の集団に所属している「重複的加入」によって支えられているので、多元的な競争が展開しながらも最終的には安定する、そこが日本と違うという話です。いまにして思うと、この話も本当だったのかどうか。トランプを支持するラストベルトの貧しい労働者は、そんな生活をしていない気がしますし、いまに始まった話でもないのでは。

宮台　ソーシャルキャピタル（人間関係資本）に恵まれた層があった頃、特に意識せずにその層の中でだけ政治を回せた。今は恵まれた層と恵まれない層がある事実を誰もが意識している。ここから問題をどう開くのかが問題です。議論沸騰中の「カンナビノイド問題」[*12]に引きつけます。

一〇月一七日、カナダが娯楽用大麻を解禁しました。アメリカでは三〇州と首都が医療用大麻を解禁している。トランプも大統領候補だった頃からこうした動きを追認する連邦法改正を謳っています。トランプ支持の新反動主義者たちも主張に同調します。理屈は僕らの議論に関係します。

曰く、国民はもはや仲間ではない。仲間ではない連中への再配分は無理。そもそもリベラルは仲間内での再配分を想定していた。一時は奇跡的に国民全体が仲間になった。今後は無理。だから再配分も無理。でも再配分せず放っておけば秩序が乱れる。再配分に代わる手段がテクノロジー。第一は拡張現実や仮想現実の如きゲーミフィケーション技術。第二は大麻を代表とする無害なドラッグ。両方とも共通して再配分抜きに人から痛みを除き幸せにする力がある。再配分より統治コストが下がって合理的です。解禁の論理は、解放論ではなく、コストに注目する統治論です。

これを肯定できるのか。法哲学周辺で賑やかな功利主義論争が参考になります。功利主義的には幸せとは快楽です。快楽はドーパミン濃度やノルアドレナリン濃度やセロトニン濃度やオキシトシン濃度で計測できる脳状態です。その脳状態を何を用いて実現しても快楽は快楽です。拡張現実だろうがドラックだろうが再配分された富との戯れだろうが機能的に等価。そう、これがベンサム的功利主義の立場です。

J・S・ミルがこれに対抗する。快楽にも「よい快楽」と「悪い快楽」があり、苦痛にも「よい苦痛」と「悪い苦痛」*13がある。「よい苦痛」の典型が通過儀礼や出産。痛みこそが再帰的コミットや愛しみを可能にする上位視座を与える。これに対し、確かにそうだが、「よい・悪い」を評価する価値基準は外から与えられるもの。基準にどう合意するか。それが解けないと議論は絵に描いた餅。誰もがミル的功利主義が本当だと思いながら、そんな外部的基準に同意できるなら功利主義の発想は元々要らない訳で、ベンサム的功利主義の方が学問的にはリアルです。

とはいえ、どんな手段でも脳内で幸せ物質が増えればいいのならば民主政は台無しです。誰かによって剥奪されているが故に不幸な状況がある時、その誰かを排除して再配分すべく民主政を使おうという思考

*12　カンナビノイドは麻にふくまれる化学成分の総称。

*13　「エピクロス派的生活と畜生の生活の比較がいかにも品のないことと感じられるのは、畜生の快楽では、どうにも人間の幸福の概念を満足させないからである。人間は、動物的欲情をこえる高い能力をもつ。そして、いちどその能力を自覚すれば、それらを満足させないようなものを幸福とは考えなくなる。〔…〕ある種の快楽はほかの快楽よりもいっそう望ましく、いっそう価値があるという事実を認めても、功利の原理とは少しも衝突しないのである。ほかのものを評価するときには、量のほかに質も考慮されるのに、快楽の評価にかぎって量だけでやれというのは不合理ではないか。〔…〕満足した豚であるより、不満足な人間であるほうがよく、満足した馬鹿であるより不満足なソクラテスであるほうがよい」（「功利主義論」『世界の名著38　ベンサム　J・S・ミル』伊原吉之助訳、中央公論社、一九六七年、四六八－四七〇頁）

が民主政を支えてきました。大麻をやればハッピーになれるのだから不公平の排除は不要というのならば、民主政も要らない。人々の幸いのために民主政が機能してきた歴史があっても、幸いが置換可能な快楽に過ぎないのならば、テクノロジーが民主政を代替するほうがいいという話になります。

苅部　その種の統治技術は、中国ではすでに現実化していますね。川島博之[*14]さんの『習近平のデジタル文化大革命』(講談社+α新書)にも詳しく書かれている。中国共産党は、国内に言論統制をしく一方で、「偉大なる中国」というイメージを世界中にばらまいている。経済援助を行っているアフリカの国で、貧しい住民にテレビを配り、中国系のチャンネルで自国の宣伝を流し続けるという話もありますね。その住民たちは幸福だと思っているんだから、何が悪いのかという開き直りの態度にも、つながっていくでしょう。

AI統治と信用スコア

宮台　中国は、アメリカと違い、AI統治と信用スコアを全面化しつつある。前者から言えば、ネットを使っていると公安が訪れて「あなたはAIによってマークされた」と連行される。「政治ネタは書いてない」と反論しても「AIの判断。我々には分からない」で終了。AIで得られた情報が優先される。僕の言葉を使えばAIを用いた脱人称化によって統治コストを下げる戦略です。

信用スコア[*15]は、人々に損得計算をさせ、道徳心がなくても見掛け上は道徳的に振る舞わせます。やはり統治コストを下げる戦略で、刑務所も取り締り人員も要らなくなります。中国では既に地域によっては、遠隔地の親を世話するとスコアが上がり、不動産取引でトラブルを避ければスコアが上がり、ネット履歴を汚さなければスコアが上がり、交通違反を避ければスコアが上がります。

これは統治コストを超えた問題に繋がります。僕ら三人が家族だったとする。苅部さんも渡辺さんも僕に非常によくしてくれる。本来ならば感謝します。でも、信用スコア社会では「信用スコアを上げるためにやってるのかな」という疑心暗鬼を生みます。マイケル・サンデルがアリストテレスを援用して言うように、罰を受けて損するから人を殺さない社会よりも、殺したくないと思うから人を殺さない社会のほうが、よい社会だとされてきました。それはどうなるのか。むろん中国政府に言わせれば、そんな呑気なことを言っていたのでは統治できない、で終了です。

渡辺　デジタル化社会については、毎年議論しているテーマですよね。関連した本としては、ユヴァル・ノア・ハラリ[*16]『ホモ・デウス』（河出書房新社）が今年出ました。人類がアルゴリズムをあらゆる面で駆使していった先では、人（ホモ）が神（デウス）にとって代わる。かなり大袈裟な理論ですが、人間関係、社会関係を含めて、アルゴリズムにすべて支配されていく、その方向性は、現実もあまり変わらないような気がしますね。中国は極端な例としても、多かれ少なかれ、そちらに進んでいく。コモンセンスが通じなくなった今、これだけ分断された社会を、どうやって統合していけるのか。政治家でも政党でもない。宮台さんの言われたように、生物学的な快楽の次元まで含めて、一番の幸せをアルゴリズムが決められるのであれば、それによって最適解が示される時代の入り口少し手前ぐらいに、我々はいるんじゃない

＊14　川島博之（かわしま・ひろゆき、一九五三－）環境学者。著書に『戸籍アパルトヘイト国家・中国の崩壊』など。

＊15　決済履歴や借入情報などの個人データを分析し、信用度を数値化したもの。数値が高いほどローンの金利が下がるなど優遇的な措置が受けられる。中国アリババによる芝麻信用（セサミ・クレジット）が知られる。

＊16　ユヴァル・ノア・ハラリ（一九七六－）イスラエルの歴史学者。二〇一六年に邦訳が刊行された『サピエンス全史』（河出書房新社）は世界五〇カ国以上で翻訳され、累計発行部数は八〇〇万部を超えるベストセラーとなった。

か。一方で、今の政治家の言動を見ていると、システムの根本的な行き詰まりに差し掛かっていることも確かである。そういう意味では、ますます「中国化する世界」に突き進んでいくより手がないのか。そこは悩ましくもありますね。

宮台　彼は「人vs.ＡＩ」の発想を退け、人とＡＩのハイブリッドが全体化すると予想します。その際、ハラリは二つの可能性を想定します。究極の新自由主義化が生じるのか、新たな超越の次元が生まれるのか。アメリカや中国の状況を見ているとコスト計算の最優先に過ぎず、究極の新自由主義化に向かっている。ただし正確に考えると議論はデリケートです。

僕らの脳も物質です。考えたり感じたりするのもアルゴリズムの複合的働きに決まっています。だから最近「自然主義vs.非自然主義」の哲学論争が再燃しています。「体験質」が問題にされるのです。茂木健一郎さんの「クオリア」です。例えば夕日を見た時の「赤さ」。苅部さんと渡辺さんが同じ波長に反応し「赤いね」と頷き合う。その時に機能している脳内アルゴリズムも同じだと確かめられた。しかし、だからと言って苅部さんの「赤さ」と渡辺さんのそれが同じとは言えない。体験質に即して言えば苅部さんの「赤さ」と渡辺さんの「青さ」が対応する可能性もある。アルゴリズムが同じでも内部表現としての体験質が同等かどうかを論定できないということです。

逆に言えば、同じ体験質を共有している場合でも、同じアルゴリズムが働いているとは限らない。つまり自然主義だけで万事片付きはしないのです。すると反自然主義の議論――僕の言葉で言えば機能論ならぬ意味論――が優勢に見えてきます。でも「体験質って何？」と問われた途端に行き詰まります。「体験質があるという言語ゲームをしている」としか答えられないからです。自然科学者からすれば「何も言っていないのと同じじゃん」。この問題がハラリの議論に関係します。

ハラリはクオリア派ですが、アメリカの新反動主義者はクオリア派ではなく「結局は脳内物質の問題じゃん」と考えます。「黒猫でも白猫でもネズミを獲ればいい猫」[*17]と述べた鄧小平みたいなもの(笑)。最終的には機能だけが問題。体験質はどうでもいい。「赤いね」「うん」と頷き合えればいい。ハラリのアルゴリズム論は荒いけれど、知識のある読者には昔から論争されてきた原理的問題が提起されていることが分かります。そこが『ホモ・デウス』を読む時のポイントです。

フェイクニュース、オルタナティブ・ファクト

苅部　今の話に関係して重要なのは、フェイクニュース、オルタナティヴ・ファクトの問題だと思います。ハリー・G・フランクファート[*18]『真実について』(亜紀書房)が、原書は一二年前に出たものですが、むしろいまの現実状況にぴったりあっている。この真実(truth)は真理と言ってもいいでしょうが、どうして本当のことを言わなくてはいけないのか、真偽不明の言説を垂れ流してはいけないのはなぜかという問題を、哲学の課題として扱っています。その答えを乱暴にまとめれば、真実を語るという前提が崩れてしまえば、他者との信頼関係を築けないし、自分のアイデンティティも保てないんですね。そういう考えに立脚するならば、アルゴリズムから最適解を求め、出てきた解に則っていけばうまくいくと言っても、そもそもアルゴリズムを導き出すのに使われた情報が正しいかどうか。その真実性を保証するものは何かを

＊17　「白猫黒猫論」として知られる。四川省の古い諺だったが、一九六二年、農業危機に対処するための党中央書記処会議において、鄧小平はこの諺を引いて、イデオロギーにとらわれず現実に即した政策を採用すれば良い、という考えを示した。

＊18　ハリー・G・フランクファート(一九二九－)アメリカの哲学者。著書に『ウンコな議論』など。

問わざるを得ない。

宮台　真理とは何かを問うと議論が更に複雑になります。ハラリは『サピエンス全史』（河出書房新社）で神や貨幣の例を出して「虚構」が文明を可能にしたと言います。誰もが思い浮かべるのがデュルケームの「社会的事実」の概念。[*19] 神や貨幣のような高度なものだけでなく、ほぼ全ての真実や事実は虚構です。安倍晋三が存在する。トランプ大統領が存在する。でも大半の人は直接経験していない。月が地球を回る衛星だ。水はH_2Oだ。でも直接経験していない。直接経験していないことを人間は事実だと思える。ルーマンは次のように説明します。人は他者を過剰利用する。他者の体験を自分の体験と機能的に等価なものとして利用する。他者の体験を自分の体験と等価なものとして利用させる「意味処理の装置」がコミュニケーション・メディアとしての真理概念。茢部さんがおっしゃった「真理とは他者を信頼して利用すること」と同じ命題です。

これは言語の働きに関係します。ボノボやチンパンジーなどの類人猿も、青い色を見たら青の記号を選ぶように訓練できますが、青の記号を見たら青い色を選ぶようにさせるには改めて訓練が必要。ワンウェイなので単なる条件付けだということです。人は全く違う。青い色を見たら青の記号を選ぶように訓練できたら自動的に逆向きもできるようになります。

このことは、「アオ／アカ／ミドリ……」というシニフィアン集合と「青／赤／緑……」というシニフィエ集合の、重ね合わせの習得を意味します。条件反射ではなく、「アオと青」を主題化する場合に「アカと赤／ミドリと緑…」といった配列を意識せずに前提とするのです。地平と言います。しかもかかる体系は集団内で共有される。正確には「皆にもある」と想定されるわけです。

大澤真幸氏も『本』（講談社）の連載「社会性の起源」で述べる通り、類人猿の中でヒト属だけが他者を過剰に信頼します。今述べた通り「他者たち」に帰属される言語を使い、先に述べた通り「他者たち」の体験を自分の体験と機能的等価に利用する。全ては他者を過剰に信頼するところから生じます。

他方、ラカンに従えば、言語の社会性はヒトにとって抑圧装置となる。社会的言語の内側でのコミュニケーションを強いられる。だから言語の外から脅かされて様々な不安が生じ、異常な動機づけを生む。要は、ヒトの「社会性」は、社会の基盤であり、同時に異常さの根拠でもあるわけです。「他者たち」からアンプラグドされた状態で自立して振る舞えれば、頭が変になったり過剰になったりはしません。でも、ヴェーバーが言う意味で社会を救う過剰な政治家が存在し得るのも、言語の両義性に由来します。そう考えると、「ほど良さ」にどう合意するのかが問題だと分かるはずです。

苅部　コモンセンスが、そうした合意の形成をくりかえしてゆく中で生まれる。

宮台　ただ合意は滑らかではなくギザギザです。滑らかであるかの如く装うのがコモンセンス。滑らかであるかの如く装えるための必要条件が共同体感覚つまり仲間意識ということです。それを期待できなくなった社会ではギザギザが顕在化する。そこでの合意は、もはや合意ではない。アメリカの「統治コスト低

*19 「ここに、きわめて特殊な性格をおびた一群の事実が存在することになる。すなわち、それらは、行動、思考および感覚の諸様式から成っていて、個人にたいしては外在し、かつ個人のうえにいやおうなく影響を課することのできる一種の強制力をもっている。したがって、それらの事実は、表象および行為から成っているという理由からして有機体的現象とは混同されえないし、もっぱら個人意識の内部に、また個人意識によって存在している心理的現象とも混同されえない。それゆえ、以上のような事実は、ひとつの新種をなすものであり、社会的という名称はそれらにたいしてこそ与えられ、留保されなければならないのだ」（デュルケーム『社会学的方法の規準』宮島喬訳、岩波文庫、一九七八年、五四－五五頁）

減戦略」も中国の「信用スコア化戦略」もそうした現実に対応します。要は損得だけで釣るしかなくなった、仕方ないじゃねえかと。

でも「損得がいけないんじゃない、損得が個人ベースに頽落し、共同体ベースの損得に反応できないのが問題」とする進化生物学者もいます。すると共同体＝仲間集団の規模が問題になる。進化心理学者ダンバーはゲノムの機能ゆえに例外的条件がない限り仲間集団の大きさが一五〇人までに留まるとする。それ以下なら仲間だと思えて利他的になれ、共同体ベースの損得に反応できる。それより大きくなるとトーテミズムのような疑似血縁の虚構が必要となり、もっと大きくなると帝国や国民国家の虚構が必要になり、段々条件依存性が高まる。つまりエントロピーが低い「ありそうもない社会」になる。その分、相互扶助とそれを支える仲間意識は「抽象的他者」に依存した抑圧的なものにならざるを得なくなる。すると神経症的な「言葉の自動機械」や「法の奴隷」が増える。実際そうなっています。

こうした理路はゲノム的条件を出発点にします。ならばゲノム的条件を上書きしてしまえばいいという議論が「認知的エンハンスメント論」。「頭の良さ」がゲノム的基盤に依存するならばゲノムを書き換えて「頭が良く」すればいい。さらに過激化したのが「道徳的エンハンスメント論」。仲間だと意識できる範囲が数億人になるようにゲノムを道徳的に書き換えればいい。仲間意識を欠く損得野郎が溢れるから信用スコアを使い、仲間を信じられない不安野郎が溢れるからカナビス（大麻）統治を使う。信用スコア社会やカナビス統治社会がイヤなら、クリスパー技術（CRISPR-Cas9）[*20]を使って低コストでゲノムを書き換える。一瞬そんないい手があったかと思ったけど(笑)、「社会的なものに合意できないから、合意をキャンセルしてゲノム編集へ」となれば、人と人でないものの境界が液状化します。人間化した電脳。電脳化した人間。遺伝子改良された人間的犬。遺伝子改良された怪物的人間。すると単なる文化的多様性じゃなく、活動停止（死）までの期間が全く異なる知的・感情的存在が営む社会を構想しなきゃいけなくなる。知的営みの歴史にそうした問題を考えた人はいない。ハーバーマスが『人間の将来とバイオエシックス』で指摘した問題です。

中動態という世界観

渡辺　最近、中国でゲノム編集が成功したという報道がありました。[*21] あれも、その先に行くには倫理的な壁が高いようだけれど、製薬会社や医療界へ莫大な研究資金が流れれば、壁が壊されるのも容易かもしれません。

宮台　父親のＨＩＶウイルスが子どもに継承されないよう免疫システムを替えるゲノム編集を行なったと。最初のYouTube動画では「医学的処置で、デザイナーベイビーではない」と強調していました。強調するから、すぐデザイナーベイビーへと移行できるのだなと誰もが思った（笑）。

渡辺　ゲノム編集により個人の自由を広げることができる、あるいは社会の負荷を減らすとか、そういう説明に転じれば、倫理的な拒否反応もどんどん低くなっていくでしょうね。

---

*20　クリスパーキャスナイン。ゲノム編集の技術のひとつ。ＤＮＡの切断酵素である人工ヌクレアーゼの第三世代で、標的となる塩基配列に導いて結合するＲＮＡをもつCRISPR（クリスパー）、特定の塩基配列でＤＮＡを切断する制限酵素Cas9（キャスナイン）からなる。

*21　二〇一八年一一月二八日、南方科技大学の賀建奎《ハー・ジェンクイ》准教授が香港のヒトゲノム編集国際会議において、ＨＩＶウィルスに感染しないように、受精卵のＤＮＡを編集した双子女子が誕生したことを発表した。翌二九日には中国当局が研究の中止を求めたことを発表、その後の調査で賀の研究によって双子の女児が誕生し、また別の女性が妊娠中であることを公表した。

宮台　遺伝子操作コストが格段に下がれば、遺伝子操作をして貰えなかった不作為で子が親を訴えるケースもあり得ます。数万円かければ自分の「頭は／容姿は／運動神経は…」もっとよくなったはず。親がそれを惜しんだせいで一生の重荷を負った。責任は両親の不作為にある。だから賠償せよ。こうした賠償請求が誤りだと言える根拠は、コモンセンスという今や「虚構」にしかない。

渡辺　マイケル・サンデルの議論に一〇〇パーセント同意はしませんが、サンデルがデザイナーベイビーに反対していますよね。[*22]その理由が、今日の議論に繫がってくると思います。人間社会が持つ最後の共通項として、「運」というものがありますよね。たとえば、お金持ちに生まれてきたけれど、運動神経が悪いとか、頭が悪いとか、どこか人と比べて劣った部分がある。そのレベルにおいては、コントロールできない。それが最後の共通項であった。デザイナーベイビーを含むゲノム編集は、そこに人為的に介入できるということであり、最後の基盤さえも壊れてしまう。これは人間社会にとって堪えられない苦痛になるし、共同体としての倫理的な基盤も根本的に崩れてしまう。やはり個人では左右できないところがあることを、最後の平等性の担保として残すべき必要がある。これがサンデルの議論です。アルゴリズムにしても、ゲノム編集にしても、人為的介入によって生じる世界においては、ボトムラインでの社会の共通感覚も壊れてしまう。果たして我々は、そんな事態に耐えられるのか。大きな懸念が残ります。

宮台　耐えられないでしょう。國分功一郎氏が昨年『中動態の世界』（医学書院）を刊行、改めて「中動態」概念について問題提起されたけど、[*23]まさに渡辺さんの懸念に関係します。昔のインド・ヨーロッパ語には中動態と能動態と受動態があった。能動態と受動態は変換可能で同じ世界観だが、中動態は違う世界観。國分氏の本にはないけど、中動態的な世界理解の典型が妊娠。妊娠を目指した能動的活動はできるが、妊娠するとは限らない。妊娠しても性別も才能も容姿も性格も選べない。だけど人は妊娠を「能動的に受容

＝受動」する。そこには世界に委ねるという覚悟がある。

渡辺さんは「運」という言葉を使われた。偶然性とも言い換えられる。言わば外からの介入。メイヤスーが言う反理由律的な世界観。これが元々人が世界に関わる態度でした。だから偶然に耐えられ、不安を反復行為で埋め合わせる神経症にならなかった。昨今は全ての偶然はノイズだからコントロールしなければ気が済まないと言う人が増えました。重度の神経症。損得野郎を含めて僕が「クズ」と呼ぶ輩です。

苅部 偶然性を引きうけるかどうかの問題は、美容整形だってそうですよね。かつては生まれたままの姿という偶然性を背負って生きるしかなかったのに、今は容易に修正できるようになった。さらに生まれる前にさかのぼれば出生前診断、もっと前にいけばゲノム編集の問題にまで連続していきます。美容整形に

＊22 「遺伝子操作を用いることで、遺伝上のめぐり合わせによる結果を覆し、偶然を選択に代えることが可能になると、人間の能力や偉業の被贈与的性格は薄らいでいくだろうし、おそらくはそれとともに、われわれが自らのことを運命共同体の一員として理解する能力も薄らいでいくだろう。成功者は、自分は自分で作り上げたもので、自己完結しているのだ、またそれゆえ、自分の成功は完全に自分の責任によるものだ、と今以上に考えるようになるだろう。社会の底辺にいる人々は、運に恵まれなかったがゆえに一定の補償を受けるに値する人々ではなく、ただ不適であるがゆえに優生学的な修復を受けるに値する人々とみなされることだろう。能力主義は、偶然による補正が働きにくくなることでよりいっそう厳しく、容赦のないものになるだろう。遺伝子にかんする完璧な知識を通して、保険市場に見受けられた連帯の似像に終止符が打たれるようになると、遺伝子に対する完璧な制御を通じて、人々が自らの才能や幸運の偶然性に思いを致すところから生まれる現実の連帯も蝕まれていくことだろう」（マイケル・サンデル『完全な人間を目指さなくてもよい理由』林芳紀ほか訳、ナカニシヤ出版、二〇一〇年、九六－九七頁）

＊23 國分功一郎（こくぶん・こういちろう、一九七四－）哲学者、東京工業大学教授。著書に『スピノザの方法』『暇と退屈の倫理学』など。

ついては、すでに現代人のほとんどは容認しているわけですが、ここから先は倫理上許されないという境界線をどこに引くのか。このことは、もっとパブリックに議論していい問題ですね。

宮台　そう思います。その違いをロジカルに語れない。「違和感がある」「人間として間違っているんじゃないか」。そんな言い方しか思いつかない。つまりコモンセンス問題です。でも、僕らみたいに違和感に頷き合える世代の生存中に問題をパブリックにしないと、二世代後、三世代後になったら違和感の意味さえ分からなくなります。SF作家バラードが一九六〇年代に「それでいい、どのみちそうなるんだから」と言い放ったけど、今日の倫理学では解けない問題です。むろん大澤真幸氏の「未来の他者」[*24]でも無理。「未来の他者」の準拠範囲が未規定だからです。

苅部　美容整形にしたって、もともと儒学では「身体髪膚之れを父母に受く。敢えて毀傷せざるは、孝の始めなり」（『孝経』）ですからタブーだったはず。しかし儒学文化の強い韓国や中国でもそうした共通感覚は数世代でなくなり、倫理の境界線が移動して、いまや美容整形大国ですからね。

米政治の「日本化」——民主党が消える日

渡辺　宮台さんの話を聞きながら思ったんですけれど、今の時代、徹底的に偶然性やノイズを排除していこうという欲求が強くなってきていますよね。だからこそ逆に、そうしたものを担保しておかないといけないんじゃないか。それに気づきを与えてくれたのが、いわばトランプという存在だった。

宮台　だから僕はトランプ大統領候補を支持して良かったと改めて思っています。以前も話した通り、トランプの御蔭で「見ないふり」をしてきた問題が噴出することを、僕は望んでいました。皆が共通前提やコモンセンスだと思っていたこと、思っているふりをして来たことが、「あり得ねえんだよ」と突きつけられた。痛みはあれど、病膏肓に入る前に病を知るのが大切です。

渡辺　長期的に見ると、ポリティカル・コレクトネスの前で隠されていたエゴが、より剥き出しになった。一瞬不快に感じるかもしれませんが、それについて議論できるようにもなったわけです。結果的に、従来の政治イメージが混乱し、民主主義が崩壊しているイメージも、多くの人に共有されるようになりました。でも一方で、繰り返しになりますが、これまでの政治体制が、本当に立派なものだったのか。そのことを考える機会もできた。また、ロシアのアメリカ大統領選挙への介入を含めて[*25]、そこまでデジタルテクノロジーが介入し得ること、デジタル化時代の可能性と弊害についても、人々の意識が鋭敏になった。そういう意味では、一般的には災いだったけれど、これを善きものとして考える契機としていくことが必要だと思いますね。

宮台　ジョージ・ウォーカー・ブッシュもトランプも、隣にいたら楽しいおじさんです。生真面目なアル・ゴアやオバマと一緒にいるよりも絶対に楽しい。「政治家としてはクズだが、個人的には愛すべき存

＊24「原子炉が建設され、稼働し、最終的に安全に廃炉になるまでには、何十年もの時間がかかる。さらに原発が生み出す放射性廃棄物の中には、半減期が何十年どころか、一万年を遥かに超える物質も含まれている。〔…〕つまり、原発を建設した場合には、その影響――主としてマイナスの影響――を被る者として、一〇万年も未来の人々、一〇万年先の将来世代までをも含めて考えなくてはならない、ということになる。これほどまでに遥かに先の未来の人々の利害が、原発の建設に関与しているのだ。〔…〕原発について決定するためには、未来の他者を契約の場に呼び寄せ、彼らの意志を決定に反影させることができなくてはならない。未来の他者、一〇万年も後の他者にも、原発の影響は及ぶからである」（大澤真幸『夢よりも深い覚醒へ』岩波新書、二〇一二年、一一六－一一七頁）

在」。安倍晋三も昔からそう言われてきたでしょ。とすれば敵味方図式で考えるのは良くない。「トランプは敵だ」「安倍さえいなけりゃ」と考えるんじゃない。ああいう人たちがまさに自分なんだと認めつつ、でも政治家にならなかった方が良かったけどと思うのが正しい(笑)。昔はそんな感覚を共有できた。だから自民党長期政権もあり得た。その意味でなら、苅部さんは怒るかもしれないが、間違いなく昭和は良かった(笑)。多様なダークサイドがあるのは百も承知で、コモンセンスを信頼できたからです。

苅部　「昭和的感覚」やコモンセンスを共有できた時代であれば、トランプは共和党の大統領候補になれなかったでしょうね。ところが先の大統領選挙では、共和党のほかの候補が自分の選挙基盤を固めることばかりに集中し、結束してトランプに対抗するという戦略をとれなかったから、トランプが勝つ結果になった。これもコンセンサスの崩壊の現われでしょう。ただ他面で、いまの点を慎重に判断して、トランプ包囲網を作る努力をするだけで、結果が大きく変わった可能性もある。その教訓が活かされれば、また新たな方向にアメリカの政治が動くかもしれませんね。「トランプ現象」を長期の視点で眺める必要があるでしょう。

去年もこの鼎談でとりあげた、ヤン＝ヴェルナー・ミュラー『ポピュリズムとは何か』(岩波書店)の最後の方に出てくるのは、ポピュリストとも対話しようという呼びかけですね。[*26] たとえばラストベルトの労働者のように、これまでの政治過程で忘れ去られていた人の要求に応えることで、ポピュリストが権力を握るのだから、そうした忘れられた声に、ポピュリズムを批判する側も敏感にならなくてはいけないということ。アメリカの場合、そうした貧困層の声はかつてなら民主党がすくいとっていたはずなのに、マイノリティばかりを重視する路線に走ってしまった。

僕が以前から半分妄想で恐れているのは、アメリカ政治の「日本化」です。民主党の穏健派がアイデンティティ・ポリティクスから距離を置こうとする。そして共和党の穏健派もまた、ティー・パーティー的な勢力に対抗するためにライバルと手を組むことで、民主党の穏健派が共和党に大量になだれこむ。そうなると、かつての自民党支配のような一党優位のシステムができあがってしまいます。党内ではさまざまな政治信念を掲げる派閥が寄りあって曖昧に妥協しつつ、鈴木善幸[*27]みたいな大統領を支えていく。そういった方向に落ち着いてしまう危険性もあるのではないでしょうか。そのさいに、やはり異なる立場が争いあう体制が大事だと言って、政権交代ができるような強力な反対党の存在を維持させられるかどうか。

宮台　似たことを僕も考えました。渡辺さんと「マル激トーク・オン・ディマンド」でも統計ベースで議

＊25　二〇一六年のアメリカ大統領選で、トランプ陣営がロシアと共謀し大統領選に影響を与えようとした疑惑。民主党のクリントン陣営にロシアからサイバー攻撃がおこなわれ、メールが流出した。また、介入疑惑を捜査するFBIにトランプ大統領が圧力をかけた疑惑も浮上し、その後二〇一七年五月にはジェームズ・コミーFBI長官を解任し、さらなる批判をあびた。また、二〇一八年二月にはロシア人一三人と企業三社が、Twitter や Facebook などの SNS 上にアメリカ人になりすましたアカウントを作成、フェイクニュースを流布するなどして世論操作をおこなった容疑で起訴されている。

＊26　「わたしが提示するのは、ポピュリストが法の枠内にとどまる限り——そして、たとえば暴力を煽動しない限り——、他の政治アクター（およびメディアの人びと）は、彼らと対決する（engage）多少の義務があるということである。彼らが議席を得たとき、彼らは有権者を代表している。要するに、ポピュリストを無視することは、「既存のエリート」が（ポピュリストに投票した）有権者を見捨てたか、あるいはそもそも気にかけてすらいないといった、有権者たちの感覚を強めることにつながる。しかし、ポピュリストと対話することは、ポピュリストのように話すことと同じではない。彼らの政治的主張を、額面通りに受け取ることなく、真剣に受け止めることは可能である」（ヤン＝ヴェルナー・ミュラー『ポピュリズムとは何か』板橋拓己訳、岩波書店、二〇一七年、一〇四頁）

論しました。この一五年で、共和党支持者と民主党支持者の間で意見が重なりあうアジェンダがほぼ皆無になり、ほぼ全アジェンダについて意見が両極分解しました。ポラライゼーション（集団極化）と言います。その結果起こっている事態が重大です。「話し合おう」じゃなく「話し合えば相手の術中にはまるぞ」と考えるようになっています。実際トランプ支持者の一部は、口がうまいヒラリーと下手に話し合うと丸め込まれるぞと叫んでいた。「最初から話し合わない方がいい」というコモンセンスを民主政は想定してきていません。ならばということで、僕の考えでは、従来の二党体制を続けるより、共和党にすべて併呑した上で、昔の自民党みたいに共通感覚を模索して違いを擦り合わせる方がいいかもしれません。今のままの敵味方図式はまずいのです。昔の自民党は様々な派閥があっても敵味方にならなかった。アメリカでも「共通の歴史認識や感覚があるから共和党にいるんだろ？」という虚構の上に乗れるなら、民主党が消えてもいいんじゃないかな。

苅部　しかしアメリカ人が自民党的なものに耐えられるかどうか。

渡辺　先ほど宮台さんが、「損得勘定」という言葉を出されましたよね。アメリカ社会の歴史を見ていると、理念よりも損得勘定が優先されていた面もあると思うんですね。たとえば、今であったらＬＧＢＴの権利を守る運動が盛んですが、昔から差別是正の動きはありました。しかし、そこには損得勘定もあって、マイノリティが増えれば、市場としても大きくなる。そこから反撥を食らえば、業績も落ち込む。人事採用の面でも、不利を被る可能性があります。だからトランプが差別的発言をする度に、グーグルなどの企業が一斉に反撥するのには、相応の意味がある。実は最後には、理念よりも実利が、政治や社会を動かすのかもしれません。もちろん党派対立の酷さは、おっしゃる通りだと思います。それについても、政治家は選挙で勝たなければならないし、自分の生活もかかっている。その時に、分極状況をつづけながら、内側から作り直していくことに勝機を見いだすのか、それとも鞍替えして、新たにやり直していくのか。あえて真ん中を狙うのか。意外と、素朴な損得勘定の中で、党派対立も解消される気がします。保護貿易的な政策にしても、一回どこかで痛い目にあって、自分にとってマイナスだとわかれば、方針を変換していくように思いますね。今のデッドロックを動かすものを、倫理的な価値に見いだすのは現実的ではなく、実際には粗野な損得勘定によって、ベターに解決されるんじゃないでしょうか。

苅部　アメリカの経済状況が悪化した時、国民がトランプ支持を続けるかどうかですよね。

渡辺　あるいは、世界的に大きな経済危機、政治危機があった時、大きく山が動くのかどうか。

宮台　そうすると、まさにコンドラチェフの波[*28]みたいな周期でうねりが生じてくるということかもしれない。ニーチェ的にいえば、悲劇を共有した時に初めて人は、短期的利得を我慢し、長期的利得つまり未来を考えるようになる。しかし悲劇の記憶は世代が更新されると継承できなくなる。「子々孫々？　意味わかんねえ、俺たち今困ってんだよ」という構えが優位になる。その結果として自滅し、新たに悲劇が共有されて…と歴史が繰り返される。

渡辺　一九三〇年代にケインズ主義と保護主義、あるいは自国第一主義の発想が幅を利かせた時代があり、その痛みは十分身に染みたはずだったんですが、八〇年も経つと、同じようなところに戻ってしまう。

苅部　細谷雄一さんが読売新聞のコラム「地球を読む」（一〇月七日付）で、先進国のなかで、いま日本と

＊27　鈴木善幸（すずき・ぜんこう、一九一一－二〇〇四）第七〇代内閣総理大臣。大平正芳首相の急死後、主流派だった田中派、反主流派だった福田派の支持をうけて、首相に就任した。

＊28　ソ連の経済学者ニコライ・ドミートリエヴィチ・コンドラチェフ（一八九二－一九三八）が提唱した資本主義経済は約五〇～六〇年周期での規模の景気循環をもつという理論。

ドイツが比較的に安定したデモクラシーを維持していると指摘して、それはナチズム・軍国主義の経験をへたために「民主政の崩壊がもたらす深刻な問題を他の国々より熟知しているからかもしれない」と書いておられましたね。[*29] そういう過去の記憶の重要性。

宮台 八〇年といえばトランプの懐刀だったスティーブ・バノン[*30]が想定する周期です(笑)。でも冗談とは言えない。ダンバー数を遥かに越える何千万人の間で仲間意識を持てると幻想するようになったのはナポレオン戦争とりわけイエナの戦い以降。見ず知らずの人間を仲間だと妄想するようになったのは大規模な戦争の御蔭です。大戦争が可能にする敵味方図式の中で初めて数千万人が仲間だという虚構を共有できた。戦争に負ければ「悲劇の共有」によってますますコモンセンスが共有しやすくなる。実際アメリカも被害者意識の共有が大規模な仲間意識を支え、それを戦争が可能にしてきました。だからアメリカは被害妄想の国です。

国民国家という枠組を用いた大規模定住社会の平和は「悲劇の共有」をもたらす戦争によって辛うじて可能になる。「平和だけほしい」というういいところ取りができないらしいと分かってきた。これを何とかするには大規模定住の枠組を変えるしかないかもしれない。新しい枠組とは何か。そこに至るための現実的な経路は何か。それが問題ですが、長すぎる道のりですね。でも何が問題なのかが早めに分かっただけでも吉とするべきでしょう。

(二〇一八年一二月二一日号)

＊29　「〔…〕世界では今、中露などの権威主義体制の国々が影響力を拡大し、対照的に米国や欧州では民主政の危機が語られている。そして人工知能（AI）や科学技術の発達に伴い、我々の生活は国家に監視され、操作される可能性が高まっている。／ここで重要なのは、トランプ政権が「民主政の終焉」をもたらしたのではなく、むしろ「民主政の終焉」に向かう過程の中で、米国にトランプ大統領が誕生したことである。米国民は、より理性的なヒラリー・クリントン候補やワシントンのエリートたちによる統治を拒絶したのだ。／民主政の現状では、もう一つ興味深い事実がある。それは、1930年代、ともに民主政の崩壊を経験した日本とドイツで現在、比較的安定した民主主義が見られることである。／日本の安倍首相とドイツのメルケル首相は、先進7か国（G7）の指導者の中で、最も長く首脳の地位にとどまり、最も安定した政治基盤を誇っている。／日本とドイツは、20世紀の歴史の中で民主政の瓦解に直面し、第2次大戦後にこれを復興させた。現在の日独両国の安定は、民主政の崩壊がもたらす深刻な問題を他の国々より熟知しているからかもしれない。／だからこそ日本は、他国にもまして、「民主政の終焉」がもたらす恐怖と、中国のような権威主義体制がはらむ問題を世界へ積極的に伝える責務がある。／一方で我々は、政治に民意を過剰に反映させることが、常に幸福をもたらすわけではないという事実を歴史から学ぶべきだ。民主政がはらむ深刻な陥穽を直視した時、初めて我々は「民主政の終焉」を回避できるのではないか」（「地球を読む　民主政の危機」『読売新聞』二〇一八年一〇月七日付朝刊）

＊30　スティーブ・バノン（一九五三―）元米大統領首席戦略官・上級顧問。同氏の発言を盛り込んだ、マイケル・ウォルフ『炎と怒り――トランプ政権の内幕』（関根光弘ほか訳、早川書房、二〇一八年）は、米国で発売三週間で一七〇万部の大ベストセラーとなった。

「あとがき」にかえて

ソーシャル・キャピタルの空洞化

宮台　世界的に見ると、平成は、冷戦終焉に始まり、「平和の配当」の五年間を経て、国際金融危機以降のグローバル化（資本移動自由化）を迎えた時期に当たります。特に世紀末からの著しいグローバル化で、かつてスーザン・ジョージが問題にした「構造的貧困」の枠組みが無効になりました。二〇〇四年公開の『ダーウィンの悪夢』が山形国際ドキュメンタリー映画祭で審査員特別賞とコミュニティシネマ賞を獲りましたが、構造的貧困の告発に関わる最後のイベントでしたね。

現状を見ると、グローバル化は、先進国にとっては、中間層分解によるソーシャル・キャピタルの空洞化による感情の劣化がもたらす民主政の不全、などの暗黒系列を暴露しましたが、他方で大多数を占める周辺国の貧困率が軒並み下がった世銀統計を見ると、グローバル化は明確に善いことでした。全域を視界に収めるグローバル化と、局所を見る国際化＝インターナショナル化とが、異なる視座に立つ所以です。

国際化が可能にしたのは、原材料を安く仕入れ、高品質の工業製品に加工、高いところに売る、加工貿易モデルなので、近代化を早くスタートできないと構造的貧困に飲み込まれがちでした。他方、グローバル化は資本移動自由化（ヒト・モノ・カネの移動の自由）なので、貧困国は先進国の資本つまり工場や技術を受け入れることで所得を生むのです。ただし一つだけ条件がありました。人口が多いこと。中国はその条件を満たしたので、一気に離陸したわけです。

グローバル化は、構造的貧困を終わらせ、貧困率を軽減しました。以前からの国際化が累積してきたネガティブな要素が埋め合わせられ、一部でオツリも来ました。他方、先進国か否かに関係なく、新たな構造的問題が生じています。グローバル化とそれを加速するIT化がもたらした過剰流動性です。移民や外国人労働者の問題だけじゃない。地元商店的なものがことごとく潰れ、ファストフードやコンビニを含めたフランチャイズや巨大モールへと急速に置き換えられる流れです。

かつてイタリアやフランスでマクドナルド出店反対運動（スローフード運動）があったのが逆転し、最近のフランスでもマクドナルド閉店に反対する運動が各地で起こっています。七〇年代のイーフー・トゥアンで言えば「場所から空間へ」、同時代のハーバーマスで言えば「生活世界からシステムへ」、八〇年代のベアード・キャリコットで言えば「生き物としての場の全体性の喪失へ」、同時代のロバート・パットナムで言えば「たった一人でボウリングをする時代へ」の、変化です。

「我々がシステムを使う」から「システムが我々を使う」へとイメージが変わりました。キャリコットの言い方では、動植物も無機物も含めた「場の生き物としての全体性」に埋め込まれることで貧しくても尊厳を保てたのが、功利論（自由万歳）にせよ義務論（平等万歳）にせよ個人化されたニーズに応じた人間中心主義に基づく開発が拡がり、人は尊厳を失いました。尊厳とは代替不可能な価値です。誰とでも代替可能になった人間が、他者を誰とでも代替可能だと見做すようになりました。

どうとでもありうる人間主義の観点から問題なのではない。一九世紀前半のトクヴィルを踏まえて『孤独なボウリング』を書いたパットナムが問題にしたのは、民主政を支える知識社会のベースが感情的劣化で壊れたこと。パットナム以前に、五〇年代には既にジョセフ・クラッパーやポール・ラザースフェルドが、ソーシャル・キャピタル（人間関係資本）が崩れると人々がメディアの直撃を受けて、見たいものしか見ない「クズ＝損得オンリー人間」になることを問題にしていました。

これらの思考伝統を踏まえれば、先進国では、生活世界（場）のシステム（空間）への置換である「汎システム化」が、まず八〇年代までの国際化の時代に「郊外化」によって推進され、次に九〇年代以降の「グローバル化」によってダメ押しされて逆転不能になったことが分かります。尊厳を失って不安と鬱屈に苛まれた人が「感情の劣化」を被り、ネットを含めたメディアに直撃されて「感情の釣り」で動員されるのは当然の話です。それがブレグジットやトランプ大統領当選に象徴されるポピュリズムで、手法の話じゃありません。

これはかつての貧困問題と同じく構造的問題です。構造的とは部分だけを直せないことです。ならば、どうステアリングできるか。それを誰もうまく想像できないからこそ、ニック・ランド的な新反動主義者が、「ゲームやドラッグなどのテクノロジーで操縦して大半の下々を幸せにすればいい、劣化していない者だけが代議制さえ必要としないまともな社会を閉じた形で営めればいい」と提案するわけです。残念ながら、僕も近い立場にならざるを得ない。映画『マトリックス』と『エリジウム』を合体させたイメージですね。

この全体像を日本に射影したとき、何が言えるでしょうか。日本は元号があるので「昭和的なものから平成的なものへ」とイメージしやすいでしょう。先日亡くなった橋本治が指摘するように、平成の三〇年間は昭和に比べて極端に短く感じます。昭和だと、敗戦から高度成長を経て安定成長時代までが三〇年。

高度成長初期からバブル崩壊までが三〇年。実に濃密なドラマでした。比べると、事実上バブル崩壊とともに始まった平成は、ひたすらドラマのプラットフォームを崩すだけの単調減少的でフラットな過程です。

苅部　全体の傾向としてはたしかに、途上国でも先進国でも、グローバル化によって消費水準も上がり、富裕化も進んでいるんですよね。日本でも二〇世紀後半からの大きな流れで見れば、貧困率は下がっている。それなのに、平成の時代に格差が拡大しているように感じられたのはなぜなのか。佐藤俊樹さんが『格差ゲームの時代』（中公文庫、二〇〇九年）で問題にされたことですね。これについては、竹内洋さんが「ポスト格差社会論――信頼社会の構築に向けて」（関西大学『教育科学セミナリー』三十八号、二〇〇七年三月）でおもしろい指摘をされていました。実際以上に格差が拡大していると感じられるのは、社会のなかでのつながりに対する信頼感が失われ、九〇年代以降の日本がかつてのような「信頼社会」ではなくなったからではないかということ。それは日本にかぎらず世界中で大きな問題になっていると思います。

さらに不穏な感じがするのは、国家の財政破綻が身近になってきた。九〇年代の韓国の通貨危機とIMFによる救済から始まって、ギリシアやベネズエラに至るまで、グローバル化にともなって国家財政が破綻する例を、たくさん見ています。日本も厖大な国債を発行しながら、現状では安定を保っていますが、もしもデフォルトに陥れば、社会が一気に流動化するのではないか。日本ではアメリカや英国に比べてポピュリズムの傾向が弱いとはいえ、政府や政治に対する信頼も弱いですから、状況が一気に急転して、改革を唱える強いリーダーに、人々の期待が集中するような事態も起こりかねない。

多様な生き方が認められる時代に

宮台　日本の実質賃金だけが二五年上がらず、購買力が上がりません。実質賃金上昇率は労働生産性上昇率の関数だから、労働生産性が上がらない事実を示します。景気は中長期には潜在的生産力の関数で、潜在的生産力は労働生産性の関数です。だから労働生産性が上がらないと景気は持続的に回復しません。労働生産性の上昇は技術革新の関数で、技術革新とはマクロには産業構造改革です。現にアメリカと中国は産業構造改革競争の只中です。トランプ当選に見るような産業構造改革への抵抗を政治的に無視できる中国が5Gの基幹特許の大半を握りました。アメリカのファーウェイ騒動はいわば「足掻《あが》き」です。

しかるに日本は、フクイチ原発事故後の原発固執に見るように、政界・官界・経済界が一丸となって産業構造改革に抵抗。かつてジャパン・アズ・ナンバーワンだったのが、中国や韓国と競争するようになり、挙句は抜かれかけています。既得権益集団でのポジション取りにあくせくするだけで、子々孫々のためになるプラットフォームに貢献しない生き方は、亡き山岸俊男が実証した「どの国民よりもエゴイスティックな日本人」＝「所属集団内でのポジション取りしか考えない日本人」そのものです。

若い世代は、所属集団があれば先行世代と同じ行動をしますが、今は所属集団もない。今世紀に入って奈良県を皮切りに「大人は子どもに声をかけてはいけない」なる条例ができ、マンションによっては「知らない人同士が挨拶してはダメ」となった。地域崩壊も極まれり。データが示すように日本の夫婦の結婚動機は「愛よりも損得」で、青少年研究所の統計では、日本の高校生はアメリカや中国よりも圧倒的に親を尊敬せず、家族に満足せず、親に貢献しない。親が「愛と正しさに生きれば大丈夫」と教えず、「勝ち組・負け組ゲーム」へと尻叩きするので、勝ち組が一割しかいない以上、「自分に自信がある」と答える割合がアメリカや中国の八分の一なのも当然です。家族崩壊も極まれり。

結果どうなったか。ナンパ師だった僕は平成に入って数年すると街で目が合わなくなった事実を知っていますが、やがて性的退却が始まり、大学生女の性体験率はピーク時から二六ポイント、男は一六ポイント落ちました。退却動機を尋ねると、男は「コスパが悪いから」と答え、女は「男がクズだから」と答えます。とすると、少子化対策は全て見当違いで、男のコスパ化＝損得化＝クズ化を何とかする他ありません。コスパ男は、制度がどうあれ育休を三％しか取りません。先進国は九割から四割だけど、経済界も政官界も既得権益集団の尻を軽くする規制緩和に邁進中だから、どの国も採用した企業向けペナルティを入れません。だから安倍の呼びかけに応じて社会進出した女ほど出産しない（笑）。

加えて、愛なき夫婦は、男が失職した途端に離婚しがちです。それもあって在宅死一五万人中の二割に当たる三万人が孤独死で九割が男です。菅野久美子『超孤独死社会』（毎日新聞出版）にあるように、特殊清掃業者が「倍はいる」と証言します。かつて「自宅警備員」が、今は「子供部屋おじさん」。親にパラサイトして子供部屋で育った五〇歳以上のことですが、親が先に逝けば確実に孤独死します。まさに安倍がいう「美しい日本」そのものです。

苅部　「おじさん」と言われているということは、そういう例が男性に多いんですね。

宮台　孤独死同様、中高年引きこもりも八割が男。彼らがどう感じているかがポイントです。この社会は共通の船に乗っている感覚もないどころか、誰も助けてくれない。〇・四％しかいない生活保護不正受給者バッシングに見るように、感情が劣化した連中が自己責任だと責める。ピュー・リサーチ・センターによると政府が貧困者を助けることに反対する割合は中国やヨーロッパが八〜九％、アメリカが二四％、日本が三八％でOECDで最大級。社会に対して抱く怨念は相当なものです。苅部さんが言うように現実の格差データに比べてはるかにネガティブなイメージが蔓延するのは、明確にソーシャル・キャピタルの問題ですね。

渡辺　昨年一二月に話をした時、各地で民主主義に対する懐疑の念が広がっているという議論がありました。ひとつ印象的だったのは、とは言っても、以前の民主主義が、果たしてどれほどのものだったのかという点です。平成の三〇年のスパンで考えると、今は崩壊への道の帰結点にあるのか、もしくは今後さらに状況は悪くなっていくのか。そうした図式でとらえる人も多いですが、自分自身を振り返ってみて、たとえば三〇年前の日本社会に戻りたいかと問われたら、必ずしも全面的に肯くことはできない。また、ソーシャル・キャピタルに関しては、同調圧力と不可分だとよく指摘されます。そこからくる息苦しさも考慮に入れなければならないと思います。

さらに言うと、この三〇年で、多様な生き方やマルチプル・アイデンティティに対する寛容度・許容度が、一般的には広がって来ています。それに対する揺り戻しもありますが、いろんな生き方が許されるようにはなった。加えてこの数年で、構造的にせよ象徴的にせよ、ハラスメントや暴力に対して、厳しく対応していく感覚が強まってきている。こうした流れが、まさに「#Me Too」運動に象徴されるように、グローバルなものとなっている。その中で、日本でも男女間あるいは上下関係の権力構造から生じるハラスメントに対して、社会の見方は厳しくなった。個人は個人として見つめていこうとする動きが広がって来ていると思います。

宮台さんが最初に、グローバル化の功罪について指摘されました。かつて周辺国と言われた中でも中心と周辺に分かれ、先進国の中でも中心と周辺ができ、その間の乖離は広がっているのかもしれません。ただ、あえて問題提起として言うならば、総じて負の坂道を下っていっているというよりは、もう少し違ったポジティブな目で見ることも可能なのではないか。私はそんな気がしています。

苅部　孤独死にしても、それが悲惨なのかどうか、考え直してみる余地もあると思うんですね。われわれにはかつてあった社会の絆に対する郷愁があるので、新しいライフスタイルの登場という流れに、感覚が追いついていないのでは。高齢化が進み、結婚しない人生を選ぶ人が増えれば、孤独死が出て来るのも当たり前でしょう。ソーシャル・キャピタルという言葉は、確かに聞こえはいいけれど、渡辺さんがおっしゃったように、相互監視と背中合わせになっていて、共同体関係の息苦しさも伴ってしまう。いずれにせよ、引きこもりの人のケアとか、孤独死するような人たちを地域でどう支えるかについて、まだはっきりしたイメージを持ち得ていないんでしょうね。

結婚観・家族観の転換時期

宮台　お二人が適切なロールプレイをされるので(笑)、僕も敢えて挑発的に申し上げると、お二人とは逆方向にも考えられます。キーフレーズは「社会はイイトコ取りできない」と「人は認知を整合化する」。東日本大震災後に各所で発言しましたが、絆には絆コストが伴います。絆コストとは、端的には自由の制約です。なぜフランスやイタリアでさえファストフードを必要とし始めたのか。ハーバーマスの「生活世界のシステムによる植民地化」に抗えないのはなぜか。抽象的回答は、自由の制約がイヤだからです。

テレビを考えるといい。かつてテレビはお茶の間に一台でしたが、八〇年代半ばから個室化します。これが避けられないのは、郊外化たとえばベッドタウン化によって生活の時空が家族成員ごとにバラけると、家族成員ごとに「見たい番組」もバラけるからです。テレビの個室化がさらに「一つ屋根の下のアカの他人」を加速します。すると自分の電話に干渉されたくない気持ちが強まって、同時期に電話も個室化します。OEM(相手先ブランド生産)によるテレビ価格の低下や、電電公社民営化による電話買い切り制化も背景にありましたが、技術による個人化(技術が個人を自由にする動き)の不可逆性を示します。

個人の選択肢増大と引き替えに、共同体が空洞化し、共通感覚や共同身体性が失われます。フュージョン系の人よりコントロール系の人が増え、他者の一挙手一投足がノイズになります。それがウザいので合宿がある体育会系サークルの忌避が始まり、やがて性的退却につながります。そのぶん、損得勘定を超えた恋愛関係や家族関係の可能性が主観的にも遠のきます。認知的整合化理論によれば、人は自分を苦しめるような願望を捨てがちです。統計的には、一生独身でいいとか孤独死も一つのスタイルだという人がこの数年増えていますが、所詮それは「どうせそうなること」に適応しただけ。社会学者ロバート・マートンの「予期的社会化」にすぎません。

苅部　そういう風に選ばされている可能性はありますね。

宮台　統計的な男女差が重大です。明治安田総合研究所の調査では、全世代の単身者で、男の交際率が女の半分。一人の男が二人の女と交際する勘定です。そこから分かるのは、女は諦めていないが、男が諦めていること。特に若い女は諦めずに、損得男だらけの同世代を避けて「年の差恋愛」に向かうようです。荒木乳根子によると、二〇〇〇年から二〇一二年にかけ、夫婦のセックスレス率が四〇歳代以上で倍増したものの、男の性体験頻度は激増。婚外交際率が四〇歳代男で三倍増、より上でも二倍増以上です。でも四〇歳代以上の女の婚外交際率は男の半分よりずっと下。性風俗産業やラブホテルの市場が急に縮小しつつある事実も踏まえると、整合的解釈は若い女の「年の差恋愛」です。

四〇歳代以上の中高年男は、三割強の性的アクティブ層と、残りの性的非アクティブ層に二極分解。加えて、若年男の性的アクティブ層が激減中です。女の同性間関係が濃いのに比べて男の同性間関係が薄いのを考えると、男の過半がますますソーシャル・キャピタル＝人間関係から見放され、孤独死の可能性が高まっているでしょう。

ただしそうした孤独男をサーベイランスするテクノロジーが発達中です。一人暮らしの高齢者については、身体状態をモニターしてサーバーに送り、何かあれば誰かが駆けつけるサービスが一部で始まりました。「孤独でも生きられる」ようにテクノロジカルな包摂が進むでしょう。でもそれは選択というより、追い込まれた状態に適応した結果です。追い込まれた状態に適応していいのか。価値観抜きでは考えられませんが、ちゃんと考えるべきです。

渡辺 最近は、男女問わず、晩婚化・全非婚化の流れが強まっています。背景にあるのは何か。男女関係やその役割分担、夫婦観や家族観において、旧態依然としたイメージがあり、それを想像してしまうと萎えてしまう。自分みたいなものが結婚したって、家族を幸せに養えないからとか、配偶者の親の受け入れなど、家族や親族とのしがらみがあると思うと萎えてしまう。根強い家族神話に拘束されて、その前で怖気づいている人も少なくないのではないか。今はそういう結婚観・家族観が転換する時期にある。家族は個人にとっての選択肢の一つにすぎない。家族のために自らの自由を放棄するのは馬鹿らしいと考える。単にソーシャル・キャピタルの窮屈さを避けているわけではないという気もします。

宮台 データ的には、年収一二五〇万円以上の女は六割以上が結婚せず、男は年収が低いほど結婚できない。要は、女は金がなければ結婚し、男は金がなければ結婚できない。これは「愛よりも金」を示すと同時に、渡辺さんがおっしゃる性別役割分業のオールド・レジームを示します。そのとき女に対し、オールド・レジームを忌避して一人で生きようと言うべきか、アンマッチングを生み出す構造を変えようと言うべきか。僕は後者がいいと思う。オールド・レジームを思えば、子は母親に育てられている。ならば、クズ男を育てない操縦桿を女が握っている。操縦桿を正しく操縦する女の共同戦線が必要です。オールド・レジームのクソ社会ですが、仕事で自己実現できないからと、子に代替的自己実現を託して「勝ち組・負け組」コミュニケーションをするクズ母になっちゃいけません。

苅部　男性に対するモテ教育ですね。

宮台　そう。女がやるべきことと男がやるべきこととは別々だなどと教えてはいけない。女に必要なことは男にも必要だと普通に教える。男に必要だとされることの多くは実は必要ないと教える。例えば目を合わせて話すことを教える。これは女からするとすごく大切ですが、そんな基本も知らない若い男だらけ。そこから変えれば、女が相手にできる男が増え、男の恋愛稼働率が上がり、愛に満ちた家族というロマンも回復できるはず。

選択肢の増大よりも同感可能性の増大を

渡辺　私自身も明確な答えがあるわけではないのですが、たとえば宮台さんが最初にご指摘になったグローバル化、あるいはそれに連想されるグローバル資本主義が世界を駄目にしたという指摘はよく耳にします。ただ、アマルティア・センなどは、別の見方も示しています。グローバル化や市場経済を否定するのはおかしい。むしろ本当の意味でのグローバル化や市場経済が不徹底であるからこそ、様々な歪みが生じている。同様に、私たちの政治には問題が多い。しかし、それは民主主義そのものが問題なのではなく、民主主義が不徹底だからだとも指摘しています。そういう発想も重要だと思います。宮台さんがおっしゃった男女間の関係作りの難しさも、同じように考えてみることができないか。社会の変化が行き過ぎたからではなく、まだまだ道半ばにあり、みんなが混乱している。制度的にも現状に追いついていないし、イデオロギー的にも昔の考え方に縛られているから不幸に陥っているだけである。むしろ現在進行しつつある変化をもっと貫徹した方が、人々は幸福に暮らせるようになれる。そういう発想もあり得ると思います。

宮台　それは賛成です。アダム・スミスが言う、同感能力に満ちた者たちの市場です。スローフード運動もフェアトレード運動も、資本主義を否定する発想じゃなく、市場にとっての外部性を手当てする発想です。例えば、選択肢の増大よりも同感可能性の増大を、幸せだと感じる感情の涵養です。

スーザン・ジョージが描く構造的貧困化のストーリーはこうです。自給自足でやってきた島がある。先進国に比べて選択肢はない。でも選択肢がないということを知らず、昔みたいに今日があるという風に生きている。

そこに宣教師が来て、農具から鍋釜まで鉄製の利器を貸し、文明の存在を伝える。島民は知らなかった選択肢を知り、不自由感を抱いて自由を求め始める。文明の利器を手に入れるには外貨が必要だが、それにはモノカルチャー化（換金作物化）が必要だ。そこでインフラを作り替えると、程なくブローカーが買い叩いてくる。サトウキビなんてどこからでも買える、売値を半分にしない限り買わないぞ。島民は今さら戻れない。第一に、インフラが不可逆に変えられた。圃場《ほじょう》改良で、マングローブも失われ、農薬をブチ込まれた。次に、選択肢を知った以上、昔の生活に戻れない。だから半値で売る。かくして市場に依存した結果、構造的に貧困化する。国内貧困地域の原発依存や基地依存も同じ問題です。

構造的貧困はグローバル化で緩和したけど、克服されない普遍的問題も潜んでいます。選択肢が自由に選べるのはいいことだ。それで多様性が広がるのはいいことだ。無防備にそう思い過ぎるという問題です。短期的にいいことが長期的にもいいか。流行りの行動経済学に則して言えば、人は同じ利得でも短期利得を長期利得よりも高く評価しがちです。狩猟採集の歴史が何十万年も続いたので、そうした傾きがゲノム的に刻まれているからです。でも一万年前からの定住化で長期利得の評価が必要になった。そこで法ができ、法を支える共同性が規範になった。でもゲノム的な刻みが薄いぶん伝承される必要がある。その言語的伝承がゲノムの傾きに逆らうこともある。するとツケが以外な形で回ってくる。ヴァイバー・クリガン

＝リード『サピエンス異変』（飛鳥新社）の発想ですが、とても重要です。
そんな人の特性を理解するからこそ、こう言いたい。君が一人で生きたいのはわかる。ソーシャル・キャピタルの息苦しさもわかる。だからといって好きなように生きるのがいいのかな。どのみち体も頭も心も弱る。どうなるか考えろ。「孤独死がいい」と考えるしか選択肢がなくなる。それが自由な選択かよ。若い人は「うぜえじじいだ」と思います。認知的不整合を引き起こすから当然です。でも認知的整合化を許さないコミュニケーションを押し付ける必要があります。コンフリクトが生じますが、多くの選択肢から自由に選べることが無防備に肯定され過ぎている以上、必要なコンフリクトです。

苅部　日本社会では、おそらく昭和の戦前期までは、一生結婚しなかった人、孤独死した人がずっと多かった。そのことを現代ほどには問題視していなかったのは、簡単に言えば寿命が短かったからですよね。せいぜい五〇年ぐらいまでしか生きないから、みんなおたがいに遠い先のことは気にしなかった。しかし今は、二〇、三〇年後のことまで考えざるをえない。そうすると、結婚して家庭を持つか否かという問題が重い選択になってしまい、それにとまどったまま先に進めないでいる人も多いような気がします。そういう逡巡をこえて、三〇年先の自分の生き方をきちんと想像させるように促すのが大事なのでしょう。その場合、個人の幸福に関わる問題として説得するのか、社会が維持できないからという論理を持ちだすのかで、やり方は異なってくるでしょうが。

宮台　両面が必要でしょう。ガバナンスの観点からすると一定の生き方をしてもらわないと社会が回らないからです。でも不安と鬱屈で自分のことだけで精一杯だから誰も聞かない。だから「君は何がいい人生だと思う？」という語り口から始める必要が戦略的にあります。フーコーが「生権力」という概念で示したものです。ガバナンスの観点からマクロに必要なものを、個人の良き人生という問題に落し込み、結果的に「俺も良き人生が送りたいから…」と自己決定させる。それしかないのです。個人がバラバラに家計を営むのはコスパが悪く、社会保障費がかさむから、住居と家計をシェアしろ。そんな言い方では「知るかよ」で一蹴されます。「考えてみろ、そういう生き方が幸せだぞ」という回り道をしたほうが、面倒くさくても結果的に有効なのですね。

具体的方法を模索中です。僕がゼミで試みていることがあります。昭和の日本映画や昔の日本を感じられるようなアジア映画を見せるのです。映画には今の僕らよりも感情的にマシな生活を送る人々が描かれています。そこに目を向けさせます。すると「こんな生き方があり得たんですね」という反応が返ってきます。ウザイ説教をするより、映画の登場人物たちの体験質(クオリア)に憧れさせるわけです。表現としては稚拙ですが、映画版『三丁目の夕日』でもいい。地域にテレビが一台しかない、電話が近所に一台しかない生活が、かつてあった。誰もが同じ番組を見るしかない。電話をしていても必ず誰かに聞かれる。そう言葉で言えばウザイに決まっている。でもウザイだけでは済まない何かを人々は体験していた。映画を通じてその体験質を想像すると誘惑されるだろうと誘うのです。

嫉妬の功罪

渡辺　やはり私は、あえて昔に比べて今の方が良いのだという発想で考えてみたいと思います。たとえばシェアハウスなんて、三〇年前にはあり得ない住居の形態でした。旧来の家族的な生活を営むという選択肢がある一方で、シェアハウス的な住まいのあり方も市民権を得るようになった。原則、誰もが参加可能で、いつでも出ていくことが許される。人生百年時代の一時期において、そうした選択肢があっても良い。あくまで小さな一例ですが、社会に選択肢が増えた分、今のほうが良くなっていると思います。

宮台　そう見えますが、追い込まれて何かを諦めざるを得なくなった結果、埋め合わせとして出てきた選択肢がシェアハウスかもしれません。心身の個人化が進み、共同性を諦めることを余儀なくされた後、個人化を前提として「昔の暑苦しいつながりではない、弱いつながりの相互扶助」として新しいスタイルが提案された経緯です。ならば、共同性を早々に諦めさせる前に、「あなた次第では諦める必要がない」と語りかけるべきだと思う。

「そうやって諦めていけば、先行世代が諦めたものの上に、あなた世代が諦めたものが積み重なる。結果、ますます共同性は便益に置き換えられ、場は空間に置き換えられ、汎システム化される。弱いつながりという言葉で認知的に整合化しながら、あなたはますます入れ替え可能な存在に堕する」と語りかけるのです。「追い込まれた上での疑似多様性とは異なる、本当の多様性が拡がることが大切だ」と。僕は「多様性がないことを敢えて選ぶメタ・ダイバーシティが必要だ」という言い方もしています。

苅部　シェアハウスに関して言えば、現状では独身者が何人かで共有する形が多いでしょう。そうではなく、複数の家族がマンションなり一軒家なりに一緒に居住するという方式が普及してもいいのではないか。日本の住宅政策の特徴のせいで、そもそも大きな賃貸物件が少ないですし、シェアハウスの推進は厚生労働省の管轄で、賃貸住宅を増やすのは国土交通省の管轄といった縦割り行政の問題もあって、むずかしいのでしょう。しかし制度を改善してシェアハウスを柔軟に使うこともできるようになれば、さまざまな形態の家族、多様な個人が住んで、そこで新たな相互扶助のあり方が生まれる可能性もあると思いますね。

渡辺　そういう時期を経て、シェアハウスは、やはり孤独で面倒なものだと思う人が増えれば、また従来型の家族のあり方に回帰してゆけばいい。行政の役割は個人が幸福に暮らせるよう、多様な選択肢を可能にしてあげることでしょう。

宮台　苅部さんのおっしゃる方向性がいいと思います。僕が子供だった昭和三〇年代は、近所で醤油を貸し借りしたり、よその家の子が食卓にまじっていたりが普通でしたが、単にそこに戻れと言って戻れるはずがない。でも、そうした近所付き合いと幾分かは機能的に等価な関係性を支援するアーキテクチャをデザインすることなら、できます。シェアハウスに限らず、家族と家族の間の助け合いを促すアーキテクチャを実装した地域開発があれば、そこに思いを共有する人々が集まり、今までの流れと違う生活が始まります。それが幸せそうであれば、さらに多くの人が参加したがるかもしれない。

ただ問題なのが嫉妬です。僕が最近ますます気になっている心の問題です。僕がブレインだった民主党政権の時、子ども手当を設け、義務教育費を先進国並みに倍増しようという提案がありましたが、ネットの反応が粘着質で暗いものでした。「俺は独身で、恋愛や家族をこれから営める可能性もない。そんな俺から税金を巻き上げて、幸せな家族に再配分するのか」。クズだと思いました。海外ではそうした異論はあり得ない。僕自身もそんな発想があるとは想像もしなかった。それから一〇年。相互扶助？共同性？自分がとっくに見放されてるものを尊重するだと？ふざけんな！今後はこれが多数派世論になり得ます。

だから今は大切な時期です。渡辺さんがおっしゃるように、グローバル化が徹底された結果、紆余曲折を経て最終的によい方向に進めばいい。そのためにも、一人でも多くの人が、神経症的な埋め合わせの「暗さ」でなく、価値の「明るさ」にコミットしてもらう必要がある。今のところ資本主義はデフォルトで、生き残るにも損得計算が必要です。でも損得の内側での快楽ならぬ、損得を超えた享楽があるのを知るほうがいい。正確には「自分の損得」ならぬ「仲間の損得」にコミットしてこそ、強度の高い悦楽とエネルギーが出る。これはゲノムに刻まれた傾きです。山岸俊男が言うように、日本人が淫しがちな「仲間内のポジション取りのための仲間の損得へのコミット」であれば「自分の損得」に過ぎない。それはしょぼくて浅ましい生き方です。そうした価値を学ぶ機会が乏し過ぎます。

苅部　他人が得しているのを許せないという嫉妬の感覚、これは福澤諭吉の『学問のすすめ』第十三編「怨望の人間《じんかん》に害あるを論ず」（一八七四年）がとりあげた問題ですね。自分が向上しようと努力するのではなく、成功した他人をひたすら引きずりおろそうとする感情、「怨望」が人間社会を破壊するもっとも恐ろしいものだと、福澤は言っています。当時の士族反乱や自由民権運動に、単に権力を奪おうとするだけで、世の中をよくしようと思わない傾向を見て批判している。この解決策として提示しているのが、多様な他者とのコミュニケーションなんですね。相手を嫉妬していたとしても、面と向かって話せば通じるところもある。そこで福澤は言論の自由化と国会の早期開設を説いた。

ただ、異質な他者と接することが、かえって自分の価値観に対する固執を強めてしまう場合もあります。藤原聖子さんが『ポスト多元主義教育が描く宗教』（岩波書店、二〇一七年）のなかでふれていたと思いますが、英国がシティズンシップ教育にむけた改革の一環として、多文化主義の方針をとり、初等中等教育ではキリスト教の各教派、ユダヤ教、仏教などさまざまな宗教の教義を紹介するようにした。ところがその結果、親がムスリムの子はイスラム教、ユダヤ教の子はユダヤ教と、自分たちの信仰に目覚めて仲が悪くなってしまったといいます。異質な価値観にさらされることで、自分の価値観を自覚し強化してしまうんですね。具体的な現場では設計の仕方がむずかしい。

渡辺　トクヴィルも、ミドルクラスならではの嫉妬について言及していますね。でも、あえて挑発的な言い方をすると、私は嫉妬は素晴らしいことだと思います（笑）。嫉妬があるから、それを原動力にしながら、より良いもの、より新しいものを探してやろうというクリエイティブな感情も生まれるわけですから。

宮台　渡辺さんがおっしゃる方向に持っていくにも工夫が必要だと思います。嫉妬が肯定的な力に転換されるにも一定の条件が必要だからです。個人化された——共通感覚や共同身体性の消失で同感可能性が失われたがゆえに体験の各私性が信じられるような——社会では、周囲の人々が自分から遠く見えます。加えて、自分が社会に包摂されることなどあり得ないと思う人は、包摂のビジョンが示されること自体を、自分を排除する攻撃だと感じます。今はそういう人々が膨大にいて、今後も確実に増えます。そんな状況では、嫉妬が人々を破壊的方向に導きます。嫉妬しながらも「頑張ればそこに自分も到達できる」と思ってもらえるようにするのが大切です。そのために必要なことを考えたいわけです。

渡辺　嫉妬を、ポジティブでクリエイティブな方向に転換できる、それを可能にする社会こそ、本当に強い社会なのかもしれません。嫉妬を負のエネルギーのみに捉えて、職業政治家を全員引きずりおろしてしまえばいいと考えたりするのであれば、破壊に向かうしかないと思います。

苅部　アメリカで言えば、大統領選でトランプを支持したラストベルトの住人のような人々が、その後どうなるのかということですよね。トランプ政権成立の前は、ワシントンとウォール街のエリートを引きずりおろしてしまえという論理で「われらがトランプ」を押し上げた。しかしいずれ飽きが来たとたんに、権力に居座るトランプに対して「怨望」を膨らませることもありうるでしょう。その時、トランプを支持した人々がどう動くか。

渡辺　通常は、より過激で、より破壊的な方向に向かいますね。レーガン大統領が誕生したとき、世界は過激な右翼の大統領の来し方を懸念しましたが、退任から約三〇年経った今、レーガンは古き良き穏健政治家に見えます。アメリカ政治も平成の三〇年間で大きく変わりました。

宮台　最近、米下院の公聴会でトランプの元腹心ジョナサン・コーエン弁護士が宣誓証言したように、トランプが合衆国や国民のことを考えたことなど一度もないでしょう。彼の証言はたぶん真実です。そんなトランプが、逆説的なことに「われらがトランプ！」と支持を集めてしまう。不思議でも何でもない。嫉妬がネガティブな動機に結びつく人々は、「俺がリーダーになれたらお前にかわって叩き潰してやる」と言われればゴキブリホイホイのように釣れるのです。日本のウヨ豚もそう。抑鬱感や絶望感をカタルシスに結び付ければ票が集まるのです。実際にそのやり方で現在の民主主義が動いています。

ただし、それが異常事態だというわけでもない。中流化がソーシャル・キャピタルを支えた戦後二〇年間の「特殊な時代」を除けば、フランクフルター＝フロイト左派が言うように、不安を埋め合わせたがる神経症の症状を示す人々が、権威に寄りすがる自動機械になって、民主主義を全体主義や排外主義のツールとして利用するのが、むしろデフォルトです。ことほどさようにユニバーサルな問題なので、トランプが悪いとか安倍が悪いとか言って済みません。これからはどの国もそうなる可能性があります。だから、むしろ先に述べた、民主政が秩序立つという「特殊な時代」を、ありそうもない努力で継続させる、という初期ギリシャ的な問題意識が必要です。僕が初期ギリシャにこだわる理由です。

苅部 日本の民主党も、自民党から政権を奪取する時には、嫉妬の感情を利用したわけですよね。今のエスタブリッシュメントは駄目だと訴えて、それがうまくいった。そのあと、「新しい公共」や「コンクリートから人へ」という方針を政策に定着させて、一〇年ぐらい政権を担っていれば、情況は変わっていたかもしれませんが、党を引っ張っていける人材に乏しかった。民主党政権が三年で終ってしまったのが、今の閉塞感の大きな原因になっている気がします。

渡辺 嫉妬や憎しみの感情を利用して、権力を勝ち取っていく。まさに「分断の政治」や「恐怖の政治」を考える上で重要な問題です。ただ、ある段階で、この政治家はナショナリズムを煽り、相手に対する恐怖を煽ったりしているだけで、私たちの暮らし向きや社会は良くなっていないと、人々は気づく。そこが潮目の変わり時だと思います。

宮台 政権についた民主党の「コンクリートから人へ」というメッセージも、今思えば最初から密かに反発を買っていたかもしれません。コミュニケーション・ベースの社会を作ろうというのは近代一般には良いことだけど、日本に限っては「自分が一番不得意なのがコミュニケーションだ」と思う男たちが山のようにいるのを、考えていませんでした。

苅部 「俺はノれない」というタイプの人たち。

宮台 包摂的な社会、コミュニカティブな社会が、大事だと呼びかけているにもかかわらず、その呼びかけ自体が「自分たちは排除されている」と感じさせ、少なからず反撥を招いてしまいます。日本で際立つそうした状況を、どう考えに入れたらいいでしょうか。

苅部 今の段階では、そういう人たちはネットに書き込んで憂さを晴らしている。街頭に出て刃物を振り回すような事件はまだ少ないでしょう。ネットが安全弁になっている可能性があります。

宮台 ヤバそうに見えても、現状程度で済んでいる分にはガス抜きとして適当だ、と。

渡辺 ややこしいのは、炎上商法が象徴的ですが、あえて確信犯的にやっている人がいる。これは余計に質が悪い。

サード・プレイスの価値

苅部 さっきのシェアハウスの話の関連でおもしろいのは、東京・神田淡路町の複合施設「ワテラス」に入っている学生マンションの例ですね。高級マンションに、学生が安い料金で住めるのですが、入居にさいしては町会が審査して、地域活動に参加することを条件にしている。地方から出てきた学生も孤独に陥らないし、地域の支えにもなる。このやり方を拡張して、公営住宅とか、住宅地の空き家とかについて同じやり方で賃貸に出す方法もありうると思うんですね。もちろんマンション一棟ではなくて、地域の複数の住宅を使うとなると、規制の壁も厚いでしょうが、そこが突破できるならば、いい方向にむかうのでは。

渡辺　アメリカやイギリスでも、同じような手法で、地域が再生されるケースが見られます。荒れ果てた地域をアーティストに開放する。家賃も安いからどんどん人が集まり、それこそいろんな嫉妬が渦巻きながら、お互いが切磋琢磨することによって、いい作品が生まれる。そういうものを目当てに観光客もやって来るし、レストランもできて、街全体が活性化される。もっと小さなコミュニティに目を向けてみてもいい。たまに野球場に観戦に行ったりすると、常連ファンたちが和気あいあいと交流している。ミニコミ誌仲間とか、地下アイドルファンたちの交流だって活発に行われている。そんな緩やかな繋がり、人と人とが結びつき合える場はたくさんあると思います。孤独死は極端な例であって、それはそれで対処しなければいけないと思いますが、一般的には多かれ少なかれうまくいっている。だから、上から設計主義的に進めるよりも、もう少し自発性に任せる形でやっていくのがいいと、私は思います。

宮台　今日の渡辺さんはそちら方向の役割をあえて担われていますが(笑)、おおまかにはそれでいいと思います。ただ、自発的にできあがる秩序の善し悪しを考える幾つかの軸を、できるだけ事前に意識できた方がいいでしょう。途中をモニターしながら方向修正できるからです。たとえば、個人化された損得オンリーなのか、それを超える動機付けを伴うのか。単に選択肢が多いことが自由なのか、特定の次元で敢えて選択肢を切り縮める選択ができるのが自由なのか。単にかつてあった共同性がいいのか、共同性の実を取りつつ何かを捨てたものがいいのか、その場合に何を捨てるのか。

また、苅部さんが言われたように、事前にいいか悪いかの軸が決まるだけだと全員が包摂されないので、最初は損得オンリーで関われるようにすべきでしょう。家賃を安くしてくれるからそのマンションに住む代わりにコミュニティへの参加義務がある。最初は損得オンリーだから参加義務がコストだと感じられる。でもそこで本人にとっては想定外の体験が得られて心のフレームが変わる。そんなスキームです。思えば地域通貨もそうでしたね。貨幣だから最初はロスが少なくゲインが多いという理由で利用されますが、結果として参加者が自動的にコミュニティに関わる活動へと方向づけられるようになる、みたいな。

いずれにせよ、①損得オンリーで活動へと釣り、②活動のプロセスで当人が想定していなかった体験を累積させ、③最終的に損得オンリーを超えるコミューナルな動機を持つようにさせる、というナッジ・アーキテクチャーが重要だと、僕もかねて語ってきました。サンスティーンが「二階の卓越主義 Second Order Perfectionism」と呼ぶものです。

渡辺　わかります。本当に孤立している人、あるいは生活のごく基本となる社会的リソース、金銭的リソースすら持っていない人たちには、選択の自由などないわけであって、自発的判断をしろと言っても、無茶な話です。そうした層に対する手当は考えていかなければいけないと思います。では、一体どう行えばいいのか。いきなり政府が上から命じるのではなく、柔軟性がある選択肢を示していく。たとえばベーシックインカムだって、ひとつのあり方だと思います。最低限の金銭的リソースを与えるけど、それをどう使うかは個人の多様なニーズに委ねる。そうした手法がいいと思いますね。それとコミュニティに関わる活動というのは、負荷の面だけに目が向けられる風潮があります。自分の自由な時間を削って奉仕するわけですから。でも、他では得られない様々な充足感や恩恵もある。一九九五年、つまり平成七年の阪神・淡路大震災あたりから日本でもボランティア活動が徐々に注目されるようになりました。平成時代の特筆すべき現象だと思います。

宮台　見本になるのが一九八〇年代に起こったスローフード／スローライフ運動です。有機野菜やトレーサビリティは最終結果であって、ポイントはそこじゃない。顔が見える地元の仲間のために作り売る。顔が見える地元の仲間の商店で買う。仲間に売るから、いいものを作りたい。それを知っているから、値段が高くても、スーパーを避けて仲間の店で買いたい。そこには、第一に、巨大スーパー「ウォルマート」のロハス Lifestyle of Health and Sustainability みたいな、規則に関わる賞罰つまり損得による動機づけではなく、そうしたいのだという内発的な動機づけがあります。そして第二に、そうやって仲間に喜んでもらえたという体験が与えるプライスレスな享楽があります。

つまり、資本主義や市場の否定ではなく、資本主義の市場取引に伴う、価格に計上されていないプライスレスな文脈を、動機づけの要素として大事にしようという運動でした。だから運動の担い手たちは「こういう生活の方がいいでしょ?」とアドボカシー（価値の訴えかけ）を行なってきた。そうやって「安心・安全・便利・快適」を超えた「幸福・尊厳」の価値へのエンロール（巻き込み）を図ったわけです。そうしたエンロールメントとしての運動が今こそ必要でしょう。きちんとした意図を持つ運動であれば今はテクノロジーも味方してくれます。最初に損得オンリーを超える価値が実装されていない人々が主導すると、「良さげなロハス」のように、テクノロジーが逆方向に使われてしまいます。

渡辺　そういう点では、平成の最後の一〇年ぐらいは、宮台さんが目指されているようなことに対して目覚めた人たちがさらに増えてきたのでは。それをソーシャル・キャピタルとかアーキテクチャといった言葉で理論化した人もいれば、ブロックチェーンを用いた配車アプリや民泊サイトのような形で実践する企業も出てきた。そこもまた平成時代のポジティブな現象かなと思います。

苅部　サード・プレイスに対する認識が生まれてきたのも、いい兆候じゃないでしょうか。家庭と職場を往復するだけではなく、たとえば地元のカフェやスナックのような、さまざまな人と出会える場に日常的に足を運ぶ。谷口功一さんたちとの共著『日本の夜の公共圏』（白水社、二〇一七年）でも論じたことですが、単に娯楽として消費されるだけではない、そういうサード・プレイスの価値が改めて認められるようになってきた。もちろん、客層の高齢化といった問題もありますから、今後どういう形がありうるのか、考えていく必要があるのですが。

宮台　ポジティブなこと、ネガティブなこと、今日は両面話してきましたが、何かを変えるには、僕らは言葉使いにも気をつけた方がいい。最初に触れたロバート・パットナム『孤独なボウリング』の原題は『Bowling Alone』です。「Alone」を「孤独な」と訳すと押しつけがましい印象があります。確かに、みんなが和気あいあいとボウリングをしていた時代が七〇年代に終わり、八〇年代はひとりでゲームに興じる人だらけになった。でも「孤独」と訳すことで感情的な反発が生まれます。その段階で「話の輪に入れない人」が出てきてしまう。ひとりで死ぬのも悪くはない。いろんな生き方がある。ひとりでボウリングをするのも楽しかろう。いろんな楽しみがある。そうやって絶えず「だが、しかし」へと開いた対話をするわけです。だから『ひとりでボウリング』と訳した方がよかった。同じ理由で「孤独死」という言い方もまずいかもしれません。

渡辺　確かに。イメージとして寂しさ満載ですよね（笑）。

宮台　繰り返しになるけど、ひとりで死ぬのも悪くない。家庭を作らず、ひとりで生きるのも悪くない。子供を作らず、ふたりで生きるのも悪くない。「だが、しかし」何かを諦めたから仕方なくそう思っている面が隠れていないか。とすればそこには自己欺瞞がある。自己欺瞞を「見ないふり」をしていると決して「本当の幸い」（宮沢賢治）に届かない。そんな言い方で小中学生に呼び掛けていくのが僕の「ウンコのおじさん」プロジェクトです。ウヨ豚も四〇代が中心的な年齢で、「自宅警備員」や「子供部屋おじさん」に重なります。この層は放っておくと「Death Alone」（孤独死）を余儀なくされます。そういう人々が「ひとりで死ぬのもいいものだ」と呟いていても真に受けられません。彼らの言動は、第一に、不安を何かで埋め合わせる「イデオロギー」というよりも症状」であり、第二に、否定的イメージを見ないでおこうとする「仕方ないことの認知的整合化」です。頭の悪いブサヨのようにイデオロギー闘争を仕掛けてもダメ。ポスト真実的な反応が返ってくるだけです。同じ理由で、共同性が大事だと言い続けるだけでもダメ。必要なのは幼少期から始まる戦略的なエンロールメントだと思います。

（二〇一九年三月六日収録）

人名索引

こ

さ

し

す

せ

そ

た

ち

つ

て

と

な

に

ね

の

は

ひ

ふ

へ

ゆ

よ

ら

り

る

れ

ろ

わ

書名索引

き

く

け

こ

さ

し

す

せ

そ

た

な

に

ね

の

は

ひ

み

む

め

も

や

ゆ

よ

ら

り

る

れ

ろ

わ

【著者略歴】

宮台真司（みやだい しんじ）

1959年、仙台生まれ。東京大学大学院博士課程修了。社会学博士。首都大学東京教授。専門は社会システム論。著書に『民主主義が一度もなかった国・日本』『日本の難点』『14歳からの社会学』『私たちはどこから来て、どこへ行くのか』など。

苅部直（かるべ ただし）

1965年、東京生まれ。東京大学大学院博士課程修了。博士(法学)。東京大学教授。専門は日本政治思想史。著書に『光の領国　和辻哲郎』『丸山眞男』『「維新革命」への道』『日本思想史への道案内』『日本思想史の名著30』など。

渡辺靖（わたなべ やすし）

1967年、札幌生まれ。ハーバード大学大学院博士課程修了。Ph.D（社会人類学）。慶應義塾大学ＳＦＣ教授。専門はアメリカ研究、文化政策論。著書に『アフター・アメリカ』『文化と外交』『沈まぬアメリカ』『リバタリアニズム』など。

民主主義は不可能なのか？
――コモンセンスが崩壊した世界で

2019年6月28日　初版第1刷発行

著　者　宮台真司・苅部直・渡辺靖
発行者　黒木重昭
発行所　株式会社読書人
〒101-0051　東京都千代田区神田神保町 1-3-5
Tel. 03-5244-5975　Fax. 03-5244-5976
https://dokushojin.com/
email: info@dokushojin.co.jp

編　集　明石健五・野村菜々実・田中拓真
注作成　綿野恵太
組版協力　岩崎工房（岩崎清）
装　丁　大森賀津也
協　力　柴山幸夫（デクスト）／小川真理子（文道）
印　刷　モリモト印刷株式会社
製　本　加藤製本株式会社

ISBN978-4-924671-39-3 C0036